천기누설
天機漏洩

천기누설(天機漏洩)

초판 1쇄 발행 2023년 12월 29일

지은이 민병규
펴낸이 장길수
펴낸곳 지식과감성#
출판등록 제2012-000081호

주소 서울시 금천구 벚꽃로298 대륭포스트타워6차 1212호
전화 070-4651-3730~4
팩스 070-4325-7006
이메일 ksbookup@naver.com
홈페이지 www.knsbookup.com

ISBN 979-11-392-1533-5(03290)
값 23,000원

• 이 책의 판권은 지은이에게 있습니다.
• 이 책 내용의 전부 또는 일부를 재사용하려면 반드시 지은이의 서면 동의를 받아야 합니다.
• 잘못된 책은 구입하신 곳에서 바꾸어 드립니다.

지식과감성#
홈페이지 바로가기

본명: 민병국(閔炳國), 호적: 민병규(閔炳奎)

1963(癸卯)년 12월 11일생

학력: 국졸, 국민학교 5학년 여름방학 때 훈련용 포가 학교에 떨어져 군부대에서 복구하여 졸업장은 받았으나 사실은 국민학교 중퇴

1979년, 화전민 철거로 아랫마을 안평리로 내려옴

1982년, 화천군 상서면 신대리로 이사

병력: 15사 PX 단기사병 근무

1990년, 대순진리회 서울방면 입도

1992년, 선무 때 포천 도장 건설 참여

1995년, 여름 선사 때 동두천 제생병원 공사하다 예비군 훈련 핑계 대고 대순진리회를 나와 무작정 서울 상경, 고시원에서 고시원으로 전전, 용역 생활

1995년, 겨울 박한경 도전 화천(별세)

2003년, www.msge.co.kr 도메인 취득

2010년, www.msge.co.kr(인터넷)에 신위 모심

2016년, www.msge.co.kr "대순진경"으로 정하여 성명서 발표

2021년, 1월 1일 도인의 도움으로 방을 얻고 다락방에 신위 모심

2022년, 11월 11일 『대순진경』 편집 출판

2023년, 12월 『천기누설』 편집 출판

천기누설 天機漏洩

민병규 지음

神明界法 신명계법

最初公開 최초공개

전라북도 부안군 상서면에 있는 천 년 전 삼국시대 묘련이 창건한 사찰의 벽화, 진표율사가 이 벽화를 보고 깨달음이 경지에 이르러 금산사 미륵전 창건

1971년 서울 중곡동 도장의 벽화, 박우당 도전께서 창건

목차

- 성명서 8
- 시작 글 12
- 권능 16

三. 도전(都典) 훈시(訓示)
※ 연도별 훈시(訓示) 말씀

01. 1968. 목적은 도통 22
11. 1979. 대순전경 편찬(編纂) 34
12. 1980. 통정심 51
13. 1981. 성(誠)·경(敬)·신(信) 63
14. 1982. 성진관 벽화의 뜻 74
15. 1983. 실천 도덕(實踐道德) 86
17. 1985. 올바른 계획 92
18. 1986. 수도 정신 94
19. 1987. 솔선수범 99
20. 1988. 개안과 신안 105
21. 1989. 시학공부 119
22. 1990. 주문(呪文) 공부 144
23. 1991. 박성구(朴成九) 잘 들어 149
24. 1992. 특수 공부, 순감(巡鑑) 공부 176

25. 1993. 해원상생(解冤相生)   200
26. 1994. 의통(醫通)을 알아 두라   212
27. 1995. 을해(乙亥)년, 음(陰) 12월 4일 화천(化天)   232

四. 후기(後記), 후인(後人)
※ 2023. 계묘(癸卯)년 12월

01. 훈시 자료 얻게 된 동기   240
02. 선천 판 신명계 층 표 보기, 하늘 궁   261
03. 판밖 공사   276
04. 진법   289
05. 천자란?   306
06. 허령이란?   314
07. 오천억 계좌의 비밀   330
08. 미륵이란?   336
09. 도통(道通)이란?   344
10. 공사   365
11. 맺는말   378

성명서

친애하는 전체 임원 여러분!
그리고 도인 여러분!

오늘 본인이 여러분에게 성명서를 통해 나의 결심한 바 그 뜻을 전하게 되었음을 충심으로 다행스럽게 생각하는 바이다. 지금까지 걸어온 길을 돌이켜 볼 때 잘된 점도 있고 또 잘못된 점도 있었을 것이다.

그런데 대순진리회를 창건하신 도전께서 화천하신 전후로 상제님의 신위를 고치는가 하면 상제님의 신위를 마음대로 정하여 상제님의 대순하신 진리를 훼손하고 임원 간에 적을 만들고 수반과 임원 간의 갈등을 조장하여 성스러운 상제님의 말씀을 욕되게 하였다는 사실을 본인은 더는 참고 견딜 수 없었다.

우리는 그 어떠한 인위적인 것이든 또는 감정에 의한 것이든 권력을 잡기 위한 것이든 모두가 상제님의 율법에 어긋나는 행위이므로 본인은 이것을 참고 있을 수는 없었다.

이와 같은 편파적이고 감정에 의하여 조정되고 종교와 신앙을 빙자하여 분열을 자행하는 오늘의 수치스러운 문제를 서기 2016년 12월 21일 상제님의 신위를 『대순진경』으로 'www.msge.co.kr'에 선포한 바 있다.

이제 완성된 본도의 발전과 단합을 저해하는 그 어떠한 세력이라도 신명계에서는 용서할 수 없다는 본인의 의견을 찬동하는 것을 확인하였고 또 본인은 도를 닦는 수도인의 심정으로 단결하고 모든 공식기구의 의견을 존중하며 모든 체계를 확립하고 상제님의 도문소자로서의 직분을 다하는 데 찬성했다. 대순진리회를 창건하신 도전께서는 포덕과 5개 도장 건설의 임무를 완수하시고 화천하시어 만수 수도인은 그 은혜를 잊어서는 안 된다.

본인은 수도인의 정신개벽과 상제님의 신위를 선지조화·신명 도수를 전개하여 도전께서 지으신 도장에 신위를 바로 세울 것이며 각 방면의 건물에서는 완성된 '대순진경' 주문으로 수도 생활에 임하기를 허락하는 바이다.

친애하는 전체 임원 여러분!
그리고 도인 여러분!

이와 같은 사실은 본인의 의사이며 결심한 것이다.

본인은 오늘부터는 지난날과 같은 분열과 모략과 편파적인 행위로 난동을 자행하는 자는 즉각 공식기구에 회부해 처리토록 할 것이다. 우리들의 목적은 오직 성·경·신을 다하고 안심 안신 경천 수도하는 데 그 근본이 있음을 여기에 성명하고 자의든 타의든 다시는 시비가 없기를 바라는 바이다.

서기 2016년 12월 21일

대두목 : 민병규

  이와 같이 2016년 12월 21일 www.mege.co.kr에 성명서를 발표하였으나 아직까지 도장에 상제님의 신위를 사진을 찍어 그림을 그려 걸고 양위상제가 맞느니 석가여래가 맞느니 박성상제가 맞느니 동상을 세워 서로 왕래가 끊어진 것이다.

  상급 임원들의 횡포에 몇몇 단체는 밖에 나가 미륵 대도를 만들고 또한 미륵 봉심회가 맞다 하며 서로 종통을 받았다고 고소·고발로 재판을 하여 도판이 난장판이 되어 어쩔 수 없이 2023년 가을 도전님 훈시 말씀을 편집하여 출판하니 각자 각골명심하여 깨달아 도문 소자에 임하기를 선포하는 것이다.

  그리고 이미 운이 끝난 '서가여래 하감지위'라는 주문으로써 후천 5만 년의 진법이 열릴 수는 없는 것이다. 후천 5만 년은 미륵운이다. 그러므로 박성세존상제(朴聖世尊上帝)가 3원위에 모셔져야 미륵운이 열리는 것이다. 이를 바꾸는 법은 도주께서 남기셨다. 서울이란 뜻은, 서울은 도읍(都邑)이고 도읍(都邑)은 천자소거(天子所居)라 하였으니 천자(天子) 즉, 대두목님이 계신 곳이 도장(道場) 도읍(都邑)이다.

  옥황상제(玉皇上帝)님은 50년(五十年) 년 공부(工夫) 종필이다.
  세존상제(世尊上帝)님은 50년(五十年) 년 공부(工夫) 종필이다.

1946년, 도전님께서 태극도입도
1969년, 대순진리회 설립
1995년, 도전 화천

1969+27= 1995
27년 헛도수를 대두목(민병규가) 완성하는 것이다.

서기 2023년 12월 26일
대두목 : 민병규

시작 글

훈시(訓示)란? 가르쳐 받들어 모시니 보인다는 뜻이다.

구천상제님께서 말씀하시고,
옥황상제님께서 가르치시고,
세존상제님께서 훈시하시기를

이렇듯 하나가 하나가 아니고 둘도 둘이 아니니 셋이 모여 삼법언(言)이 완성된 것을 진리라 하는 것이다.

법(法)이란? 삼수변(氵)에 갈 거(去)가 법(法)이라 하는 것이다.

日入酉亥子難分 = 入, 구천상제님께서 도전님 부르심 1995년(乙亥 년) 나눌 분(分) [전경 예시 85절]

三人同行七十里(삼인 동행 칠십 리)

처음 강증산 어른을 "구천응원뇌성보화천존강성상제"로 위(位)에 봉안된 것이 1925년 4월 28일이다. 1971년 5월 24일 도주 조정산에서, 조성 옥황상제로 위(位)에 봉안되었으며, 박우당 도전님의 정체를 밝혀, 박성 세존상제, 위(位)로 봉안된 해가 '1925 + 70 칠십 리 + 15 진법 = 경인년 2010년 12월 21일'에 봉안되었다. 세 분 상제님을 모시니 법(法)이 완성된 것이다. 삼위 삼신상제님은 눈에 보이지 않으므로 대두목 하나(한 님)가 삼신상제님을 모시는 것이 후천 5만 년의 진리인 것이다.

신명(神明)을 복희(伏羲)씨(氏)께서 하늘에 모셨고, 문왕(文王)은 영대(靈臺)에 천지신명(天地神明)을 모셔다가 땅에다 봉신(封神)을 했고, 요번(-番)에는 천지신명(天地神明)을 도장(道場)에다 모셨다가 사람에게 봉신(封神)을 하는 것이다. 공부(工夫)를 시켜 보았더니 다 못 하더라.

선천 세상은 명이 다하여 사망하면 혼령이 있어 윤회하거나 축생계로 떨어지고 그렇지 않은 혼령은 떠돌아다니며 사람에게 해를 주었으나 오는 세상은 윤회가 없고 선천 세상 복 지은 공덕만큼 천년만년 살아가는 세상, 극락세상, 대동세상, 지상천국에서 영세토록 살아가는 것을 후천 5만 년이라 하는 것이다.

우리의 목적은 도통이라 말씀하셨다.
본디 선천 세상의 사람은 혼령이 3개라 그중 한 개 혼령은 축생계혼이 있어 점집이나 사주를 보면 띠를 물어보는 그것이다. 이번에는 3혼 중에 혼 한 개를 바꾸면 되는데 도통 신명과 짝이 되어야 하는 것이다. 스스로는 절대로 될 수 없거니와 자칫 잘못하면 허령을 받을 수 있으니 바른 진리를 알아야 하는 것이다. 사람은 혼령 3개 중 1개는 축생계 혼령이 자리 잡고 있으니 일심 같기가 힘든 것이다. 주로 양심이라 하여 두 마음이 같고 살아가는 것을 사람이라 하는 것이다. 미움도 사랑도 원망도 슬픔도 모두가 두 마음에서 시작되는 것이다. 운수를 받으려면 무자기는 도인의 옥조라 말씀하신 것이다. 무자기가 되려면 완성된 삼신 삼위 상제님을 믿어야 하는 것이다. 그런고로 도통 군자는 일만 이천 명인데 여자가 팔천 명 남자가 사천 명이 나온다.

삼천 년 전 강태공이 삼천육백 개의 낚시로 신명을 땅에 봉하여 땅에 명당이 되고 선천 주역 판은 상극 지리로 시기, 질투, 모략으로 땅 빼앗기 전쟁의 역사인 것은 너무나도 잘 알 것이다. 여주 도장 시학, 시법 공부는 자리 공부라 하여 그 자리는 누가 될지는 모르고 대강식은 후일에 있으니 날짜니 가야하옵고 하신 것이다. 여주 도장 시학, 시법 공부 삼천 년 전 강태공이 땅에 봉한 신명을 밖으로 빼내는 공사였던 것이다. 이제 남은 공사는 유, 불, 선, 도통 신명과 짝이 되어야 하는데, 허령이 있으면 운수가 없다는 것을 알아야 한다.

천강만 받아도 죽은 자를 살릴 수 있다고 상제님께서 말씀하셨다. 도통을 하면 72가지 도술을 부리는 것이다.

도통을 하여도 육체는 나이를 먹으니 환골탈태까지 해야 하는 것이다. 환골탈태까지 하면 천년만년 극락세상, 대동세상, 지상천국에서 살아갈 수 있는 것이 남은 공사라.

구천상제님께서는 도통줄을 대두목에게 주리니 내가 어찌 홀로 행하리오. 그로 인해 조금 안다고 하면 대두목 행세하느라 교주 천국이 되어 선량한 백성을 혼란에 빠트리므로 2023년 가을에 도전님의 천지 공사 중에 땅에 봉한 신명을 밖으로 빼내는 공사였다 하는 것을 알리는 것이다.

상급 임원들도 모르는 훈시 말씀을 자세히 기록하였으니 성심성의껏 받들어 섬기기를 바라는 바이다.

권능

　상제(上帝)님께서도 『전경(典經)』에서 진묵대사(震默大師)와 김 봉곡(金鳳谷)의 공사(公事)를 보시고 머리카락 하나만 있어도 회생(回生)한다고 하셨다. 상제(上帝)님께서 진묵대사(震默大師) 공사(公事) 보시는 것도 그것이다.

　현재(現在) 과학(科學)에서도 사람 숨 떨어지기 전(前)에 냉동(冷凍)해서 보관(保管)했다가 나중에 의학(醫學)이 발달(發達)하면 살릴 수 있다는 것이 근거(根據) 없는 얘기가 아니다. 있을 수도 있다. 앞으로 그럴 수 있다.

　※ 어느 선감(宣監)에 간(肝)을 만들어 넣었다.

　※ 폐(肺)·간(肝)이 없어졌다 해도 살아 나온다. 폐(肺)가 완전(完全)히 절단(截斷) 났다 해도 다시 살린다.

　※ 오장(五臟)이 하나 없어도 만들어서 넣는 것이 가능(可能)하다. 다 된다. 뼈가 모자라도 길게 할 수 있다.

　※ 생각해 봐라. 내장이 완전(完全)히 절단(截斷) 나서 없어졌다 해도 만들어 내지 않느냐?

※ 뼈에 물이 괴어서 안 되어 병원(病院)으로 보냈다. 괜찮아서 퇴원(退院)해서 나왔다. 그것을 뭐라고 설명(說明)할 거야.

※ 가령(假令) 간이나 폐(肺)가 없으면 있게 해 달라고 하면 된다. 없는 것도 새로 생성(生成)되는데, 되고 안 되고가 없지 않으냐?

※ 도인 학생(道人學生) 하나가 차(車) 사고(事故)가 났는데 병원(病院)에서는 팔이 썩으니 24시간(時間) 안에 팔을 끊어야 한다고 한다. 시료(施療)를 보고서 손이 움직이니 의사(醫師)가 다시 X-ray를 찍더니 수술(手術)을 하지 않아도 된다고 한다.

※ 엊그제 부전 방면(釜田方面) 선감(宣監) 차(車) 사고(事故) 나서 뇌진탕(腦震蕩)에 뼈가 제대로 된 것이 없었다. 그제 저녁 7시(七時)에 알았는데 어제저녁 7시(七時)에 퇴원(退院)시켜 달라고 했다.

※ 병원(病院)에 가서 확인(確認)하면 낫는 것이 더디다. 생각해 봐라. 내장이 완전(完全)히 절단(截斷) 나서 없어졌다 해도 만들어 내지 않느냐?

※ 가령(假令) 뼈가 어그러졌을 때 맞추면 맞춰진다. 내장(內臟)의 일부(一部)가 없어져도 실제(實際)로 없어진 장(臟)이 살아난다.

※ 이것을 시험(試驗)해 봤다. 잠을 안 자도 괜찮다. 공부(工夫)할 때도 잠을 안 자도 괜찮다. TV에 나오는 음식(飮食) 냄새도 맡는다.

※ 내가 말한 것은 확실(確實)한 것이다. 여러 가지 시험(試驗)을 통(通)해서 얻어진 것이다. 환골탈태(換骨奪胎)도 가능(可能)하다.

※ 순감(巡鑑)들이 오장(五臟)이 하나 없어도 만들어서 넣는 것이 가능(可能)하다. 다 된다. 뼈가 모자라도 길게 할 수 있다. 지금 방법(方法)을 시험(試驗)하고 공부(工夫)하고 있다. 나중에는 쉬워진다. 이 사람들 가지고는 안 된다. 말씀하셨다.

도전님께서는 포천에 대학교를 설립하시고 대학교 옆에 특수 수련도장에서 공사를 보시고 확인하신 것이다. 도장만 설립하고 사람 폐(肺)·간(肝) 등등 만들었다고 하면 벌써 사이비니 사이비 교주였니 지탄받는 것이다.

또한 **도전님께서는 양위 상제**(두 분 상제)님을 모시고 실험하여 확증한 것이다. 또한 우리는 도통이 목적이다 말씀하셨다.

또한 이후에 양위 상제(두 분 상제)님 모신 것과 **삼위 상제**(세분 상제)님을 모신 것과는 하늘과 땅 차이로 상상도 못 하는 일이 벌어지는 것이다.

상제께서 어느 날 한가로이 공우와 함께 계시는데 이때 공우가 옆에 계시는 상제께 "동학주(東學呪)에 강(降)을 받지 못하였나이다"라고 여쭈니 "그것은 다 제우강(濟愚降)이고 천강(天降)이 아니니라"라고 말씀하셨도다. 또 "만일 천강을 받은 사람이면 병든 자를 한 번만 만져도 낫게 할 것이며 또한 건너다보기만 하여도 나을지니라. 천강(天降)은 뒤에 있나니 잘 닦으라"라고 일러 주셨도다. [교운 1장 58절]

천강을 받으려면 삼위 상제님의 신위를 정확히 알아야 되는 것이다. 상제님의 이름을 알아야 강을 받을 수 있는 것이다. 시천주 조화정에 시천주는 하늘에 주인을 알아야 강(降)을 받는 것이다.

증산 구천 상제께서 말씀하시기를,
대두목(大頭目)(민병규)은 상제님의 대행자요, 대개벽기 광구 창생의 추수자 이시니 상제님의 계승자인 대두목께서 개척하신 미륵 대도 창업의 추수운을 열어 선천 인류문화를 결실하고 후천 선경 세계를 건설하시는 대사부(大師父)이시니라 말씀하셨다.

복희 역은 선천 봄(春) 시대이다. 문왕은 여름(火) 시대, 지금은 가을(秋) 시대인 것이다. 선천 세상의 봄은 복희씨라. 춘운도(春運圖), 옮길 운(運) 그림도(圖), 옮겨야 하는 것이다. 봄에 씨앗을 뿌려 여름에 가꾸고 가을에 추수하여 후천 5만 년의 완벽한 봄(春) 시대를 만드는 것이다.

민병규에 용담 역(龍潭易)은 춘운수(春運數)라 후천 5만 년 동안 인간(人間)의 힘을 초월(超越)하는 도술 문명이 열리는 것이다. 증산 상제님께서는 인류의 조종은 태호 복희씨 것만 어찌하여 부처 노래를 부르는가, 하셨다.

후천 5만 년 무궁 대운의 지상 선경, 도화낙원(地上仙境, 道化樂園) 건설을 위한 상제님과 성인의 위대한 사업에 동참해야 하는 것이다. 도전님께서는 "앞으로 12,000 도통 군자가 나와, 5만 년 후천 선경을 건설할 것이니라." 하신바, 구천 상제님께서는 대두목은 9명의 수교자를 두노라 말씀하신 것이다. 민병규는 9명만 찾으면 되는 것이다.

박우당 도전(都典)의 행적

박우당 도전께서 1971년 서울 중곡동에 중곡 도장을 건립하시고 숭도문 옆 벽에 개문납객 기수기연(開門納客 其數其然)이란 글귀를 쓰시고 벽화를 그리셨다. 그 벽화에는 네 분이 나온다. 넷이란 증산, 정산, 우당 대두목으로 "한자 '그러할 연(然)' 자는 원래 그렇게 정해져 있다는 의미로 이미 정해져 있는 사람이 넷이란 뜻이다"라고 말씀하셨다.

중요한 것은 본주(本主)이신 사슴을 타신 분 또한, 복숭아를 든 동자를 바라보시고 계시니 불, 선, 유를 유, 불, 선 천지 대도를 완성하라는 상제님의 말씀이시다.

※ 1917. 정사(丁巳)년, 대순(大巡) 47년
충북(忠北) 괴산군(槐山郡) 장연면(長延面) 방곡리(方谷理)에서 탄강

※ 1946. 병술(丙戌)년, 대순(大巡) 76년
태극도 입도

※ 1957. 정유(丁酉)년, 대순(大巡) 87년
도주(조정산)로부터 우당(牛堂)이라는 도호를 받으심

※ 1958. 무술(戊戌)년, 대순(大巡) 88년
총 도전(都典)에 임명되심

※ 1968. 무술(戊申)년, 대순(大巡) 98년
태극도를 떠나 경기도 안양 수리사(修理寺)에서 49일 공부

三.
도전(都典) 훈시(訓示)

※ 연도별 훈시(訓示) 말씀

01. 1968년, 목적은 도통

우리는 도통(道通)하기 위(爲)해서 도(道)를 닦는 것이다. 다시 말하면, 우리가 도(道)를 믿고 닦는 목적(目的)은 어떠한 개인적 수양(個人的修養)이나 단체적 친목(團體的親睦)을 도모(圖謀)하기 위(爲)한 것만이 아니고 우리의 지상 목적(至上目的)인 도통(道通)에 있는 것이다. 따라서 만일 도통(道通)이 없다거나 도통(道通)을 못 한다면, 우리는 도(道)를 믿을 필요(必要)도 닦을 필요(必要)도 없는 것이며, 당초(當初)부터 도문 소자(道門小子)가 될 필요(必要)도 없었음은 두말할 나위도 없는 것이다. 그러나 우리가 배워서든지 깨달아서든지 도통(道通)이 틀림없이 있다는 것을 이미 알았고, 또 그것을 토대(土臺)로 확고(確固)한 신념(信念)이 섰기 때문에, 우리는 도문 소자(道門小子)가 된 것을 무상(無上)의 영광(榮光)으로 생각하고 있는 것이며, 도문 소자(道門小子)가 되었기 때문에 도(道)를 믿고 닦는 것을 지상 사명(至上使命)으로 깨달은 것이며, 도(道)를 믿고 닦기 때문에 남 없는 시련(試鍊)을 겪는 것도 무릅쓰고 수도 공부(修道工夫)에 정진(精進)하고 있는 것이다. 원래(元來) 도문 소자(道門小子)의 생명(生命)보다 더 중요(重要)한 것은 기도(祈禱) 치성(致誠) 수도 공부(修道工

夫)일 것이나, 이 중(中)에서도 수도 공부(修道工夫)는 특(特)히 도통(道通)과 직접 관련(直接關聯)이 되는 일이기 때문에 더 중요(重要)하다고 할 것이다. 더구나 우리가 수도 공부(修道工夫)를 해서 도통(道通)을 해야 되는 것은, 이것이 비단(非但) 우리의 지상 목적(至上目的)이기 때문에, 꼭 성취(成就)해야 할 일이라기보다도 이 일이 만일(萬一) 성취(成就)되지 않으면 천지(天地)도 결국(結局) 멸망(滅亡)된다는 중대(重大)한 문제(問題)가 있기 때문에, 이 일은 우리들 개인적(個人的)인 문제(問題)가 될 뿐만이 아니라 천지(天地)의 공적(公的)인 문제(問題)라고 해야 함은 이제 새삼 논(論)할 필요(必要)도 없는 일이다. 그렇기 때문에 이 일을 성취(成就)하기 위(爲)해서 우리가 오늘까지 겪어 온 시련(試鍊)의 과정(過程)을 회고(回顧)해 보면 비방(誹謗), 조소(嘲笑), 유혹(誘惑), 반박(反駁), 음해(陰害), 문초(問招), 시기(猜忌), 질투(嫉妬), 형벌(刑罰) 등(等) 때로는 우리의 의지(意志)로는 도저(到底)히 참고 견딜 수 없을 정도(程度)로 괴롭고 쓰라린 과정(過程)도 있었고, 때로는 우리의 힘으로는 도저(到底)히 극복(克服)할 수 없을 정도(程度)로 어렵고 험난(險難)한 과정(過程)도 있었던 것이다. 그러나 우리는 오직 홍대 무변(弘大無邊)하신 상제(上帝)님의 덕화(德化)와 확고부동(確固不動)한 우리의 신념(信念)으로써, 이와 같이 이루 다 헤아리고 형용(形容)할 수 없는 과정(過程)을 참고 견디고 극복(克服)해서 낙오자(落伍者)가 되지 않고, 오늘날 떳떳이 수도 공부(修道工夫)를 할 수 있는 영광(榮光)을 차지한 것이다. 그러나 우리는 이러한 영광(榮光)들이 아직도 최후(最後)의 완전(完全)한 영광(榮光) 들이라고 할 수는 없다. 왜냐하면 이러한 영광(榮光)들은 어디까지나 도문 소자(道門小子)로서 수도 공부(修道工夫)할 수 있는 영광(榮光)일 뿐이고, 우리의 지상 목적(至上目

的)인 도통(道通)을 했다는 영광(榮光)은 아니기 때문이며, 우리에게는 아직도 도통(道通)하는 날까지 겪어야 하는 시련(試鍊)이 남아 있기 때문이다. 원래 시련(試鍊)이란 것은 공부(工夫)하는 사람이 공부(工夫)의 성과(成果)를 달고 재어 보는 시험(試驗)과 같이 단계적(段階的)으로 항상(恒常) 있는 것이며, 이 시험(試驗)에 합격(合格)해야 비로소 일정(一定)한 공부(工夫)의 성과(成果)를 인정(認定)받게 마련인 것과 같이, 우리도 이 시련(試鍊)에 통과(通過)되어야 다시 다음 단계(段階)의 공부(工夫)를 할 수 있는 자격(資格)이 있는 것이므로, 이 영광(榮光) 역시(亦是) 이 자격(資格)을 받은 영광(榮光)에 불과(不過)한 것이다. 더구나 시련(試鍊)이란 것은 복마(伏魔)의 발동(發動)과 같이 언제 어디서든 그 발동(發動)을 당(當)할는지 모르는 것이기 때문에, 우리는 항상(恒常) 방심(放心)할 수도 없는 것이며, 이것을 대비(對備)하지 않을 수도 없는 것이다.

상제(上帝)님께서도 "나는 해마(解魔)를 위주(爲主)하는 고(故)로 나를 따르는 자는 먼저 복마(伏魔)가 발동(發動)하느니, 복마(伏魔)의 발동(發動)을 잘 받아 견디어 이겨야 하느니라"라고 하셨으며, 속담(俗談)에도 호사다마(好事多魔)라는 말이 있으니, 무슨 일에든지 마(魔)가 항상(恒常) 따르게 마련이며, 또 좋은 일일수록 마(魔)가 많게 마련인 것이다. 더구나 상제(上帝)님 말씀을 삼가 살핀다면 "먼저 복마(伏魔)가 발동(發動)하느니." 하신 말씀 속에는 일이 성공(成功)되기 전(前)에 복마(伏魔)부터 먼저 발동(發動)한다는 의미(意味)와 또 그렇게 발동(發動)하도록 상제(上帝)님께서 도수(度數)를 짜 놓으셨다는 것을 알아야 할 것이며, 또 "잘 받아 견디어 이겨야 하느니라." 하신 말씀 속에는 복마(伏魔)의 발동(發動)을 회피(回避)하지 말고 잘 참고 견디어서 지지 말고 이겨야 된다는 의미(意味)

가 있다 할 것이니, 이 말씀으로 우리는 복마(伏魔)가 발동(發動)하거든 어떻게 해야 된다는 것을 알아야 할 것이다.

그러므로 우리는 어떠한 복마(伏魔)나 시련(試鍊)이 발동(發動)하더라도, 이것이 비단(非但) 수도(修道)의 적(敵)이라고만 생각하지 말고, 이것이 상제(上帝)님께서 우리 수도 공부(修道工夫)의 성공(成功)을 위(爲)해서 짜 놓으신 도수(度數)의 한 부분(部分)임을 생각하고 앞으로도 과거(過去)에 겪어 오던 경험(經驗)을 거울삼아, 이것을 상제(上帝)님의 말씀과 같이 위선(爲先) 회피(回避)하지 말고 잘 받아야 되고, 다음은 참고 견디어 이겨야 될 것이며, 그렇게 함으로써 상제(上帝)님께서 정(定)해 주신 복마(伏魔)와 시련(試鍊)의 도수(度數)를 극복(克服)하고자 하면, 상제(上帝)님께서도 이를 가상(嘉祥)히 여기셔서 반드시 해마(解魔)[마(魔)를 풀고 제거(除去)]하여 주실 것이니, 그리하여 우리는 우리의 지상 사명(至上使命)의 목적(目的)인 수도(修道)의 완성(完成), 즉(卽) 도통(道通)을 하여야 될 것이다.

아직 도(道)가 무엇인 줄을 모르고 수도 공부(修道工夫)가 무엇인 줄을 모르는 이제 갓 입도(入道) 한 사람이라면 도담(道談)에 귀를 기울이고 임원(任員)의 눈치를 살피고 그들의 행동(行動)을 보아 그것이 좋고 옳으면 도(道)를 믿을 것이요, 그렇지 않으면 믿지 않는 것을 예사(例事)로 할 것이며, 또 그렇게 하는 것이 그들로서는 당연(當然) 하다 할 것이다. 그러나 우리는 입도(入道) 한 지도 이미 오래되었고 공부(工夫)한 지도 이미 오래된, 명실(名實) 공(共)히 도문 소자(道門小子)요, 수도인(修道人)이다. 이제 와서 누구의 도담(道談)에 귀를 기울이고, 임원(任員)의 눈치를 살피고, 그들의 행동(行動)을 엿보아서 나 자신(自身)의 운명(運命)과 할 일과 갈 길을 새삼스럽게 바로잡고 택(擇)해서 일하고 걸으려는 것인가! 더구나 내 귀에 들리는 것은 아무리 악담(惡談)이라도 밖에서 들어오는 복마(伏魔)요, 시련(試鍊)인 것이니, 나 자신(自身)이 잘 깨달아서 처리(處理)하면 자신(自身)의 죄(罪)는 안 될 것이나, 그래도 수도인(修道人)이라면 자신(自身)의 수도(修道)에 미치는 영향(影響)을 생각해서 들을 필요(必要)도 없을 것인데, 내 입으로 이야기하는 것은 그것이 비록 선담(善談)이라 하더라도 분수(分數)에 안 맞으면 이것이 벌써 안에서 일어나는 복마(伏魔)요, 시련(試鍊)일 것이니, 남에게 미치는 영향(影響)보다도 나 자신(自身)이 짓는 허물과 자신(自身)의 수도(修道)에 미치는 영향(影響)을 생각하지 않을 수 없을 것인데, 자기(自己) 일이 아닌 남의 일을 가지고, 그것도 자기 직분(自己職分)에 관계(關係)도 없는 일을 가지고 왈가왈부(曰可曰否) 논(論)할 수 있겠는가!

　상제(上帝)님께서도 "어찌 남의 시비(是非)를 말하리오?" 하셨으며 "마음 지키기가 죽기보다 어려우리라." 하셨으며 "항상(恒常) 남의 말을 좋게 하라." 하셨다. 상제(上帝)님의 뜻을 받들려는 우리로서 그리고 도통(道通)을 받으려는 우리로서 어찌 이 말씀을 어길 수가 있겠는가!

　더구나 현재(現在) 우리가 수행(修行)하고 있는 수도 공부(修道工夫)는 원래(元來) 도주(道主)님께서 재세(在世) 시(時)에 설법(說法)하신 법방(法方)에 따라 이래(以來) 십여 년간(十餘年間)을 그대로 시행(施行)하고 있을 뿐만 아니라, 앞으로 대강(大降)하시는 그날까지 상제(上帝)님께서 정(定)해 주신 일과 정(定)해 주신 길과 정(定)해 주신 법방(法方)을 따라 수도 공부(修道工夫)와 기도(祈禱), 치성(致誠)에 열중(熱中)해서 하루 속(速)

히 우리의 목적(目的)을 달성(達成)하는 데 있는 힘과 마음을 다할 뿐이요, 딴 곳에 쓸 마음과 힘의 여유(餘裕)도 생각도 없어야 될 것이다.

  요(要)컨대, 우리가 지상 목적(至上目的)으로 하는 도통(道通)이 다른 곳에서도 올 수 있는 것이 아니고, 오직 도주(道主)님께서 설법(說法)하신 수도 공부(修道工夫)에서만이 오는 것이며, 또 오직 도주(道主)님께서 시키신 수도 공부(修道工夫)가 있을 뿐이지 다른 사람이 시킬 공부(工夫)가 있을 수 없는 것이다. 우리는 나 자신(自身)의 할 일 이외(以外)에는 강(江) 건너에 일어난 화재(火災)를 보고 공연(空然)히 건너지도 못할 강(江)가에 뛰어나가 발을 구르며 소란(騷亂)을 피우지 말고 내 집에서나 그러한 화재(火災)가 일어나지 않도록 불조심(操心)을 하는 것과 같은 현명성(賢明性)을 가져야 할 것이다.

2. 1969. 기유(己酉)년, 대순(大巡) 99년

종단 대순진리회(大巡眞理會) 창설, 중곡도장 기공식,

9. 1977. 정사(丁巳)년, 대순(大巡) 107년

1. 포덕(布德) 및 교화(敎化)에 대(對)한 필수 사항(必須事項)
가. 포덕(布德) 하라.
나. 교화(敎化)의 소산(所産)이다.
다. 교화(敎化)는 기존(旣存) 도인(道人)에게 중점(重點)을 두라.

라. 교화(敎化)라 함은 기성(旣成) 도인(道人)과 신입(新入) 도인(道人)의 의혹(疑惑)을 파악(把握)하고 풀어 주는 데 정성(情性)을 다하는 것이 진리(眞理)다.

2. 책임(責任)

가. 순종(順從)하라.
나. 수동적(受動的)이 아닌 능동적(能動的)이어야 한다.
다. 전가(轉嫁)시킬 수 없다.
라. 생명(生命)으로 알라.
마. 책임 이행(責任履行)이 잘되지 않으면 회의(懷疑)를 느낀다.
바. 각기(各其) 맡은 책임(責任)을 철저(徹底)히 이행(履行)해 나간다.
사. 수시(隨時)로 회의(會議)를 가져 같이 깨우치자.

10. 1978. 무오(戊午)년, 대순(大巡) 108년

우리의 체내(體內)에는 선천적(先天的)으로 흐르는, 혈연(血緣)의 부조리(不條理)에 상극 지리(相剋之理)로 시기(猜忌), 질투(嫉妬), 음해(陰害) 등(等)의 못쓰는 습성(習性)의 피가 흐르고 있다. 이 나쁜 피를 몸에서 몰아내기 위(爲)함이 바로 신심(信心)이고 닦는 것이다. 소제탁기(掃除濁氣)하라.

1. 융화책(融和策): 임원(任員) 각기(各其) 위치(位置)를 지킬 줄 알아야 한다. 자기 위치(自己位置)를 알아서 자중 자숙(自重自肅)할 줄 알아야 한

다. 임원(任員)의 자리가 무서운 자리이며, 죄(罪)짓기 쉬운 자리이다. 그 자리를 잘만 지키면 귀중(貴重)한 자리이다.

2. 처신(處身): 처신(處身)을 신중(愼重)히 하며 상대 심리(相對心理), 성격(性格)을 잘 간파(看破)할 줄 알아야 한다. 자신(自身)의 과오(過誤)를 타인(他人)이 나에게 추궁(追窮)할 때, 그 사람을 고맙게 생각하라. 그 이유(理由)는 나의 잘못을 알려 준 은인(恩人)인 까닭이다. 또 만약(萬若) 서운한 말이 들려왔을 때는 반발심(反撥心)을 억제(抑制)하고 먼저 내 몸, 내 행동(行動)을 반성해 보라.

3. 처사(處事): 처사(處事)는 무편무사(無偏無私)하게 할 것이며, 편욕(偏慾)을 버리라.

4. 득죄(得罪): 유죄(有罪)일지라도 자포자기(自暴自棄)하지 말고 개과(改過)하면 족(足)하다. 자신(自身)이 진리(眞理)를 못 깨닫고 따르지 않는 것을 할 수 없으나, 도(道)는 따르는 사람을 버리지 않는다. 사람이 도(道)를 버리나니, 사회(社會)는 죄인(罪人)을 쓰지 않으나 도(道)는 따르는 자(者), 즉(卽) 득죄 자(得罪者)일지라도 버리지 않고 고쳐서 쓰는 법(法)이다.

5. 신명 공판(神明公判)에 대(對)하여: 신명 공판(神明公判)을 운수(運數)받을 때 있는 줄 알고 있는 것은 잘못된 생각이다. 득죄 자(得罪者)는 따르지 못하고 낙오(落伍)되느니라. 인수 무과라도 개지 위선이라(人誰無過 改之爲善).

6. 포덕(布德): 천기 자동(天氣自動) 함에 따라 응용 만물(應用萬物) 함과 같이 본연 일치(本然一致)하여야 됨에도 불구(不拘)하고 현재(現在) 도인(道人)들의 수도 과정(修道過程)과는 너무도 차이(差異)가 있다. 그러나 허영심(虛榮心)으로 포덕 호수(布德戶數)에만 주력(注力)치 말고 현하 도인(現下道人)을 진리(眞理)로 교화 육성(敎化育成)하여 차원(次元)을 높이면 포덕(布德)은 그 가운데 있으니, 참다운 도인(道人)을 만드는 데 노력하라.

7. 방면 임원(方面任員)과 도인(道人): 방면 도인(方面道人)이 각기(各其) 다름을 볼 수 있다. 그 원인(原因)은 임원(任員)들 처신 처사(處身處事)가 제각기(各其) 다른 까닭이다. 예(例)를 들면, 곤충(昆蟲) 중(中) 나나니를 보라. 그 벌레는 무슨 벌레든 물어다 놓고 저를 닮으라고 '나 나나나' 하고 있는즉(卽) 그대로 닮아서 '날개 달린 나나니'가 되는 것이다. 그런즉(卽) 임원(任員)들에게 중차대(重且大)한 임무(任務)를 부여(賦與)하고 있음을 각성(覺醒)하라.

◎ 1978년 08월 21일
1. 유언비어 주의(流言蜚語注意)하라.
2. 사회(社會)의 모범(模範)이 되어야 한다.
3. 낙오자(落伍者)가 없이 진리 교화(眞理敎化)로 구석구석 다듬어 하라.
임원 처사(任員處事):

1. 폭(幅) 잡히고 수(數)가 잡히면 수반(修班) 교화(敎化)와 통솔(統率)하

기가 어렵다.

2. 도인(道人) 성격(性格)을 잘 알아 도법(道法)으로서 이끌어 나간다.

3. 자기(自己) 사명(使命)을 이루지 못하면 그것이 죄(罪)다.

4. 집회(集會)를 임의(任意)로 할 수 있는 중대 책임(重大責任)을 알라.

◎ 1978년 10월 23일
1. 의혹(疑惑)을 풀어 주라.
2. 질문(質問)을 잘 들어 받아 주라.
3. 이해(理解)로써 이끌어 풀라.
4. 상부(上部) 명(命)을 수명(受命)커든 즉시(卽時) 수반(修班)에 펴 나가라.
5. 모든 것이 풀리고 이해(理解)가 되면 자연(自然)히 포덕(布德)은 된다.

◎ 1978년 11월 27일
명령 강조(命令强調):
1. 선감(宣監) 참례(參禮) 내, 외수(內外修) 선감(宣監) 교령(敎令) 단(但) 교령(敎令)은 500(五百) 호(戶) 이상(以上) 통솔자(統率者)에 한(限)한다. 원지(遠地)의 교령(敎令)은 매일(每日) 참석(參席)하지 않아도 무방(無妨)하다.

2. 임원(任員)은 진리(眞理)를 각성(覺醒)하며, 진리 교화(眞理敎化)로

도인(道人)을 육성(育成)하라. 예(例)를 들면, 무학 도통(無學道通)이니, 또는 무문 도통(無文道通)이니 하는 문구(文句)는 오판(誤判)이며 배우지 않아도 된다느니, 혹(或)은 글 없이 도통(道通) 된다느니, 왈가왈부(曰可曰否)하나 그것은 아니다. 사회학(社會學)을 말함이 아니요, 오직 신심(信心)으로 내유지령지기(內有至靈之氣)가 응(應)하느냐에 있어, 오직 문학(文學)으로 되는 것이 아니고, 진리(眞理)를 구현(俱現)하는 데 있다는 말이다. 사회적 문학(社會的文學)은 가르칠 수 있는 한(限) 교육(敎育)을 게을리 말라. 배운 사람을 진리(眞理)로 교화(敎化)하여 입도(入道)시킴과 무학자(無學者)를 교화(敎化) 입도(入道)시킬 때와 어느 편(便)이 잘 이해(理解)를 하는가 생각해 보라.

3. 오늘이 있으면 내일(來日)이 있음과 같이 현실(現實)에 미래(未來)가 있다. 현실(現實)을 부정(不正)하면 미래(未來)는 없다. 미리 환장(換腸)한 사람이라고 해도 과언(過言)이 아니다. 사람이 어찌 사(士), 농(農), 공(工), 상(商)을 버릴 수가 있는가. 생활 의욕(生活意欲)을 상실(喪失)하면 자기주장(自己主張)도 없는 자(者)이니, 도인(道人)은 타인(他人)보다 근면(勤勉)하고 자조 자립(自助自立)에 시범(示範)이 되라.

4. 종교(宗敎)의 기본 사업(基本事業)

종교(宗敎)란 기본 사업(基本事業)이 있는 법(法), 그 기본 사업(基本事業)이란 사회복지사업(社會福祉事業), 구호 자선사업(救護慈善事業), 학교 사업(學校事業) 등등(等等)의 사업(事業)을 말한다. 이를 외면(外面)하여 타(他)를 불의(不義)로 유혹(誘惑)시키면 이는 사이비 종교(似而非宗敎)이다. 고(故)로 임원(任員)은 잘 각성(覺醒)하여 실천(實踐)하라.

  심학(心學)은 요, 순(堯舜)의 상수 지법(相授之法)과 같으니라. 각성(覺醒)하라. [성(誠)·경(敬)·신(信)]이다.

5. 허영심(虛榮心)을 버리고 진실(眞實)되게 행(行)하라. 현재(現在) 도인(道人)을 정비(整備)하여 차원(次元)을 향상(向上)하라. 현도인(現道人)을 진리(眞理)로 육성(育成)하면 포덕(布德)은 그 가운데에 있다. 포덕(布德)은 입도(入道) 시키는 것만이 아니요, 덕(德)을 편다는 말이니 제반(諸般)에 유의(留意)하여 덕화(德化)를 널리 선양(宣揚)하고 신중(慎重)을 기(期)하여 손상(損傷) 없는 덕화 사업(德化事業)을 하라.

6. 화해(和解) 없는 융화(融和)는 없고, 융화(融和) 없는 단결(團結)은 없다. 단결(團結) 없는 총력(總力)은 없고, 총력(總力) 없는 보안(保安) 없으며, 보안(保安) 없는 안락(安樂) 없느니라. 상호 상대성 원리(相互相對性原理)를 존중(尊重)하여 자신(自身)의 자책감(自責感)을 가지고 매사(每事)를 지중(至重)하게 행(行)하라.

11. 1979년, 대순전경 편찬(編纂)

　금년(今年) 이번(-番)에 『대순전경(大巡典經)』과 태극도(太極道) 때 임원을 통솔하기 위하여 편집한 선도 진경(宣道眞經)을 합하여 내[도전(都典)]가 직접(直接) 편찬(編纂)한다. 『대순전경(大巡典經)』은 이상호(李祥昊)가 만들었다. 상제(上帝)님께서 움직이신 것을 적어 내놓은 것이 『대순전경(大巡典經)』이다.

　1. 수도 제가(修道齊家)로서의 공존 사회책(共存社會策)
　수도(修道)에는 가족(家族)이 가화(家和)함으로써 만사(萬事)가 성취(成就)된다. 그러므로 가화(家和) 없이 도심(道心)이 나올 수 없다. 성웅(聖雄)을 겸비(兼備)한다는 말에 비추어서 포덕(布德)에만 임하면 안 된다. 먼저 가정(家庭)이 화목(和睦)함으로써 도심(道心)이 나오며 사회(社會)에서도 지탄(指彈)받는 일이 없는 고(故)로 덕화(德化)를 펼 수 있으며, 입도(入道)시키는 것만이 포덕(布德)이 아니고, 도인(道人)이 아닐지라도 상호 공존정신(相互共存精神)으로 사회 미덕(社會美德)을 선양(宣揚)하는 것이 목적(目的)이며, 단지(但只) 한국인(韓國人)에 대(對)한 것만이 아니고 전 세계 인류(全世界人類)에 대(對)한 진리(眞理)인 것이다.

　2. 덕급 금수(德及禽獸)
　사회인(社會人)과 도인(道人)과의 구분(區分)을 두지 말고 도덕심(道德心)으로 누구든 대(對)할 적에, 상제(上帝)님께서 심지어(甚至於)는 동물(動物)과 곤충(昆蟲)까지도 덕화(德化)를 베푸신 그 유지(遺志)를 받들어

만천하(滿天下)에 덕화(德化)를 선양(宣揚)하여야 할 것이다.

3. 성(誠)·경(敬)·신(信) 돈독(敦篤)
가. 성금(誠金)은 강요(強要)치 말며, 성금(誠金)은 원칙적(原則的)으로 자진 성금(自進誠金)이어야 한다. 성금(誠金)은 자기 정신(自己精神)과 정성(精誠)의 표시(表示)인 것이다. 도(道)의 진리(眞理)를 알게 되면 제반(諸般)이 나름대로 이룩되는 것이다.

나. 『증산(甑山)의 생애(生涯)와 사상(思想)』 책(冊)에 대(對)하여:
본책(本冊)은 상제(上帝)님 강세(降世)와 화천(化天)까지의 행록(行錄) 및 사상(思想)이 밝게 수록(收錄)하였으니 도인(道人)은 『전경(典經)』과 동일(同一)하게 중요시(重要視)되는 바 의무적(義務的)으로 보존(保存)토록 하라.

◎ 1979년 01월 31일
문책(問責)이라 함은 그 사람의 과오(過誤)를 시정(是正)하여 바르게 가게 하기 위(爲)함이다. 먼저 상대 심리(相對心理)를 간파(看破)하여 행(行)하여야 한다. 미숙(未熟)한 사람은 그 원리(原理)를 못 깨닫고 도리어 오해(誤解)로 적대시(敵對視)하게 된다. 고(故)로 크게 꾸짖는 사람은 내[도전(都典)]가 믿는 사람이다. 그렇다고 나를 믿어 주지 않는 사람이라고 책망(責望)을 아니 한다고는 생각지 말라. 어찌 책망(責望)할 일이 없는 데다 무단(無斷)히 책(責)하리오.

『전경(典經)』에 "허면허소거래간(虛面虛笑去來間)에 불토심정견여의(不吐心情見汝矣)라." 또는 "네가 나를 믿어 주어야 또한 나도 너를 믿어 주노라." 하신 통정심(通情心)의 말씀을 잘 생각하여 보아라.

◎ 1979년 01월 29일

적대심(敵對心)으로 불순 도덕(不順道德) 하여 남을 중상모략(重傷謀略)하는 것은 상인해물죄(傷人害物罪)에 적용(適用)된다. 자신(自身)이 진리(眞理)를 못 깨닫고 따르지 않으며 낙오(落伍)됨은 할 수 없거니와, 그 외(外)로는 상생 원리(相生原理)로 대소사(大小事)를 막론(莫論)하고 평화 공존(平和共存)을 기(期)하여, 상제(上帝)님의 말씀에 "제생의세(濟生醫世)는 성인(聖人)의 도(道)요, 재민혁세(災民革世)는 웅패(雄覇)의 술(術)이라. 이제 천하(天下)가 웅패(雄覇)에 의해 괴롭힌 지 오래되었다. 내가 상생(相生)의 도(道)로써 만민(萬民)을 교화(敎化)하며 세상(世上)을 평화(平和)케 하리라. 새 세상(世上) 보기가 어려운 것이 아니고, 마음을 고치기가 어려운 것이다. 이제부터 너희들의 마음을 고치고 대인(大人)을 공부(工夫)하는 사람은 다른 사람을 살리기를 생각하여야 하느니라. 어찌 억조창생(億兆蒼生)을 멸망(滅亡)케 하고 홀로 잘되기를 바라리오." 상제(上帝)님의 말씀을 잘 생각하라.

◎ 1979년 02월 01일

1. 연원(淵源)에 대(對)하여

첫째. 복희(伏羲) 선천 시대(先天時代)는 용마 부도(龍馬負圖)라, 고(故)로 신봉 어천(神奉於天)이며 고(故)로 천존 시대(天尊時代)이며 목신 사명

(木神司命) 하여 목덕(木德)이 왕(旺) 하니 춘운(春運)으로 시 괘 팔괘(始卦八卦) 하였고,

둘째. 주 문왕(周文王) 선천 시대(先天時代) 하운(夏運)으로 하도낙서(河圖洛書)라, 금귀부도출(金龜負圖出)하니 신봉어지(神奉於地) 하여 지존 시대(地尊時代)이며 화신 사명 화왕지절 하운야(火神司命 火旺之節 夏運也)라.

셋째. 금번(今番)은 정역 시대(正易時代)라. 수기본야(水氣本也)라, 연원(淵源)의 생장 원리(生長原理)로 신봉어인(神奉於人)이며 고(故)로 인존 시대(人尊時代)이니 연(淵)은 수(水)요, 원(源)은 본야(本也)이니 원시 반본(原始返本)의 정립 원리(正立原理)라. 원(源)은 곧 상제(上帝)님이시다. 누구 연원(淵源)들 하는데 알고 보면 죄(罪)가 된다. 연원(淵源)은 상제(上帝)님이시니, 금후(今後)로는 연원(淵源)을 알고들 말하라. 즉(卽) 연운(緣運)은 도헌(道憲)에 명시(明示)되어 있느니라. 전도인 연운(傳道人緣運): 도헌(道憲) 제12조(第十二條)~제14조(第十四條) 참조(參照)하라.

도인(道人)

도인(道人)은 상제(上帝)님의 도인(道人)이다. 내 도인(道人), 혹(或)은 네 도인(道人) 칭(稱)함은 죄(罪)이다. 그런즉(卽) 상제(上帝)님 도인(道人)이니만큼 소홀(疏忽)히 할 수 있겠는가?

나[도전(都典)]는 장자(長子)에게 존대(尊對)를 하고 수반(修班)에 이르기까지 내·외수(內外修)를 막론(莫論)하고 경대(敬待)를 하는데 어찌 우리 임원(任員)들이 도인(道人)을 소홀(疏忽)히 대하리오? 이후(以後)로는 임원(任員)들이 솔선적(率先的)으로 시정(是正)할 것을 촉구(促求)한다. 상

제(上帝)님의 도인(道人)이니만큼 상제(上帝)님을 신봉(信奉)하는 우리로서 어찌 상제(上帝)님 도인(道人)에게 감정(感情)을 가질 수 있겠는가? 앞으로는 자신(自身)을 반성(反省)하고 개과(改過)하여 참다운 도인(道人)의 위치(位置)에 정립(正立)하라.

 이상(以上)과 같이 2, 3차(次)에 걸쳐 내가 말한 바를 지키고 안 지키는 것은 양심(良心)에 맡기겠다. 양심(良心)은 자유(自由)다. 다 각기(各其) 자유(自由)에 있다. 그러나 잘못은 일후(日後) 신명(神明)이 판결(判決)할 것이니 양심적 처사(良心的處事)를 가지라. 고(故)로 우리 도는 신도(神道)니라. 그러므로 상재(上才), 중재(中才), 하재(下才) 각자 닦은 바에 기국(器局)대로 도통(道通)이 있는 것이다. 따라서 만일 도통(道通)이 없다거나 도통(道通)을 못 한다면, 우리는 도(道)를 믿을 필요(必要)도 닦을 필요(必要)도 없는 것이며, 당초(當初)부터 도문 소자(道門小子)가 될 필요(必要)도 없었음은 두말할 나위도 없는 것이다.

◎ 1979년 04월 02일
공부(工夫)에 대(對)하여
 시법 공부(侍法工夫)는 기도(祈禱)이다. 기도(祈禱)는 정성(精誠)을 들이는 것이니, 정성(精誠)에는 용모(容貌)를 단정(端正)히 하고 언어 행동(言語行動)에 정성(精誠)을 기울여야 한다. 단(但) 공부 시간(工夫時間)만이 기도(祈禱)가 아니고 24시간(時間) 신심(信心)을 주도 치밀(周到緻密)하여야 하며 제반(諸般)에 조심(操心)하여야 한다. 정성(精誠)에는 불안(不安)을 초래(招來)해서는 안 된다. 고(故)로 제반(諸般)에 친절(親切)하게 하며 안심(安心)·안신(安身)·경천(敬天)·수도(修道)에 임(臨)하도록 하라. 시학원(侍學員)과 정진급(正進級)은 제반(諸般)을 시범적(示範的)으로 행동(行動)하여 당일(當日) 수도인(修道人)들이 배워 가지고 나가서 덕화(德化)를 선양(宣揚)하도록 하라. 치성(致誠)에 음복(飮福)할 때 내가 먹는다는 것보다 십오신명(十五神明) 외(外)에 모든 신명(神明)들이 음복(飮福)하는 것이다. 먼저 심고(心告)를 올리고 조용히 조심(操心)하여 소요(騷擾)를 피(避)하라. 알고 보면 도장(道場) 내(內)는 신명(神明)들을 봉안(奉安)한 곳이니 침도 함부로 뱉지 못하는 곳이다. 고(故)로 우리 도(道)는 신도(神道)인 것이다.

◎ 1979년 04월 28일

1. 근무(勤務)에 충실(充實)히 하라. 도주(道主)님 재세(在世) 시(時)에 분부(分付)하시기를 "앞으로 너희들이 밥숟가락 들고 밥 먹을 사이도 없을 때가 있으리라."라고 하신 바가 있다. 그런데 어찌 너희들은 제자리를 못 지키고 있으니, 이를 명심(銘心)하여 직분(職分)을 충실(充實)히 하고 근무(勤務)에 소홀(疏忽)히 말라.

2. 가화(家和)에 대(對)하여

물론(勿論) 가화(家和) 없이 도심(道心)이 나올 수 없고, 윤리(倫理)가 성립(成立)되지 못한 데 매사불성(每事不成) 함은 본연(本然)한 이치(理致)인 것이다. 도가(道家)는 사회(社會)에 안녕질서(安寧秩序)에 선구자(先驅者)로서 타(他)에 시범(示範)을 기여(寄與)하여 현(現) 우리 정부(政府)에서 충(忠)·효(孝) 사상(思想)을 앙양(昂揚)함이 도(道)의 진리(眞理)가 아니겠는가? 그렇다면 이 점(點)을 우리 도인(道人)들은 현 사회(現社會)에 솔선적(率先的)으로 실천(實踐)함을 게을리 말라. 임원(任員)은 도가(道家)를 잘 살펴 사회 지탄(社會指彈)을 받는 일을 하여서는 안 되며, 항상(恒常) 도(道)를 생각하여 덕화(德化)를 베풀라.

◎ 1979년 05월 25일

　우리 『전경(典經)』은 비결(祕訣)이니만큼 그 내용(內容)을 통일(統一) 못 시킨다. 각자 의견(各自意見)을 들은 다음에 비교(比較)하여 자기가 깨달을 따름이다. 왜냐하면, 대국적(大局的)으로 크게 보는 사람과 소국적(小局的)으로 작게 보는 사람과의 차이점(差異點)이 있는 까닭이다. 생각에서 생각만큼 대국(大局)이 나오는 것이니, 대국적(大局的)인 생각을 하면 대국(大局)을 깨닫고 소국적(小局的)인 생각을 하면 소국(小局)을 깨친다. 우리 도인(道人)들은 대국적(大局的)으로 크게 보고 크게 생각하여야 한다. 그리고 매사(每事)에 장취성(將就性)을 갖도록 하라. 너무 지나치게 단순(單純)하게 보고 단순(單純)하게 생각하는 것을 고쳐야 한다.

◎ 1979년 08월 14일

　참배(參拜)는 과거(過去) 치성(致誠) 후(後) 5일간(五日間) 개방(開放)은 철폐(撤廢)하고, 하시(何時)라도 방면(方面)에서 참배(參拜)를 원(願)할 시(時)에는 허용(許容)한다. 단(但) 인원(人員)이 아주 적을 시(時)는 타방면(他方面) 인원(人員)과 합(合)하여 참배(參拜)시키도록 하라.

　예를 들면 白(백)은 仙(선)이니, 백두산(白頭山) 즉(卽) 白(백)은 人山(인산)이니, 人山(인산)이 수위(首位)가 된다. 백두산(白頭山)은 산지 조종 곤륜산(山之祖宗崑崙山)에서 장백산맥(長白山脈)을 놓고, 그 위에 백두산(白頭山)이 되고, 그 아래에 금강산(金剛山)이다. 강원도 금강산(江原道金剛山) 즉(卽) 강원도(江原道) 수(水)의 근원(根源)인 백두산 천지(白頭山天池)가 있으므로, 백두산(白頭山)은 선두산(仙頭山)이라고도 할 수 있고, 금(今)은 오행(五行)의 수위(首位) 또는 금속물(金屬物)의 총칭(總稱)이니, 경신 49금(庚申四九金) 신미생(辛未生)으로 상제(上帝)님께서는 금강산(金剛山)과 또 금산사 금불(金山寺金佛)로 오셨다.

왜? 동토(東土)인 조선(朝鮮)에 오셨을까?

조(朝)의 의의(意義)는 초명(初明) 한 것이요, 만진 투명(萬進透明)한 것이다. 鮮(선)의 의의(意義)는 '魚(어), 羊(양)'이 되나니 '맑은 선(鮮), 신선(新鮮)하다' 등등(等等)이다. 조선(朝鮮)이란 '밝고 신선한 아침'이란 뜻도 된다. 「어린 양」이란 말을 많이 하는데 '고기 魚(어), 이웃 隣(린)에 양 羊(양)' 자(字)이다. 고(故)로 '魚隣羊(어린 양)'이 되니라. 어(魚)는 수(水)가 근원(根源)이 된다. 수원(水原)이 연야(淵也)라. 고(故)로 연원(淵源)은 생장 염장(生長斂藏)의 사의(四義)가 있으며, 수(水)는 투명(透明)의 근원(根源)이 된다.

구천 상제(九天上帝)님 강세(降世)의 의의(意義)
구월(九月) 십구일 생(十九日生)
구월(九月)은 추절(秋節)이요, 금신 사명(金神司命) 가을 추(歌乙秋)이다. 구수(九數)는 구궁(九宮)이요, 구궁(九宮)은 우주(宇宙)이다. 십구일

(十九日)에 십수(十數)는 음(陰)이요, 구수(九數)는 양(陽)이다. 음양 지기 (陰陽之氣)로 우주 지간(宇宙之間)에 오신 의의(意義)이며, 십구일(十九日) 은 또 음구 양구(陰九陽九) 수합(數合)이 십팔 수(十八數)가 되고 남은 것 이 일수(一數)이다. 고(故)로 우주 지간(宇宙之間) 하나님으로 오신 이수 (理數)가 분명(分明)하다. 또 신미(辛未)는 납음(納音)으로 노방토(路傍土) 인 고(故)로 토생금(土生金) 상생 원리(相生原理)가 된다. 그래서 아무나 들어올 수 있다.

도주(道主)님께서는 함안 회문리(咸安會文里)에 을미생(乙未生)으로 탄 강(誕降)함으로 갑을(甲乙)은 동청룡(東靑龍), 십이월(十二月)은 축월(丑 月)이니 도(道)요, 또한 십이월(十二月)은 청(靑)이요, 사일(四日)은 사계절 (四季節)을 응(應)하였다. 고(故)로 십이월(十二月) 청(靑)은 불변(不變)의 이치(理致)요, 사일(四日)의 사절(四節)도 변(變)함 없이 행(行)하여지므로 즉(卽) 이도 진리(眞理)인 것이다.

신미 을미(辛未乙未)는 이십오 년간(二十五年間) 차(差)로써 이십사수 (二十四數)를 제(除)하면 일수(一數)가 남으므로 도주(道主)님이 되는 것 이다. 신미 갑오(辛未甲午) 이십사 년(二十四年), 갑오(甲午) 동학 봉기(東 學蜂起) 함은 24절(二十四節)을 종합 응기(綜合應氣) 하여 익년(翌年) 을 미년(乙未年)에 도주(道主)님이 강세(降世)하셨다. 십이월(十二月) 사일 (四日)은 반월(半月)이요, 초생(初生)달이다. 반월(半月)은 무광(無光)인 고 (故)로 백토(白兔)라. 반월반행월(半月伴行月)이 된다. 고(故)로 주소월(走 小月) 조(趙)로 오셨다.

약론세간초도사(若論世間超道士) 수종백토주청림(須從白免走靑林)

목신 사명(木神司命)에서 화신 사명(火神司命), 화신 사명(火神司命)에서 금신 사명(金神司命), 가을 추(歌乙秋) 결실기(結實期)에 정역(正易)이 된다.

우리 한국(韓國)이 세계 각국(世界各國) 약소민족(弱小民族)으로 원한(怨恨)이 충만(充滿)하다. 고(故)로 해원(解冤)을 위주(爲主)로 상생(相生)의 원리(原理)와 상제(上帝)님의 덕화(德化)를 펴므로 세계(世界)가 공존공영(共存共榮), 지상낙원(地上樂園)의 선경(仙境)을 건설(建設)함에 있어서 우리나라가 세계(世界)의 종교 종주국(宗教宗主國)이 되는 것이다.

◎ 1979년 08월 17일

종교(宗教)는 자유(自由)이다. 종교인(宗教人)의 자세(姿勢)를 확립(確立)하여야 한다.

정신개벽(精神開闢)은 현 사회(現社會)의 부조리(不條理)함을 시정(是正)함에 있다. 우리 도(道)는 세계(世界)를 포괄(包括)한 도(道)이니, 도인(道人)과 사회인(社會人)과 구분(區分)을 두지 말라. 수도(修道)의 정신(精神)으로 사회인(社會人)을 대(對)하라. 종교인(宗教人)은 자유(自由)라 해서 법(法)을 이탈(離脫)하면 안 된다. 사회(社會)의 준법정신(遵法精神)으로 현 사회(現社會)의 부정당(不正當)함을 추방(追放)하고 공존(共存)의 미덕(美德)을 선양(宣揚)하라.

해원(解冤)

상제(上帝)님의 삼계 공사(三界公事)는 천계(天界), 지계(地界), 인계(人界)의 삼계 공사(三界公事)이다.

보은(報恩)

옥황상제(玉皇上帝)님은 50년(五十年) 공부(工夫)이다.

해원·보은(解冤報恩) 양 원리(兩原理)에서 공존공영(共存共榮)의 선경 건설(仙境建設)이 이룩된다.

삼계 공사(三界公事)에서 삼대 원리(三大原理)의 준엄성(峻嚴性)을 각성(覺醒)하라.

1. 정신개벽(精神開闢)
2. 인간 개조(人間改造)
3. 세계 개벽(世界開闢) 등(等)이다.

지금(只今)은 우리 사명(使命)이 여기에 있다. 1년(一年) 12월(十二月)이 운행(運行)된다. 3개월(三個月)이 한 계절(季節)이 된다. 4계절(四季節)이 3수(三數)로 계산(計算)하면 12월(十二月)이 되니, 사절(四節)에는 중앙수(中央數) 오수(五數)가 통제 관장(統制管掌) 하는 법(法)이다. 오십 토(五十土)다. 사수(四數)를 거론(擧論)치 말라. 사수(四數)에는 오수(五數)가 아니면 안 된다.

삼(三) + ┌ 우주 개혁(宇宙改革)
       ├ 인간 개조(人間改造)
       └ 지상 선경(地上仙境)

1. 천지인(天地人)-상원갑(上元甲), 중원갑(中元甲), 하원갑(下院甲)
2. 유불선(儒佛仙-상통천문(上通天文), 하달지리(下達地理), 중찰 인사(中察人事)
3. 초분(初分), 중분(中分), 말분(末分)

교화(敎化)는 원리(原理)를 버리고 인심(人心)에 혼란(混亂)을 초래(招來)하고 공포감(恐怖感)을 일으키면 국가보안법(國家保安法)에 저촉(抵觸)될 수 있다. 안심(安心)·안신(安身)·경천(敬天)·수도(修道)에 위배(違背)된다.

고(故)로 정신개벽(精神開闢), 사회 개벽(社會開闢), 세계 개벽(世界開闢) 등(等)이 인간 개조(人間改造)에 있다. 감사원(監査院)은 원칙(原則)으로 보정원(정원)[補正院(正院)] 임원(任員)이 사정위원(査正委員)이 되어야 하고, 교정부 임원(敎正部任員)은 징계위원(懲戒委員)이 돼야 한다. 징계(懲戒)를 원칙(原則)으로 하지 말고 선도(善導) 및 사고 미연 방지(事故未然防止)를 목적(目的)으로 한다.

◎ 1979년 09월 17일
도인(道人)은 자각(自覺)하여야 한다.
삼변 진리(三變眞理)의 원칙(原則)을 각성(覺醒)하라. 내[도전(都典)]가 간단(簡單)하게 언급(言及)한 바를 진리(眞理)에 비추어 연구(研究)해 보아라. 생각에서 생각이 나오는 것이다.

1. 천지비(天地否), 건남곤북(乾南坤北) 이동감서(離東坎西), 신봉 어천(神奉於天), 본춘(本春), 동남(東南), 용마(龍馬)라.

2. 수화 미제(水火未濟), 이남감북(离南坎北) 진동 태서(震東兌西), 신봉 어지(神奉於地), 열음 하(熱陰夏), 미완성(未完成), 금구(金龜)라.

3. 지천태(地天泰), 곤남건북(坤南乾北) 간동태서(艮東泰西), 신봉어인(神奉於人), 가을 추(歌乙秋), 완성(完成)
   인신령부(人神靈符) [연원 도통(淵源道通)]
   인신(人神)·금산사 미륵불(金山寺彌勒佛) 사명(司命)-상제(上帝)님, 가을 추(歌乙秋)[노래: 정산(鼎山) 님]

4. 도생 천지(道生天地)
   천지 생만물(天地生萬物) 생장 염장(生長斂藏)
   춘하추동(春夏秋冬) 풍우 상설(風雨霜雪)
   전북(全北) 정읍군(井邑郡) 덕천면(德川面) 신속리(新俗里)

가. 선망리(仙望里)-강세 전(降世前)　삼신산(三神山)
나. 객망리(客望里)-강세 후(降世後)　망제봉(望帝峯)
다. 신기리(新基里)-　　　　　　부정산(扶鼎山)
라. 신월리(新月里)-　　　　　　시루산
마. 신속리(新俗里)-　　　　　　쪽박골

◎ 1979년 10월 08일

해원·보은(解冤報恩)이 없으면 상생(相生)이 있을 수 없다.

　지방(地方)에서나 방면적(方面的)으로 마음이 맞지 않는 것이, 도장(道場)에서나 임원(任員)들이 단결(團結)을 못 이루는 원인(原因)은, 마음이 좁고 상호 이해성(相互理解性)이 부족(不足)해서 해원·보은(解冤報恩) 양원리(兩原理)의 상생화(相生化)를 못하는 데 있다. 어떤 사람이 남에게 해(害)를 입게 된 것은, 전생(前生)에 남에게 해(害)를 입게 한 까닭에, 멸신(滅神)의 소회(所懷)로 그리되는 것이다. 내 은혜(恩惠)를 넓게 베풀면 또한 다른 사람으로부터 내게 보은 혜택(報恩惠澤)을 입는 게 진리(眞理)인 것이다. 남이 나에게 해(害)를 줄 때 대항(對抗)하지 말고, 내가 이해(理解)하고 적대시(敵對視) 않으면 척(慼)을 맺지 않는다. 그러므로 거기서 저해(沮害)를 준 사람도 감동심(感動心)이 생겨 상생 윤리(相生倫理)를 회복(回復)시키게 된다. 그러므로 또한 기쁘지 않겠는가? 대소사(大小事)를 막론하고 상대(相對)가 싫어하는 일을 행(行)하지 말라. 기소 불욕 물시 어인(己所不欲勿施於人)]. 내 처신(處身)을 후덕(厚德)하게 함으로 상대(相對)는 보은(報恩)하는 것이다. 그런데 지금(只今) 여러분은 그렇지 않다. 옹졸한 생각을 버리고 상호 이해심(相互理解心)으로 앙양(昂揚)하여 불평

(不平) 없이 척(慼)을 짓지 말라.

◎ 1979년 12월 23일

체계 확립(體系確立)을 기(期)하라.

연운(緣運)을 무시(無視)하면 비도인(非道人)이다. 유통 연맥(流通連脈)하여 상승(上昇)하는 지대(至大)한 원리(原理)를 각성(覺醒)하라. 도헌(道憲)에도 명시(明示)되어 있다. 도헌(道憲)에 전도인(傳道人)의 은의(恩義)를 영수 불망(永受不忘)하라. 연운(緣運)의 종속적 관계(從屬的關係)는 불변(不變)하며 연운 공로(緣運功勞)와 사수 공로(師修功勞)를 비교(比較)할 때 사수 공로(師修功勞)가 크다.

예(例)를 들면, 생육지은(生育之恩)과 교사지은(教師之恩)은 막중(莫重)하다. 함에도 불구하고 자기(自己)의 생각을 무시(無視)하여 배은망덕(背恩忘德)을 하고 어찌 운수(運數)를 받겠는가? 혹(或)은 자기(自己) 생각이 득죄(得罪)하여 도(道)를 안 믿는다면 할 수 없이 그 위의 선각(先覺)에 연결(連結)하여 운수(運數)를 받게 되나, 그러하더라도 흠(欠)집은 있다. 예(例)를 들면, 수술(手術)한 데 흉터가 있는 것과 같다. 근심엽무(根深葉茂) 원원장류[(源遠長流)(뿌리 깊은 나무는 잎이 무성(茂盛)하고, 물의 근원(根源)이 멀면 그 흐름도 길다.)함이 진리(眞理)이다.

도(道)를 믿는다 하면 어찌 감정(感情)을 두고 척(慼)을 질 수 있겠는가? 상호 이해심(相互理解心)을 앙양(昂揚)하여 곡해(曲解)를 일소(一掃)하고 체계(體系)를 바루라. 만일(萬一) 엉클어진 연운(緣運)이 있으면 직접(直

接) 시정(是正)하여 정립(正立)하고 해원·보은(解冤報恩) 양 원리(兩原理)로 상생 윤리(相生倫理)의 미덕(美德)을 선양(宣揚)하라.

시속(時俗)에 "맥(脈) 떨어지면 죽는다" 이르느니 연원(淵源)을 바르게 잘 하라. 연운(緣運)과는 다르다. 사사상전(師師相傳)의 원리(原理)는 동일(同一)하다. 또는 행오(行伍)를 잃으면 군사(軍士)가 상(傷)한다. 행오(行伍)를 어기면 즉(卽) 낙오병(落伍兵)이 된다. 대학(大學)에 '물유본말 사유종시 지소선후 즉근도의(物有本末 事有終始 知所先後 則近道矣)라는 말이 있다.

상제(上帝)님께서 "양이 적은 자(者)에게 과중(過重)하게 주면 배가 터질 것이며, 양이 큰 자(者)에게 적게 주면 배고플 터이니 각자 기국(各自器局)에 맞추어 주리라."라고 말씀하셨다. 선악(善惡)에 대(對)한 선천(先後天)은 선천 영웅 시대(先天英雄時代)는 죄(罪)로써 먹고 살았으나, 후천 성인 시대(後天成人時代)는 선(善)으로써 먹고살 터이니, 죄(罪)로써 먹고 사는 것이 장구(長久)하랴? 이제 후천 중생(後天衆生)으로 하여금 선(善)으로써 먹고살 도수(度數)를 짜 놓으셨다.

◎ 1979년 12월 28일
 책임자(責任者)라 함은 그 '책(責)' 자(字)는 바로 '꾸짖는다'는 의미(意味)요, '임(任)' 자(字)는 바로 '꾸짖는 자를 맡긴다'는 뜻이다. 나[도전(都典)]는 도(道)를 닦는 도인(道人)이라면 다 믿고 있다. 고(故)로 도인(道人)을 금싸라기보다 중(重)하다고 본다. 도인(道人)을 바로 인도(引導)하여 상제(上帝)님 공사 원리(工事原理)에서 탈선(脫線)되지 않게 지도(指導)코자 때로는 엄격(嚴格)한 꾸지람도 한다. 여기에 감정(感情)도 오해(誤解)도 있을 수 없다. 도(道)를 믿고 있기 때문에 믿는다는 까닭이요, 잘못된 바를 방관시(傍觀視)할 수도 없다.

비유(譬喩)컨대, 병(病)의 원인(原因)을 알면 병(病)의 치료 방법(治療方法)도 쉽게 할 수 있다. 병(病)들어 있는 진리(眞理)를 속(速)히 알아서 치료(治療)해 나아가라. 그럼으로써 앞일을 경계(警戒)하며 자기 자신(自己自身)을 닦고 고쳐 나갈 수 있다. 무편무사(無偏無私)하여 도인(道人)을 애휼(愛恤)로써 금싸라기같이 아껴 나가므로 상부상조(相扶相助)의 길은 열린다. 대사(大事) 속에 사감(私感)은 금물(禁物)이며 해원·보은(解冤報恩) 양 원리(兩原理)를 명심(銘心)하여 이행(履行)해 나가라. 체계(體系)를 바로 세우고 이해(理解)로써 이끌어 나가면, 아무 일 없이 잘해 나갈 수 있으며, 세대(世代)에 맞추어 행(行)하라. 곡식(穀食)을 심어서 싹이 나는 것을 호미로 엎어 못 오르게는 못한다. 그 속에서 상급 임원(上級任員)과 하급 임원(下級任員)은 합심(合心)이 된다.

12. 1980년, 통정심

1. 화목 단결(和睦團結)과 통정심(通情心)에 대(對)하여

임원(任員)들의 행적(行績)은 본부(本部)에서나 지방(地方)에서나 같다고 생각된다. 임원(任員)들은 각 방면(各方面) 체내(體內)가 평온(平穩)하여야 된다. 방면(方面)이 평온(平穩)한 데서 비롯해야 가정(家庭)의 평화(平和)를 이루며 타(他)에 수범(示範)이 된다. 고(故)로 가정(家庭)의 평화(平和)와 화목(和睦)이 되므로 도심(道心)이 생긴다. 도인(道人)의 가족(家族)은 화목(和睦)하고 성실(誠實)하여야 한다. 도인(道人)이 성실(誠實)치 못함은 그 책임(責任)이 임원(任員)에게 있다. 임원(任員)들은 사회(社會)에서 도덕(道德)을 준수(遵守)하고 솔선 수범 하는 인물(率先示範人物)이 되어야 한다. 도인(道人)이라면 어느 누구든 간(間)에 상부상조(相扶相助)하는 정신(精神)을 가지고 언행일치(言行一致)에 실천(實踐)하는 데서 도인(道人)의 자격(資格)이 있고 목적(目的)을 달성(達成)할 수 있다.

우리 도(道)는 나 하나 잘 되는 것이 아니고, 남을 잘 되게 하는 것이니, 범위(範圍)가 무한대(無限大)하다. 그러므로 임원(任員)들의 생각하는 바도 도량(度量)과 기국(器局)이 각기(各其) 다르다고 할 수 있으며 교화 방법(教化方法)도 다르다. 그러나 진리(眞理)는 하나다. 상제(上帝)님의 광구창생(匡救蒼生)의 뜻을 저버리지 말라. 그러니 상호 공존(相互共存)의 미덕(美德)을 선양(宣揚)하라. 자신(自身)이 솔선수범(率先垂範)하여 수반(修班)과 실토 심정(實吐心情)의 심리적(心理的)인 결합(結合)에서 인정(人情)과 통정심(通情心)이 나오므로 상봉하솔(上奉下率)에 정의감(正義感)이 발

양(發揚)케 된다.

2. 지방 사업(地方事業)에 대(對)하여

방면 체내(方面體內)의 미숙(未熟)한 점(點)은 선사(宣伺), 교정(敎正)과 상의(相議)하여 사업(事業)에 주력(注力)하라. 선사(宣伺), 교정(敎正)이 논의(論議)해 오면 그들의 노고(勞苦)를 생각하여 잘 받아 주되, 착오(錯誤)가 있다고 생각되면, 선감(宣監)은 즉시(卽時) 인책(引責)하라. 그러나 임원(任員)들의 성격(性格)이 모두 다르니 그 성품(性稟)에 맞추어 지도(指導)하라. 그 임원(任員)의 성격(性格)에 맞추지 않는 데서 마찰(摩擦)이 생길 수 있다. 그 임원(任員) 성격(性格)에 맞추라고 하는 것은 보비위(補脾胃)하라는 것이 아니라 도(道)의 진리(眞理)를 확실(確實)히 알 때까지 맞추어라. 우리 도(道)는 상생(相生)의 대도(大道)이니만큼 진리(眞理)를 확실(確實)히 알기만 하면 오해(誤解)도 감정(感情)도 있을 수 없고, 마비(痲痺)와 마찰(摩擦)은 있을 수 없고, 오히려 꾸짖어 주는 것을 달게 받는 때가 온다. 이러한 시점(時點)에 와야 상호 간(相互間) 믿을 수 있는 임원(任員)이 된다. 믿을 수 있고 이해(理解)할 수 있는 임원(任員) 사이는 융화(融和)되고 단결(團結)도 되는 사업체(事業體)가 이루어질 수 있다. 이상(以上)과 같이 믿을 수 있고 이해(理解)할 수 있는 임원(任員)이 되라. 선감(宣監)과 선사(宣伺)는 한 반죽이 되어 선사(宣伺)는 선감(宣監)이 지시(指示)하는 바를 지켜 선무 체내(宣務體內)를 빠짐없이 챙기는 데 본분(本分)과 사명(使命)을 다하여야 하며, 선사(宣伺)와 선무(宣務) 사이도 한 덩어리가 되어 가가호호(家家戶戶) 철저(徹底)히 심방(尋訪)하여 진리 교화(眞理敎化)로 육성(育成)시켜 성공(成功)할 수 있는 도인(道人)을 만들어야 한다. '사람 기르기가 누에 기르기와 같다.'는 구절(句節)이 있다. 상제(上帝)님에게 인연(因緣)이 맺어진 귀중(貴重)한 도인(道人)을 조금이라도 소홀(疏忽)히 생각지 말고 인정(人情)과 정성(精誠)을 다하여 하나라도 낙오(落伍) 없이 인솔(引率)토록 하라. 우리의 성공(成功)은 이 가운데 있느니라.

3. 교화(敎化)에 대(對)하여

교화(敎化)란 상대(相對)의 심리(心理)를 간파(看破)할 줄 알아야 한다.

자아적(自我的)인 주장(主張)을 앞세우지 말고 자타(自他)가 인정(認定)할 수 있는 이해(理解)와 설득(說得)을 시켜야 된다. 교화 목적(敎化目的)은 상대방 자신(相對方自身)이 우리 도(道)의 진리(眞理)에 대(對)하여 확실(確實)한 인식(認識)을 갖게 하는 데 목적(目的)이 있다. 상대방(相對方) 인식감(認識感)에서 신심(信心)의 입지(立志)가 견고(堅固)하게 되었을 때에 우리의 목적(目的)인 도통(道統)을 받을 수 있게 된다. 우리 도(道)에 진리(眞理)가 빈틈없다고 이해(理解)시키는 것이 교화(敎化)이니 수반(修班)들에게 확실성(確實性) 있는 신심(信心)을 가꾸어 주라. 책선 지도(責善指導)는 우리 수도(修道)의 근본(根本)이다. 임원(任員)은 상임원(上任員)에게 꾸지람을 들을 때에 아래 도인(道人)이 보아도 나쁘게 생각하고 보는 것이 아니다. 가깝게 지내도 어렵게 보이는 법(法)이다. 알고 있어도 서로 물어보고 행(行)하면 친밀감(親密感)과 정의(情誼)는 더욱 두터워진다. 상제(上帝)님 말씀에 "비인정불가근(非人情不可近)이라."라는 구절(句節)이 있다. 우리 도(道)는 인정(人情) 노름이다. 인정(人情)에 벗어지면 불신(不信)이 온다. 불신(不信)에서는 성(誠)·경(敬)·신(信)이 끊어진다. 성(誠)·경(敬)·신(信) 없이 우리에게 성공(成功)이 있을 수 없다. 성(誠)·경

(敬)·신(信)을 바탕으로 삼아 수심 연성(修心煉性) 세기 연질(洗氣煉質) 하는 도인(道人)으로 교화 육성(敎化育成) 하라.

4. 겁액(劫厄)에 대(對)하여
 복마(伏魔)에다 해마 도수(解魔度數)를 두셨다.
 우리의 목적(目的)을 달성(達成)하는 데는 겁액(劫厄)이 있다. 이를 극복(克服)하는 데서 성공(成功)이 온다. 이 화(禍) 끝에 복(福)이 온다. "치지망지연후존(致之亡地然後存)이며 함지사지연후생(陷之死地然後生)이라." 복마(伏魔)가 아닌 복마(福魔)이다. 그러므로 화복(禍福)이라고 한다. 누구나 자신(自身)이 과오(過誤)를 저지르면 자포자기(自暴自棄)하는 데서 탈선(脫線)이 된다. 신명 공판(神明公判)은 운수(運數) 받는 자리에서 있는 것이 아니고 수도 과정(修道過程)에서 있는 것이다. 신명(神明)이 각자(各自)의 닦은 바를 가늠질하여 운수(運數) 자리를 정(定)한다. 허화 난동(虛華亂動)을 조심(操心)하라. 난법(亂法)을 저지르면 자신(自身)도 모르게 도(道)가 멀어진다. 사람이 도(道)를 버리지, 도(道)가 사람을 버리지 않는다. 이와 같은 참뜻을 각자(各自)가 깨달아야 한다. 앞으로 도인(道人)들이 속았다, 헛닦았다 하는 말들이 나올 때가 있다. 유교(儒敎)에 72 현인(賢人)과 불교(佛敎)의 500 나한(羅漢)의 고역(苦役)을 생각하여 보아라. 참다운 성심(誠心)에서 일심(一心)이 나올 때 비로소 삶이 있다. 마음 지키기가 죽기보다 어려우니 따라오는 힘이 크니라.

ⓒ 1980년 03월 28일
 우리 사업(事業)은 포덕 교화(布德敎化)에 있다. 목적(目的)을 달성(達

成)하기 위(爲)하여 수행(修行)과 수도(修道)를 하는 것이다. 진리(眞理)는 삼라만상(森羅萬象) 생존(生存)의 법리(法理)이며, 대권(大權)을 가지신 분이 상제(上帝)님이시다. 이 우주(宇宙)의 법리(法理)가 신봉어천(神奉於天), 신봉어지(神奉於地), 신봉어인(神奉於人)이다. 금번(今番)의 도통(道統)이란 신봉어인(神奉於人)이다. 즉(卽) 신인 상합(神人相合)이다. 신봉어인(神奉於人)은 성(誠)·경(敬)·신(信)과 안심(安心)·안신(安身)에 있다.

◎ 1980년 05월 14일

　진리(眞理)로 교화 육성(敎化育成)하라. 도(道)는 우주(宇宙)를 포괄(包括)하는 진리(眞理)라, 대범(大泛)한 것이다. 그러므로 임원(任員)은 상제(上帝)님의 선포(宣布)하신 해원·보은(解冤報恩)의 양 원리(兩原理)와 보국안민(輔國安民), 광제창생(廣濟蒼生), 사업(事業)의 덕화 선양(德化宣揚)에 주력(注力)하고 위배(違背)됨이 없이 하라. 임원(任員)들은 호신 절용(護身節用) 하여 언행일치(言行一致)하며, 각자 자신(各自自身)을 반성(反省)하여 과부족(過不足)이 없는가를 살펴 고쳐 나가야 하며, 도인(道人)을 진리(眞理)로 교화 육성(敎化育成)하고 감언이설(甘言利說)로 전도(傳道)함이 없어야 한다.

　1. 포덕(布德)에 대(對)하여
　포덕(布德)은 입도(入道)시키는 것만이 포덕(布德)이 아니고 덕(德)을 편다는 말이니, 도인(道人)과 사회인(社會人)과의 구분(區分)을 두지 말고, 어느 누구에게나 상부상조(相扶相助)하고 협동심(協同心)을 앙양(昂揚)하여 공존(共存)의 미덕(美德)을 선양(宣揚)하여야 하며, 사회(社會)에 불안

(不安)을 끼치는 행위(行爲)는 도덕 사업(道德事業)에 위배(違背)되며 본도(本道)에서는 용납(容納)할 수 없다. 또 현 시국(現時局)을 악용(惡用)하여 소요(騷擾)케 하며 부정당(不正當)한 언행(言行)을 감행(敢行)함은 있을 수 없다. 본연(本然)한 진리(眞理)로 사회 안정(社會安定)과 자신(自身)의 인간 본질(人間本質)의 본성(本性)을 되찾는 데 가치(價値)가 있고, 목적(目的)을 달성(達成)할 수 있는 배려(配慮)를 하고, 임원(任員)들은 수반 도인(修班道人)을 두루 살피고 진리(眞理)로 차원 향상(次元向上)을 기(期)하라.

2. 교화(敎化)는 친불친 간(親不親間) 원리(原理)로 행(行)할 것.

진리(眞理)를 이탈(離脫)하여 조언(造言)으로 사심(私心)에 사로잡혀 이기주의적(利己主義的) 부당(不當)한 행위(行爲)와 발언(發言)을 감행(敢行)하면 조만간(早晩間) 본색(本色)이 탄로(綻露)되어 자기(自己) 말에 휘말려 타인(他人)으로부터 불신감(不信感)을 유발(誘發)하며 본의(本意) 아닌 덕화 손상(德化損傷)을 하게 되니 대소사(大小事)를 막론(莫論)하고 진리(眞理)는 공통(共通)되는 바이니 언행(言行)과 교화(敎化)를 정당(正當)하게 원리(原理)대로 하라

3. 포덕(전도)[布德(傳道)] 시(時) 신원(身元)에 대(對)하여:

포덕(布德) 시(時)는 입도(入道)시킬 의욕(意慾)에만 사로잡히지 말고, 먼저 그 사람의 신원(身元)을 잘 파악(把握)할 것. 사회(社會)가 불안정 시(不安定時)는 신원(사상)[身元(思想)], 불명(不明)인 사람, 종교(宗敎)에 침입(侵入), 위장 평화(僞裝平和) 공세(攻勢)를 감행(敢行)할까 염려(念慮)되는 바이니 잘 고찰(考察)하여 인과관계(因果關係)를 알아보고 입도(入道)

시켜야 한다. 임원(任員)들은 제사업(諸事業)에 신중(慎重)하여야 하며 항상(恒常) 도심(道心)을 잊지 말라.

◎ 1980년 06월 11일

1. 해원상생 사상(解冤相生思想)

해원상생(解冤相生)이란 상제(上帝)님의 사상(思想)은 세계 평화(世界平和), 인류 화평(人類和平)에 있다. 즉(即) 세계 개벽(世界開闢), 인간 개조(人間改造), 지상낙원(地上樂園), 정신개벽(精神開闢)이며, 인간(人間)의 본질(本質)인 정직(正直)과 진실(眞實)을 사랑과 이해(理解)로써 지켜 나가면, 자연(自然) 인류 화평(人類和平)이 오며, 이것이 상부상조(相扶相助)이며, 그 속에 세계 평화(世界平和)가 있다. 상제(上帝)님께서 모든 것의 사상(思想)과 창생(蒼生)을 주셨다. 국가 사회(國家社會)는 각국(各國)이 집단(集團) 된 곳이며, 지구 내 국가 사회(國家社會)가 모두 인류(人類) 없이는 무용지물(無用之物)이며 도덕(道德)이 필요(必要)하다.

2. 법(法)

인(仁)·의(義)·예(禮)·지(志)·신(信), 삼강오륜(三綱五倫), 충(忠)·효(孝)·열(烈)이 이루어질 수 없으면 국가 사회(國家社會)가 성립(成立)되지 않으며, 이것이 없어지면 이를 지구(地球)의 종말(終末)이라고 한다. 지구 자체(地球自體)도 존재 가치(存在價値)가 없어지고 도덕(道德)과 법(法)도 없어진다. 이를 지켜 나가는 데 무슨 잘못이 있다는 것인가? 포덕(布德)도 이를 지키는 데 있다.

3. 병(病)

상제(上帝)님께서 천지 대권(天地大權)을 주재(主宰)하시고 인계(人界)에 강림(降臨)하셔서 구 년 공사(九年工事)를 보시면서 인류(人類)의 병(病)을 진단(診斷)하시고 치료법(治療法)과 처신(處身)을 말씀해 주신 것을 기록(記錄)해 놓은 것이 『전경(典經)』이다. 하나 앞으로 그 많은 고난(苦難)과 병겁(病怯)을 이겨 나갈 수 있다는 것은 아니다. 그 병(病)을 옳게 고쳐 나가는 것을 지키고자 함은 우리가 충(忠)·효(孝)·열(烈), 인(仁)·의(義)·예(禮)·지(志)·신(信)을 지켜 교화(敎化)하고 다스려 나가야 되지 않겠나? 하지만 도인(道人)이 되지 않고서는 행(行)하여 지켜 나갈 수 없기 때문이다. 사물탕팔십첩(四物湯八十貼)을 잘 알아 두라.

도인(道人)

1. 도인(道人)으로서 신명 공판(神明公判)은 도통(道統) 시(時)가 아니고 그 이전(以前)인 현시(現時)에서 판단(判斷)되나니 『전경(典經)』에 '천도(天道)는 교탕어선(敎湯於善)하고 교걸어악(敎桀於惡)'이라는 구절(句節)을 잘 알아 두라.

2. 훈시(訓示)한 것은 현실(現實)에서 원대(遠大)한 앞날을 내다 걸고, 하여튼 이것을 깨닫지 못하고 이행(履行)치 않으니 장차(將次) 오는 일을 어떻게 할 것인가 깊이 생각하여라.

3. 우리 도(道)는 신도(神道)임을 누차(累次) 말하였으나 깨닫지 못함은 신도(神道)와 인위적(人爲的)인 사도(邪道)를 구분(區分)하지 못한 까닭이

다. 이 점(點)을 각성(覺醒)해야 한다.

4. 도장(道場) 내(內)는 신명(神明)이 만장(滿場)하며 일인당(一人當) 두 신명(神明)이 따르고 있으니 기만 위장(欺瞞僞裝)이 없는 도인(道人)의 본분(本分)을 지켜야 할 것이다.

5. 우리 도(道)의 종통(宗統)은 상제(上帝)님의 계시(啓示)로 도주(道主)님께서 계승(繼承)하셨고, 나[도전(都典)]는 도주(道主)님의 유명(有名)으로 직접(直接) 종통(宗統)을 계승(繼承)한 것이다. 외순 내역(外順內逆)은 도가 불용(道家不容)이니, 임원 자신(任員自身)부터 이수 이행하여 난공불락의 도인 앙양(昂揚)에 전력(全力)하여야 한다.

◎ 1980년 09월 20일
1. 도통 진경은 진실하고, 정직(正直)하고, 인간성(人間性)의 본질(本質)을 회복(回復)했을 때 도통(道統)에 이른다.

2. 단(但) 도즉아 아즉도(道卽我我卽道)라고만 생각지 말고 내 마음을 거울과 같이 맑게 닦고, 상제(上帝)님 말씀에 주관(主觀)을 두고 언행(言行)과 처세(處世)를 생활화(生活化)하여 세립 미진(細粒微塵)에 이르도록 무자기(無自己) 하여 거울과 같은 진경(眞境)에 이르렀을 때 도통(道統)이 되는 것이다. 진경(眞境)은 만복(萬福)의 근원(根源)이며, 진심견수복선래(眞心堅守福先來)이다.

3. 임원(任員)은 책임감(責任感)을 중(重)히 하라. 자신(自身)이 진실(眞實)에 정립(正立)하지 않고 수하(手下)를 지도(指導)하겠는가? 수의(隨議) 시(時)마다 훈회(訓誨)·수칙(守則)을 읽으나 실효(實效)는 못 거두니 이는 허세(虛勢)이다. 명심(銘心)하고 실천(實踐)하라.

종지(宗旨)
 1. 음양 합덕(陰陽合德): 상대적 화합(相對的和合)을 말한다.

 2. 신인 조화(神人調和): 신인(神人)의 상생 상응(相生相應)의 조화(調和)로서 화목(和睦) 되는 것을 말한다.

 3. 해원상생(解冤相生): 상대(서로)(相對)가 이해(理解)로써 원망(怨望) 없이 상부상조(相扶相助)로 상생(相生)함을 말한다.

 4. 도통 진경(道統眞境): 무아 지경(無我地境), 도(道)를 통(通)할 수 있는 진경(眞境). 마음·몸에 있어서 티끌 하나 없고 거울같이 맑고 밝은 경지(境地). 정직(正直)하고 진실(眞實)한 근본(根本)의 인간(人間)으로 돌아가는 것이다. 맑고 맑은 신념(信念)을 거울같이 깨끗이 해야 하며, 언행일치(言行一致)의 처세(處世)를 해 나가고 성(誠)·경(敬)·신(信)을 주(主)로 해야 한다.

 도인(道人)의 교화 지도(敎化指導)는 바르게 행(行)해야 한다. 상하 일치(上下一致), 합심(合心), 화목(和睦)이 되면 불화(不和)가 있을 수 없다. 상급 임원(上級任員)들이 모범(模範) 된 처사(處事), 처신(處身)을 함으로써 수반(修班)이 따르고 임원(任員)은 선도(善導)의 목적(目的)을 달성(達成)할 수 있다. 성(誠)·경(敬)·신(信); 상제(上帝)님의 진리(眞理)가 내 마음에 확고(確固)히 정립(定立)하였을 때 참다운 성(誠)·경(敬)·신(信)에 이른다. 신(信)이 확고(確固)하지 못하면 위장(僞裝)된 성(誠)·경(敬)·신(信)이 되니 신(信)을 바르게 닦고 있다면 참다운 신(信)이 된다.

◎ 1980년 12월 04일

1. 대순 종단(大巡宗團)은 구천상제(九天上帝)님을 신앙 대상(信仰對象)으로 하는 사람이 모인 종단(宗團)이다. 임원(任員)은 각 방면(各方面)마다 분포(分布)되어 있으며, 종단 제도(宗團制度)에 따라 사업(事業)을 수행(修行)하고 있다. 각 가정(各家庭)과 같이 각 방면(各方面)의 임원(任員)도 그 성질(性質)이 다른 까닭에 방면(方面) 수반(修班)도 그 방면(方面) 책임자(責任者) 성질(性質)까지 닮는다. 그러니 임원(任員)의 책임(責任)이 중(重)하지 않은가? 임원(任員)은 각 직위(各職位)와 위치(位置)를 알고 지켜야 한다. 그러므로 흥망성쇠(興亡盛衰)는 임원(任員)의 도량(度量)과 처신(處身), 처세(處世)에 달려 있다.

2. 교화 목적(敎化目的)은 도통진경(道統眞境)까지 도인(道人)을 이끌어 가는 것이요, 진경(眞境)은 정직(正直)하고 진실(眞實)한 데 있다. 교화(敎化)는 즉(卽) 진리(眞理)로 책선(責善)하는 것이니, 임원(任員)은 정립(正立)하여 책선 지도 임무(責善指導任務)와 책임(責任)이 있다.

3. 도(道)를 잘 믿는다는 것은 임원(任員)이 자기 책임(自己責任)과 임무

수행(任務遂行)에 일거 동정(一擧動靜)을 잘 살피므로 상하(上下) 인간 본질(人間本質)로 인격(人格)을 완성(完成)하게 되어 있다.

4. 화합 단결(和合團結)은 임원(任員)과 수반(修班)이 상호 이해(相互理解)로(서)써 보은 상생(報恩相生)의 미덕(美德)을 선양(宣揚)한다.

5. 포덕(布德)은 정당(正當) 한 도(道)의 진리(眞理)와 사람의 윤리(倫理) 및 국가 시책(國家施策)에 입각(立脚)한 미덕(美德)을 선양(宣揚)하는 점(點)을 잊지 말며, 가상적(假想的)으로 진리(眞理)에 위배(違背)되는 감언이설(甘言利說)로 포덕(布德) 함은 허례(虛禮)이다.

◎ 1980년 12월 09일

수반 도인 간(修班道人間)의 오해(誤解)와 불평(不評)의 원인(原因)은 선감(宣監)의 지도 부족(指導不足)에서 오는 것이니, 책임(責任)과 직위(職位)에 있음에도 도인(道人)들에게는 도리어 머리를 숙일 수 있는 도덕적 정신(道德的精神)을 가져야 한다.

13. 1981년, 성(誠)·경(敬)·신(信)

상제(上帝)님은 우주(宇宙)를 주재(主宰)하는 권능(權能)을 가지신 주인(主人)으로 무량(無量)한 덕화(德化)와 무변(無邊)하신 권지(權智)의 소유주(所有主)이심을 널리 알리는 것이며, 상제(上帝)님의 무량무변(無量無邊)하신 덕화(德化)가 바로 해원상생(解冤相生)의 대도(大道)이니, 이 대도(大道)를 널리 전(傳)하는 것이 포덕(布德)이며, 포덕천하(布德天下)가 되어야 이것이 곧 광제창생(廣濟蒼生)인 것이다. 과거(過去)에는 구전심수(口傳心授)로 음적(陰的)이었던 때는 혼자 믿어도 모르고 나왔지만, 이제는 문화(文化)의 양적 포덕(陽的布德)이니, 믿음으로 인(因)한 덕화 손상(德化損傷)의 사례(事例)를 범(犯)하지 말아야 한다.

교화(敎化)는 도(道)의 진리(眞理)를 바로 깨우쳐 주는 것이다. 상제(上帝)님이 우주(宇宙)를 주재(主宰)하시는 조물주(造物主)이심을 분명(分明)하게 일깨워 주어야 한다. 상제(上帝)님의 덕화(德化)가 진실(眞實)로 온 누리의 창생(蒼生)을 건져 주실 해원(解冤)·보은(報恩)의 진리(眞理)가 마음에 배고 몸으로 행(行)하도록 하는 데 있고, 교화(敎化)는 진실(眞實)을 근본(根本)으로 하여 참다운 도인(道人)이 되도록 하라.

수도(修道)는 사람의 도리(道理)를 바로 행(行)하는 데 있는 것이다. 상제(上帝)님의 덕화(德化)를 마음과 몸으로서 일동일정(一動一靜)을 깨끗하고 맑고 밝게 실질적(實質的)으로 행(行)하는 데 있으며, 도인(道人)으로서 훈회(訓誨) 및 수칙(守則)을 여실(如實)하게 지켜 나가야 한다. 수도

(修道)의 목적(目的)은 도통(道通)이니 만약(萬若) 수도(修道)의 정신(精神)이 미약(微弱)할 때는 운수(運數)를 감당(堪當)하기 어려운 것을 자량(自量)할 것이니, 수도(修道)를 제대로 하지 않았을 때는 도통(道通)을 받을 수 없다는 것을 알아야 할 것이다.

◎ 1981년 03월 07일

성(誠)·경(敬)·신(信)은 우리 도(道)의 삼법언(三法言)으로서 수도(修道)의 요체(要諦)가 될 뿐만 아니라, 가정(家庭) 및 사회적(社會的) 공사 생활(公私生活) 전반(全般)에 걸쳐 활력소(活力素)가 될 것이니, 성(誠)은 기심(欺心)이 없어야 한다. 경(敬)은 예절(禮節)을 바르게 행(行)하는 것이요. 신(信)은 의심(疑心)을 품지 않아야 하는 것이다.

상제(上帝)님을 믿어 대망(大望)의 소원 목적(所願目的)도 성(誠)·경(敬)·신(信)으로써 이루어지는 것이기 때문에 『전경(典經)』에 '복록 성경신(福祿誠敬信) 수명 성경신(壽命誠敬信) 지기금지원위대강(至氣今至願爲大降)'이라 하신 것이다. 그러므로 도인(道人)들은 항상(恒常) 상제(上帝)님을 받들고 있는 정신(精神)에 변(變)함이 없고 위장(僞裝)이 없어야 진실(眞實)한 성(誠)·경(敬)·신(信)이 되니, 포덕 교화(布德敎化)와 수도(修道)는 물론 제반사(諸般事)마저 성(誠)·경(敬)·신(信)을 떠나서는 이루어질 수 없다는 것을 깨달아야 한다. 임원(任員)들은 수백수천 도인(數百數千道人)들의 지도 교화(指導敎化)는 물론(勿論), 그 도인(道人)들의 성(誠)을 한 몸에 안고 있기 때문에 일동일정(一動一靜)이 사정(私情)에 치우치는 경거망동(經擧妄動)이 있다면, 이러한 행동(行動)은 성(誠)·경(敬)·신(信)을 벗어난 자신(自身)이 반성(反省)해야 할 것이다.

　예번즉난(禮煩卽亂)이라 하였으니, 이 말은 중용(中庸)의 도리(道理)를 벗어나서 할 일 못 할 일, 갈 데 못 갈 데를 분별(分別)없이 행동(行動)하는 것이니, 바로 예절(禮節)에 어긋난다는 뜻인즉 예(禮)는 곧 경(敬)이므로 소원성취(所願成就)를 위(爲)하여서 때로는 망기친(忘其親)의 경우(境遇)도 있을 수 있고, 망기가(忘其家)의 형편(形便)이 되기도 하여, 발분망식(發奮忘食) 망기신(忘其身)으로 성(誠)·경(敬)·신(信)을 다하고자 하는 것은 목적(目的)을 달성(達成)하고자 하는 신념(信念)인 것이다. 누차(屢次) 말한바 도주(道主)님 재세(在世) 시(時) 당시 사정(當時事情)에 따라 시향(時享)에 참례(參禮)했다가 엄(嚴)하신 부르심을 받은 일이 있으시다고 하였는데, 임원(任員)들이 깨닫지 못하며 올바른 처신(處身)을 못 하고 있다면, 그 지도(指導)를 받은 도인(道人)들이 무엇을 배웠겠느냐?

　성(誠)·경(敬)·신(信)이란 마음에서 우러나야 하는 것인데 훈계(訓戒)해도 깨달음이 없다면 한심(寒心)한 일이 아닐 수 없다. 사생활(私生活)에 있어서도 부모(父母)에게 효도(孝道), 친족 간(親族間)에 우애 화목(友愛和睦), 국가(國家)에 충성(忠誠)하는 모든 일이 다 성(誠)·경(敬)·신(信)으로써 이루어지는 것이니, 도인(道人)들은 더욱 친족 간(親族間)이나 외인(外人)들에게 지탄(指彈)을 받는 일은 절대적(絶對的)으로 없어야 할 것이다.

　복록 성경신(福祿誠敬信) 수명 성경신(壽命誠敬信) 지기금지 원위대강(至氣今至願爲大降). 성(誠)·경(敬)·신(信)은 정성(精誠)을 들이고 공경(恭

敬)하고 믿는다는 것이며, 경(敎)이라는 것은 받들고, 신(信)이라는 것은 의심(疑心) 없이 믿는다는 것이며, 가령(假令) 가정(家庭)에서 부모(父母)한테 정성(精誠)을 다한다 할 때에 나를 낳으신 아버지, 어머니 생각을 달리하는 것은 정성(精誠)이라 할 수 없다.

상제(上帝)님께 정성(精誠)을 다한다 할 때에 위배(違背)되는 처사(處事)는 있을 수 없다. 생각할 때에 욕급지존(辱及至尊)이 되는 것은 본의(本意)는 아니더라도 생각해 볼 일도 없는 것도 아니다. 억지(抑止)로 꾸민 일도 아니요, 조금도 거짓 없이 믿고 시행(施行)하는 일이며, 범절(凡節)과 예의(禮儀)를 지키는 일이 성(誠)·경(敬)·신(信)이다. 이래야만 우리에게 조언(助言)하는 일을 성취(成就)시킬 수 있다. 지극(至極)한 기운(氣運)은 성(誠)·경(敬)·신(信)을 다하는 데서 이루어진다. 덕화(德化)를 손상(損傷)시키는 일은 지킬 일을 지키지 못하는 것이며, 상제(上帝)님을 항상(恒常) 곁에 모시고 있다는 것을 염두(念頭)에 두라. 망기친(忘其親), 망기신(忘身身), 망기가(忘其家), 망기왕(忘其往) 하라.

우리 도(道)는 상제(上帝)님을 받드는 데 성(誠)·경(敬)·신(信)을 다하여 도덕(道德)의 진리(眞理)를 바로 펴려고 토론(討論)하여 다가오는 선경 건설(仙境建設)에 이바지하고자 하는 일이다. 경위(經緯)가 법(法)이요, 법(法)은 곧 도덕(道德)을 바탕으로 하는데 도덕(道德)을 바로 행(行)하는 도인(道人)으로서 자존심(自尊心)이 있는 한(限) 모든 행동 처사(行動處事)가 경위(經緯)에 합당(合當)할 것이요, 그렇지 못할 때 그 일을 이루지 못할 뿐만 아니라, 자멸(自滅)을 초래(招來)할 따름이며, 도(道)는 엄연(嚴然)함을 알게 될 것이다. 『전경(典經)』에 '유군무신 기군하립(有君無臣其君何

立) 유사무학 기사하립(有師無學其師何立) 유부무자 기부하립(有父無子其父何立)'이라 하였으니, 상생(相生)은 해원(解冤)에 있으며 해원(解冤)은 성(誠)·경(敬)·신(信)의 삼요체(三要體)로 수도(修道)하는 데 있는 것이다.

성(誠)은 거짓이 없고 꾸밈이 없이 한결같이 상제(上帝)님을 받드는 일이고,
경(敬)은 예의범절(禮儀凡節)을 갖추어 처신(處身), 처세(處世)하는 것이며,
신(信)은 의심(疑心) 없는 굳센 신념(信念)인 것이다.

성(誠)·경(敬)·신(信)으로 해원상생(解冤相生)을 이루며 생사 판단(生死判斷)도 결정(決定)되는 것이다. 때가 와서 운수(運數)를 받는 것도 받을 수 있는 일을 갖추어야 하니, 그것이 성(誠)·경(敬)·신(信)인 것이다. 운수(運數)는 곧 도통(道通)을 말함이니 가식(假飾)이 없는 성(誠)으로 상제(上帝)님을 받드는 데 있으니, 받드는 성(誠)은 경(敬)에 있으며, 경(敬)은 확고(確固)한 믿음으로써 성(誠)하게 되기 때문에 성(誠)·경(敬)·신(信)의 진리(眞理)를, 우리 도(道)를 떠나서 행(行)하고 있는가를 널리 살펴보라.

◎ 1981년 03월 09일
우리의 신조(信條) 삼법언(三法言)인 성(誠)·경(敬)·신(信)으로 수도(修道)하여 우리의 소망(所望)과 목적(目的)을 달성(達成)한다. 모든 도인(道人)은 수도 과정(修道過程)에 성(誠)·경(敬)·신(信)으로 상제(上帝)님을 받들고, 성경신으로 위 임원(任員)을 받들고, 성(誠)·경(敬)·신(信)으로 아래 수반(修班)을 대(對)하여 이끌어 나가야 한다는 것을 생활화(生活化)하고

수도(修道)하여 나아가라.

성(誠)이란 가식(假飾)이 없는 진실(眞實)로써 상대방(相對方)에 지켜야 할 도리(道理)를 다하는 것이며,

경(敬)이란 행동(行動)으로써 상대방(相對方)에 적합(適合)한 예의(禮儀)를 갖추어 처신(處身)하는 것이며,

신(信)이란 신망(信望), 신임(信任), 신의(信義)로써 덕(德)으로 대(對)하는 것을 말한다.

거짓 없고 꾸밈없는 진실(眞實)된 성의(誠意)로서 예(禮)를 갖추어 믿음에 변(變)함이 없이 처사(處事)에 무편무사(無備無私)하고 공명정대(公明正大)하게 윗사람을 받들고 아랫사람을 이끌어 덕(德)으로 대(對)하라.
성(誠)·경(敬)·신(信)으로 운수(運數)를 받고, 못 받고, 죽느냐, 사느냐가, 그곳에서 나오는데 얼마나 무서우냐? 이 생사 판단(生死判斷)도 곧 성(誠)·경(敬)·신(信)에서 결정(決定)되는 것이니 모든 도인(道人)은 실천 수도(實踐修道) 하라.

복록 성경신(福祿誠敬信) 수명 성경신(壽命誠敬信) 지기금지원위대강(至氣今至願爲大峰). 도(道)가 경위(經韓)요, 경위(經緯)는 예의(禮儀)이고, 예의(禮儀)는 도덕(道德)이다. 도덕(道德)을 기본(基本) 바탕으로 종단(宗團)을 이끌고 나가는 것이요, 도(道)란 없으려야 없을 수가 없겠지만 종

단(宗團)은 도덕(道德)이 아니면 허물어진다. 천지 대권(天地大權)을 가지신 상제(上帝)님을 받들고 믿고 따르며 나가는 것이다. 운수(運數)를 받는다 할 때 생사 판단(生死判斷)이 성(誠)·경(敬)·신(信)에 있는 것이다. 물을 받으러 갈 적에도 그릇을 가지고 가야 받을 수 있는 것이다. 선경(仙境)을 건설(建設)하고 운수(運數)를 받는다 할 적에 정성(精誠)하는 데는, 가식(假飾)이 없는 한결같은 마음으로, 진실(眞實)한 마음으로 하느님을 받들고 밑의 사람을 대(對)한다. 모두가 성(誠)·경(敬)·신(信)으로 이루어지는 것을 꼭 알아야 한다. 진리(眞理)를 깨닫고 따라 나가야 한다. 한결같은 마음으로 진심으로 행동(行動)하고 따르도록 해야 한다. 태을주(太乙呪)는 23수(二十三敎), 도주(道主)님께서 23세(二十三歲) 시(時)에 득도(得道)하시고 상제(上帝)님과 연령 차이(年齡差異) 25-24에서 한 수(數) 남아야 용사(用事)하셨다.

◎ 1981년 03월 10일

성(誠)·경(敬)·신(信)으로 소망(所望)하는 목적(目的)을 달성(達成)한다. 공명정대(公明正大)하게 아랫사람을 대(對)하여야 한다. 밑에 사람은 늘 덕(德)으로 대(對)하되 믿고 따르도록 해 주어야 한다. 믿을 수 있는 도인(道人)을 만들어야 한다.

성(誠)·경(敬)·신(信)이나 해원상생(解冤相生)이나 대동소이(大同小異)한 것이다. 성(誠)·경(敬)·신(信)으로 상제(上帝)님을 받들고, 성(誠)·경(敬)·신(信)으로 위의 사람을 섬기고, 성(誠)·경(敬)·신(信)으로 아랫사람을 가르친다. 성(誠)이란 행동(行動)으로써 정성(精誠)을 다하고, 경(敬)이란 상대방(相對方)에게 적합(適合)한 예의(禮儀)를 하는 것이다. 신(信)이란 신앙

(信仰)과 신의(信義)로써 한결같은 마음으로 진실(眞實)하게 받들고 거짓이 없는 처사(處事)로 행동(行動)하여야 한다.

해원상생(解冤相生)의 지도(指導)에는 성(誠)·경(敬)·신(信)이 있다. 운수(運數)를 받고, 못 받고, 죽고, 사는 문제(問題)가 다 성(誠)·경(敬)·신(信)에 달려 있다. 성(誠)이란 거짓 없고 꾸밈없이 한결같아 진심(眞心)으로 위를 받들고, 경(敬)이란 예의범절(禮儀凡節)을 갖추고, 처신(處身), 처세(處世)하는 것을 경(敬)이라 하며, 신(信)이란 꼭 믿어 의심(疑心)하지 않는 것이 신(信)이다. 이것이 해원상생(解冤相生)이다. 이것으로써 위의 사람을 섬기고, 이것으로 아랫사람을 가르치라. 수도 과정(修道過程)에 있어서 주문(呪文)만 읽는 것이 아니다. 가르치고 배우는 제도(制度)가 있어야 하며, 날짜와 시간(時間)에 정(定)해져 있는 법도(法度)를 지켜서 정성(精誠)을 다하는 것이어야 한다.

도주(道主)님 재세(在世) 시(時) 직접 하명(直接下命)을 받은 자(者)의 제반사(諸般事)는, 용안(龍顔)을 뵙고 임원(任員)들이 자량(自量)하여 생각하고 계시는 바가 풀릴 때까지 심사숙고(深思熟考)한 뒤 상고(上告)하여 재가(裁可)에 따라 행(行)하였였다. 1개월(一個月)에 한 번 성일(誠日)이라면 임원(任員)들은 도인(道人)들의 성(誠)을 모시고 와서 영대(靈臺)에 올라가서 상고(上告)하는 일이 곧 성일(聖日)의 참배(參拜)인데, 그 일자(日字)와 시간(時間)을 정(定)한 법도(法度)를 소중(所重)하게 지키지 않는 것은 1개월(一個月) 동안의 사업(事業)과, 도인(道人)들의 성(誠)의 막중(莫重)한 책임(責任)과, 임무(任務)를 등한시(等閑視)하여 법도(法度)를 허물어뜨리는 자신(自身)들의 죄책(罪責)을 평범(平凡)하게 생각하는 저의(底意)가 도(道)를 위(爲)하는 일인가, 아니면 각기(各其) 마음으로 받아들이는 억측(臆測)인가 한심(寒心)하다. 지척인심수하료(咫尺人心誰何料)라더니, 비도 불성(非道不成)이라 하였는데 헛된 일은 할 필요(必要)가 없을 것이 아닌가?

증산교인(甑山敎人)들은 무극 대운(無極大運)이 열린다고 서신 사명(西神司命)이라 하며, 서(西)쪽을 뜻해 교회(敎會), 예수(耶蘇)를 말하는 뜻으로 책자(冊子)를 내놓고 신문(新聞)에까지 떠든다. 우주(宇宙)의 원리(原理)조차 모르는 인간(人間)들의 소행(所行)이다. 단군(檀君), 최수운(崔水雲), 상제(上帝)님을 삼단 신앙(三壇信仰)이라 한다. 옥추경(玉樞經)에도 6월(六月) 24일(二十四日)이 성탄일(聖誕日)이라고 있다.

인간(人間)의 겁액(劫厄)을 구천(九天)에 호소(呼訴)하므로 구천상제(九天上帝)님께서 강세(降世)하셨다. 1 3 5 7 9 - 2 4 6 8 10 양수(陽數)에서 제일(第一) 높은 숫자(數字)라, 모든 천지만물(天地萬物)이 음양 이치(陰陽理致)로 되는 것이며, 만물(萬物)을 조성(造成)하시는 것은 모두 구단(九段)으로 이루어진다. 음양(陰陽)은 태극(太極)이다. 태극(太極)은 사상(四象)이라, 앞도 있고, 뒤도 있고, 옆을 보면 오른쪽과 왼쪽이 있으며, 나아가 오행(五行)이 있고, 더 나아가 팔괘(八卦)가 이루어진다. 하늘에는 오성(五星)이 있고, 땅에는 오행(五行)이 있고, 사람에는 오장(五臟)이 있고, 복판에는 구궁(九宮)이 있고, 구좌수(九座數)가 우주 원리(宇宙原理)에서 빠진다면 안 된다.

희역(義易): 복희(伏羲)씨(氏) 때는 용마(龍馬)가 하도(河圖)를 지고 황하수(黃河水)에서 나왔고,

주역(周易): 문왕(文王) 때에는 신구락서(神龜洛書) 거북이 등에 인계를 지고 나왔다.

정역(正易): 연원 도통(淵源道通), '못 연(淵), 근원 원(源)', 모든 이치(理致)는 물로 이루어진다.

목신 사명(木神司命)-봄 절후(節侯),

화신 사명(火神司命)-여름 절후(節侯),

금신 사명(金神司命)-가을 절후(節侯) 하늘과 땅과 사람의 이치(理致)는 똑같은 것이다. 금산사(金山寺)에 이치(理致)가 다 있다는 것이며, 보호불(保護佛)이 있기 때문에 '뫼 산(山)' 자(字)를 이루고 있다. 증산(甑山)·정산(鼎山)의 진리(眞理)로 '날 出(출)' 자(字)가 되었다. 구단(九段)을 갖지 않고는 이루어지는 일이 없다. 12월(十二月) 중(中)에 4계절(四季節)과 24절후(二十四節侯)가 들어 있어 72후(七十二侯)가 되는 것이다. 모든 이치(理致)는 물(水)에서 나왔기 때문에 연원 도통(淵源道通)이라 한다.

◎ 1981년 12월 08일

상제(上帝)님께서는 우주 만물(宇宙萬物)에 생장 육성(生長育成)하는 사물(事物)의 권한(權限)을 맡아 계시고, 교화(敎化)라는 것은 상제(上帝)님의 덕화(德化)를 충분(充分)히 이해(理解)하도록 몸에 배(이)게 해 주는 것이다. 교화(敎化)가 없으면 수도(修道)가 되지 않는 것이며, 한 가지 말을 듣고도 백(百) 가지로 풀이해 보아야 한다. 한 사람이라도 익혀 가르쳐 올바른 도인(道人)을 만들도록 하는 것이지, 숫자(數字)만을 늘리려 하지

말고 이해(理解)가 되도록 해 주면 자연적(自然的)으로 늘리게 되는 것이다. 신중(愼重)을 기(期)하여 잘 살피지 않으면 불순자(不純者)도 들어올 수 있는 것이니 주의(注意)를 해야 할 것이다. 진실(眞實)로 상제(上帝)님께서는 무편무사(無偏無私)하사 미물 곤충(微物昆蟲)에게까지도 호생지덕(好生之德)을 베푸시고 우주 만물(宇宙萬物)을 생장 육성(生長育成)시키고 군생 만물(群生萬物)을 제도(濟度) 하셨다. 상제(上帝)님의 만분지일(萬分之一)이라도 보답(報答)하여 받드는 정성(精誠)이 아니고는 소망(所望)하는 목적(目的)을 달성(達成)할 수 없는 일이다. 상제(上帝)님의 진리(眞理)가 아니면 이루어질 수 없으며, 춘하추동(春夏秋冬) 24절 후(二十四節候)로는 금신 사명(金神司命) 가을이며, 도주(道主)님은 을미생(乙未生)이시다.

  12월(十二月) 26일(二十六日) 재생신(再生身), 12월(十二月) 4일(四日)을 더하면 꽉 찬 30일(三十日)이다.

  12월(十二月)은 윤달(閏月) 소[丑]라, 소는 도(道)라, 심우도(尋牛圖)는 도(道)를 찾는 그림이다.

14. 1982년, 성진관 벽화의 뜻

장차(將次) 도인(道人)의 숫자(數字)는 늘어날 것이다. 그러나 개혁(改革)을 해 나가야 하는 것이며, 과거(過去)에는 음(陰)으로 해 내려오는 습성(習性)이 있어서 시대적(時代的)으로 볼 때에 종단 사업(宗團事業)은 현대화(現代化)해 나가야 할 것이며, 9년(九年) 전(前) 이후(以後)로 그 습성(習性)을 탈피(脫皮)하지 못하고 있다. 사회(社會)에서 혹(或) 오해(誤解)를 받는 일이 있다 할지라도 조금도 밖으로 새어 나가지를 않았다. 그때에는 음(陰)으로 해 나가게 되었었다. 모르는 가운데서 배신행위(背信行爲)가 나올 적에는 모든 전자(前者)의 일이 문제(問題)를 삼고 나오게 되는 일이니, 개혁(改革)을 해서 한 사람도 그런 사람이 없도록 막고 나아가야 하는 것이다.

배신(背信)을 하는 데는 진실(眞實)을 모르는 가운데서 진심(眞心)이 약해서 일어나는 것이고, 또 하나는 임원(任員)들과 뜻이 맞지 않는 데서 분열(分裂)이 생기는 일이니, 첫째 이것을 막고 나아가야 한다. 상제(上帝)님께서는 우리 한국(韓國)만을 생각하신 것이 아니라 전 세계 창 생(全世界蒼生)을 구(救)하심이다. 기본 이념(基本理念)을 살려 행(行)하여 나아가는 것이다. 도인(道人)이 아니라 할지라도 다 같은 상제(上帝)님의 자손(子孫)이니 인솔(引率)하도록 하되 관람(觀覽)하여 상제(上帝)님의 진리(眞理)를 세계만방(世界萬邦)에 널리 펴고자 하는 일이다. 상극(相克)의 원인(原因)인 시기(猜忌), 질투(嫉妬), 모략(謀略), 차별 대우(差別待遇), 욕심(慾心) 이것을 종교적 원리(宗敎的原理)로 풀면 세상(世上)이 편안(便安)하리라. 상제(上帝)님께서는, 행(行)하신 일이 절대적(絶對的)으로 예언(豫言)

이 아니고 종도(從徒)들에게 교화적(教化的)으로 보이게 하신 일이며, 화천(化天)하신 후(後)에는 우리들에게 보이지 않는 곳에서 실천(實踐)하고 계신다.

◎ 1982년 02월 11일
질서(秩序)라고 하는 것은 곧 처사(處事)를 바로 행(行)하는 것을 이름이니 경위(經緯)라고 한다. 그렇다면 베도 씨와 날이 반듯하여야 하므로 예절(禮節)에 비유하나니, 이러므로 가정(家庭)으로부터 사회(社會)에 이르기까지 질서(秩序)가 확립(確立)됨은 윤리(倫理)의 가정(家庭)과 윤리(倫理)의 사회(社會)에 있는 것이다. 모든 것이 다 기대(基臺)가 바로 서야 되므로 고어(古語)에도 망기본자(忘其本者)는 무도(無道)라 하였으니 앞으로 수반 공부(修班工夫)도 참배(參拜)도 반드시 그 방면 선감(方面宣監)의 허락(許諾)이 있은 뒤에 허용(許容)할 것이니, 무도(無道)라는 뜻을 망각(妄覺)하고 나간다면 이것은 질서(秩序)도 경위(經緯)도 예절(禮節)에도 벗어난 것이다. 자기 위치(自己位置)를 알고서 밑의 사람을 대(對)하고, 강압적(强壓的)으로 불평(不平)을 가(加)하면 거기서 분열(分裂)을 가져오게 된다. 언제나 도인(道人)이든 아니든 친절(親切)하게 대(對)하라. 닦은 바에 따라 운수(運數)는 받게 되고, 언제나 말한 바와 같이 전기(電氣) 스위치를 넣는 것과 같으니라. 일시적(一時的)으로 이루고 받게 되는 것이다. 임원(任員)의 눈 밖에 나면 운수(運數)를 받지 못하게 된다는 데서 문제(問題)가 생기게 된다. 8·15 해방(解放) 시(時) 친일파(親日派)도 쓸 곳에 썼는데, 이 일은 영웅 사업(英雄事業)이기 때문이다. 우리네 일은 성현 사업(聖賢事業)이라. 가령(假令) 임원(任員)과 수반(修班) 사이에는 벽(壁)

이 없이 지내야 하며 어떤 곳에 의심(疑心)이 있는가를 알아 풀어 주고 나가야 한다. 항시(恒時) 융화책(融和策)을 써서 올바로 듣고 올바로 받아들이도록 해야 하며, 호통을 하는 데서 오는 것이 아니라, 올바로 판단(判斷)하고 믿고 나오는 데서 오는 것이다. 좋은 줄을 알면서도 자기를 인도(引導)한 사람에게 고마워할 줄을 모른다면 스승의 은혜(恩惠)를 망각(忘却)하는 처사(處事)라 살을 깎아 먹여도 아까울 게 없는 것이다. 이것이 해원상생(解寃相生)이다. 이것을 먼저 가르쳐 나가야 한다. 종이 한 장(張)만 한 벽(壁)도 두지 말도록 이해(理解)와 인식(認識)이 되어야 한다. 임원(任員)은 또한 밑의 도인(道人)에게 항시(恒時) 고맙게 생각해야 하며, 밑의 사람이 없으면 스승은 또 무엇에 쓸 것인가?

◎ 1982년 03월 30일

서로가 존경(尊敬)하고 덕(德)을 주고 덕(德)을 받고, 덕(德)은 딴 것이 아니다. 상대방(相對方)에게 상하(上下)를 막론(莫論) 하고 착하게 하면 그 사람도 나에게 착하게 하여 주는 것이다. 내가 남에게 착하게 하면 그 쪽에서도 착한 마음으로 대화할 것이다. 악(惡)으로 대(對)한다 할지라도, 이쪽에서 선(善)으로 대(對)하게 되면 행동(行動), 처사(處事)에 이것을 단순(單純)하게 보고 자연(自然) 배우고 닮아 가는 것이다. 덕(德)은 딴 것이 아니라 올바르고 착하게 하는 것이다. 공평(公平)하고 공정(公正)하게 사람으로서 지킬 일을 지키는 것, 이것이 덕(德)이다. 교화(教化)하는 것의 목적(目的)은 그 말을 듣고 앉은 자세(姿勢)에도 자유(自由)스럽게 불편(不便) 없이 앉아서 잘 듣고 이해(理解)하도록 해 주어야 하는 것이다. 올바른 사람이 되도록 수도(修道)를 시켜 주어 몸에 배도록 해 주어야 하며, 존경(尊敬)이 있으므로 해서 덕(德)이 있게 되는 것이다. 도인(道人)으로서 배은(背恩)을 한다면, 그것은 백날(百-) 믿어 봤자 소용(所用)이 없는 일이라. 가령(假令) 남에게라도 고마운 일을 해 주면 그 은혜(恩惠)를 잊지 못한다 하리라. 서로 존경(尊敬)이 없고서는 덕(德)이 있을 수 없으며, 해서 좋은 줄을 아나 실천(實踐)하지 못하는 것이고, 실천(實踐)하지 못하면 이루지 못하리라. 임원(任員)으로서는 모든 일을 공평(公平)하게 해 나가면 그것이 덕(德)이 되는 것이라. 이러한 점(點)을 제대로 하지 못하면 사람에게도 가르칠 수 없고 받을 수도 없는 일이라. 착하게 하는 사람도 나에게 스승이 되는 것이고, 악(惡)하게 하는 사람도 나에게 스승이 되는 것이라. 잘못을 저질렀을 때도 자기(自己) 잘못을 이해(理解)하도록 해 주면서 말해 주어야 알게 되느니라. 어렵게 생각할 것은 없는 일이고, 이대로 행(行)하지 못한다면 운수(運數)를 받을 적에 우스운 일이라. 교화(教化)란 듣는 사람에게 몸에 배게 해 주어야 한다.

◎ 1982년 04월 02일

  진영(眞影)을 모시는 데는 사적(私的)인 입장(立場)을 생각하지 말고 공적(公的)인 입장(立場)을 생각해서, 남이 모시게 되니 나도 모시겠다는 생각을 말고, 사람이 모이는 것을 보고 주일 기도(主日祈禱) 시(時)를 생각해서 모셔야 한다. 운수(運數)를 받고 못 받는 것은 각자(各自)의 닦은 바에 따라 정(定)하여지는 운수 도통(運數道通)이 누구의 간섭(干涉)도 있을 수 없는데, 임원(任員)들이 도인(道人)을 바로 지도(指導)하지 않고 사욕(私慾)에 미혹(迷惑)된 행위(行爲)의 억압 수단(抑壓手段)을 쓴다면 도통(道通)시키기 위(爲)한 임원(任員)이라고 할 수 있는가? 도통(道通)을 선감

(宣監)이 준다고 한다면 만일(萬一) 그 임원(任員)이 잘못되었을 때는 그의 소속 도인(所屬道人)들은 도통(道通)할 사람이 없을 것이 아닌가? 도주(道主)님께서 말씀하시기를 '도(道) 안에만 들어 있으면 된다.'고 하셨으니, 도(道)는 곧 신도(神道)인 것을 깨달으라. 도통(道通)이란 시기(時期)를 논(論)하지 말라. 예(例)컨대, 만 개(個)의 전구(電球)가 스위치 하나로 일시(一時)에 통(通)하는 것과 같은 것이니, 임원(任員)들은 권위(權威)를 세우려는 습성(習性)을 빼 버리고 자신(自身)의 위치(位置)를 알고 행(行)하여 나간다면 도인(道人)과의 불평(不平)과 분열(分裂)이 없을 것이요, 타인(他人)을 대(對)함에도 욕(辱)먹는 일이 없을 것이다.

◎ 1982년 04월 26일

『전경(典經)』에 충(忠)·효(孝)·열(烈)이 없어졌기 때문에 천하 대병(天下大病)이라 하신 것이다. 도(道)라 하는 것은 나 자신(自身)이 옳게 믿으면서 남을 인도(引導)하는 것이다. 시한부(時限附) 도담(道談)은 안다 하더라도 자신(自身)과 남을 망치게 되는 일이라. 덕화 손상(德化損傷)이 무엇인지 안다면 이런 일은 있을 수 없는 일이라. 도주(道主)님 재세(在世) 시(時)에는 음(陰)으로 해 나왔기 때문에 모든 일이 잘 지켜 내려왔고 전달(傳達)이 잘 되었다. 상제(上帝)님의 천지공사(天地公事)를 도주(道主)님이 계승(繼承)한다는 종통 진리(宗統眞理)를 깨닫게 하기 위(爲)하여 "나를 보고 싶거든 금산사(金山寺)로 오라." 하신 것은 미륵불(彌勒佛)과 솥의 양산도 진리(兩山道眞理)를 밝혀 주심인데, 각 교파(各敎派)들이 금산사(金山寺)의 미륵불 신봉(彌勒佛信奉)에만 관심(關心)을 모으고 미륵불(彌勒佛)을 받들고 있는 솥의 진리(眞理)를 생각지 못하고 상제(上帝)님을 받든다고 하는 것이 진리(眞理)를 모르는 소치(所致)인 것이다. 천지(天地)의 이치(理致)가 일·육수(一六水)에 근원(根源)하였기 때문에 선천(先天)의 하도(河圖)와 낙서(洛書)의 역리(易理)가 다 수중(水中)에서 표출(表出)된 것을 알 수 있으며, 용추(龍湫)를 숯으로 메우고 솥을 놓고 솥 위에 미륵불(彌勒佛)을 봉안(奉安)하여 증산(甑山)·정산(鼎山)의 양산 출세(兩山出世)를 암시(暗示)하고 도(道)의 근원(根源)을 밝혀 놓은 것이다.

금신 사명(金神司命)은 추절(秋節)이니 '乙(을)'을 노래하는 때이므로 상제(上帝)님께서 '새 鳳(봉)' 자(字)를 친필(親筆) 하신 뜻도 '鳥乙(조을)'을 밝혀 놓으심이며, 도주(道主)님께서 진주(15세)[眞主(十五歲)]로 봉천명(奉天命)하시고, 23세(二十三歲) 시(時)에 득도(得道)하심은 태을주(太乙呪)의 본령 합리(本領合理)요, 또 『전경(典經)』에 12월(十二月) 26일(二十六日) 재생신(再生身)은 12월(十二月) 26일(二十六日) 4일(四日)로서 1년 운회(一年運回)의 만도(滿度)를 채우실 도주(道主)님의 탄생(誕生)을 뜻하심이니라. 인존 시대(人尊時代)의 해원(解冤)이 우리 도(道)를 거치지 않으면 해원(解冤)이 되지 않을 것이니, 예(例)컨대, 하나의 물건(物件)을 갈라놓았을 때는 본체(本體)를 해득(解得)하지 못하지만 분체(分體)된 것을 종합(綜合)해 보아야 본체(本體)를 아는 것과 같이 첨기(籤記)와 격언(格言), 속언(俗言)이 다 핵심(核心)이 있으나 분산(分散)되었기 때문에 비합리(非合理)라고 운운(云云)하지만, 합일화(合一化)하여 보면 본체(本體)를 알게 될 때 진리(眞理)를 깨닫게 되는 것이다. 계룡산(鷄龍山)의 동학사(東鶴寺)가 곧 계룡(鷄龍)이니 그 뜻은 동(東)은 청룡(靑龍)인 까닭이요, 여승당(女僧堂)이 되어 있으므로 곤도(坤道)를 의미(意味)하며, 도주(道主)

님께서 동학사 염화실(東鶴寺拈花室)에 행차(行次)를 정(定)하시고 시봉(侍奉)하였을 때는 여승(女僧) 36명(三十六名)으로 강원생(講院生)이 편성(編成)되어 있었으며, 특(特)히 동학사(東鶴寺)에는

①동계사(東鷄祠)는 신라(新羅) 충신(忠臣) 박제상(朴堤上)을 모시고, 류차달(柳車達)을 합사(合祀),

②삼은각(三隱閣)은 고려(高麗) 충신(忠臣) 정 포은(鄭圃隱), 이 목은(李牧隱), 길 야은(吉冶隱)을 합사(合祀),

③숙모전(肅慕殿)은 조선(朝鮮) 단종 대왕(端宗大王), 생·사육신(生死六臣)을 합사(合祀) 등(等) 삼대 충의지사(三代忠義志士)와 단종 왕위(端宗王位)를 향사(享祀)한 곳이므로 신도(神都)라고 하는 것이다. 신도안(神道案) 논산(論山) 관촉사(灌燭寺) 미륵불(彌勒佛)을 볼 때 상반신(上半身)은 연산(連山) 우두산(牛頭山)의 석재(石材)를 사용(使用)한 것이며, 또한 심우도(尋牛圖)를 불교(佛敎)에서는 수도자(修道者)의 진로(進路)를 표시(表示)한 것이라고 하지만, 그 실(其實)은 도(道)를 찾으라는 뜻을 알지 못하고 하는 말이니라.

◎ 1982년 05월 22일

도(道)는 나 스스로가 바로 믿고 바로 닦아서, 남으로 하여금 목적(目的)을 달성(達成)케 하도록 힘쓰는 선감(宣監)들의 위치(位置)가 어렵고 중(重)한 처지(處地)인데, 믿음에 시한(時限)을 말한다면 이는 환장(換腸)된 행위(行爲)로서 성공(成功)보다 먼저 덕화 손상(德化損傷)을 범(犯)하여 망기지원(亡己之源)의 함정(陷穽)에 떨어지게 되었으니 어떻게 면(免)할 수가 있겠는가? 수도(修道)는 인륜(人倫)을 바로잡고 미덕(美德)을 밝

혀 나가는 일인데 만일(萬一) 이것을 어긴다면 운수(運數)를 받을 수 있다고 하겠는가? 인륜(人倫)이란 인간(人間)으로서 가계(家系)의 혈통(血統)을 잇고 조상(祖上)을 이어 나가서 상봉상제지도(上奉上帝之道) 하게 되는 것이 인륜 상도(人倫常道)이기 때문에, 고인(古人)들도 무자거(無子去)라 한뜻이 어디에 있는가를 생각할 때, 만일(萬一) 억지(抑止)로 가계 혈통(家系血統)을 끊게 한다면, 그 죄악(罪惡)을 벗어날 수 있겠는가? 수도(修道)는 항상(恒常) 자신(自身)에게 부족(不足)함이 있다는 것을 생각하고 아래 도인(道人)에게 책(責)이 잡히지 않는 임원(任員)이 되어야 올바른 수도(修道)가 되는 것이니, 언제나 내가 말한 바를 소속 임원(所屬任員)과 도인(道人)을 지도(指導)하는 지침(指針)을 삼는 데 중점(重點)을 두고, 공적 사항(公的事項)을 보급(普及)시켜서 종단 발전(宗團發展)의 대국(大局)을 삼고, 당시(當時) 듣지 못한 임원(任員)이 있다면 서로 통(通)하여 주어서 상접하지리(上接下之理)를 강화(強化)하여 나가기를 바란다. 도주(道主) 님재세(在世) 시(時)에 임원(任員)들에게 하교(下敎)하시고 끝으로 "나의 말은 문지방(門地枋)을 넘어가기 전에 잊어버려라."라고 달관(達觀)하신 분부(分付)를 신중(愼重)히 깨달아 근신 절도(謹身節度) 하여야 한다.

◎ 1982년 06월 22일

  우리 도(道)의 조직 구성(組織構成)인 임원 체계(任員體系)는 소속 도인(所屬道人)의 수(數)에 따라 임원(任員)이 임명(任命)됨을 생각하면, 임원(任員)은 항상(恒常) 소속 도인(所屬道人)에게 의무(義務)로 대(對)하여 수도(修道)의 만전(萬全)으로 도통 진경(道通眞境)에 이르도록 바로 가르쳐 나가는 것이 의당(宜當)한 책무(責務)인데, 임원(任員)이 되고 난 후(後)

는 자신(自身)이 도인(道人)들에게 도통(道通)을 주고 또는 안 준다고 하는 특권(特權)을 가진 양 도인(道人)들에게 마치 물품 수수(物品授受)처럼 인식화(認識化)된다면 그 죄과(罪過)를 어찌할 것인가? 이런 것들이 바로 야성(野性)을 드러내는 것이다. 임원(任員)으로서 직책(職責)을 바로 행(行)하지 않고, 위세(威勢)를 가(可)하여 도(道)에 굴종(屈從)케 한다면 조만간(早晩間) 그 도인(道人)은 망(亡)하게 될 것이며, 만일(萬一) 이러한 체제(體制)에서 자라난 도인(道人)이 있다면 누구를 따를 것인가? 이러므로 고인(古人)들이 '종두득두(種豆得豆) 종과득과(種瓜得瓜)'라 비유(比喩)한 것이니, 임원(任員)이 바로 서지 못하는 것은 스스로가 유용지욕 무용지욕(有用之慾 無用之慾)을 분간(分揀) 못 함이니 신중(愼重)을 기(期)하여 행(行)할 것이다.

『태극도 취지서(太極道趣旨書)』에 "선성오심(先誠吾心) 하여 이성타심(以誠他心) 하고, 선경오신(先敬吾身)하여 이경타신(以敬他身) 하고, 선신오사(先信吾事) 하여 이신타사(以信他事)를 각각염염(刻刻念念) 하라."라고 되어 있다. 우리 도(道)는 신도(神道)이기 때문에 마음을 뚫어 나가자고 하면, 상상(想像)조차 못 할 것을 말로써 답(答)하게 되는 것은 스스로 알고 있지 않는가? 이러므로 도인(道人)들의 마음에 의아(疑訝)한 점(點)이 풀려서 심복(心服)할 때 그 도인(道人)은 바르게 기른 것이다. 도주(道主)님 재세(在世) 시(時) 특별(特別) 명(命)으로 엄(嚴)히 하교(下敎)하신 바이다. 까닭은 허물 되지 않을 것을 날조(捏造)하여 사실(事實)인 것처럼 왜곡(歪曲)시켜 난동(亂動)을 일으키게 되기 때문이다.

◎ 1982년 07월 20일

　제생의세(濟生醫世)는 성인(聖人)의 도(道)요, 재민혁세(災民革世)는 웅패(雄覇)의 술(術)이라 하셨으며, 도주(道主)께서 상제(上帝)님의 계시(啓示)로 수로(水路)를 이용(利用)하여 태안(泰安)에 오셔서 안면도(安眠島)에서 잠시(暫時) 쉬시고, 황새마을에 식구(食口)를 놓아두시고, 마동(馬洞)에서 선돌 부인(夫人)을 만나셔서 봉서(封書)를 받으시고, 상제(上帝)님 옥골(玉骨)을 모신 후(後) 날마다 치성(致誠)을 모셨다. 통사동(通士洞)에 계실 때 문 공신(文公信)이 옥골(玉骨)을 모셔 가게 되었다. 수장(水葬)을 마치고 간 이치(理致)는 모든 이치(理致)가 수기(水氣)에 있기 때문이다. 차경석(車京石)의 집에서 약장(藥欌)과 둔 궤(遁櫃)를 가져오시고, 밀양(密陽)에서 둔궤(遁櫃)를 열어 보시니 국화(菊花)꽃과 양피(羊皮)가 들어 있었다. 도주(道主)님께서 말씀하시길 "둔궤(遁櫃) 틀에서 둔(遁) 자는 '도망 둔(遁)' 자(字) 둔 궤(遁櫃)니라."라고 말씀하셨다. 태인(泰仁)에 보천교(普天敎) 도장(道場)이 있고, 실(實)과 허(虛)로 무극 도장(無極道場)이 실(實)로 성장(成長)되었다. 정자변에 마주 앉아 천하 통정(天下通情)을 한단 말이 거기에 해당(該當)된 말이다. 객망리(客望里), 무등산(無等山)에서 평등 도수(平等度數)를 보신 곳이고, 백양사(白羊寺)에서 '白(백)'이란 '仙(선)'을 의미(意味)하고, '양(羊)'이란 '양위 상제(兩位上帝)'님을 의미(意味)한 글자(-字)이다.

◎ 1982년 08월 13일

　조선 말엽(朝鮮末葉)에 다시 해원 도수(解冤度數)로 오선위기 도수(五仙圍碁度數)를 보셨다. 남의 나라에서 항상(恒常) 압박(壓迫)을 받고만 내려왔기 때문에 해원(解冤)시키어 세계 만방(世界萬邦)에 일등국(一等國)이 되도록 국운(國運)을 푸신 도수(度數)이다. 상제(上帝)님께서도 애국 애족(愛國愛族) 하는 뜻에서 민족(民族)이 단합(團合)하여 잘 되기 위(爲)해서 하신 사업(事業)이시고, 도주(道主)님께서도 상제(上帝)님의 뜻을 받들어 시작(始作)하신 사업(事業)이시다. 독립기념관(獨立紀念館) 건립 문제(建立問題)에 힘써서 애국 애족(愛國愛族) 하는 뜻을 펴는 것이라야 하겠다. 지방(地方)에서도 각기 성의(各其誠意)를 다하여야 할 것이다.

◎ 1982년 09월 17일

 성진관 벽화(成眞館壁畵)에 해원상생(解冤相生) 편(便)은 척(慼)이 없이, 원망(怨望) 없이 서로 보은(報恩)하는 모자간(母子間)에 괴로움을 모르는 따뜻한 인정(人情)을 나타냈고, 보은상생(報恩相生) 편(便)은 아버지와 아들이 짐을 받아 가는 은혜(恩惠)스러운 장면(場面)을 보여 주는 것이다. 상호 이해(相互理解) 편(便)은 손을 잡고 다정한 표정(表情)으로 이해(理解)하는 모습이며, 상부상조(相扶相助)를 상징(象徵)해 가지고 논에 모를 심듯 혼자서 할 수 없는 일이고 서로 돕는 일이다. 화합(和合)의 뜻이 되어 있다. 야우등산(野牛登山) 하고 곡양하교(谷羊下郊)라. 들소가 산으로 오른다. 풀은 들에 있는 것이며, 12월(十二月)의 운(運)은 도(道)라. 천지(天地)의 이치(理致)가 만물(萬物)이 생장 육성(生長育成)하는 데 있고, 출출 명장(出出名將)은 증산(甑山)을 뜻함이다. 양은 신미생(辛未生) 상제(上帝)님과 을미생(乙未生) 도주(道主)님을 뜻함이다. 성진관(成眞館) 뒤 벽화(壁畵)에 선녀(仙女)들이 목욕(沐浴)하는 모습은 세심 세성(洗心洗性)이라. 마음과 성품(性稟)을 깨끗이 씻는 뜻이며, 만경창파(萬頃蒼波)에 풍랑(風

浪)을 만난 배라. 어려움을 겪는 뜻이 되어 있고, 혈식천추 도덕군자(血食千秋道德君子)라. 무병장수(無病長壽)는 신선(神仙)들이 모여 앉아 술을 놓고 대작(對酌)하는 광경(光景)을 묘사(描寫)한 것이다.

◎ 1982년 11월 11일

  속담(俗談)에 "굳은 땅에 물이 고인다."라고 했고, "확고(確固)하면 불변법(不變法)"이라 했다. 부동(不動)이란 갈팡질팡하지 않는 것이며, 믿는다 하는 데는 기연미연(旣然未然)이라는 것이 있고, 확고(確固)하지 못하다는 것은 가면 가식(假面假飾)과 외면 수습(外面修習)이라 하겠다. 심신사(心身事)에 있어서 행동(行動), 처사(處事)라 하는 것은 진실(眞實)한 마음은 거짓으로 할 수 없는 일이고, 말 한마디라도 처사(處事)에 신중(愼重)을 기(期)하지 않고는 안 되는 일이라, 상제(上帝)님께서도 말씀하시기를 "진실(眞實)은 아무리 부수려 하여도 부술 수 없고, 거짓은 부서질 적에 여지(餘地)없이 부서지느니라." 하셨다.

15. 1983년, 실천 도덕(實踐道德)

포덕(布德)을 할 때는 감언이설(甘言利說)로, 입도(入道)를 하면 병(病)이 낫는다든가의 조언(助言)으로 사람을 설득(說得)시키려 하는 것은 올바른 종교(宗敎)가 아니다. 신원(身元)이 확실(確實)하여야 서로가 믿고 따를 수 있는 처지(處地)에서 포덕(布德)이 되어야 한다.

상제(上帝)님께서는 광구 천하(匡救天下), 광제창생(廣濟蒼生) 하시려는 뜻을 가지시고 공사(公事)를 보셨는데, 우리도 전쟁(戰爭)이나 사람 죽는 일을 막을 수 있기를 바라는 일이다. 도통(道通)이 목적(目的)이고 극락(極樂)을 간다는 것은 문제(問題)가 될 말이 아니다.

◎ 1983년 02월 17일

불교(佛敎)나 기독교(基督敎)는 기성 종교(旣成宗敎)이고 역사(歷史)가 있기 때문에 별(別)다른 문제(問題)가 아니지만, 한민족 종단(-民族宗團) 천도교(天道敎)는 3·1운동(三一運動)에 나왔던 것이고, 무슨 종단(宗團)을 말할 적에는 계룡산(鷄龍山)에 난입(亂入)되어 있는 사업 종단(事業宗團)으로 인식(認識)되어 있기 때문에, 대순진리회(大巡眞理會)도 언뜻 그렇게 생각하기 쉽다. 신경(神經)을 쓰고 떳떳하게 행동하고 자부(自負)해서 나쁜 인정(認定)을 받지 않도록 해 나가는 것이 어려운 과정(過程)이다. 사회(社會)에서나 우리들 사이에 상부상조(相扶相助)라는 것이 없이는 안 된다. 그래야만 가치관(價値觀)이 있게 된다. 남의 인심(人心)을 나무랄 게 아니라, 좋은 것을 남에게 알려서 우리의 종단(宗團)의 위치(位置)를 알게 되는 것이다. 무언가 달리 보아 주는 느낌을 주게 하는 것이다.

◎ 1983년 03월 04일

　외인(外人)을 대(對)할 때 앞을 경계(警戒)하고 종단(宗團)에 누(累)를 끼칠까 하는 언어(言語), 행동(行動)에 늘 주의(注意)를 해야 한다. 누(累)를 끼치는 것은 덕화 손상(德化損傷)이며 종단(宗團)에 대(對)해서 항시(恒時) 조심(操心)해야 한다. 올바른 도인(道人)을 만들려면 그 사람의 심리(心理)를 잘 알아야 얼마 정도(程度)를 이해(理解)할 것인가를 알아서 말을 해야 하며, 중간 임원(中間任員)을 나무랄 적에 반발심(反撥心)을 갖게 해서는 안 된다. 그런 걸 분간(分揀)할 줄 모른다면 낭패(狼狽)가 된다. 주문(呪文)만 읽어서 되는 것이 아니라, 마음을 고치고 수도(修道)해 나가는 것이 제일(第一) 중요(重要)한 일이다. 행동(行動), 처신(處身)으로 주관(主管)하고 행동(行動)하는 것은 마음의 표현(表現)인 것이다. 어질고 착한 마음씨로 인정(人情)이 오가고 좋게 듣고 좋게 하면 서로가 인정(人情)이 붙는 일이다. 척(慼)을 맺는 것도 언어(言語), 행동(行動), 처신(處身)에 있는 것이며 제일(第一) 중요(重要)한 일이다. 갈등(葛藤)이란 것도 전부(全部)가 분별(分別)없이 하기 때문에 일어나는 것이다.

◎ 1983년 07월 25일

　우리 종단(宗團)의 특징(特徵)은 실천 도덕(實踐道德)이다. 서로 높여 주고 상극(相克)하지 말라. 현대사회(現代社會)는 어느 때보다도 급변(急變)하는 시대다. 인간(人間)의 심성(心性)도 급변(急變)하고 있으며 이에 따라 인간성(人間性)의 각박(刻薄)함은 이루 말할 수 없는 지경(地境)에 이르고 있다. 인간(人間)의 본성(本性)을 잃은 현대인(現代人)의 마음은 황폐(荒廢)해 가고 있으며 인간 불신(人間不信), 정신 부재(精神不在), 도덕 타락(道德墮落)의 현상(現狀)이 날로 더해 가고 있다. 인간(人間)이 인간(人間)을 믿지 못하는 시대상(時代相)에 가장 귀(貴)한 것은 하늘도 아니고 땅도 아니며, 인간(人間)이라는 말씀이다. 그런데 이러한 가장 존귀한 인간(人間)이 인간 이하(人間以下)의 대우(待遇)를 받고 있는 상황(狀況)을 이미 상제(上帝)께서는 꿰뚫어 보시고 예시(豫示)한 바 있다. 선천(先天)에는 인간(人間)과 사물(事物)이 모두 상극(相克)에 지배(支配)되어 세상(世上)에 원한(怨恨)이 쌓이고 맺혀서 삼계(三界)를 채웠으니 천지(天地)가 상도(常道)를 잃고 재화(災禍)가 일어나고 세상(世上)은 참혹(慘酷)하게 되었다고 밝혀 말씀하신 것이다. 우리의 주변(周邊)은 날로 불상사(不祥事)가 더해 가고 살육(殺戮)의 투쟁(鬪爭) 또한 그칠 날이 없다. 이러한 세상(世上)을 바로잡고 건지기 위(爲)해 우리 종단(宗團)은 생겨난 것이다.

상제(上帝)께서는 또 "내가 천지(天地)의 도수(度數)를 정리(整理)하고 신명(神明)을 조화(調化)하여 만고(萬古)에 원한(怨恨)을 풀고 상생(相生)의 도(道)로 후천(後天)에 선경(仙境)을 세워 세계(世界)의 민생(民生)을 건지려 하노라."라고 말씀하셨다. 상제(上帝)께서는 세계 인류(世界人類)를 광구(匡救)하시기 위(爲)해 세상(世上)에 오셨고, 이 세계(世界)를 위(爲)해 대순 공사(大巡公事)를 하신 것이다. 오늘에 우리는 상제(上帝)님의 말씀을 이루기 위(爲)해 존재(存在)한다. 이런 입장(立場)에서 우리는 무엇을 할 것인가. 지각(知覺) 있는 도인(道人)으로서 어떻게 살아야 할 것인가.

첫째, 우리는 상제(上帝)님의 가르침대로 원(怨)을 짓지 말고 지은 보은(至恩 報恩)의 실천자(實踐者)가 되어야 한다. 우리 종단(宗團)의 특징(特徵)은 실천 도덕(實踐道德)에 있다. 우리는 서로 사람을 높여 주고 상극(相克)하지 않으며 서로 상생(相生)하여 협동(協同)하고 품었던 원(怨)을 풀게 하여 은혜(恩惠)를 입었으면 보은(報恩)하도록 해야 한다. 상제(上帝)께서는 공(功)을 들여 어렵게 태어난 인생(人生)을 헛되게 보낼까 봐 잠시(暫時)도 쉬지 말라고 일깨워 주셨다.

둘째, 언행(言行)들을 잘 가져야 할 것이다. 상제(上帝)께서는 언행(言行)을 잘 가지기를 당부(當付)하셨다. 남을 비방(誹謗)하거나 시비(是非)를 말함이 곧 척(慼)을 짓는 원인(原因)이 된다고 하셨다. 화(禍)와 복(福)은 언제나 나 자신(自身)의 언행(言行)에 의(依)해 일어난다는 원칙(原則)을 우리는 옳게 깨우쳐 실천(實踐)하도록 해야 할 것이다.

셋째, 마음을 속이지 말아야 할 것이다. 인간(人間)의 마음은 언제나 사심(私心)에 빠질 위험(危險)이 있다. 모든 죄(罪)의 근원(根源)은 내 마음속에서 비롯되므로 사욕(私慾)을 누르고 공명 지대(公明至大) 한 도심(道心)을 드러내도록 힘써 나가야 할 것이다.

넷째, 수도(修道)에 열중(熱中)하자. 수도(修道)는 상제(上帝)님의 말씀에 나의 심신(心身)을 적중(的中)토록 일심(一心)하는 데 있다. 우리는 새로운 도덕(道德)과 윤리(倫理)를 세우는 역사적(歷史的) 사명(使命)을 다해야 한다. 수도(修道)는 이 같은 사명(使命)의 본(本)바탕이 된다. 그러므로 성(誠)·경(敬)·신(信)을 수도(修道)의 요체(要諦)로 삼고 무자기(無自欺)를 근본(根本)으로 하여 항상(恒常) 자기(自己)를 비추어 깨달아 나가야 할 것이다. 이와 같은 우리들의 값진 실천(實踐)이 보국안민(輔國安民)과 정신개혁(精神改革) 인간개조(人間改造)의 길임을 거듭 당부(當付)하는 바이다.

16. 1984년

12월 학교법인 대진학원을 설립.

포덕(布德)이란 상제(上帝)님의 덕화(德化)를 세상(世上)에 선포(宣布)하는 일이니, 성(聖)스러운 덕화(德化)를 손상(損傷)시킨다는 일은 용서(容恕)할 수 없는 일이다. 말 한마디라도 상대방(相對方)에게 가르쳐 감화(感化)시켜 주는 것이다.

교화(教化)란 『전경(典經)』을 근거(根據)로 하여 진리(眞理)에 입각(立脚)한 것이 교화(教化)라. 도(道)에 들어오면 잘 가르쳐서 도인(道人)을 만드는 것이 교화(教化)다.

수도(修道)는 보고 듣는 것으로, 행동(行動)으로써 실천(實踐)에 옮기는 것이 수도(修道)라, 소망(所望)과 목적(目的)이 수도(修道), 그것으로 판단(判斷)이 되는 것이다. 도인(道人)과 임원(任員) 사이에는 벽(壁)이 없이 지내야 한다. 상하 임원(上下任員) 사이 서로 단합(團合)이 되는 일이라. 밑의 임원(任員)은 믿을 수 있는 실력(實力) 있는 사람이 돼야 한다. 듣기만 해서 되는 것이 아니라, 실천(實踐)해 나가야 한다. 지난 일을 판단(判斷)할 줄 안다면 앞 일을 잘하게 되는 일이다.

17. 1985년, 올바른 계획

목적 달성(目的達成)은 올바른 계획(計劃)이 수립(樹立)되어야 한다. 대순 지침(大巡指針)에 귀의(歸依)하여야 한다. 화합(和合)으로 단결(團結)하여야 덕화 선양(德化宣揚)의 포덕(布德)을 한다. 상대(相對)의 인권(人權)을 존중(尊重)하며 상호 건의(相互建議)와 충고(忠告)를 잘 받아들여야 한다. 음양 합덕(陰陽合德)은 정음 정양(正陰正陽)이며 천지 신인(天地神人)이니, 상대성(相對性)을 말함이라. 언덕(言德)을 잘 가지고 척(慼)을 짓지 말라.

신인조화(神人調化)는 서로가 화합(和合)하고 무자기(無自欺)를 근본(根本)으로 하라. 나 스스로 속임이 없는 것이 무자기(無自欺)이니라.

해원상생(解冤相生)은 억울함이 없이 남을 잘 되게 하라.

도통진경(道通眞境)은 마음을 거울같이 맑게 닦아 도통진경(道通眞境) 경지(境地)에 이르니라.

◎ 1985년 02월 08일

종단(宗團)뿐만 아니라, 어느 단체(團體)든지 잘 유지(維持)되어 나가려면 체계(體系)가 잘 서 나가야 한다. 임원 체계(任員體系)가 확립(確立)되어야 한다. 체계 확립(體系確立)이란 딴 것이 아니라, 선발(選拔)되어 있는 도인(道人)을 잘 묶어서 해 나가야 하며, 선감(宣監)·선사(宣伺)·선무(宣

務) 이것이 잘 서 나가야 한다. 상부(上部)의 지시(指示)를 전달(傳達)할 때 제대로 전(傳)해 나가기가 어려운 일이라. 지금(只今)은 도인(道人)들을 교화 육성(敎化育成)시켜 나가는 시기(時期)라. 명령(命令)으로 전(傳)하고 명령(命令)으로 받아들여야 하느니라. 복종(服從)하지 않는다면 도통(道通)이 없느니라. 물불을 헤아리지 말고 목숨을 바쳐 복종(服從)하고 따를 수 있게 되어야 한다.

◎ 1985년 02월 18일

임원(任員)들의 맡은 직책(職責)은 사람을 올바른 도인(道人)으로 만들 수 있는 데 그 목적(目的)이 있는 것이다. 선사(宣伺) 기준 호수(基準戶數)는 300(三百) 호(戶)이며, 도인(道人)을 하나하나 챙기고 나가는 것은 선무(宣務)인 것이다. 자기(自己)가 좋고 옳다는 것을 알고 판단(判斷)이 될 때 포덕(布德)을 하게 되는 것이다.

선감(宣監)은 경험(經驗)을 얻고 모든 일을 실제(實際)로 겪고 나가는 일이다. 확신(確信)만을 가지고 하는 일은 아니다. 선무(宣務) 때에는 자신감(自信感)을 가지고 겁날 것 없이 말을 하게 되는 것이다. 신심(信心)이 생기기 때문이라. 잘하고 좋은 것만 보는 것보다 잘 못하는 것도 보아야 좋고 잘하는 것도 자연(自然)히 알게 되니, 그것이 공부(工夫)가 되는 것이다. 닦고 배우면서 나가는 일이라, 글을 배우는 것과는 비유(比喩)할 수가 없는 일이다.

18. 1986년, 수도 정신

　수도 정신(修道情神), 도인(道人)으로서 취(取)하고 행(行)할 도리(道理)를 완전(完全)히 인식(認識)시킨다. 화합(和合)과 화목(和睦), 임원(任員) 상호 화합(相互和合)으로 이루어진다. 토론회(討論會)에서는 서로 의견(意見)을 내세워 나가서 실수(失手) 없이 대화(對話)를 나눌 수 있게 지도(指導), 교화 방법(敎化方法)을 토론(討論)하라. 서로가 해결(解決)할 수 없는 것은 서로 풀어 나가라. 도인(道人)으로서 행(行)하고 취(取)할 도리(道理)를 충분(充分)히 인식(認識)시켜서 완전(完全)한 도인(道人)이 되도록 진리(眞理)를 파악(把握)시키도록 할 것이며, 어느 종교(宗敎)를 막론(莫論)하고 자기(自己)의 종교(宗敎)가 옳다고 한다. 거기에서 제일(第一) 중요(重要)한 일은 교화(敎化)다. 충분(充分)히 납득(納得)이 되도록 해 주는 것을 교화(敎化)라고 한다. 좋은 것을 알고 옳다는 것을 알 때, 성(誠)·경(敬)·신(信)이라 하는 것은 공경(恭敬)이라. 믿음이 확고(確固)하고 거짓이 없어야 한다. 이것을 갖게 해 주는 것은 임원(任員)의 직책(職責)이다.

　안심(安心)·안신(安身), 이것이 안정(安定)이 되질 않았을 때는 매사(每事)는 이루어지지 않는다. 도인(道人)을 만들 때는 임원(任員)들의 실력(實力)이 필요(必要)한 것이다. 잘 모르는 일을 가르쳐 주고 반문(反問)할 때는 상세(詳細)히 가르쳐 나가도록 하라. 도인(道人)들에게 기도 정신(祈禱精神)을 인식(認識)시켜 주어야 한다. 기도(祈禱)라는 것을 남이 하니까 따라 한다는 것은 옳은 정성(精誠)이라 할 수 없는 일이다. 시간상(時間上) 가정 형편(家庭形便)이나 직장(職場)을 가진 사람들은 그 시간(時間)에 암송(暗誦)으로 하는 정신(精神)은 남이 하니까 따라 하는 정성(精誠)

보다 몇 배(倍)가 더한 것이다. 어려운 일을 하게 되니, 그것이 정성(精誠)이다. 물질(物質)이나 사람이 잘났다 해서 쓰는 것이 아니라, 그 마음을 쓰는 것이라. 정성(精誠), 바로 그 마음이라. 화합(和合)이 임원 상호 간(任員相互間)에 이루어져야 하며 남에게 척(慼)을 짓는 일을 절대(絶對) 하지 말아야 하며, 이웃 간(間)에 싫어하는 일을 하지 말 것이다. 친절(親切)히 해 나가야 한다. 신(神)이 아니고서는 할 수 없는 일이다. 도(道)를 따라가지 못하게 되는 사람도 본심(本心)에서가 아니라, 척신(慼神)의 탓으로 인(因)해서 그리되는 일이다. 가정 화목(家庭和睦)에 있어서도 각자 자기(各自自己)의 도리(道理)만 하게 되면 되느니라. 덕화 손상(德化損傷)을 해서는 안 된다. 선·교감(宣敎監)들은 상제(上帝)님께 도인(道人)으로서 예의(禮儀)를 잘 지켜야 이것이 하느님을 믿는 신도(信徒)로서 제일(第一) 중요(重要)한 일이다.

◎ 1986년 06월 28일

화목(和睦)하라.

1. 서로 간(間) 크고 작은 모든 일에 화목(和睦)해야 한다.

2. 상대방(相對方)을 존중(尊重)하고 이해(理解)하는 데서 화목(和睦)이 이룩된다.

3. 모른다고 해서 그 사람의 말을 무시(無視)하지 말라. 그 말이 하늘이 시켜서 하는 말로 생각하라.

4. 서로 반죽처럼 벽(壁)이 없어야 한다.

5. 화목(和睦)을 써 붙이고 다니든지 늘 화목(和睦)을 생각하라.

6. 무조건(無條件) 지시(指示)해서는 안 된다.

상제(上帝)님께서 공사(公事)하실 때도 종도(從徒)들에게 물어서 하셨고, 도주(道主)님께서 호(號)를 지어 주실 때도 물어서 하셨다.

 나[도전(都典)]에게는 우당(牛堂), 류철규(柳喆珪)에게는 청음(靑吟), 임규오(林奎五)에게는 건월당(建月堂). 도주(道主)님께서 도전(都典)은 충광(忠光), 류철규(柳喆珪)는 풍산(豊山), 임규오(林奎五)는 요산(樂山) 등(等)으로 각기(各其) 지어 올린 호(號)에 대(對)하여 위와 같이 사호(賜號)하셨다. 나도 선감(宣監)에게 물어서 한다. 이것을 본(本)받아야 한다. 무조건(無條件) 명령(命令)이나 억압조(抑壓條)로 지시(指示)해서는 안 된다.

 모든 게 천기자동(天機自動) 한다.
 1. 각자(各自)는 각기(各其)의 위치(位置)와 입장(立場)이 있다. 여러 사람의 의견(意見)을 존중(尊重)하라. 화목(和睦)은 서로 뜻이 맞고 정(情)다운 것을 말한다. 모자지정(母子之情)으로 화목(和睦)하라. 신망(神望), 인망(人望)이 따로 있는 것이 아니다. 신(神)은 사람에게 의지(依支)하니 남을 칭찬(稱讚)하고 받들어 주는 일이다. 하늘이 알고 내가 안다.

 ◎ 1986년 08월 25일
 가) 자기 도리(自己道理)를 다하라.
 1. 임원(任員)은 임원(任員)의 도리(道理), 수반(修班)은 수반(修班)의 도리(道理)를 알고 지켜 나가야 한다. 수도(修道)의 중요성(重要性)은 자기 도리(自己道理)를 다하는 데 있다.
 2. 자기 도리(自己道理)를 다하면 가정 화목(家庭和睦), 사회 화합(社會和合), 인류 화평(人類和平)이 이루어지며 그것이 극락(極樂)이다.

나) 명령(命令)에 잘 따르게 하여야 하며, 명령(命令)에 잘 따라야 한다.

1. 소금가마를 지고 물로 들어가야 하며,
2. 콩을 팥이라 해도 믿을 수 있도록 되어야 하며, 그렇게만 되면 불로 들어가라 해도 들어갈 것이다.
3. 믿음이 없으면 도(道)를 못 믿는다.

다) 수련(修練)에 대(對)하여

1. 방면(方面)에서 수련(修練)은 2시간(二時間)씩만 하고, 정신(精神)을 모으지 말고, 주문(呪文)을 봉송(奉誦)하도록 하라.

2. 허령(虛靈)을 조심(操心)하여야 한다.
임규호, 신덕림을 예(例)를 들어 말씀하심.
주문(呪文)을 많이 읽은 사람은 허령(虛靈)이 나지 않으며, 본부(本部) 수련 반(修練班)은 허령(虛靈)이 안 일어난다.

라) 여주(驪州)는 제2 수도장(第二修道場)이다.
1. 급(急)하게 서둔다고 해서 이상(異常)히 생각하지 말라.
2. 조언비어(造言蜚語)를 하지 말라

여주(驪州) 본부도장(驪州本部道場) 영대(靈臺) 봉안 치성이 경기도 여주군 강천면 가야리 소재 여주 도장에서 11월 27일(음력 10월 25일) 새벽 1시(축시)에 봉행되었다. 이날 치성에는 상급 임원을 포함 내, 외수 평도인 6천여 명이 참례하여 대성황을 이루었다.

이처럼 영대는 15신위(神位) 즉, 이 우주를 주재[(主宰) 책임지고 맡아 처리하시며 관령(管領) 도맡아 다스림]하시는 양위상제님과 서가여래의 원위를 비롯한 명부시왕, 오악산왕, 사해용왕, 사시토왕, 관성제군, 칠성대제, 직선조, 외선조, 칠성사자, 우직사자, 좌직사자, 명부사자가 모셔져 있으며, 또한 48장의 신명을 모신 성전이다.

19. 1987년, 솔선수범

　천륜(天倫)과 인륜(人倫)을 버리고 되는 일이 없다. 부모(父母), 형제(兄弟), 친척 간(親戚間)에 자기(自己)의 도리(道里)를 다하라. 그 집의 환경(環境)을 보고 포덕(布德)하라. "미꾸라지 한 마리가 우물 안을 흐린다."라는 격언(格言)과 같이 고생(苦生)하여 닦은 각 도인(各道人)에게 소원(所願)을 풀어 주는 것이 우리의 일이다. 집이야 어찌 되든 나만 도통(道通) 받는다는 것이 어찌 운수(運數)를 받겠는가? 그것은 운수(運數)를 받을 수 없다. 잘못된 것은 정리(整理)하여 운수(運數)를 받게 해 주어야 한다. 여자(女子)는 그 가정(家庭)에 부덕(婦德)을 두텁게 하고 도리(道理)를 지키면 화목(和睦)해진다. 그렇지 못하면 불화(不和)가 오고 또 이웃에서도 좋지 못 한 일을 당(當)하니, 가정(家庭)을 지키지 못하고 도통(道通)을 받고 운수(運數)를 받을 수 있겠는가?

　상제(上帝)님께서도 "나를 알았으면 여러 사람에게 알려 주라." 하셨지 '너희끼리 하라.' 하시지는 않으셨다. 상제(上帝)님께서는 "음덕(陰德)이 크다." 하셨는데 남이 알아주든 말든 일심(一心)으로 하는 것이 큰 것이다. 이것을 모두 지키는 것이 음양합덕(陰陽合德)·신인조화(神人調化)·해원상생(解冤相生)·도통진경(道通眞境)이다. 올 도정 목표(都政目標)로 삼아 잘 행(行)해 나가라.

　방면 간(方面間)의 구별(區別)과 벽(壁)이 없어야 한다. 시기(猜忌), 질투(嫉妬), 음해(陰害)하지 말라. 티끌만큼이라도 미워하지 말라. 마음이 바로 서면 밉고 고움이 없어진다. 이것이 도통진경(道通眞境)이다. 이를 위

(爲)해 수도(修道)하고 있는 것이다. 도통진경(道通眞境)에 이르러야 도통(道通)이 이루어진다. 공부(工夫) 중(中)에 마음이 맑게 티 하나 없는 경지(境地)에 가면 잠깐(暫間) 개안(開眼)이 열린다. 마음자리가 바로 서면 그것이 들어온다. 모든 겁재(劫災), 즉(即) 전재(戰災) 그 밖의 재앙(災殃)은 다 없애고 병겁(病劫)만 남아 있다 하셨다. 상제(上帝)님께서 "만져도 낫고 쳐다보기만 하여도 낫는다."라고 하셨다. 개안(開眼)이 되면 내 몸속의 모든 병(病)과 종기(腫氣)가 보인다. 그 순간(瞬間) 병(病)은 곧 낫게 된다. 마음자리가 바로 서면 개안(開眼)이 된다. 개안(開眼)이 곧 신안(神眼)이라 한다. 이상(以上)을 약속(約束)했으니 말로서가 아니라, 실제(實際)로 실천(實踐)하여 생활화(生活化)하여야 한다. 도통진경(道通眞境)에 이르면 신안(神眼)이 열린다.

선·교감(宣敎監)은 아래 임원(任員)에게 감사(感謝)의 마음을, 아래는 위에 대(對)하여 고마움을 가지라. 위아래는 서로 살을 깎아 먹어도 아깝지 않고 서로 고맙고 좋은 것이다. 위아래가 혼연일체(渾然一體)가 되어야 도통진경(道通眞境)에 이르는 것이다. 도(道)를 알면 미움이 없다. 도(道)로 인(因)해 맺어지면 서로가 좋고 나쁜 것이 없다. 서로가 티끌만치도 미움과 증오(憎惡)가 없어야 한다. 인자(仁慈)란 즉(即) 친절(親切)이다. 상제(上帝)님께서도 "어질 인(仁) 자(字)를 붙여 준다."라고 하셨다. 도인(道人)들은 참고 잘 받아야 한다. 도인(道人)들은 밉고 고운 것이 없다.

방면 간(方面間)의 구별(區別)과 벽(壁)이 없어야 한다. 마음자리를 바로 잡아 바로 서 있어야 한다. 남을 미워한다는 것은 마음자리가 바로 서 있지 않아서이다. 작은 티끌이 있어도 바로 잡히질 않는다. 시기(猜忌), 질투(嫉妬), 음해(陰害)하지 말라. 티끌만큼이라도 미워하지 말라. 마음이 바로 서면 밉고 고움이 없어진다. 이것이 도통진경(道通眞境)이다. 이를 위(爲)해 수도(修道)하고 있는 것이다. 도통진경(道通眞境)에 이르러야 도통(道通)이 이루어진다. 공부(工夫) 중(中)에 마음이 맑게 티 하나 없는 경지(境地)에 가면 잠깐(暫間) 개안(開眼)이 열린다. 마음자리가 바로 서면 그것이 들어온다. 모든 겁재(劫災), 즉(卽) 전재(戰災) 그 밖의 재앙(災殃)은 다 없애고 병겁(病劫)만 남아 있다 하셨다. 상제(上帝)님께서 "만져도 낫고 쳐다보기만 하여도 낫는다."라고 하셨다. 개안(開眼)이 되면 내 몸속의 모든 병(病)과 종기(腫氣)가 보인다. 그 순간(瞬間) 병(病)은 곧 낫게 된다. 마음자리가 바로 서면 개안(開眼)이 된다. 개안(開眼)이 곧 신안(神眼)이라 한다. 이상(以上)을 약속(約束)했으니 말로서가 아니라, 실제(實際)로 실천(實踐)하여 생활화(生活化)하여야 한다. 화목(和睦), 화합(和合)해 나가면 마음자리도 바로 서고 수도(修道)에 보람도 있다. 도통진경(道通眞境)에 이르면 신안(神眼)이 열린다.

◎ 1987년 04월 27일

비결(祕決)을 교화 자료(敎化資料)로 쓰지 말라.

절대(絶對)로 비결(祕決)을 인용(引用)하여 도인(道人)들의 교화 자료(敎化資料)로 쓸 수 없다. 그것은 도인(道人)들에게 실패(失敗)를 가져온다. 대부분(大部分) 때와 장소(場所)를 얘기하게 된다. 그러므로 성공(成功)하지 못한다. 비결(祕決)은 생각해 봐서 그런 것도 있구나 하는 정도(程度)이지, 교화 자료(敎化資料)로는 쓸 수 없다. 우성재야(牛性在野), 야우등산(野牛登山), 화우고계(畵牛顧溪) 등(等)도 비결(祕決)이다. 소란 우리 도(道)를 얘기하는 것이다. 우성재야(牛性在野)란, 소의 성품(性品)이 들에 있다는 뜻인데, 그것은 들에는 풀이 있고, 그 풀은 청림(靑林)이고, 청(靑)은 12월(十二月)이다. 12월(十二月)은 도(道)이다. 야우등산(野牛登山)이란 증산(甑山), 정산(鼎山)에 간다는 말이다. 소 울음소리는 우리 주문(呪文) 소리이다. 화우고계(畵牛顧溪)는 소가 물을 돌아본다는 뜻이다. 물이란 모든 도(道)의 이치(理致)가 물에서 나온 것이다.

복희(伏羲) 선천(先天)에도 용마(龍馬)가 하도(河圖)를 지고 나왔다. 천지 이치(天地理致)를 하도(河圖)로 판단(判斷)하였고, 우(禹) 임금이 물을 다스릴 때 거북이 그림을 지고 나왔다. 이것이 낙서(洛書)이며, 문왕 팔괘(文王八卦)라 한다.[황하(黃河)] 복희(伏羲)씨 때나 문왕(文王) 때의 천지 이치(天地理致)가 하도(河圖)·낙서(洛書)에 있다. 천지(天地)의 이치(理致)가 물에서 나왔다.

이번(-番)에도 후천(後天) 정역(正易)에 연원 도통(淵源道通)이다. 이것도 용마(龍馬)나 금구(金龜)나 마찬가지로 모든 이치(理致)가 물에 있다. 소(牛)가 청림(靑林)이고 12월(十二月)이다. 1년(一年), 12달(十二月), 4철(四節), 24절 후(二十四節候)가 있고, 이 변화(變化)의 조화(造化)가 도(道)이다. 12월(十二月)이 도(道)이다. 소(牛)가 축(丑)이고, 12월(十二月)이다. 소에 관(關)한 모든 비결(祕決)은 '青(청)' 자(字) 하나로 돌아간다. 쇠꼬리 등(等)도 도(道)를 말씀하신 것이다. 그렇다고 해도 비결(祕決)을 인용(引用)해서 교화 자료(敎化資料)로 써서는 아니 된다. 그것이 아니라도 할 말은 많다.

이 우주(宇宙) 안에 우리 도(道)가 아닌 것이 없다. 비결(祕決)도 교화(教化)하면 시한부(時限附)에 관(關)한 것이다. 시국(時局)에 관(關)한 얘기는 있을 수 없다. 비결(祕決), 시국(時局), 사회상(社會相) 등(等)을 인용(引用)해서 교화 자료(教化資料)로 삼아서는 안 된다. 종교(宗教)의 진리(眞理)를 파는 데 있어서는 어디까지 하고, 어디까지 못 한다란 것은 없다. 아무 말이고 해도 되지만, 해서 될 말이 있고, 안 될 말이 있다. 도통(道通)보다 높은 것이 어디 있느냐? 우리의 궁극(窮極)의 목적(目的)은 도통(道通)이다. 도통(道通)해서 대통령(大統領)을 한다. 정치(政治)한다는 식(式)은 있을 수 없다. 유언비어(流言蜚語), 조언 비어(造言蜚語)는 혹세무민(惑世誣民)하는 것이다. 비결(祕決)을 교화 자료화(教化資料化)하지 말라. 시국(時局)을 교화 자료화(教化資料化)하지 말라. 사회 지탄(社會指彈)의 대상(對象)이다. 모두 우리에게는 필요(必要) 없는 것이다.

◎ 1987년 08월 13일
첫째. 기도 의식(祈禱儀式),

※ 본부 도장(本部道場)
(1) 주일 기도(主日祈禱)= 진, 술, 축, 미(辰戌丑未), 자, 오, 묘, 유(子午卯酉) 시간(時間). 음양일(陰陽日)을 가려 주문 봉송(呪文奉誦)

(2) 평일 기도(平日祈禱)= 진, 술, 축, 미(辰戌丑未) 시간(時間)

※ 지방(地方)

(1) 주일 기도(主日祈禱)

○ 회관(會館), 회실(會室)= 오(午)시 기도(午時祈禱)만 기도(祈禱)를 모신다. 음양일(陰陽日)을 가린다. 음일(陰日)에는 기도위시(祈禱爲始) 기도주(祈禱呪)로 시작(始作)하여 태을주(太乙呪)로 마치고, 양일(陽日)에는 태을위시(太乙爲始) 태을주(太乙呪)로 시작(始作)하여 기도주(祈禱呪)로 마친다.

20. 1988년, 개안과 신안

　무자기(無自欺)를 근본(根本)으로 삼으라. 이것이 제일(第一) 어려운 것이다. 공부(工夫)를 하면 개안(開眼)부터 된다. 개안(開眼)이 신안(神眼)이다. 개안(開眼)이 되면 내 잘못부터 나온다. 참 무서운 것이다. 내 마음을 내가 속인다. 내[도전(都典)] 말을 믿어라. 근본 원리(根本原理)를 두고 무자기(無自欺)로 나가라. 신안(神眼)은 멀고 가까움이 없다.

　신안(神眼)은 우주(宇宙)를 볼 수 있다. 내가 태어나서 지금(只今)까지 지은 죄(罪)가 영화(映畵) 필름처럼 나타난다. 척(慼)이란 내가 잘못해서 나온다. 우리는 운수(運數)를 바라고 나가는 것이다. 바란다고 되는 것이 아니다. 척(慼)을 짓지 말아야 한다. 운수(運數)를 받고 도통(道通)을 받을 수 있게끔 갖추어야 한다. 도(道)가 무엇인가 하면 경위(經緯)다. 경위(經緯)가 어긋나면 안 된다. 경위(經緯)가 밝아야 옷감이 잘 짜인다. 인격(人格)을 갖추어라. 경위(經緯)는 쉽게 말해서 도리(道理)다. 사람으로서 행(行)해야 할 도리(道理)를 다해야 인격(人格)을 갖추었다고 한다.

　『전경(典經)』에 상제(上帝)님께서 삼강오륜(三綱五倫) 이것이 없으므로 천하(天下)가 병(病)들었다 하셨다. 완전(完全)한 인격(人格)을 갖춘 사람을 만들기 위(爲)해서 교육(敎育)을 시킨다. 도리(道理)와 인격(人格)을 못 지키니 질서(秩序)가 무너진다.[충효열(忠孝烈) 삼강(三綱)이다.] 오륜(五倫)이란 삼강(三綱) 안에 들어 있다. 대운(大運)이 여기에 있다. 『전경(典經)』에 원 강령(元綱領)은 삼강오륜(三綱五倫)이라 하셨다. 올바른 사람을 만들고 잘되지 않는 것은 예(禮)를 갖추지 못했기 때문에 일생(一生) 동안 삼강오륜(三綱五倫)을 심어 나가는 것이다. 이것이 될 때 도인(道人)이 돼 가는 것이다. 도인(道人)이 되어야 도통(道通)도 운수(運數)도 받는 것이다. 도인(道人)을 만드는 데 있어서 아는 것보다 지켜서 행(行)하여야 한다. 속이는 것은 안 된다. 내가 나를 속이는 것이다. 행(行)하여야 할 도리(道理)가 도덕(道德)이다. 사람이 완전(完全)히 갖추어지면 욕심(慾心)도 사심(私心)도 없다. 원 천성(元天性)으로 돌아가야 한다. 그래야 도통(道通)을 받는다. 이것이 그릇이다. 유리(琉璃)알같이 깨끗해야 한다. 그렇게 되면 운수(運數)는 저절로 받는다.

인마(人魔), 신마(身魔), 심마(心魔) 이것이 척(慼)이 된다. 상대방(相對方)의 마음을 거스르는 것이 척(慼)이다. 이것을 푸는 것이 공부(工夫)다. 공부(工夫)도 입도(入道)해서 수도(修道)해 나가는 과정(過程)이 다 똑같다. 공부(工夫), 수도(修道)도 척신(慼神)하고의 싸움이다. 21일(二十一日) 동안 척신(慼神)이 내 마음에, 내 몸에 붙어 싸움을 한다. 싸움이 끝나면 밝아진다. 이렇게 되어야 도통(道通)이 된다. 척신(慼神)하고 싸움은 무엇을 가지고 싸우는가 하면 남과 싸워서 맺은 척(慼)과 싸워야 한다. 우리가 수도(修道)해 나가는 과정(過程)과 비슷하다. 도(道)를 닦아 나가는 데 일이 잘되고 안 되는 것은 척신(慼神)의 장난이다. 이러하니 일을 할 때 가려서 하고 좋은 것만 취해 가지고 운수 대통(運數大通)을 받도록 하라. 척신(慼神)한테 이기는 것은 참는 것이다.

『전경(典經)』의 진술(眞術)은 아픈 사람을 보기만 해도 낫는다. 작은 신명(神明)도 신안(神眼)으로 보면 크게 확대(擴大)되어 보인다. 현미경(顯微鏡)으로 안 보이는 것도 보는 것과 같다. 그러나 수술(手術)이라는 것은 없다. 내가 시험(試驗)을 많이 보았다. 지금까지 말한 것은 속이지 못한다. 우리는 무자기(無自欺)가 되어야 한다. 신안(神眼)이란 막힌 곳이 없는 것이다. 미국(美國)에서 말한 소리가 그대로 들린다. 냄새도 멀고 가까운 것이 없다. 사람이 먹는 것도 필요(必要) 없다. 이것을 시험(試驗)해 봤다. 잠을 안 자도 괜찮다. 공부(工夫)할 때도 잠을 안 자도 괜찮다. TV에 나오는 음식(飮食) 냄새도 맡는다. 어떤 사람은 되고 안 되는 법(法)이 없다. 지금까지 한 말은 무자기(無自欺)를 근본(根本) 삼아 나가라고 한 말이니 잘 지켜 나가라.

◎ 1988년 04월 21일

수련(修鍊)할 때 주문(呪文)을 강(强)하게 읽지 말고 부드럽게 읽어라. 강(强)하게 읽으면 취정(聚精)에 들기 쉽다. 취정(聚精)에 들었을 시(時) 손을 대지 말고 여러 사람이 모여 주문(呪文)을 술술 읽어 나가라. 유(柔)하게 읽어 나가면 취정(聚精)이 풀린다. 덕화 손상(德化損傷), 평소(平素)에 닦은 마음이 중요(重要)하다. 어제는 일을 이렇게 하였어도 오늘은 일을 다르게 고쳐 나가도 명(命)을 어김이 없이 위를 받들어 모시는 것이다.

뭉치면 살고 흩어지면 죽는다. 피를 나눈 형제(兄弟) 사이라도 견해 차이(見解差異), 성격 차이(性格差異)가 나고 맞지 않는 경우(境遇)가 있다. 항시(恒時) 하는 말이지만 포덕(布德)을 하는 데 덕화(德化)를 손상(損傷)시키는 일이 없어야 하며, 참배(參拜)는 믿는 사람이 상제(上帝)님을 모신다는 믿음의 마음으로 다녀야 하는데 믿지 않는 사람이 구경 삼아 오면 안 된다. 그렇게 [비도인(非道人)] 참배(參拜)를 시키면 포덕(布德)이 아니고 덕화 손상(德化損傷)이다. 친(親)한 사람을, 즉(卽) 친(親)한 사이에 놀러 가자고 도장(道場)에 데리고 와서 언사(言辭)를 높이고 하는데 그런 창피(猖披)가 어디 있느냐? 때가 가까이 왔으니 무엇이든 필요(必要) 없다는 등(等) 시한부(時限附) 말을 꾸며 하면 안 된다. 무학 도통(無學道通)이라 하셨다. 공부(工夫)가 필요(必要) 없다 해도 도인(道人)은 그렇지 않다. 도(道)를 안 믿는 사람을 비도인(非道人)이라 하는데 '비(非)' 자(字)를 붙이지 말라. 우리 도(道)는 운수(運數)가 있기 때문에 조그마한 일에도 말이 많다. 행동(行動), 언사(言辭)에 조심(操心)하라. 가는 말이 고우면 오는 말이 고운 법(法)이니, 이웃 간(間)에도 인정(人情)을 베풀고 좋게 하라. 도인(道人)들 사이에는 말할 것도 없지만 이웃 간(間)에는 조그마한 일이라고 잘못하면 절대(絕對) 안 된다.

◎ 1988년 06월 13일

주성(呪聲)은 편안(便安)한 자세(姿勢)에서 몸도 편안(便安)해진다. 주문(呪文)을 크게 읽지 마라. 옥황상제(玉皇上帝)님께서도 주문(呪文) 소리가 밖에 새어 나가면 주문(呪文)을 도둑맞는다 하셨다. 주문(呪文)을 놓치지 마라. 주문(呪文)이 늦거나 빠른 것은 괜찮다. 소리를 지르면 신명(神明)이 응(應)하지 않는다. 주문(呪文)은 안정(安定)된 마음으로 읽어 신명(神明)이 춤을 추며 응감(應感)하도록 읽어라. 주문(呪文)을 녹음(錄音)하여 아무 곳에서나 봉송(奉誦)한다는 데 일체(一切) 금(禁)하라.

도주(道主)님 재세(在世) 시(時)에 "나의 말은 문지방(門地枋)을 넘어가기 전(前)에 잊어버려라."라는 말씀은 먼 훗날 내일(來日)을 기약(期約)하기 위(爲)한 말씀이시며, 필요(必要) 외(外)(에)의 말을 만들어 잡음(雜音)을 없애며 미연(未然)에 방지(防止)하자는 말씀이다. 조언비어(造言蜚語)나 유언비어(流言蜚語)에 유의(留意)하고 도정(道政)을 잘 살펴 나가라. 과거(過去)의 태극(太極)이란 글도 아무 곳에나 쓰지 못했다.『전경(典經)』에 대순(大巡)에 대(對)한 상제(上帝)님의 말씀이 여러 곳에 있다. 대순(大巡)이라는 말을 하고 휴지화(休紙化)해서는 안 되고, 그 사람의 도심(道心)을 알아보아라. 반드시 태극 대순(太極大巡)이라 기재(記載) 된 것은 소각(燒却)하라. 마음이 소중(所重)하다. 수건(手巾)에 대순(大巡) 글자(-字)가 도장 개관(道場開館)이나 회관 개관(會館開館), 기공식(起工式), 각종 행사(各種行事) 때 수건(手巾)에 기면(記面) 하기 위(爲)하여 대순(大巡)이라 인쇄(印刷)된 것은 나는 한쪽만 사용(使用)하였다. 대순(大巡)이란 글자(-字) 위에 얼굴을 닦을 수 있느냐? 글자(-字)가 없는 곳을 사용(使用)해야 한다. 지극(至極)한 성(誠)·경(敬)·신(信)을 가져야 한다. 내 말을 지상 천명(至上天命)이라 생각하고 받아들여 준엄(峻嚴)하게 법도(法度)를 지켜 나가야 한다. 수도인(修道人)은 무자기(無自欺)가 제일(第一) 중요(重要)하므로 속인다는 마음은 갖지 마라.

◎ 1988년 06월 23일

도(道)

복희(伏羲): 목덕(木德), 목신 사명(木神司命), 황하(黃河)-용마 하도(龍馬河圖)

문왕(文王): 화덕(火德), 화신 사명(火神司命), 낙수(洛水)-신구 낙서(神龜洛書)

금산사 육장 금불(金山寺六丈金佛): 시루 증산(甑山), 솥 정산(鼎山), 용소(龍沼)

연원(淵源): 구천상제(九天上帝)님 → 도주(道主)님 → 도전(都典)님, 연원 도통(淵源道通)

대순(大巡): 무극(無極), 원(圓) 막힘이 없다.

◎ 1988년 09월 02일

항상(恒常) 대화(對話)를 할 수 있게 하라. 겉으로는 예, 예 하면서 속으로는 말을 못 한다. 수반(修班)들은 임원(任員)을 부모(父母) 대(對)하듯 하라. 모자 지정(母子之情)으로, 그렇다고 임원(任員)의 권위(權威)가 서지 않는 것이 아니다. 그렇게 되면 문제(問題)는 없다. 운수(運數)를 알면 낳아 준 부모(父母)보다 더 낫다. 운수(運數)를 받는 것이 사업(事業)이다. 우리의 하는 일은 농사(農事)짓는 것과 같다. 씨앗을 뿌려 고르고 잡초(雜草)는 뽑아 버리고 잘 가꾸는 것이다. 그렇다고 임원(任員)이 그렇다는 것은 아니다. 임원(任員)들은 끌어 나가고 수반(修班)들은 매달려 가면 된다. 춘하추동(春夏秋冬) 우리는 연원 도통(淵源道通)이다.

복희(伏羲) 선천(先天)은 오천 년(五千年)이 훨씬 넘었다. 목신 사명(木神司命), 즉(卽) 목덕(木德)으로 왔다. 동쪽(東-)을 목운(木運), 봄이고, 황하 수(黃河水)에서 용마(龍馬)를 만나 등에 그림을 보고 나서 천지 이치

(天地理致)를 깨달았다. 천지 조판(天地肇判)이 그때는 희역(羲易)이고 봄 세상(世上)이었다. 여름 하도(河圖)는 거북이 등의 무늬를 보고 천지(天地)의 이치(理致)를 깨달았다. 오늘날에 우리가 사는 주역(周易)이다. 화기(火氣), 여름이다. 육장 금불(六丈金佛), 금신 사명(金神司命)은 가을이고, 나[도전(都典)]는 정사생(丁巳生)이다. 금산사(金山寺) 못 용소(龍沼), 용(龍) 아홉 마리가 솟았다. 진리(眞理)는 황하수(黃河水) 물에서 나왔다. 진표율사(眞表律師)에게 상제(上帝)님께서 미륵불(彌勒佛)을 모시라고 명(命)하시고, 연못은 근원(根源), 진리(眞理)이고 이치(理致)다. 도통(道通)도 물에서 나온다. 최수운(崔水雲)도 연원 도통(淵源道通)이라 했다. 대순(大巡)이란 막힘이 없다. 막힘이 없으니 통(通)한다. 을을(乙乙)은 구천(九天) 양(陽)이고, 궁궁(弓弓)은 황천(皇天), 음(陰)이다.

◎ 1988년 09월 28일

안면도(安眠島)는 우리 도인(道人)들로서는 뜻이 깊다.

도주(道主)님께서 천지대도(天地大道)를 받으시고 조선(朝鮮)에 나오실 때 제일(第一) 먼저 발을 디딘 곳이다. 『대순전경(大巡典經)』은 이상호(李祥昊)가 만들었다. 상제(上帝)님께서 움직이신 것을 적어 내놓은 것이 『대순 전경(大巡典經)』이다. 구천상제(九天上帝)님이라고 뚜렷이 불리고 믿는 데가 우리밖에 없다. 상제(上帝)님이라고 부르는 분은 도주(道主)님이시다. 우리가 옳고 종통(宗統)이 바르고 틀림없다. 도주(道主)님께서 도(道)를 받들려고 만주 봉천(滿洲奉天)에 들어가신 것이 아니다.

조씨(趙氏) 가문(家門)은 배일사상가(排日思想家)이시다. 이런 적극적

(積極的)인 가문(家門)이 아니면 봉천(奉天)에 가실 리(理)가 없다. 23세(歲) 시(時) 도(道)를 받으실 때 지혜(智慧)가 밝으셨다. 그 당시(當時) 20대(代)의 지혜(智慧)가 지금의 40대(代)만큼 지혜(智慧)가 밝았다. 증산교(甑山敎)에서는 도주(道主)님이 보천교(普天敎)를 믿다가 태극도(太極道)를 믿었다고 거칠게 저질(低質)로 말한다. 잘못된 것이다. 산(山)에 들어가셔서 득도(得道)를 하셨다. 봉천(奉天)에서 봉천명(奉天命)을 하셨다. 23세(歲) 시(時) 정사년(丁巳年) 2월(二月) 10일(十日) 입산 공부(入山工夫)하시다가 도(道)를 깨우치시며 태을주(太乙呪)를 받으셨다. 태안(泰安), 태인(泰仁), 마동(馬洞)은 조 씨(趙氏)를 말함이다. 수도인(修道人)을 철저(徹底)한 교화(敎化)로써 육성(育成)함에 각별(恪別)한 정성(精誠)을 들여라. 단합(團合)은 오직 정성(精誠)이다. 정성(精誠)은 우리의 신조(信條)인 성(誠)·경(敬)·신(信)으로 수도(修道)하여 전 도인(全道人)은 융화 단결(融和團結)하라. 확실(確實)히 믿는 사람이라도 일단(一旦)은 사정(事情)을 알아보고 해 나가라. 전 방면(全方面)은 참배(參拜)를 많이 시키고 포덕(布德)을 많이 하라. 대순(大巡)의 임원 체계(任員體系)는 각기(各其) 소정(所定)의 임원(任員)은 다르나 마음만은 하나로 일치(一致)하여야 한다. 선·교감(宣敎監)은 상하(上下)가 없이 자유로이 토론(討論)하라. 중간 임원(中間任員)이라도 서로 막히는 것 없이 상호(相互) 통정심(通精心)으로 하라. 모자지정(母慈之情)으로 가르치고 배워 나가면서 도인(道人)들의 실정(實情)을 잘 파악(把握)해서 인도(引導)하여 참다운 도인(道人)을 만들어 운수(運數)를 받게 하라.

예(例)컨대, 그릇 깨진 것을 종합(綜合)하여 종래의 물체(物體)를 형성

(形成)한다. 유리(琉璃)그릇을 땅에 떨어뜨리면 조각이 난다. 그것이 뭉치면 하나가 된다는 이치(理致)를 깨닫고 지금(只今)은 배우고 가르쳐 나가는 수도 과정(修道過程)이다. 이것이 사업 목적(事業目的)이다. 예(禮)란 것이 다른 것이 아니라 말하고 움직이는 것이다. 임원(任員)은 식구(食口)를 늘려서 참다운 도인(道人)을 만들어 운수(運數) 받게 하는 것이다. 농사(農事)짓는 것과 똑같다. 운수(運數)가 있기에 선각(先覺)을 부모(父母)보다도 고맙게 생각하라. 도인(道人)들은, 떨어지지 말고 붙어 있어야 하고, 따라가려고 노력(努力)해야 하고, 임원(任員)들은 이끌어 가야 한다. 따라만 가면 운수(運數)는 다 받는다. 호사다마(好事多魔)이니 어렵다는 것을 알라. 틀림없다고 확실(確實)한 생각이 들면 떠밀어 내도 안 나간다.

◎ 1988년 10월 26일

1. 본전 영대(本殿靈臺)와 수강전(受降殿)

본전 영대(本殿靈臺)와 수강전(受降殿)은 완전(完全)히 다르다. 모신 것이 다르다. 같은 영대(靈臺)이나 본전 영대(本殿靈臺)와 수강전 영대(受降殿靈臺)라 한다. 도주(道主)님 재세(在世) 시(時)에 있었던 일이다. 내가 새로 만든 것은 아니다. 부산 도장(釜山道場)에도 있었다. 다른 사람들이 잘 모른다. 본전 전체(本殿全體)를 대강전(大降殿)이라 하고, 그 안에 영대(靈臺)가 있고, 법당(法堂)이 있다. 이 법당(法堂)이 수강전(受降殿)이다. 도주(道主)님께서 손수 모셔 놓은 것이다. 화천(化天)하신 후(後) 상제(上帝)님과 도주(道主)님의 진영(眞影)을 봉안(奉安)했다. 법당(法堂)이란 도주(道主)님께서 법(法)을 베푸시고 공부(工夫)하시던 곳이다. 수강전(受降殿)과 봉강전(奉降殿)에 28수(二十八宿)의 28장(二十八將)과 24절(二十四節)의

24장(二十四將)이 모셔져 있다. 본전 영대(本殿靈臺)에는 15위(十五位)를 모셨다. 백학관(白學館), 진양관(眞養館)이 있었고, 진양관(眞養館)에서 공부(工夫)를 했다. 수강전(受降殿) 벽(壁)에는 12지 신장(十二支神將)[12지상(十二支像)이 아님.]을 모셨다.

2. 공부(工夫)와 도통(道通)

내가 하는 일은 계획(計劃)도 설계(設計)도 없다.

생각나면 그때 좇아서 한다. 그러니 늘 바쁘다. 10월(十月) 3일(三日) 짓기 시작(始作)하여 12월(十二月) 4일(四日) 치성(致誠)을 드렸다. 28수(二十八宿), 24절(二十四節) 공부(工夫)를 시켰다. 이것은 법학 공부(法學工夫)이다. 28수(二十八宿)는 하늘, 24절(二十四節)은 땅의 도수(度數)를 공부(工夫)한다. 하늘과 땅을 통(通)하면 도통(道通)이다. 천지 이치(天地理致)에 통(通)하는 것을 바라고 나가는 것이다. 모든 신장(神將)은 모신 자리에 그대로 있는 것이 아니고, 각기(各其) 자기(自己) 자리에 4방(四方), 8방(八方), 24방(二十四方), 28방(二十八方)에 배치(配置)되어 있는 것과 같다. 수강전(受降殿)의 28장(二十八將)과 24장(二十四將) 안에 12지신(十二支神), 천지(天地) 안의 모든 신장(神將), 일월성신(日月星辰) 일시 분초(日時分秒) 등(等)이 전부 포함(全部包含)되어 있다. 공자(孔子), 석가(釋迦) 때는 자리가 정(定)해져서 도통(道通)을 못 한 사람은 원(怨)을 품었지만, 우리 일은 자리가 없어서 못 하지 않는다. 1년(一年), 4계(四季), 12월(十二月), 24절(二十四節), 360일(三百六十日), 24시(二十四時), 분(分), 초(秒)까지 모두 자리가 된다. 지금(只今)까지는 땅에 있었지만 앞으로는 사람에게 있다.

복희(伏羲) 때는 신봉어천(神奉於天), 문왕(文王) 때는 신봉어지(神奉於地), 지금(只今)은 신봉어인(神奉於人)이 된다. 각기(各其) 자리에 사람이 맡고, 그 자리에 신(神)을 봉(奉)하게 된다. 앞을 알고 뒤를 알아서 통(通)하는 그런 것이 아니다. 음양(陰陽), 사상(四象), 오행(五行) 등(等)에서 4방(四方)으로 나가, 시(時), 분(分), 초(秒)로 나가게 되어 만물(萬物)이 생장(生長)할 수 있고 호흡(呼吸)할 수 있다. 한 군데라도 막히면 안 된다. 사람의 신체(身體)도 천지(天地)의 이치(理致)와 마찬가지라 통(通)해야 한다. 막히면 병(病)이다. 하나가 막히면 전부(全部) 막히게 된다. 조금 알고 병(病)이나 고쳐 주려면 간단(簡單)하다. 수도(修道)는 정신(精神)을 통일(統一)시키는 것이다. 공부 방법(工夫方法)도 정신(精神)을 통일(統一)시키는 것이다. 전부(全部) 시험(試驗)해 보았다. 어떤 사람은 도전(都典)이 술수(術數)를 부렸다고 했다. 도전(都典) 생각만 해도 병(病)이 낫는다고 하는 사람도 있다. 우리 일은 그런 것이 아니다.

공부(工夫)는 10일(十日) 이상(以上) 보름 동안 태을주(太乙呪)를 읽힌다. 쉽지만 그것도 못 하더라. 공부(工夫)를 시키면 어린애 같아진다. 잠 못 자게 하고 정신(精神)을 통일(統一)시킨다. 지금(只今) 금방(今方) 하면 약(弱)해서 허령(虛靈)이 든다. 그래서 수련(修鍊)을 시킨다. 공부(工夫)는 잠 안 자고 정신(精神)만 묶어 주는 것이다. 정신(精神)만 묶으면 환하게 열린다. 멀고 가까움이 없다. 시험(試驗)도 해 보고 시켜도 보았다. 이것을 개안(開眼), 신안(神眼)이라 한다. 도담(道談) 할 때 무엇을 말하여도 거짓은 하나도 없다. 잠 안 자도 사람 축나는 것이 없고, 먹는 것도 필요(必要) 없다. 공부(工夫)만 되면 안 자고, 안 먹어도 관계(關係)없다. 자신

(自身)에게 병(病)이 있다 하더라도 자신(自身)이 자신(自身)의 뱃속을 훤히 본다. 들여다만 보아도 병(病)이 없어져 버리고 도지지를 않는다. 이것도 아니다. 이것조차도 쉬운 것이다. 기독교(基督敎)에서 뱃속에 성령 수술(聖靈手術) 하면 피가 묻어 나오는 것은 거짓이다. 피가 묻어 나올 수가 없다.

본전 영대(本殿靈臺), 봉강전(奉降殿), 봉심전(奉審殿), 수강전(受降殿)의 원위(元位)에는 상제(上帝)님, 도주(道主)님이 빠지면 되는 일이 아무것도 없다. 봉강전(奉降殿), 수강전(受降殿)에 28장(二十八將), 24장(二十四將)만 봉안(奉安)하여도 전부(全部) 모신 것과 같다. 하늘은 28장(二十八將)이 체(體)이고, 땅은 24장(二十四將)이 체(體)가 되므로 그 속에 모두 포함(包含)하는 것이다. 이것이 도(道)이다. 영대(靈臺)는 천지신명(天地神明)을 모신 자리이다. 태극 도장(太極道場)은 대강전(大降殿)이라 불렀지만 영대(靈臺)라 한다. 무슨 행사(行事)를 해도 마치고 난 뒤 법당(法堂)에 배례(拜禮)를 드렸다. 도주(道主)님 재세(在世) 시(時)에 4배(四拜)를 받으셨다. 그리고 상제(上帝)님께 4배(四拜)를 드리셨다. 일체(一切) 표시(表示)를 않으셨다. 알려고도 하지 않았다. 원위(元位)가 들어가지 않고는 무슨 공사(公事)든지 되는 일이 아니다. 원신(元神)을 모셨다고 똑같다고 생각해서는 안 된다. 우리 공부(工夫)는 밖에서 얘기하듯 병(病) 고쳐 주고 하는 것이 아니다. 그건 사기(詐欺)밖에 안 된다. 보고, 듣고, 냄새 맡고 하는 데 멀고 가까운 것이 없다. 잠자고, 안 자고도 상관(相關)없다. 10월(十月) 공부(工夫)를 시작(始作)하면 삼사월(三四月)에 마쳐도 낮에 다니니 다른 사람은 모른다. 삼칠일(三七日)씩 할 때는 잘 조절(調節)을 잘 해야 한다. 공부(工夫)하고 나오면 훤해진다. 몸무게도 붙는다. 방면(方面)에서 서로 싸우지 말라. 공부(工夫)할 때 다 튀어나온다. 공부(工夫)하기 애먹는다. 나는 부서(部署)에 속(屬)해서 계통(系統)을 밟는 것이 아니다. 어느 곳이든 내가 직접(直接) 결정(決定)하고 내[도전(都典)] 마음대로 할 수 있다. 도주(道主)님 재세(在世) 시(時)에는 부서(部署)가 없었고, 화천(化天) 당시(當時) 부서(部署)를 두셨는데 내무(內務), 외무(外務), 재정(財政), 교화(敎化)의 4개 부서(四個部署)로 나눴다.

◎ 1988년 10월 27일
1. 도(道)의 변천(變遷)과 공사(公事)

상제(上帝)님의 유지(遺志)를 받들고, 도주(道主)님의 설법(說法)하신 법(法)을 믿고 나간다.

도주(道主)님 재세(在世) 시(時), 허령(虛靈) 시(時) [일제시대(日帝時代)] 무극 도장(无極道場)이 태인(泰仁)에 있었지만 해방(解放)되고 다시 찾지 않으셨다. 부산 구덕산(釜山九德山) 아래 다시 본부(本部)를 설치(設置)하셨다. 보수동(寶水洞) 뒷산이 구덕산(九德山)이다. 구덕산(九德山)에서 정사(精舍)를 지으시고 공부(도수)[工夫(度數)]를 하셨다. 보수동(寶水洞) 일대(一帶) 야산(野山)에 6·25 사변(六·二五事變) 후(後) 도인(道人) 마을이 형성(形成)되었다. 5년(五年) 후(後) 경인년(庚寅年) 2월(二月) 1일(一日) 감천(甘川)에 도장(대강전)[道場(大降殿)]을 건립(建立)하셨다. 병신년(丙申年)에 도장 건축(道場建築)을 기공(起工)하여 정유년(丁酉年)에 영대(靈臺)를 봉안(奉安)하셨다. 도주(道主)님께서 모든 공사(公事)를 마치시고 무술년(戊戌年)에 화천(化天)하셨다. 감천(甘川)에는 천마산(天馬山)과 구덕산(九德山)이 있다.

서울 중곡 도장(道場)의 창건(創建)

2. 배신자(背信者)들은 대순진리회(大巡眞理會)의 공로자(功勞者)이다. 상제(上帝)님의 수륙 병진(水陸並進) 도수(度數)에 의(依)한 것이다. 남대문(南大門) 천자부해상(天子浮海上). 소원(所願)을 싼 종이에 안경(眼鏡)을 싸서 북(北)쪽으로 던짐. 서울이다. 변화(變化)가 있어야 조화(造化)가 있다. 서울의 도장(道場)은 일부러 찾아도 힘들다.

3. 공부(工夫)와 도통(道通)

주문(呪文)을 많이 읽어야 한다. 수강전(受降戰)에서 수련(修鍊)한다고 해서 도통(道通) 받는 것이 아니다. 허령(虛靈)이 나면 도통(道通) 못 받는다. 연속(連續)해서 읽지 말고, 주력(呪力)만 많이 갖게 하라. 도통(道通)이란 사람과 신(神)이 합(合)하면 도통(道通)이다. 천기자동(天機自動)으로 당겨 온다. 옛날에는 밤새워 수련(修鍊)해도 허령(虛靈)이 없었다. 지금(只今)은 조금만 해도 허령(虛靈)이 난다. 그것은 운수(運數)가 가깝게 다가온다는 것이다. 기운(氣運)을 받고 신(神)이 응(應)하면 된다. 적천사(磧川寺) 가니 비가 오다가 그치고, 주지(住持)가 이불을 갖다주더라. 의상조사(義湘祖師) 지팡이 고목 은행나무(銀杏古木) 경사(慶事)가 있으면 운다. 그날 새벽에는 목탁(木鐸) 소리가 났다. 용문사(龍門寺) 가니 은행나무(銀杏古木)가 운다. 경사(慶事)가 있을 시(時) 운다. 내[도전(都典)]가 가니 세 번(番) 울더라.

21. 1989년, 시학공부

무자기(無自欺)를 근본(根本)으로 하여 정신개벽(精神開闢)과 인간개조(人間改造)가 되어야 운수(運數)를 받는다. 속이는 것은 나와 하늘과 땅은 안다고 한다. 선악과(善惡果)는 유전(遺傳)이 된다. 당대(當代)에서가 아니라, 후대(後代)에서도 당(當)한다. 무자기(無自欺)가 안 되면 운수(運數)가 없다. 가면 가식(假面假飾)이 있어서는 안 된다. 참사람 되게 가르치고 배워야 한다. 인간개조(人間改造)가 되어야 한다. 자기(自己)를 속이지 않는 것이 무자기(無自欺)이다. 성금(誠金) 모시는 일은 전체(全體)가 통일(統一)되어야 한다.

◎ 1989년 01월 09일

도인(道人)들을 선동(煽動)하여 분열(分裂)을 일으키는 것은 죄 중(罪中)에 가장 큰 죄(罪)가 된다.

납향 치성(臘享致誠)

무진년(戊辰年)[12월(十二月) 6일(六日)]부터 시행(施行).

지방 회관(地方會館), 회실(會室)에서 거행(擧行).

납향 치성(臘享致誠)은 제후(諸侯)들이 천자(天子)에게 치성(致誠)을 드리는 행사(行事)이다.

선·교감(宣敎監)의 도인(道人)이 아니라, 상제(上帝)님의 도인(道人)임을 알아야 한다. 도인(道人)을 이용(利用)해서 싸움을 하여 분열(分裂)시키는 것은 죄(罪) 중(中)에서 대죄(大罪)이다. [납향 치성(臘享致誠)] 올해는 납향 치성(臘享致誠)을 올려라. 납향 치성일(臘享致誠日)은 12월(十二月) 26일(二十六日)이다. 납향 치성(臘享致誠)은 제후(諸侯)가 천자(天子)에게 올리는 치성(致誠)이다. 치성(致誠)은 각 지방(各地方) 회관(會館), 회실(會室)에서 책임 선감(責任宣監)이 올리면 된다. 납향 치성일(臘享致誠日)은 동지(冬至) 후(後) 세 번(番)째 미일(未日)이다.

◎ 1989년 01월 12일

연원 도통(淵源道通)

연원(淵源)이란 구천상제(九天上帝)님 → 도주(道主)님 → 도전(都典)님. 상제(上帝)님을 믿도록 정신(精神)을 모아 주어야 한다. 자기 도인(自己道人)을 만들어 나가려 하면 난동(亂動)이다. 도통(道通)은 선감(宣監)이 주는 것이 아니다. 연원(淵源)의 근본(根本)에 따라 상제(上帝)님이 주신다. 정당(正當)한 이유(理由)가 없으면 난동(亂動)이다. 방면(方面)에서 해결(解決)이 안 될 때는 나에게 오라. 우리는 연원 도통(淵源道通)이다. 연원(淵源)이란 상제(上帝)님, 도주(道主)님, 도전(都典)님의 근본(根本)이고 그 근본(根本)을 믿는 것이다. 옳지 못한 길을 가면서 옳다고 하면 그것은 도인(道人)이 아니다. 상제(上帝)님 도인(道人)을 자기 도인(自己道人)을 만들려면 그보다 더 큰 죄(罪)가 없다. 상제(上帝)님께 모든 정성(精誠)을 올려야지, 자기(自己)에게 정성(精誠)이 끊기는 것만 생각하고 상제(上帝)님에게 정성(精誠)이 끊기는 것은 생각을 않는다면 그것은 도인(道人)이 아니다. 운수(運數)를 받는 것은 상제(上帝)님으로부터 도통(道通)을 받는 것이다. 상제(上帝)님을 믿고 따르는 것이 도인(道人)을 만드는 것이니, 전부(全部) 자기 임원(自己任員)을 믿도록 하는 것은 도인(道人)을 만드는 것이 아니다.

◎ 1989년 01월 13일

　공부(工夫)를 하면 개안(開眼)이 된다. 개안(開眼)이 신안(神眼)이다. 신안(神眼)이 되면 자기(自己)의 잘못부터 나온다. 내 마음을 내가 속이지 않는 것이 화합 단결(和合團結)이 된다. 신안(神眼)이 되면 전 세계(全世界), 전 우주(全宇宙)가 다 보인다. 신안(神眼)이 되면 사신(邪神)과 신명(神明)이 한눈에 분별(分別), 확인(確認)된다. 거짓말하지 말고 바른말로 나아가라. 잘못된 것이 척신(慼神)이 되고 척(慼)이 된다. 운수(運數)와 도통(道通)을 바라고 수도(修道)해 나가는 데 운수(運數)와 도통(道通)을 받을 수 있는 자질(資質)과 바탕을 갖추어야 된다. 도(道)는 경위(經緯)다. 경위(經緯)는 씨와 날이다. 옷도 씨와 날이 골라야 좋은 베가 된다. 경위(經緯)가 도리(道理)다. 도리(道理)란 사람으로서 행(行)할 일이고, 행(行)할 일을 다해야 인격(人格)을 갖췄다고 한다. 이것을 배우고 가르치는 것이 수도(修道)다. 도리(道理)는 삼강오륜(三綱五倫)이다. 세상(世上)에 삼강오륜(三綱五倫)이 없으므로 세상(世上)이 병(病)들었다. 교육(敎育)이란 사람의 도리(道理)를 배우는 것이다. 사람의 도리(道理)를 못하므로 법(法)으로 다스린다. 세무충(世無忠) 세무효(世無孝) 세무열(世無烈) 시고 천하개병(是故天下皆病). 상제(上帝)님께서 이 병(病)을 고치시려고 이 땅에 오셨다. 나 자신(自身)이 올바른 사람이 되고, 올바른 일을 가르쳐서 올바른 생활(生活)을 하는 사람을 도인(道人)이라고 한다. 사람의 도리(道理)를 도덕(道德)이라 한다. 도인(道人)이 되어야 도통(道通)도 운수(運數)도 받을 수 있다. 무자기(無自欺)가 되면 욕심(慾心)도 사심(私心)도 없어진다. 양심(良心), 천성(天性)으로 돌아가면 그것이 곧 도통(道通)이고 운수(運數)를 받을 수 있는 바탕이다. 유리(琉璃)알같이 깨끗해야 된다. 그러면 절로 통(通)해진다. 공부(工夫)를 해도 그렇게 된다.

◎ 1989년 03월 18일

　연원(淵源)이란 포덕(布德)한 연줄이 아니다. 연원(淵源)을 잘못 판단(判斷)하여 선각(先覺)이 아니면 도통(道通)하지 못한다는 식(式)으로 말하게 되면 죄(罪)를 짓게 되는 것이다. 연원(淵源)이란, 복희(伏羲) 때는 용마(龍馬)가 하도(河圖)를 지고 나와 거기에서 진리(眞理)를 깨달았고, 주문왕(周文王) 때는 신구(神龜)가 낙수(洛水)에서 낙서(洛書)를 지고 나와 거기에서 천지(天地)의 이치(理致)를 깨달았다. 연원(淵源)이란 '못 연(淵), 근원 원(源)'이다. 못도 물이요, 원(源)도 물이다. 금산사(金山寺)의 금불(金佛)을 모신 자리도 용추(龍湫)가 있어 상제(上帝)님·정산(鼎山)님의 진리(眞理)가 나온 것도 '못, 즉(卽) 물에서 나왔다.'는 말이며, 연원(淵源)이란 원 근본(元根本)을 가리키는 말이다. 연원 도통(淵源道通)이란 상제(上帝)님·도주(道主)님 두 분의 진리(眞理), 그 이치(理致)를 알아야 통(通)한다는 말이다. 도통(道通)이란 포덕(布德)한 연줄로 되는 것이 아니다. 연원(淵源)과 연운(緣運)은 다르다. 오늘 갓 입도(入道)한 도인(道人)이라도 연원(淵源)은 누구나가 같은 것이다. 중간(中間)에 병(病)이 나 있으면 끊어야 한다. 그냥 버려두면 다 버리게 된다. 중간(中間)이 끊어졌어도 연원(淵源)은 끊어질 수가 없는 것이다. 우리의 연원(淵源)은 상제(上帝)님·정산(鼎山)님에게 있고, 상제(上帝)님께서 금산사(金山寺)에서 나를 찾으라는 것은 그 근원(根源)을 찾으라는 것이지 미륵(彌勒)을 믿으라는 것이 아니다.

◎ 1989년 04월 12일

　무식(無識)한 사람이 같은 분부(分付)를 모시고 잘못 판단(判斷)해서 기운(氣運)을 잘못 내린 것이다. 세상(世上)에서 아주 더러운 것이 돈이다. 거기에서 우리는 옳은 정성(精誠)으로 잘 쓰는 것이다. 갓난아기도 도인(道人)이다. 도인(道人)의 수(數)를 칠 때 어린애도 들어간다. 태(胎) 밖에 나오지 않은 아기에게도 운(運)이 가고 기운(氣運)이 간다. 8살이 되면 입도 치성(入道致誠)을 모셔 주고 도인 행세(道人行世)를 하지만, 그게 아니다. 갓난아기는 도인(道人)이 아니고 그런 애가 운수(運數)를 받을까 하지만, 갓난아기가 있다면 그 부모(父母)가 운수(運數)를 받으면 그 자식(子息)을 버리느냐? 짐승도 제 새끼는 버리지 않는데 천륜(天倫)을 끊는 것을 도(道)라 하겠느냐? 죄 중(中)의 큰 죄(罪)가 천륜(天倫)을 끊는 것이다. 8살 때 입도 치성(入道致誠)을 모시는 것은 사리 명분(事理名分)을 알 수 있기 때문에, 자기 정신(自己精神)으로 자기 정성(自己精誠)을, 자기(自己) 힘으로 공(功)을 세울 수 있기 때문이다. 『전경(典經)』에 목석(木石)이라도 기운(氣運)을 붙이면 쓰신다 하셨는데, 핏덩이라도 사람인데 안 써지겠느냐?

　김봉곡(金鳳谷)[본명(本名)은 동준(東俊)]이 진묵대사(震黙大師)를 화장(火葬)할 때 뼈마디 하나라도 남으면 안 된다는 것은 뼈마디 하나라도 남으면 회생(回生)할 수 있다는 것으로 앞으로 그렇게 된다는 것이다. 도통(道通)을 받는다는 것은 후천 인격(後天人格)을 완성(完成)하는 것이다. 우리 도(道)에 있어서 건물(建物)을 하나 만든다든지 무엇을 하든지 안 좋은 돈을 써서 원성(怨聲)을 사는 일이 있다면 안 한 것만도 못하다. 우리가 판단(判斷)해 봐도 상제(上帝)님께서 대원사(大院寺)에서 49일(四十九日) 공부(工夫)를 마치시고 정씨(鄭氏) 부인(夫人)이 불평(不平) 한마디 하고 올린 옷을 상제(上帝)님께서 몹쓸 물건(物件)이니 내다 버리라 하셨다. 우리의 정성(精誠)으로 만들어져야 되지 원성(怨聲) 사는 일을 만들어서 하면 내가 사약(死藥)을 먹는 것과 같다. 앞으로는 절대(絶對) 그런 일이 없도록 하자. 도인(道人)은 도(道)를 믿어야지 포덕(布德)을 하는 유공(有功)을 하든 구차(苟且)하게 하지 말라. 숫자(數字)를 맞춘 것이 곧 도(道)의 법(法)을 맞춘 것이다. 다른 종파(宗派)에서 진사성인출(辰巳聖人出)이라 해서 무진(戊辰), 기사(己巳)에 꼭 때가 된다고 하는 곳이 있으나, 성인(聖人)이 나왔으면 벌써 나왔지 지금(只今) 나와서 어떻게 하겠느냐?

도주(道主)님께서 기유년(己酉年)에 만주(滿洲)에 가셔서 9년(九年) 만에 득도(得道)하신 해가 정사년(丁巳年)인 것을 뜻하는 것이다. 음양오행(陰陽五行)은 조화(造化), 법칙(法則)이 음양(陰陽)에서 나온다. 72후(七十二候)가 들어 있어 모든 조화(造化)가 그 안에 다 있고 음양 이치(陰陽理致)로 변(變)한다. 그것이 도(道)이다.

구천상제(九天上帝)님께서는 신미년(辛未年) 9월(九月) 19일(十九日) 객망리(客望里)로 오셨고, 도주(道主)님께서는 을미년(乙未年) 12월(十二月) 4일(四日) 회문리(會文里)로 오셨다. 연세 차이(年歲差異)가 25년(二十五年) 차이다. 24(二十四)는 24절 후(二十四節候)이고, 1은 시작(始作)이고 주인(主人)이 되는 거다. 그러므로 25 때 하느님이 된다. 도주(道主)님 전생(前生)이 초 패왕(楚覇王) 단주(丹朱)이시다. 도주(道主)님께서는 을미년(乙未年) 12월(十二月) 4일(四日) 회문리(會文里)로 오셨다. 연세 차이(年歲差異)가 25년(二十五年) 차이다. 24(二十四)는 24절 후(二十四節候)이고, 1은 시작(始作)이고 주인(主人)이 되는 거다. 그러므로 25 때 하느님이 된다. 도주(道主)님 전생(前生)이 초 패왕(楚覇王) 단주(丹朱)이시다. 상제(流行) 하던 동요(童謠)에 39년(三十九年)이라는 말이 유행(流行)되었다. 지금(只今)은 그 동요(童謠)가 없어졌다.

도주(道主)님은 무술년(戊戌年) 3월(三月) 6일(六日) 화천(化天)하셨다. 그것은 3(三)은 천지인(天地人)이고, 6(六)은 6(六)·6(六)은 36(三十六), 36(三十六)은 360일(三百六十日), 그것은 12월(十二月), 12월(十二月) 26일(二十六日)은 재생신(再生身)에 4(四)가 들어가면 30일(三十日) 이것이 도(道)다. 도주(道主) 님께서 12월(十二月) 4일(四日) 탄강(誕降)하셨으니, 12월(十二月) 30일(三十日) 이것이 도(道)다. 기유년(己酉年)부터 무술년(戊戌年)까지 50년(五十年)이다. 50년 공부 종필(五十年工夫終畢)이다. 5일(五日)을 일후(一候)라 하고 3후(三候)를 1절 후(一節侯)라 하니, 360일(三百六十日)이 72후(七十二候)이고, 72후(七十二候)가 24절 후(二十四節侯)이다. 24절 후(二十四節侯)가 1년(一年)이니, 72후(七十二候)가 1년(一年)이다. 이것이 우리 도(道)의 법(法)이다. 공부도(工夫)도 12명(十二名)씩 3줄 36명(名), 36명(名)은 360, 이것은 자연(自然) 도(道)에 맞춘 것이다. 숫자(數字)를 맞추는 것이 곧 도(道)의 법(法)에 맞추는 것이다. 지금(只今) 21명(名) 수련(修鍊)시키는 것은 기도주(祈禱呪) 법(法)이다. 다른 곳에는 진리(眞理)라는 것이 없다. 상제(上帝)님을 믿는 여러 종파(宗派)에서는 상제(上帝)님의 권능(權能)만을 믿고 따를 뿐이지 진리(眞

理)라는 것이 없다.

　상제(上帝)님 한 분만 가지고서는 안 이루어진다. 도주(道主)님이 들어가야 한다. 상제(上帝)님·도주(道主)님 두 분 법(法)이라야 한다. 자연(自然)의 이치(理致), 수리(數理)를 두 분의 법(法)에 맞추어 쓰고, 맞추는 것이 도(道)다. 이것이 우리의 강령(綱領)이 된다. 성인(聖人)들의 말도 내내 이 말씀을 적어 왔다. 도주(道主)님 7대(七代) 할아버지가 영의정(領議政)을 지내셨던 어른이신데 아들에게 글을 한 수 전(傳)하셨는데 도주(道主)님이 하시는 일을 전(傳)하신 것이다. 아들 나이 36세(三十六歲) 때에 "오늘 밤에 너를 대(對)해서 술을 한 순배(巡杯) 돌리니 네 여생(餘生)이 36춘(三十六春)이다. 내가 너에게 전(傳)할 것은 아무것도 없다. 있는 것이라고는 순배(청백)[巡杯(靑白)]뿐이다. 한(限)없이 사람들에게 전(傳)해 가라." 순종백토주청림(順從白兎走靑林), 옥토(玉兎)는 만월(滿月), 백토(白兎)는 소월(小月)이라. 파자(破字)로 '趙(조)' 씨(氏)이다. 靑林(청림)은 十二月(12월), 36(三十六)을 따르라. 앞으로는 모든 권한(權限)이 사람에게 온다. 모르면 행(行)하기가 어렵고, 알면 쉽다. 지금(只今) 세상(世上)에서 평화(平和), 인권(人權)을 주장(主張)하나 우리 진리(眞理)가 아니고서 평화(平和), 인권(人權)이란 있을 수 없다. 중찰인사(中察人事)란 모든 인권(人權), 즉 모든 권리(權利)는 사람이 다 가지게 된다는 말이다. 상제(上帝)님께서 모든 인존 도수(人尊度數)를 해원상생(解冤相生) 도수(度數)로 봐 놓으셨다. 실(實)이 오기 전(前)에 먼저 허(虛)가 동(動)한다. 옛날에는 모든 권한(權限)이 하늘에 있었고, 지금(只今)은 땅에 있다. 아직도 모든 것은 땅에 맞추어서 행(行)한다. 앞으로는 모든 권한(權限)이 사람에게 온다.

해원상생(解冤相生)이란 서로 이해(理解)하고, 고맙고, 감사(感謝)하다는 마음으로부터 서로 화합(和合)하는 것을 말한다. 그것을 모르면 오해(誤解)가 풀리지 않는다. 해원상생(解冤相生)은 서로의 힘을 빌리지 않으면 안 된다. 서로의 힘을 빌리니 고맙다는 생각을 가지면 화합(和合)이 저절로 이루어지고, 척(慼)이 풀리고, 해원(解冤)이 된다.

인권(人權), 인존(人尊)이 우리의 진리(眞理)가 아니면 안 된다. 현재(現在) 우리가 살고 있는데 없어진 것이 많고 새로운 것이 많지 않으냐? 지금은 지존 시대(地尊時代)다. 지천태괘(地天泰卦)다. 앞으로는 운(運)이 땅 운(運)이 더 크다. 그것은 음(陰)의 기운(氣運)이 돈다는 얘기다. 지금(只今)은 옛날보다 많이 인존 시대(人尊時代)가 되었다.

◎ 1989년 05월 05일
　상제(上帝)님께서 강씨(姜氏) 가문(家門)에 강세(降世)하셨는데, 상제(上帝)님은 자식(子息)이 없었다. 상제(上帝)님께서도 조부(祖父)님과 부모(父母)님이 계셨으므로 인세 풍습(人世風習)으로 화천(化天) 후(後) 양자(養子)를 들이셨는데 강(姜)[석환(石幻)] 교장(校長)이라는 사람도 부친(父親)께서 많이 알고 계신다고 생각하고 추종(追從)하는 것이다. 다른 사람이 하느님이라고 하니까 따라서 그렇다고 믿는 것이다. 상제(上帝)님을 믿는 종파(宗派)가 상당히 많으나 진리(眞理)가 없다. 그 사람들대로라면 연운(緣運)도 체계(體系)도 필요(必要) 없다. 진리(眞理)는 이론(理論)인데, 이론(理論)은 끝이 없다. 이것이 진리(眞理)다. 그래서 믿기가 어려운 것이다.

『전경(典經)』은 딴 것이 아니라, 재세(在世) 시(時) 종도(從徒)들과 다른 사람에게 하신 말씀과 행(行)하신 내용(內容)을 적은 책(冊)이다. 천지신명(天地神明)들이 겁액(劫厄)을 구천(九天)에 하소연하였으므로 내가 이 세상(世上)에 왔노라 하셨고, 삼계 대권(三界大權)을 쥐고 계시며 상도(常道)를 잃은 천지(天地)를 바로잡으려고 이 세상(世上)에 왔노라 하시니, 하느님이시다. 하느님이 계시면 창도(創道)하시는 분이 계신다. 상제(上帝)님께서 화천(化天)하신 해에 도주(道主)님께서 만주 봉천(滿洲奉天)으로 가셨다.

그 해 도주(道主)님 천수(天壽) 15세(十五歲)이셨다. 15는 진주(眞主)라 한다. 『전경(典經)』에도 진주 노름이란 말이 있다. 10을 무대라 하고, 무대는 음수(陰數)에 제일(第一) 높은 수(數)이다. 노름에서 무대를 잡으면 못 먹는다고 한다. 무대는 무극대도(無極大道)이다. 나라를 구(救)하고 창생(蒼生)을 구(救)하겠다는 일념(一念)으로 입산수도(入山修道)하시다가 우리 도(道)의 진리(眞理)를 깨달으셨다[2월(二月) 10일(十日)]. 정사년(丁巳年) 23세(二十三歲) 되시던 해에 도(道)를 받으셨다. 23수(二十三數)는 태을주(太乙呪) 숫자(數字)와 일치(一致)한다. 그때부터 상제(上帝)님으로부터 계시(啓示)를 받으셨다. 그래서 조선(朝鮮)으로 나오셨고, 이것만 알아도 나라를 구(救)할 수 있다고 생각하셨는데 그때가 허령(虛靈)이었다. 배를 타고 나오시다 풍파(風波)를 만나 내리신 곳이 태안(泰安)이었고, 다른 사람의 도움으로 안면도(安眠島)에 가셨다. 안면도(安眠島)는 '편안 안(安), 졸 면(眠)', 즉(卽) '잠시(暫時) 쉬어 가는 곳'이라는 뜻이다. 그 후(後)에 태인(泰仁)으로 가셨다. 이것은 꼭 필요(必要)한 과정(過程)이다. 농사

(農事)지을 때도 잠시(暫時) 쉬었다가 일하지 않는가? 도주(道主)님께서 전라도 마동(全羅道馬洞)에 가셨다. 마(馬)는 조 씨(趙氏)를 뜻한다. 거기서 김 기부(金基夫)의 집에 있는 선돌 부인(夫人)을 만나시고, 가족(家族)들은 황새마을로 옮기시고, 통사동(通士洞)에서 공부(工夫)를 하셨다. 기유년(己酉年) 4월(四月) 28일(二十八日)은 봉천 명일(奉天命日)이고, 4(四)는 춘하추동(春夏秋冬), 28일(二十八日)은 28수(二十八宿)의 기운(氣運)을 의미(意味)하며, 2월(二月) 10일(十日)은 득도일(得道日), 2(二)는 음양(陰陽)이고, 10(十)은 음(陰)의 수 중(數中) 가장 높은 수(數)를 뜻한다.

대동아전쟁(大東亞戰爭)을 맞아 도(道)를 해산(解散)하시고 광복절(光復節)을 맞이하여 부산(釜山)에 도장(道場)을 세우셨다. 그 당시(當時) 사회(社會)는 종교(宗敎)도 자유(自由), 모든 것이 자유(自由)였는데 우리 도(道)는 음(陰)으로 들어갔다. 지성(至誠)이면 감천(感天)이란 말이 유행(流行)하였을 때 도장(道場)을 보수동(寶水洞)에서 감천(甘川)으로 옮기셨다. 모든 파란곡절(波瀾曲折)을 다 겪으시면서 잘 되게 하려고 했으나, 결국(結局)은 나[도전(都典)] 혼자만 나왔다. 그때의 최고 간부(最高幹部)들 포장(布丈,) 호장(護丈)들 참 잘했었다. 그러나 마음이 돌아가니 안 돌아오더라. 감천 도장(甘川道場)의 지형지세(地形地勢)는 뱃머리가 바다 쪽으로 나오는 형상(形象)이고, 방파제(防波堤)는 마치 파도(波濤)치는 형상(形象)과 같아 내[도전(都典)]가 부산(釜山)을 떠나게 되고 따라서 신명(神明)도 모두 따라 떠나오게 되었다. 우리 일은 사람의 힘으로 되는 것이 아니다. 되는 일은 안 하려 해도 되고, 안 되는 일은 억지(抑止)로 하려고 해도 안 된다.

◎ 1989년 05월 10일

공부(工夫)는, 시학(侍學), 시법(侍法), 법학(法學), 청학(靑學)이 있다. 이 공부(工夫)를 도인(道人)이 해야 하는데 말만 도인(道人)이지 실지(實地) 수도 공부(修道工夫)를 해야 하고, 도통(道通)을 받아야 도인(道人)이다. 우리 도(道)가 가까이 왔다. 외수(外修)는 숫자(數字)로 절대적(絕對的)으로 모자란다. 내수(內修)는 돌아간다. 일단(一旦) 내·외수(內外修)가 화합(和合)이 되어야 한다. 가화(家和)가 안 된 사람은 공부(工夫)를 할 수 없다. 가화만사성(家和萬事成)이다. 가화(家和)가 안 된 사람은 공부(工夫)를 할 수 없다.

시학 공부(侍學工夫)는 45~47일(日)이 걸린다. 4군단(四軍團)을 돌리려면 인원(人員)이 절대(絕對) 부족(不足)하다. 인반(人班)을 짜서 올리면, 신반(神班)도 같이 짜서 올리게 되니, 절대(絕對)로 사람을 바꾸지 못한다. 봄에 씨앗을 뿌리면 여름에 키워서 가을에는 물이 아래로 내려간다. 상(上)에서 상(上)이 있고, 중(中)에서 중(中)이 있고, 하(下)에서 하(下)가 있다. 메뚜기가 5·6월(月)에 한철이다. 그런 시간(時間)이 제일(第一) 무서운 것이다. 제일(第一) 무서운 것이 설마 신(神)이다. 밤도 떡도 설익으면 못 먹는다. 오만방자(傲慢放恣)한 사람밖에 안 된다. 과거(過去)가 있으면 현재(現在)가 있고, 현재(現在)가 있으므로 미래(未來)가 있는 법(法)이다.

석가(釋迦)도 시험(試驗)이 있었다. 감중연[坎中連(坎卦/감괘)] 물(水)로, 이허중[離虛中(離卦/이괘)] 불(火)로 시험(試驗)하고, 절벽(絕壁)에서 떨어지는 시험(試驗)까지 했다. 공자(孔子)님도 물(水)과 불(火)로 시험(試驗)을 봤다. 천(天)·지(地)·인(人) 무엇이든지 세 번에 이루어진다. 국가(國家)에서도 목숨을 초개(草芥)와 같이 버린 사람을 열사(烈士), 충신(忠臣)이라 한다. 선각(先覺)이 배신(背信)하고, 후각(後覺)이 배신(背信)하더라도 이해(理解)할 수 있으나, 도(道)를 배신(背信)하면 결(決)코 용서(容恕)할 수 없는 것이다.

◎ 1989년 05월 13일

 상제(上帝)님 양자(養子) 되시는 분도 가문(家門)에 양자(養子)가 되고자 하는 것이지, 우리 아버지가 하느님이시라고 잘 알다 뿐이지 도주(道主)님의 이치(理致)를 잘 모른다. 상제(上帝)님이 계시고 도주(道主)님이 계셔야 된다. 틀림없이 인정(認定)할 수 있는 것이 진리(眞理)다. 진리(眞理)는 이론(理論)이다. 이론(理論)은 끝이 없다. 재세(在世) 시(時)에 종도(從徒)들 각자(各自)에게 공사 내용(公事內容)을 수집(蒐集)한 것이 『전경(典經)』이다. 재세(在世) 시(時)에 하신 말씀, 행(行)하신 일을 그대로 한 것이다. 이것을 천지공사(天地公事)라 한다.

 상제(上帝)님이 오시면 옥황상제(玉皇上帝)님도 오셔야 하며 도(道)를 받으러 만주 봉천(滿洲奉天)에 가셔야 한다. 15진주(十五眞主)도 주인(主人)의 뜻, 화투(花鬪) 놀이에서 노름 수(數)가 높은 수(數) 말(末)에 열 끗을 무대라 한다. 이것이 무극(無極)이다. 을미년(乙未年) 12월(十二月) 4일(日) 탄강(誕降)하셨다. 15세(十五歲) 시(時)에 만주 봉천(滿洲奉天)으로 떠나셨다. 기유년(己酉年) 4월(四月) 28일(二十八日), 4는 사시사철(四時四節), 춘하추동(春夏秋冬), 28은 28수주(二十八宿呪), 봉천(奉天) 하늘을 받듦. 15세(十五歲), 15진주(十五眞主), 참 주인(主人)이시다. 『전경(典

經)』에 진주(眞主) 노름이란 말이 있다. 10은 무대라 하고, 무대는 음수(陰數)에 가장 높은 수(數)이다. 노름에서 무대를 잡으면 못 먹는다고 한다. 무대는 무극대도(無極大道)이다.

봉천(奉天)에서 구국 운동(救國運動)을 하시다가 신인 조화(神人調化) 신명(神明)의 힘이 아니면 안 된다고 생각하시고 입산수도(入山修道)를 하시다. 정사년(丁巳年) 23세(二十三歲) 시(時) 득도(得道)하시고 태을주(太乙呪)를 받으셨다. 23은 태을주(太乙呪) 숫자(數字)와 일치(一致)한다. 23자(二十三字)의 2는 음(陰), 양(陽)의 도(道)를 받으시고 3은 천(天)·지(地)·인(人)이다. 상제(上帝)님의 계시(啓示)를 받으시면서 뱃길로 나오시는데 풍파(風波)가 일어나며 충남 서산군 태안(忠南瑞山郡泰安)에 닿으셨다. 안면도(安眠島)에 잠시(暫時) 계시다가, 마동(馬洞), 전라도 김제 원평 마동(全羅道 金堤 院坪 馬洞) 조(趙) 씨(氏)를 말함이다. 김 기부(金基夫)의 집에서 상제(上帝)님의 누이동생 선돌 부인(夫人)을 만나고, 원평(院坪) 황새마을 통사동(通士洞) 이씨(李氏) 재실(齋室)을 얻어 공부(工夫)를 하시고, 48년(四十八年) 무자년(戊子年)에 부산(釜山)에 태극 도장(太極道場)을 건립(建立) 하시고, 그때 당시(當時) 세상(世上)이 자유(自由)라 했지만 우리 도(道)는 음 도수(陰度數)로 들어갔다.

2월(二月) 10일(十日)의 2는 음(陰)·양(陽)이고, 10은 음수(陰數)에서 제일(第一) 높은 수(數)이다. 태인(泰仁)에 무극도장(無極道場)을 건립(建立)하시고, 대동아전쟁(大東亞戰爭)이 끝나고, 무자년(戊子年)에 부산(釜山)에 태극 도장(太極道場)을 지었다. 부산(釜山)은 팔금산(八金山)이다. 군산 도수(群山度數)이다.『전경(典經)』초판에 왜만리(倭萬里), 청만리(淸萬

里) 피천지(彼天地) 차천지(此天地) 이것이 부산 도수(釜山度數)이다. 부산 보수동(釜山實水洞)에 새로 고쳐 세우고 보호(保護)하고 지켰다. 감천(甘川)은 지성(至誠)이면 감천(感天)이다. 태극 도장(太極道場)이 배 형국(形局)이었다. 뱃머리가 서울로 향하는 형국(形局), 그때 파란곡절(波瀾曲折)도 많이 있었다. 내가 무슨 죄(罪)를 지었는가? 이렇게도 생각했다. 배를 돌려 댔다가 그때 당시(當時) 뱃머리가 나오는 형국(形局)으로 되어 몇 해 지나게 되었지만 억지(抑止)로 되는 것은 아니다. 우리 일은 사람의 힘으로 되는 것이 아니고, 되는 일을 안 되게 하려고 해도 아니 되고, 안 되는 일은 되려고 해도 아니 된다. 억지(抑止)로 해서 되는 일이 아니다. 우리의 모든 일은 신명(神明)으로 되는 것이지 사람의 힘으로 되는 것은 아니다. 우리는 늘 모자라야 한다.

◎ 1989년 05월 30일

　도주(道主)님 화천(化天) 뒤 혼란기(混亂期)(4·19, 5·16)에 종단(宗團)을 악용(惡用)하려고 성금(誠金)을 내지 않고도 냈다고 하는 경우(境遇)가 있어 영수증(領收證)이 있었다. 종단(宗團)에는 문서(文書)네 뭐니 없다. 지금(只今)은 영수증(領收證)이 필요(必要) 없다. 도(道)라는 것이 진리(眞理)이고 경위(經緯)이다. 통(通)한다는 것이 정당(正當)한 진리(眞理)에 통(通)한다는 것이지, 마음만 닦아서 신통(神通)하는 것이 아니다. 진리(眞理)에 통(通)하는 것이 도통(道通)이다. 도주(道主)님께서 전라도 태인(全羅道泰仁)에서 도명(道名) '무극도(無極道)'를 여셨다. 경인년(庚寅年)까지 무극도(無極道)라 하다가 나중에 '태극도(太極道)'라 도명(道名)을 바꾸었다. 이것이 천지 도수(天地度數)이고 자연 진리(自然眞理)이다. 무극(無極)이 태극(太極)이 되느라고 그런 고초(苦楚)를 겪은 것이다. 대순진리회(大巡眞理會)의 전신(前身)이 태극도(太極道)라는 것은 세상(世上) 사람이 다 안다. 이제는 도주(道主)님의 덕화(德化)를 입고 도덕(道德)이 좋다는 것을 사회(社會)에서 다 아니까 포덕(布德)이 잘되지 않느냐? 도통(道通)이라는 것이 다른 것이 아니다. 도주(道主)님께서 설법(說法)하신 것이 진법(眞法)이고 진리(眞理)다. 우리는 바로 배우고 바로 깨닫고 바로 알아야 하는 것이지, 마음만 착하게 해서 신(神)이 통(通)하는 것이 아니다. 절대로 그게 아니다. 무엇보다도 도(道)를 깨달아야 한다. 도(道)를 깨달으면 완벽(完璧)해진다. 크게 생각하고 크게 보거라.『전경(典經)』에도 바탕은 성인(聖人)의 바탕에 두고 일하는 데는 영웅(英雄)의 도략(韜略)을 쓰라는 말씀을 잘못 생각하면 안 되고 경위(經緯)에 맞게끔 경위(經緯)에 벗어나지 않는다면 굴(屈)할 것은 없다. 도(道)가 경위(經緯)이고 경위(經緯)가 도(道)다. 즉(卽) 진리(眞理)다. 도인(道人)이라고 무조건(無條件) 죽어지내라는 것은 아니다. 도(道)를 통(通)한다는 것은 경위(經緯), 진리(眞理), 이치(理致)를 통(通)하는 것이지 마음만 착하다고 도통(道通)을 받는 것이 아니다. 경위(經緯)로써 자신(自身)이 행(行)하면서 진실(眞實)로 행(行)하므로 성공(成功)한다.

◎ 1989년 06월 22일

우리 공부(工夫)는 자리 공부(工夫)다. 공부(工夫)는 1년(年) 360일(三百六十日), 매일(每日) 36명(三十六名)을 투입(投入)한다.

석가(釋迦)는 500명(五百名), 공자(孔子)는 72명(七十二名)을 통(通)케 했으나 나머지는 오히려 한(恨)을 품었다. 그러나 상제(上帝)님께서는 닦은 바에 따라 열어 주시니 우리의 자리는 얼마든지 있다. 도통(道通)을 한 다고 해서 세상(世上)에 돌아다니면서 남의 병(病)이나 고치고 하는 신통 (神通)하는 것이 아니다. 이 자리 공부(시학 공부)[工夫(侍學工夫)]가 원래 (元來)는 1년(一年)을 돌려야 하나 하루에 36명(名)씩 5일(五日)마다 1후 (候)가 되므로 초강식(初降式)을 하고 3후(三候)가 합(合)쳐서 1절 후(一節 候)를 만든다. 도주(道主)님께서 사립 이지(四立二至) 치성(致誠)을 꼭 해 주셨다. 앞으로는 사립 이지(四立二至) 치성(致誠)을 꼭 올릴 것이다. 절 후 치성(節侯致誠)이 천지 대치성(天地大致誠)이다. 동지 하지(冬至夏至) 가 음양(陰陽)이 아니냐? 참으로 중요(重要)한 치성(致誠)이다. 복희(伏羲) 는 신봉어천(神奉於天)이고, 문왕(文王)은 신봉어지(神奉於地)이고, 이번 (-番)에는 신봉어인(神奉於人)이다. 새로운 법(法)이 다시 나오는 것이 아 니다.

옛날 그 법(法)이 그 법(法)이다. 5일(五日)이 1후(一候)이고, 1후(一候) 가 3이 모이면 1절 후(一節侯), 1절 후(一節侯)가 3이 모이면 한 철이고, 1년(一年)은 사철(四-)로서 자리도 360자리밖에 없다. 시학원(侍學員) 자 리가 제일 중요(第一重要)하고 정급(正級), 진급(進級), 정원(正員), 수반(修 班)의 순(順)이다. 과거(過去)에는 신봉어천(神奉於天)이고 신봉어지(神奉 於地)이므로 천지(天地)를 살폈으나 지금은 신봉어인(神奉於人)으로 자리 가 중요(重要)하다. 도통(道通)은 신인 상합(神人相合)이 되면 도통(道通) 이다. 연(年), 월(月), 일(日), 시(時), 분(分), 초(秒), 각(刻)을 상(上), 중(中), 하(下)로 분류(分類)한다. 하루가 36으로 돌아가고 동서양(東西洋) 사람 이 다 와도 자리가 남는다. 목석(木石)이라도 기운(氣運)만 붙이면 된다는 것도 이런 이유(理由) 때문이다. 원래(元來)는 1년(一年)을 돌려야 하나 반년(半年)만 돌려 보고 공부(工夫)를 시작(始作)하면 된다. 반년(半年)만 돌려 보면 때가 되었는가, 더 기다려야 하는가를 알 수 있다. 공부(工夫)가 시작(始作)되면 그 자리에서 졸거나 바르지 않으면 신명(神明)이 자꾸 끌어낸다. 제주도(濟州道) 수련장(修鍊場) 8층(八層) 건물(建物)을 지하실(地下室)까지 파서 넉 달 만에 완성(完成)한다는 것은 육지(陸地)에서도 상상(想像)하기 힘들다.

◎ 1989년 06월 25일

　해방(解放)되고 무자년(戊子年)에 본부(本部)를 보수동(寶水洞)에 설립(設立)하고 을미년(乙未年)에 영대(靈臺) 봉안(奉安)을 하고, 병신년(丙申年)에 도인(道人)이 많아지니까 감천(甘川)으로 옮기고 대강전(大降殿)을 올리고 영대(靈臺)를 봉안(奉安)했다. 그때 모든 행사(行事)는 감천(甘川)에서 이뤄졌다. 보수동(寶水洞)에서는 행사(行事)가 거의 없었다. 도주(道主)님 재세(在世) 시(時) 태인(泰仁)에다 도장(道場)을 건립(建立)하고, 광복(光復)을 맞이하여 다시 태인(泰仁)으로 가지 않고, 회문리 회룡재(會文里廻龍齋)에 회룡도장(廻龍道場)을 건립(建立)하여 지내시다가 광복(光復) 후(後)에 부산(釜山)으로 오셨다. 나중에 회룡도장(廻龍道場)이 불이 나서 사라지고 말았다. 상제(上帝)님께서도 객망리(客望里)에서 동곡(銅谷)으로 가셨다가 다시 객망리(客望里)로 가지 않으셨다.

　도주(道主)님께서 부산 감천(釜山甘川)에서 화천(化天)하실 때, 임원(任員)를 전부(全部) 입회(立會)하시고 있을 때, 내[도전(都典)]게 도(道)를 전부(全部) 맡긴다고 분부(分付)하실 때 못된 사람들은 "부산(釜山)을 떠나는 것은 도주(道主)님의 뜻을 배신(背信)하고 온 것이다."라고 하더라. 도(道)는 변화(變化)가 있어야 한다. 그래서 도(道)는 변화(變化)해 나온 것이다. 사람이 자리에 앉으면 전후좌우(前後左右)가 있다. 동북 간(東北間)이 있으면 서남방(西南方)이 있다. 따라서 변화(變化)가 있다. 화천(化天)하시고부터 지금(只今)까지 32년(三十二年)을 내가 맡아서 내려오지만 부산(釜山)에서는 대강전(大降殿)과 내정(內庭)이 판잣집(板子-)이었다. 그 두 채뿐이었다. 청학관(靑鶴館), 백학관(白鶴館) 등(等) 높은 데서 철사(鐵絲)를 치고 해 놓으니까 완전(完全)한 배 모습이었다. 감천(甘川)에 떠 있는 완전(完全)한 배였다. 내[도전(都典)]가 자주 얘기하지만 태극도(太極道) 사람들이 고맙고 감사(感謝)하다. 그 사람들이 나를 서울로 보내지 않았으면 도(道)에 변화(變化), 발전(發展)이 없었다. 지금(只今) 서울 중곡동(中谷洞)은 그곳에 가만히 있으면 발전(發展)이 없지. 그래서 여주(驪州)로 변화(變化), 발전(發展)이 되어 왔다. 이런 모든 일들이 우연적(偶然的)으로 하느님이 비밀(祕密)로 감춰 놓았던 것을 때가 되니까 내어 주신 거야. 이런 것이 바로 도(道)다. 옛날에 도주(道主)님이 길 떠나실 때 땅콩, 오징어, 밤 같은 것을 싸 드리면 밤 몇 톨만 싸 드려야 잡쉈지, 많은 음식(飮食)은 안 받으셨다.

◎ 1989년 07월 26일

　제주도 도장(濟州道道場)은 수련 도장(修鍊道場)이다. 여기에 상제(上帝)님을 모신 곳이니, 이곳이 영대(靈臺)다. '영대(靈臺)는 하나뿐이다.'라고 한 것은 어느 한 곳에만 있는 것이라고 생각하면 잘못이다. 영대(靈臺)

는 서울, 여주(驪州), 제주도(濟州道)에 있는 것이 다 영대(靈臺)다. 사람도 여유(餘裕)가 있으면 여기저기 집을 세울 수 있듯이, 상제(上帝)님 모신 곳이 영대(靈臺)다. 불교(佛敎)도 석가모니(釋迦牟尼)는 한 분이지만 명산 명소(名山名所)에 절을 짓고 부처님을 모셔 놓으면 절마다 다 나타나신다. 영대(靈臺)가 서울, 여주(驪州), 제주도(濟州道)에 있다고 해서 다른 것이 아니다. 도법(道法)에 어긋나는 것이 아니다. 만약(萬若) 우리 도법(道法)에 어긋나면 벌(罰)을 받거나 일이 안 되지만 법(法)에 맞으니까, 일이 순조(順調)롭게 자리도 잡히고 집도 순조(順調)롭게 되는 것은 법(法)에 맞기 때문이다. 처음에 강원도(江原道)에서 찾아보았지만 맞지 않으니까 안 되었고, 이곳의 자리가 정(定)해지고 영대(靈臺)가 지어진 것이다.

영대(靈臺)가 완성(完成)되면 치성(致誠)을 올려야 되는 것인데, 6월(六月) 24일(二十四日) 구천상제(九天上帝)님 화천 치성(化天致誠)을 올리려고 마음먹고 일을 했는데 잘된 것이다. 공사(工事)가 다 되어갈 때쯤에는 마음먹은 대로 일이 잘 안되고 해서 화천 치성(化天致誠)을 못 올릴 것이 아닌가 생각이 들었다. 그러나 상제(上帝)님의 뜻에 맞는 것이니 뜻에 맞춰 일이 된 것이다. 공사(工事)하는 일꾼들에게 만약(萬若) 현재(現在)로서 공사(工事)가 늦어지는 것은 말 않겠다고 했으며, 처서(處暑) 날짜에 맞춰서 일을 해 보라고 했더니 일이 순조(順調)롭게 되었다.

여기 수도장(修道場)이 8층(八層)인데 이것이 완성(完成)되는 데는 4개월(四個月) 반(半)이 걸렸다. 이 일은 상제(上帝)님께서 되게 해 주신 것이다. 우리가 공사(工事)하는 동안 날씨가 계속(繼續) 좋았다. 만약(萬若) 며칠이라도 일기(日氣)가 안 좋았으면 이번(-番) 치성(致誠) 날짜에 맞출 수가 없었다. 7층(七層)은 달집으로 하니 다른 층(層)보다 날짜가 배(倍)나 더 드는 것인데, 상제(上帝)님의 뜻이니 순조(順調)롭게 되었다. 공사(工事)하는 동안 많은 인부(人夫)가 어려운 조건(條件) 속에서 일을 했는데도 한 사람도 다치거나 병(病)난 사람도 없었다. 상제(上帝)님과 천지신명(天地神明)의 도움이 있었다는 것을 도인(道人)들은 잘 명심(銘心)하고 제주도(濟州道) 수련도장(修鍊道場)을 유용(有用)하게 잘 써 주기를 바란다. 여기에서는 입도 치성(入道致誠)만은 못 올린다. 주일 기도(主日祈禱)도 여기에서 보고 사람이 많을 때는 침식(寢食)을 해도 좋다.

◎ 1989년 09월 19일

도주(道主)님 재세(在世) 시(時) 지금(只今)으로 치면 선·교감(宣敎監)에 해당(該當)하는 임원(任員) 중(中) 오(吳) 포장(布丈)이 있었다. 감천(甘川)에 5,000여(餘) 세대(世帶)의 수임 포감(首任布監)이었다. 어느 치성(致誠) 드는 날이 그분의 생일(生日)이어서 임원(任員)들에게 점심(點心)을 청(請)하였다. 점심(點心) 먹으러 간 사이에 도주(道主)님께서 나를 찾으셨는데 그곳에 갔다고 아뢰자 벼락을 치듯이 꾸중을 하셨다. 굉장(宏壯)히 엄하셨다. 마루에 부복(俯伏)을 했었는데 그곳에도 못 있게 하셔서 마당으로 내려가서 부복(俯伏)했다. 늦게서야 풀렸다. 본인(本人)이 깨달아서 반성(反省)하고 완전(完全)히 잘못을 시인(是認)할 때 지방(地方)에 내려보내셨다. 치성(致誠) 드는 날 상급 임원(上級任員)이 도장(道場)을 이탈(離脫)한다는 것은 있을 수 없다. 내가 여러분의 편의(便宜)를 봐주면 그 뜻을 알아야 하는데 잘 모른다.

도주(道主)님 재세(在世) 시(時)에는 정사(精舍)가 따로 있어서 그곳에서 성(誠)을 모시고 일도 하셨다. 치성(致誠) 때만 도장(道場)에서 일을 보셨다. 성(誠)은 도인(道人)들의 한 달 동안 마음의 표시(表示)이다. 지금(只今)은 인사(人事)다. 사람의 일이다. 예절(禮節)이 있어서 사람이라 하고 도인(道人)이라 한다. 닦는다는 것은 사람으로서의 예(禮)를 갖추는 것이다. 예(禮)는 너무 지나쳐도 안 되고 너무 모자라도 안 된다. 절할 때도 예법(禮法)에 맞아야 한다.

과거(過去)에 석가모니(釋迦牟尼)도 세 번(番) 절을 받았다.

도주(道主)님 재세(在世) 시(時)에 네 번(番) 절을 받으셨다.

불교(佛敎)에서 절의 주지(住持)도 절을 여러 번(番) 받는다.

여러 날 만에 만나면 절을 하고 그다음부터는 그냥 예(禮)만 갖추면 된다. 만날 때마다 절하고 너무 구부리고 하지 말라. 예(禮)는 적법(適法)해야 한다. 너무 과(過)해도 안 되고 부족(不足)해도 안 된다. 그때 시절(時節)하고 지금(只今)하고는 다르다. 예(例)를 들어서, 무학 도통(無學道通)이란 말이 왜 나왔느냐면, 30년(年) 전(前)에는 다 배고프고 가난(艱難)하고 했기 때문에 애를 공부시키는 것보다 먹이는 것이 더 급(急)했다. 그래서 안 배워도 도(道)를 닦아서 도통(道通) 받으면 다 안다고 했기 때문이다. 재세(在世) 시(時) 도주(道主)님을 모시고 동래온천(東萊溫泉)에 한번 갔었는데 무슨 일이 생길 때면 꼭 진정서(陳情書)에 동래온천(東萊溫泉) 구경 간 얘기를 한다. 그 시절(時節)과 지금(只今)과는 완전(完全)히 다르다.

예법(禮法)이란 장소(場所), 위치(位置)에 따라 다르다. 예법(禮法)이란 도리(道理)에 알맞게 행(行)하는 것이다. 듣는 좌석(座席)에서는 듣는 예법(禮法)을 갖춰야 한다. 어른을 여러 사람이 있는 곳에 모시고 나갈 때는 할아버지나 아버지를 모시는 것처럼 평범(平凡)하게 하는 것이 예(禮)다. 정성(精誠)이란 부담(負擔) 없이 받을 수 있는 것이어야 한다. 부담(負擔)이 되면 정성(精誠)이 아니다.

◎ 1989년 10월 19일

『전경(典經)』에 공자(孔子)는 72명(七十二名), 석가모니(釋迦牟尼)는 500명(五百名)을 통(通)하게 했으나, 상제(上帝)님께서는 마음을 닦은 바에 따라 다 주신다고 했다. 자리가 모자라면 목석(木石)이라도 기운(氣運)을 붙이면 쓴다고 하셨는데, 이것은 도인(道人)이 아니라도 기운(氣運)만 붙이면 쓰신다는 말씀이다. 자리는 얼마든지 있다. 앞으로는 언어(言語)가 다 통일(統一)된다. 도주(道主)님 재세(在世) 시(時)에 나[도전(都典)]를 총 도전(總都典)으로 임명하셨는데, 도전(都輿)이라고 명(命)이 떨어지니 앞이 캄캄했다. 지방(地方)의 일로 며칠 다녀오기를 간청(懇請)했으나 안 된다고 하시고, 나[도전(都典)]는 전(前)의 시봉 도전(侍奉都典)과는 다르다고 하셨다. 이 얘기를 왜 하느냐면 도장(道場) 내(內)에서 어른은 하나지 몇이 있는 게 아니다. 도장(道場) 내(內)에서는 어른 노릇 못 한다. 식사(食事)할 때도 선각 후각(先覺後覺) 자리를 따로 하지 않는다. 선각(先覺)과 마주 앉아 먹어도 된다. 도주(道主)님 모시고 다닐 때 내[도전(都典)]가 마주 앉지 않으면 다른 사람이 와서 앉는다. 누가 와서 앉을지 모른다. 이것이 예(禮)다. 사람이 지켜야 할 도리(道理)가 예(禮)다.

◎ 1989년 11월 21일

　옥황상제(玉皇上帝)님께서 설법(說法)하신 것을 지켜야 할 것이 도인(道人)의 임무(任務)이다. 진퇴 절차(進退節次)가 분명(分明)치 않으면 사람이라고 말할 수 없다. 우리의 생활 도리(生活道理)를 예절(禮節)이라고 한다. 옛날 영주(榮州), 김천(金泉) 등지(等地)에 포감(布監)들이 있었다. 그들은 왜정(倭政) 때 구태인(舊泰仁) 무극도장(無極道場)을 세워 나갈 때 그때부터 포감(布監)이었다. 나는 해방(解放)되고서 뒤에도 훨씬 뒤에 들어갔다. 사업(事業)한 공(功)이 큰가? 먼저부터 한 공(功)이 큰가? 그러나 뽑힐 때 내가 제일(第一) 먼저 뽑혔다. 이런 것을 보더라도 알 수 있지 않은가? 우리가 가면(假面)으로 도(道)를 믿는 것이 아니지 않는가?

　구천상제(九天上帝)님의 유지(遺志)를 받들고 도주(道主)님의 유법(遺法)을 펴나가는 것이 우리의 임무(任務)다. 봉심(奉審)은 올라가는 데도 서열(序列)이 있고 하는데, 도주(道主)님 재세(在世) 시(時) 같으면 어림도 없다. 가령(假令) 영주(榮州) 포감(布監) 하면 옛날 왜정(倭政) 때 포감(布監)이다. 딴 것 같으면 연상(年上)을 따지고 하지만 우리는 그렇지 않다. 공로(功勞)로 따진다. 영주(榮州) 포감(布監)이 혹시(或是)나 잘못하면 벼락을 치셨다. 정말(正-) 엄격(嚴格)하셨다. 나는 그렇게 배웠다. 배운 그대로 여러분에게 말해 주는 것이다. 그래도 늘 그게 아니다.

◎ 1989년 11월 28일

　『전경(典經)』에 보면 앉아서는 안 될 자리에 앉아 있으면 신명(神明)이 덜미를 쳐서 내쫓는다고 하셨다. 도주(道主)님 재세(在世) 시(時)에 무극도(无極道) 때부터 수도(修道)한 임원(任員)보다 뒤에 입도(入道)한 나를 도주(道主)님이 앞자리에 세워 주시고 무극도 임원(无極道任員)을 뒤에 앉게 해 주셨다. 우리 도(道)는 사업 공로(事業功勞)를 우선(優先)한다.

22. 1990년, 주문(呪文) 공부

우리가 불교(佛敎)나 기독교(基督敎)보다 더 많이 한다. 그간(間)의 많은 역경(逆境)과 파란곡절(波瀾曲折)을 겪고서 지금(只今)을 이뤄 왔다. 몇십 년 전(十年前)하고 수년(數年) 전(前)하고 지금(只今)하고는 다르다. 과거(過去)의 지탄(指彈)받던 때로부터 탈피(脫皮)해야 한다. 도주(道主)님 재세(在世) 시(時)부터 30년(三十年) 이상(以上)을 여러 가지 곡절(曲折)을 겪었다. 삼계해마 대제신위 원진천존 관성제군(三界解魔大帝神位願鎭天尊關聖帝君)에서 삼계해마(三界解魔)는 삼계(三界)의 모든 마(魔)를 다 풀어놓았다는 얘기다. 이는 반드시 화(禍)를 먼저 겪고 넘어야 한다는 말이다. 화복(禍福)이라 하느니, 화(禍) 없이 복(福)을 받을 수 없다. 노력(努力) 없이 되는 법(法)이 없다. 도(道)도 그와 마찬가지다.

왜정(倭政) 때, 도주(道主)님 재세(在世) 시(時)에 여러 가지 곡절(曲折)이 있었다. 북쪽(北-)을 보고 기도(祈禱)하는 것을 김일성(金日成)한테 절한다고 빨갱이 공산당(共産黨)으로 몰렸다. 잡혀 들어가고 고문(拷問)을 당(當)하면서도 더 믿었다. 6·25동란(六二五動亂)이 나고 빨갱이 누명(陋名)을 벗었다. 6·25 때 빨갱이들 심부름 하나도 안 해 줬다. 도인(道人)들의 숫자(數字)는 많지 않았어도 무극도(无極道)는 애들도 알았다. 홍보(弘報)가 커서 나쁜 평(評)이 나 있었다.

우리 도(道)는 억지(抑止)로 무엇을 만드는 것이 아니다. 과정(過程)을 넘으면서 저절로 되어 가는 것을 도수(度數)라 한다. 무극도(无極道)를 묻고 자란 것이 태극도(太極道)다. 사람의 인격(人格)으로 되는 것이 아니다. 순리(順理)로 된다. 도주(道主)님의 뜻이 하느님의 뜻이고, 도주(道主)님의 뜻일 때 이것을 도수(度數)라 한다. 무극(无極)이 태극(太極)이 되어야 조화(造化)가 일어난다. 도주(道主)님께서 화천(化天)을 하시고 종통(宗統)을 내[도전(都典)]가 이어받아 성금(誠金)을 없애고, 치성금(致誠金)을 100원 이하(以下)로 정(定)했다. 그때 나는 충주(忠州)를 맡고 있었는데 같은 임원(任員)으로 있다가 내[도전(都典)]가 통솔(統率)을 하니 거기에서 불평(不平)이 일어났다. 그래서 탈선행위(脫線行爲)로 나타나기 시작(始作)했다.

내[도전(都典)] 앞에서는 똑같이 잘했지만 뒤에서는 나를 사기(詐欺)로 고소(告訴)했다. 6개월(六個月) 형무소 생활(刑務所生活)을 했다. 1심(一審)에서는 사기죄(詐欺罪)로 4년(四年)을 선고(宣告)받고, 2심(二審)에서 보석(保釋)으로 풀려나왔다. 땅 팔고 집 팔고 한 것은 도주(道主)님 재세(在世) 시(時)에 그런 일이 있었다. 그러나 그때 우리는 성금(誠金) 100원만을 내고 있었으므로 다시 조사(調査)해서 무죄 판결(無罪判決)로 나왔다.

앞으로는 민족 종교(民族宗敎)로서 성장(成長)하고 발전(發展)해야 한다. 오늘날까지 사회(社會)의 지탄(指彈)을 받아 온 것은 몇몇 사람에 의(依)하여 밖으로 나타났기 때문에 남들이 사이비 종교(似而非宗敎)라 믿어서는 안 된다고 한다. 하지만 잘된 것, 좋은 것은 밖에 나타나기 마련이다. 우리뿐만이 아니라 불교(佛敎)에서도 '불비가 내린다.' 기독교(基督敎)에서도 '불로 심판(審判)한다.'는 등(等)의 말은 별(別)로 문제(問題)가 되지 않고 우리만 지탄(指彈)을 받는다. 어느 종교(宗敎)도 그러한 역경(逆境)은 없었다. 사회(社會)의 지탄(指彈)을 받는 것을 탈피(脫皮)해야 한다. 항상(恒常) 문제(問題)가 되는 것은 돈 때문이다. 입도(入道)할 사람이 확인(確認)되지 않은 경우(境遇)는 포덕(布德)하지 말라. 몇 가지만 잘 지키면 사회(社會)의 지탄(指彈)을 받을 일이 없다. 대순진리회(大巡眞理會)가 좋다면 믿을 사람은 많다. 도주(道主)님 재세(在世) 시(時)에 30년(三十年) 동안을 파란곡절(波瀾曲折)을 겪어 오신 상제(上帝)님께서 삼계해마(三界解魔)를 풀어 놓으셨기 때문이다. 앞으로 큰일이 있다 해도 파란곡절(波瀾曲折)은 있게 되고 화복(禍福)이라 하셨으니 오는 화(禍)를 잘 이겨야 복(福)이 된다. 6·25사변(六二五事變) 때 도인(道人)들은 안 죽었다. 우주(宇宙)에서 바뀌는 것도 하늘에서 만들어지는데 쉽게 말해서 도수(度數)라고 하고, 하느님의 뜻이라고 하고, 하느님의 뜻이 도주(道主)님의 뜻이다.

◎ 1990년 01월 30일

상제(上帝)님께서 한국(韓國)으로 오셔서 도(道)를 펴실 때 한국(韓國)에만 국한(局限)된 차별적(差別的)인 내용(內容)이 아닌 전 세계(全世界)를 포용(包容)하는 사상(思想)으로 해 나가지 않았느냐? '도인(道人)이다, 외인(外人)이다.' 하는 구별(區別)을 하지 마라. 외국(外國) 사람도 입도(入道)를 시켜 도(道)를 믿도록 하여 운수(運數)에 참여(參與)시키도록 하여라. 포덕(布德)을 하려고 할 때의 그 정신(精神)을 언제나 간직하고 있어야 한다. 그러면 사회(社會) 사람도 가르치고 도인(道人)도 가르칠 수 있는 포덕 천하(布德天下)를 할 수 있다. 국한(局限)된 것이 아니다. 원리(原

理)는 여기 있다.

  가정(家庭)을 생각하면 종단(宗團)을 알 수 있다. 가정(家庭)에서 자녀(子女)를 키울 때 천수(天授)이니까 애지중지(愛之重之)하면서 키워서 남에게 안 빠지게 키워야 한다는 마음이 정상(正常)이다. 우리도 임원(任員)이 되어서 밑에 도인(道人)들 기르는 데 바르게 키우는 마음이 중요(重要)하다. 우리나라에만 도(道)를 국한(局限)시키지 말고 전 세계(全世界), 전 우주(全宇宙)에 널리 포덕(布德)하도록 하라. 우리의 목적(目的)은 덕화(德化)를 전 세계(全世界)에 선양(宣揚)하는 것이다.

◎ 1990년 02월 01일
  도주(道主)님 재세(在世) 시(時) 사건(事件)으로 구속(拘束)되었다가 보석(保釋)으로 나왔다. 처음으로 휴양(休養)을 하러 갔는데 도주(道主)님께서 내가 어디 갔는가를 물어보시고 당장(當場)에 끌어내어 오라고 하셨다. 그다음부터는 제사(祭祀)를 지내지 않는다. 양위(兩位) 상제(上帝)님을 받들다 보니 할 수가 없다. 재세(在世) 시(時) 도주(道主)님께서도 산소(山所)는 가셨다. 도주(道主)님의 조상(祖上)에 대(對)한 마음은 지극(至極)하셨다.

  나[도전(都典)]는 상제(上帝)님을 모시기 때문에 함부로 조상 제사(祖上祭祀)도 못 지낸다. 도주(道主)님 재세(在世) 시(時) 무극도(无極道)부터 더 고생(苦生)을 많이 하고 오래 닦은 사람들보다 나[도전(都典)]의 공로(功勞)가 많으므로 나를 부르고 찾으셨다. 성(誠) 성적(成績)에 따라 박력(迫力)이나, 통솔력(統率力) 등(等) 모든 것이 나타난다. 재세(在世) 시(時)에도 일 년(一年)의 모든 결산(決算)을 성금(誠金)으로 가름했었다. 우리 일은 혼자서 못 한다. 우리의 일은 정성(精誠)스러운 마음으로 하면 다 된다.

경(庚)은 변경지이시(變更之伊始)하고 경오(庚午) 말의 해, 말은 싸움, 시기(猜忌), 질투(嫉妬)가 없고 언제나 친숙(親熟)하고 아귀다툼이 없는 융화 단결(融和團結)로서 합심(合心)하는 한 해가 될 것이라고 생각한다. 부담(負擔)스럽고 힘겨운 마음은 내 번뇌(煩惱)와 고뇌(苦惱)와 고혈(膏血)이 가득 찼기 때문이다. 그러기에 짜증스러운 생각이 든다. 해, 자, 난, 분 일출인묘진(亥子難分日出寅卯辰)[예시(豫示) 85절(節) 참조(參照)] 하라.

신미년(辛未年)에 상제(上帝)님 탄강(誕降)하심을 참고(參考)하우리가 불교(佛敎)나 기독교(基督敎)보다 더 많이 한다. 그간(間)의 많은 역경(逆境)과 파란곡절(波瀾曲折)을 겪고서 지금(只今)을 이뤄 왔다. 몇십 년 전(十年前)하고 수년(數年) 전(前)하고 지금(只今)하고는 다르다. 과거(過去)의 지탄(指彈)받던 때로부터 탈피(脫皮)해야 한다.

도주(道主)님 재세(在世) 시(時)부터 30년(三十年) 이상(以上)을 여러 가지 곡절(曲折)을 겪었다. 삼계해마 대제신위 원진천존 관성제군(三界解魔大帝神位願鎭天尊關聖帝君)에서 삼계해마(三界解魔)는 삼계(三界)의 모든 마(魔)를 다 풀어놓았다는 얘기다. 이는 반드시 화(禍)를 먼저 겪고 넘어야 한다는 말이다. 화복(禍福)이라 하느니, 화(禍) 없이 복(福)을 받을 수 없다. 노력(努力) 없이 되는 법(法)이 없다. 도(道)도 그와 마찬가지다.

23. 1991년, 박성구(朴成九) 잘 들어

여주 본전 공사(本殿工事)는 신비(神祕)스러울 만큼 잘하였다.

회관(會館)과 본전(本殿)은 다른 사람은 쓰지 않고 순전(純全)히 임원(任員)들이 지었다. 지금(只今) 와서 생각해 보면 신비(神祕)스럽다고 할 수 있다. 전(前)부터 배우지도, 해 보지도 않고 했는데 이것을 이룩할 수 있는 것은 우리의 수도력(修道力)이다. 배우지 않았는데도 이렇게 할 수 있는 것은 수도(修道)의 정신(精神), 수도(修道)의 힘이다. 이것을 바깥사람이 한다면 할 수도 없고 생각도 못 한다.

상제(上帝)님께서 "유유무무(有有無無) 유무중(有無中)."이라고 하셨다. 즉(即) 있다면 있고 없다면 없는 것이다. 수도(修道) 중(中)에 많은 도움이 될 것이다. 매사(每事)가 다 그렇다. 모든 것이 진리(眞理) 안에 다 들어 있다. 대순(大巡)은 바로 둥근 것이다. 끝이 없고 막힘이 없다. 대순진리(大巡眞理)라 함은 막히고 모르는 것이 있을 수 없다. 나중에 가서 보면 우리의 목표(目標)인 신선(神仙)이 된다. 본다는 것이 종이 한 장(張)만 눈을 가려도 지금(只今)은 안 보이지만 그때는 멀고 가까운 것이 필요(必要) 없다. 그것을 개안(開眼)이자 신안(神眼)이라고 한다. 신안(神眼)이 열리면 어디가 아프다는 눈의 시신경(視神經)까지도 다 알 수가 있다. 머리가 아프다 해도 보면 낫는다. 아무리 안 하려고 해도 보름 이상(以上) 21일(二十一日)까지는 안 간다. 공부(工夫)는 순번적(順番的)으로 안 시킨다. 빠른 사람을 선택(選擇)하여 시킬 것이다. 공부(工夫)를 시작(始作)할 때 체중(體重)을 달아보고 21일 공부(二十一日工夫)가 끝나면 몸무게가 는

다. 도통(道通)은 있다면 있고 없다면 없다. 이번(-番) 과정(過程)으로 수도(修道)가 어디까지 왔는가를 알 수 있었다. 부산(釜山)서 영대(靈臺)를 보수동(寶水洞)에 봉안(奉安)하였다가 도인(道人)들이 많아지니까 감천(甘川)으로 영대(靈臺)를 모셨다. 대한민국(大韓民國)에는 이런 자리가 없다. 이번 자리가 우리가 공부(工夫)하기 위(爲)한 최고(最高)의 자리이다.

◎ 1991년 02월 12일

항상(恒常) 하는 얘기지만 도(道)란 어려운 것이다.

그저 모르고서도 따라 나가면 된다. 조금 안다고 해서 잘못 움직이다간 죄(罪)를 짓게 된다. 상제(上帝)님께서 말씀하시길 안다고 손가락을 꼼짝이다간 죽는다 하셨다. 알면 똑똑히 알고, 모르면 배우고 믿어 나가면 된다.

납형 치성(臘享致誠)도 시작(始作)한 지 삼 년(三年)밖에 되지 않았는데, 그냥 따라서 하면 됐지 마음대로 해석(解釋)하지 마라. 납형 치성(臘享致誠)이란, 옛날 제후(諸侯)들이 천자(天子)를 위(爲)해서 정성(精誠)을 바쳤던 것이다. 납형 치성(臘享致誠)을 드린다면 치성(致誠)이니까 그냥 올리면 되지 무얼 해석(解釋)을 하느냐? 치성(致誠)은 음식(飮食) 차려 놓고 절하면 된다. 제사(祭祀)와 마찬가지다. 절을 할 때는 돌아가신 조상(祖上)한테 하는 것이 아니냐? 납형 치성(臘享致誠)은 각 방면(各方面)에서 치성(致誠)을 올리지만 도장(道場), 즉(卽) 영대(靈臺)에 대(對)해서 치성(致誠)을 드리는 것이다. 제사(祭祀)는 죽은 사람에게 지내는 것이다. 치성(致誠)도 마찬가지로 쉽게는 제사(祭祀)다. 도(道)에서 치성(致誠)은 하느님께 드리는 것이 아니냐? 자고이래(自古以來)로 살아 있는 사람이 음식(飮

食) 해 놓고 제사(祭祀) 받은 적이 없다. 잘못했으면 그것을 알고 깨우쳐야 한다. 그렇지 않으면 신명(神明)이 쫓아낸다. 도(道) 믿는 사람이 아니다. 일부(一部) 그런 사람 때문에 많은 사람이 피해(被害)를 입는다. 연동흠(延東欽)이가 안 그랬어? 그런 사람일수록 가장 제일(第一) 도전(都典)을 위(爲)한 척한다. 상도 방면(上嶋方面)이 거기에 그런 식(式)으로 먹혀 들어 가고 있다.

 구천상제(九天上帝)님은 옥황상제(玉皇上帝)님을, 옥황상제(玉皇上帝)님은 도전(都典)님을, 도전(都典)님은 도문 소자(道門小子)가 해야 한다는 것은 나도 그렇게 될 수 있다는 것이다. 연동흠(延東欽)과 똑같은 경우(境遇)다. 즉(卽) 너희가 나[도전(都典)]를 박성구(朴成九)가 그렇게 만들어 줘야 한다는 이야기로 전개(展開)된다. 결국(結局) 자기(自己)를 천자(天子)로 만들어 달라는 뜻과 같다. 참말로 죽이는 것이다. 입에 올리기도 죄송(罪悚)한 얘기인 것이다. 신명(神明)이 용서(容恕)를 못 한다. 구천상제(九天上帝)님께서 천지(天地)의 권능(權能)을 자유자재(自由自在)로 하셨다. 그래서 하느님이신 것이다. 구천상제(九天上帝)님을 누가 만들어 모신 것이 아니다. 『전경(典經)』에 있듯이 천지신명(天地神明)과 더불어 스스로 정(定)한 것이다. 누가 감(敢)히 만들어 모시는 것이 아니다. 감(敢)히 입에서 나올 수 없는 말이다. 또 거기에 빠져 있는 사람도 있다. 모르고 믿으라는 것이 아니다. 진리(眞理)가 있지 않느냐? 바르게 알고 믿어야 한다. 도(道)라는 것은 전 우주(全宇宙), 전 천지(全天地)를 의미(意味)한다. 전 우주(全宇宙)의 변칙(變則), 조화(造化)를 가져오는 것을 도(道)라 한다. 5일(五日)이 한 후(候)이고, 이것이 셋이 합(合)해지면 15일(十五日)

로써 한 절후(節候)이고, 이 절후(節候)가 음양(陰陽)으로 30일(三十日)이 한 달이다. 한 달에 후(候)가 여섯이고, 절후(節候)가 둘이다. 일월(一月)에서 삼월(三月)까지가 봄이고, 사월(四月)에서 유월(六月)까지가 여름이고, 칠월(七月)에서 구월(九月)까지가 가을이고, 시월(十月)에서 12월(十二月)까지가 겨울이다. 따라서 일 년(一年)에 칠십이 후(七十二候)가 있고 이십사 절후(二十四節候)가 있다. 시간(時間)에도 날짜에도 음(陰)과 양(陽)이 있다. 따라서 음일(陰日)에는 기도주(祈禱呪), 양일(陽日)에는 태을주(太乙呪)를 하지 않느냐? 공부(工夫)를 할 때도 5일(五日)이 한 후(候)이므로 오반(五班)으로 시작(始作)한다.

  천자(天子)는 하늘의 아들이란 뜻이다. 도문 소자(道門小子)는 도(道)의 아들이라는 뜻이다. 도(道)는 천(天)과 지(地)이다. 음(陰)과 양(陽)이 아니냐? 하늘이 크냐, 도(道)가 크냐? 하늘의 아들이 더 크냐, 도(道)의 아들이 더 크냐? 세 살 먹은 어린애도 알 것이다. 하나가 크냐, 둘이 크냐?

  구천상제(九天上帝)님은 하느님이시다. 그렇다면 도인(道人)은 다 똑같은 것이다. 즉(卽) 구천상제(九天上帝)님과 옥황상제(玉皇上帝)님의 아들들인 것이다. 여러분과 나와 차이(差異)가 있다면 도전(都典)이라는 것이 다르다. 어떠한 단체(團體)가 있다면 그 단체(團體)를 이끌고 나가는 책임자(責任者)가 있다. 나는 많은 도인(道人)을 영도(領導)해 가는 책임(責任)이 있다. 옥황상제(玉皇上帝)님께서 그런 책임(責任)을 나한테 주셨다. 설령(設令) 아니라 그래도 내 말이라면 들어야 하는 것이 아니냐? 옥편(玉篇)에 찾아보니 '都(도)'라는 뜻에 '總(총)'이라는 뜻이 있다. '總(총)'은 '총괄(總括)한다'는 얘기가 아니냐? '맡는다'는 것과 같지 않으냐? 그래서 나중에는 수반(修班)들을 데리고서 자기(自己)를 믿으라고 할 것이다. 심우도(尋牛圖)가 있다. 도(道)를 찾는 것이 심우도(尋牛圖)다. 봉강전(奉降殿) 뒤에 그려져 있는데 대순 성전(大巡聖殿)에 그려 놨어. 그것이 도(道)를 찾는 그림이다. 도(道)가 일 년(一年) 열두 달이다. 흰 소를 찾아야 한다. 흰 소는 白(백)이고 白(백)은 人山(인산)이다. 즉(即) 사람 산(山)을 찾아야 한다. 누가 만들어서 하는 것도 아니고, 아무나 만들어서 하는 것이 아니다. 구천상제(九天上帝)님께서 임의(任意)대로 하셨다. 상제(上帝)님 믿는 다른 계열(系列)에는 이치(理致)라는 것이 없다. 즉(即) 이치(理致)가 경위(經緯)인데 맞지가 않아. 따라서 상제(上帝)님의 권능(權能)만 믿고 하느님이라 믿는다. 그곳에는 적극성(積極性)이 없다.

  도주(道主)님께서 12월(十二月) 4일(四日)에 오셨다. 12월(十二月) 하면 12(十二)가 도(道)다. 十二月(12월) 하면 '靑(청)' 자(字)다. 초(初) 나흘 날은, 1년(一年) 12개월(十二個月)은 사철(四-)이다. 즉(即) 수종백토주청림(須從白兔走靑林)을 찾아라. 즉(即) 청림 도사(靑林道士)를 찾으라는 뜻이다. 십이월(十二月) 사일(四日)은 小月(소월)이다. 즉(即) 肖(초)+走(주)+靑林(청림)=趙靑林(조청림)이 된다. 상제(上帝)님께서 손바래기로 오셨다. 그래서 객망리(客望里)라 하지 않느냐! 객(客)은 다시 오신다는 뜻이다. 부산(釜山)에서 나를 나오게 해 준 사람이 나에게 공로자(功勞者)다. 나는 서울로 올라오고, 대강전(大降殿)이라고 옥황상제(玉皇上帝)님께서 직접적(直接的)으로 만들어 놓은 것이 있다. 거기에는 옥황상제(玉皇上帝)님의 가족(家族)들 중(中)에서 아들들이 차지했지만, 지금(只今)은 아무도 없다. 감천(甘川)에는 태극도(太極道) 사람보다도 대순진리회(大巡眞理會)

사람이 더 많다. 지금(只今) 다 죽고 남아 있는 사람도 없다. 아무나 한다고 해서 되는 것이 아니다. 나는 11월(十一月) 30일(三十日)이 생일(生日)이다. 즉(卽) 11월(十一月)+1월(一月)=12월(十二月)이다. 도주(道主)님께서 만주 봉천(滿洲奉天)에서 득도(得道)하셨을 때가 23세(二十三歲) 시(時)다. 즉(卽) 정사년(丁巳年) 2월(二月) 초(初) 이레(47.4250·1917.2.7.)다. 나를 낳던 해다. 박태선(朴泰善)이 옛날 책(冊)을 읽고 정사생(丁巳生)이 자기(自己)라고 않더냐? 시루산 옆에 부정리(扶鼎里)가 있고, 그 옆에 쪽박골이 있다. 금산사(金山寺)의 미륵(彌勒)은 시루이고, 그 밑은 솥이다. 상제(上帝)님께서도 금산사(金山寺)에 임어(臨御)하여 계시다가 강세(降世)하셨다 하지 않으셨느냐?

금산사(金山寺)의 부처상(像)은 '出(출)'의 형태(形態)로 증산(甑山)·정산(鼎山)·양산(兩山)이다. 지금(只今)도 모악산 금산사(母岳山金山寺)에서 목탄(木炭)을 캔다. 이것으로써도 증명(證明)이 된다. 상제(上帝)님께서 화천(化天)하시기 전(前)에 "너희가 나를 보고 싶거든 금산사(金山寺)로 오라." 하신 말씀은 금산사 미륵(金山寺彌勒)의 진리(眞理)를 알아서 오라는 뜻이다. 증산도(甑山道)에서 지금(只今) 도인(道人)들이 떨어지니까 아예 금산사(金山寺)에서 아주 산다. "나의 일은 판 밖에 있다."라고 하신 것도 구천상제(九天上帝)님 재세(在世) 시(時)에 옥황상제(玉皇上帝)님과는 아예 만나신 적이 없으셨다. 그때 직접적(直接的)으로 상제(上帝)님을 모시고 따랐던 김형렬(金亨烈), 박공우(朴公又), 문공신(文公信) 등(等)에서 누가 상제(上帝)님의 도덕(道德)을 펼친 사람이 있느냐? 오직 도주(道主)님께서 하시지 않으셨느냐? 내가 입도(入道)를 할 때 구천상제하감지위(九天上

帝下鑑之位), 옥황상제하감지위(玉皇上帝下鑑之位)와 같은 오주(五呪)가 있었다. 그것이 궁금하여 알아보려고 입도(入道)를 했었다. 그런데 지금(只今) 그것이 잘못됐다는 것은 상제(上帝)님을 역(逆)하는 것이 된다. 그보다도 큰 죄(罪)가 어디 있느냐? 간단(簡單)하게 하자. 상제(上帝)님께서는 금산사(金山寺)를 통(通)하여 오셨다. 불(佛)이란 쉽게 얘기해서 형상(形象)만 있는 것이다. 뱃속의 태아(胎兒)에 해당(該當)한다. 유지범절(儒之凡節), 불지형체(佛之形體), 선지조화(仙之造化)라 하지 않았느냐? 그래서 불교(佛敎)에서 하는 법(法)이 태좌법(胎座法)이다. 즉(卽) 태아(胎兒)의 뱃속 모습이다. 석가불(釋迦佛)은 삼천 년(三千年)이고, 미륵불(彌勒佛)은 오만 년(五萬年) 운수(運數)이다. 석가불(釋迦佛)로 말하자면 미성년(未成年)이다. 아기 불(佛)이다. 그래서 머리를 깎고 결혼(結婚)을 할 수가 없다. 미륵불(彌勒佛)은 갓을 쓰고 서 있다. 어른이 된 것이다. 어른이 되려면, 어린애에서 어른이 되는 것이 순리(順理)다.

　상제(上帝)님께서 미륵(彌勒)으로 오신다 했다. 그래 불교(佛敎)가 있으므로 해서 우리의 법(法)이 나올 수 있다. 그래서 석가모니(釋迦牟尼)를 그곳에 봉안(奉安)한 것이다. 아무나 그렇게 하는 것이 아니다. 제주도(濟州道)에 갔을 때 서귀포 여관(西歸浦旅館)에서 하룻밤을 묵은 적이 있었는데 사수(師修) 권(權) 선감(宣監)이 하도 잠자리가 좋아서 다음에 혼자서 갔더니 전(全)혀 그렇지 않더라고 하더라. 마찬가지로 도장(道場) 안에서도 도인(道人)이 아닌 사람이라도 저절로 머리가 숙여진다. 옳고 좋다는 것을 알았으면 그다음에는 무조건(無條件) 일임(一任)해야 한다. 콩을 팥이라 해도 믿어야 한다. "천자부해상(天子浮海上)"이란 수륙병진 도수

(水陸竝進度數)를 보신 것이다. 그것은 내가 부산(釜山)에서 나왔을 때 서울로 오지 않았냐? 배가 꼭 바다의 배를 의미(意味)하는 것은 아니다. 모든 법(法)은 서울에서 만방(萬方)으로 나간다 하셨다. 서울 중곡동(中谷洞) 2층(二層)도 봉강전(奉降殿)이라 하는데 이것은 강(降)을 받는다는 얘기이고, 기운(氣運)이 내려오는 것을 강(降)이라 한다. 그 강(降)을 받는 곳이다. 1~3층(一三層)이 공부방(工夫房)이고, 4층(四層)은 영대(靈臺)다. 공부(工夫)를 하면 수련(修鍊) 20일(二十日), 공부(工夫) 20일(二十日), 도합(都合) 40일(四十日)은 걸린다. 따라서 40일간(四十日間) 별(別)일 없는 사람은 명단(名單)을 작성(作成)하라. 공부(工夫)를 하든 안 하든 지방(地方)의 도인(道人)까지 기운(氣運)이 골고루 다 전(傳)해진다. 가면(假面)으로 하지 마라. 있다면 있고 없다면 없다. 운수(運數)도 있다면 있고 없다면 없다. 공부방(工夫房)에서 공부(工夫)를 하면 신안(神眼)이 열리지 않는다고 하는 사람도 결국(結局)은 열린다. 그러나 무척 힘이 든다. 우리 집 지은 것을 봐라. 밖의 사람은 안 된다.

○ 박성구(朴成九) 안 들어왔어?

항상(恒常) 얘기하지만 모르고 따라가면 된다. 조금 안다고 잘못 얘기하면 죄(罪)짓는다. 몰라도 모르는 대로 믿고 나가면 된다. 알려면 제대로 알아야 한다. 잘못하면 자기(自己) 죄(罪)짓고 딴 사람 죄인(罪人) 만드는 거여.

『전경(典經)』에 "시속(時俗)에 '병신(病身)이 육갑(六甲)한다.'는 말은 서투른 글자나 배웠다고 손가락을 꼽아가며 아는 체한다는 말이니, 이런 자(者)는 장차(將次) 죽음을 면치 못하리라."[예시(豫示) 42절(節)]는 말씀이 있다. 예(例)를 들어, 납향 치성(臘享致誠)을 시작(始作)한 지 3년(三年)이 되었다. 오래되지 않았다. 치성(致誠)은 정성(精誠)으로 하면 된다. 아닌 얘기를 만들어 하게 되면 죄(罪)를 짓게 되고 그 말을 따라서 얘기하는 사람도 같이 죄(罪)를 짓게 되는 것이다. 납향 치성(臘享致誠)이란 옛날 제후(諸侯)들이 천자(天子)를 위(爲)해서 정성(精誠)을 다 바쳤다 그런 거여. 치성(致誠)이라고 하면 그냥 올리면 되는 것이지 뭘 안다고 이러고 저러고 하는가? 이 말은 어려운 것이 아니고 아주 간단(簡單)한 것이다. 치성(致誠)이 다른 것이 아니다. 상제(上帝)님·도주(道主)님의 화천일(化天日) 치성(致誠)이 딴 게 아녀. 음식(飮食) 차려 놓고 절하고 그러는 거여. 쉽게 말해 제사(祭祀)다. 제사(祭祀)를 우리는 치성(致誠)이라고 하는 것이다. 집에서 음식(飮食)을 해 놓고 절을 누구에게 하는 것인가? 돌아가신 분에게 하는 것이다. 자기 정성(自己精誠)을 다 바쳐서 음식(飮食)을 준비(準備)하고 돌아가신 조상(祖上)한테 절을 하는 것이다.

납향 치성(臘享致誠)도 음식(飮食)을 갖추고 우리의 정성(精誠)을 올리는 거다. 치성(致誠)은 함께 모여서 도장(道場)에서 올리는 것하고 지방 각 방면(地方各方面)에서 올리는 것이 있다. 지방(地方)에서 올리는 것은 영대(靈臺), 도장(道場)에 올리는 것이다. 제사(祭祀)는 모든 음식(飮食)을 갖춰서 생전(生前)에 안 계신 분께 올리는 것이다. 사당(祠堂)에서 죽은 사람한테 올리는 것이 제사(祭祀)다. 치성(致誠)도 제사(祭祀)와 마찬가지다. 우리 도(道)에서 천상(天上)에 계시는 하느님께 올리는 것과 집에서 제사(祭祀) 지내는 것과 비슷한 것이다. 구천상제(九天上帝) 하감지위(下鑑之位), 옥황상제(玉皇上帝) 하감지위(下鑑之位) 등 하감지위(下鑑之位),

응감지위(應感之位)란 하감(下鑑)하고 응감(應感)하도록 모든 음식(飮食)을 갖다 놓고 정성(精誠)을 들이는 것이다. 그 음식(飮食)을 잡수시고 보충(補充)하는 것이다. 납형 치성(臘享致誠)이라는 것을 도전(都典)님께 올리는 것이라고 하는데 그렇다면 내가 죽었다는 거야? 없어. 그것은 산 사람에게 하는 것은 자고이래(自古以來)로 없는 거야. 방면(方面)에서 자기(自己)도 죄(罪)짓고 다른 사람도 죄(罪)짓게 만들고 결국(結局)은 도(道)를 못 믿고 떨어져. 신명(神明)이 떨어내요. 쫓아내요. 이것은 신명(神明)을 부정(否定)하는 것이고 도(道)를 부인(否認)하는 것이다. 남까지 망(亡)치려고 그러는 것이다. 일부러 그러는 사람이 있다. 그러니 잘 알고 잘들 해야 된다. 연동흠(延東欽)이 그랬다. 연동흠(延東欽)이는 도전(都典)님 이상(以上)은 없다. 안 그러면 사람들이 안 따른다. 연동흠(延東欽)이를 따르라면 따르겠어? 그저 도전(都典)님 위(爲)한다고 해야 따르지.

　상도 방면(上嶋方面) 임원(任員)들, 이해(理解)도 못 한다. 들으면 알 텐데. 무슨 얘기를 해도 바로 들어가지를 않는다. 상도 방면(上嶋方面) 임원(任員)들이 자기(自己)도 모르고 자꾸 못 헤어나고 빠져들어 가고 있다. 가령(假令) 도전(都典)님을 어떻게 받들어야 된다고 하면서 그런다. "구천상제(九天上帝)님을 옥황상제(玉皇上帝)님이 그 자리에 만들어서 앉혀 줬고, 옥황상제(玉皇上帝)님을 도전(都典)님이 그 자리에 만들어서 앉혀 줬다. 도전(都典)님은 우리가 그 자리에 만들어서 앉혀 줘야 한다."라고 한다. 이것이 죄(罪)를 져도 보통 짓는 죄(罪)겠어? 도(道)를 옳게 믿었어? 구천상제(九天上帝)님을 옥황상제(玉皇上帝)님께서 봉안(奉安)하여 만들어 놓고, 옥황상제(玉皇上帝)님을 도전(都典)님께서 만들어 드렸으니 도전(都典)님은 자기(自己)네가 만들어 드려야 한다. 그 말은 곧 자기(自己)를 그렇게 만들어 달라는 말이다. 나중에 자기(自己)가 또 받듦 받아야 하는 식(式)이다. 연동흠(延東欽)이 좋은 예(例)다. 그걸 모른다. 이런 죄(罪)가 어디 있어? 신명(神明)이 용서(容恕)치 않는다. 어디 그 말이 용서(容恕)될 말이야? 신명(神明)이 용서(容恕)하겠어? 입에도 못 담을 얘기다. 입에 올리기에도 죄송(罪悚)스러운 말이다.

상제(上帝)님은 누가 만들어서 된 게 아니다!
구천상제(九天上帝)님께서는 천지(天地)의 권능(權能)을 자유자재(自由自在)로 임의(任意)대로 하셨어. 그러니까 바깥의 다른 사람들도 상제(上帝)님이라고 추종(追從)해 나가는 것이다.『전경(典經)』에도 있고 성화(聖畵) 모신 데도 있다.『전경(典經)도 안 읽는 사람들이다.『전경(典經)』에 "서양인(西洋人) 이마두(利瑪竇)가 동양(東洋)에 와서 지상천국(地上天國)을 세우려 하였으되, 오랫동안 뿌리를 박은 유교(儒敎)의 폐습(弊習)으로 쉽사리 개혁(改革)할 수 없어 그 뜻을 이루지 못하였다. 다만 천상(天上)과 지하(地下)의 경계(境界)를 개방(開放)하여 제각기(-各其)의 지역(地域)을 굳게 지켜 서로 넘나들지 못하던 신명(神明)을 서로 왕래(往來)케 하고, 그가 사후(死後)에 동양(東洋)의 문명신(文明神)을 거느리고 서양(西洋)에 가서 문운(文運)을 열었느니라. 이로부터 지하신(地下神)은 천상(天上)의 모든 묘법(妙法)을 본(本)받아 인세(人世)에 그것을 베풀었노라. 서양(西洋)의 모든 문물(文物)은 천국(天國)의 모형(模型)을 본(本)뜬 것이라. 그 문명(文明)은 물질(物質)에 치우쳐서 도리어 인류(人類)의 교만(驕慢)을 조장(助長)하고 마침내 천리(天理)를 흔들고 자연(自然)을 정복(征服)

하려는 데서 모든 죄악(罪惡)을 끊임없이 저질러 신도(神道)의 권위(權威)를 떨어뜨렸으므로, 천도(天道)와 인사(人事)의 상도(常道)가 어겨지고 삼계(三界)가 혼란(混亂)하여 천계탑(天啓塔)에 내려와 천하(天下)를 대순(大巡) 하시다가 이 동토(東土)에 그쳐 모악산(母岳山) 금산사(金山寺) 삼층전(三層殿) 미륵 금불(彌勒金佛)에 이르러 삼십 년(三十年)을 지내다가 최제우(崔濟愚)에게 제세 대도(濟世大道)를 계시(啓示)하였으되, 제우(濟愚)가 능(能)히 유교(儒敎)의 전헌(典憲)을 넘어 대도(大道)의 참뜻을 밝히지 못하므로 갑자년(甲子年)에 드디어 천명(天命)과 신교(神敎)를 거두고 신미년(辛未年)에 강세(降世)하였노라는 말씀이 있듯이 누가 만들어서가 아니라, 구천상제(九天上帝)님께서 스스로 말씀하시고 스스로 행(行)하신 것이다.

상제(上帝)님·도주(道主)님을 누가 만드나? 도전(都典)이 누가 만든다고 되는 일이야? 자기(自己)도 죄(罪)짓고 딴 사람도 죄(罪)짓게 하는 것이야. 아무나 되는 게 아니야. 누가 만들어서 되는 게 아니야. 나[도전(都典)]를 인격(人格)으로 보니까 자기(自己)도 할 것인 줄 알았지, "내[도전(都典)] 밑에 도인(道人)이 몇인데, 도전(都典)님을 만들어 주면 된다."라고 하는 것이다. 앞에 도인(道人)들도 많이 있고 하니 결과적(結果的)으로 그런 생각이었다. 속아 넘어가는 사람도 그렇다. 구천상제(九天上帝)님 스스로 천지(天地)의 권능(權能)을 임의용지(任意用之) 하신 것이다. 다른 데서도 그것을 보았기 때문에 믿는 것이다. 그걸 누가 만들어 주나? 입에 올리기나 할 말이냐? 그러므로 첫째 믿어야 한다. 기도(祈禱), 수련(修鍊)만 해서 되는 게 아니다. 그저 무조건(無條件) 믿어야 한다. 모르고 믿으라는 것이 아니고 우리의 진리(眞理)를 완전(完全)히 이해(理解)해서 옳고 그른 것을 판단(判斷)해서 믿어야 한다. 우리는 확실(確實)한 것은 인정(認定)해야 한다. 상제(上帝)님은 누가 만든 것도 아니고 스스로 천지(天地)를 건지려고 탄강(誕降)하셨다. 권능(權能)을 임의(任意)대로 하셨다. 기도(祈禱)와 정성(精誠)만으로 되는 것이 아니고 믿어야 한다. 꼭 인정(認定)하고 믿는 것에 성공(成功)이 있다. 도주(道主)님의 일도 아무나 한다고 되는 일이 아니다. 무엇을 도(道)라 하느냐? 전 우주(全宇宙), 천지(天地) 전체(全體), 모든 것이 생(生)하고 크고 수(數)많은 생물(生物)들이 살아가는 데 필요(必要)한 온갖 법칙(法則), 변칙(變則), 조화(造化)를 도(道)라고 한다. 5일(五日)을 일 후(一候)라 하고, 삼 후(三候)면 보름이라 하고, 이것이 한 절후(節候)다. 한 절후(節候)가 음(陰)과 양(陽)으로 한 달을 이룬다. 한 달이 세 개(個)가 모여 봄[1, 2, 3월(月)], 여름[4, 5, 6월(月)], 가을[7, 8, 9월(月)], 겨울[10, 11, 12월(月)] 사철(四-)이 되고, 일 년(一年)이 되는 것이다. 1년(一年)에는 72후(七十二候)가 있고, 24절 후(二十四節侯)가 있고, 12달이 있는 것이다. 시간(時間)이 모여서 날이 되고, 날이 모여서 달이 되고, 달이 모여서 일 년(一年)이 된다. 시간(時間)에도 음(陰)과 양(陽)이 있고, 날짜에도 음양(陰陽)이 있어 그날의 음(陰), 양(陽)에 맞추어 기도주(祈禱呪), 태을주(太乙呪)를 읽는 것이다. 이것이 우리의 수도 공부(修道工夫)다. 1후(一候)는 5일(五日)이고 그 이치(理致)로 주일(主日)을 본다. 공부(工夫)도 여기에 맞추어서 한다. 5일(五日)을 공부(工夫)하게 되면 5개 반(五個班)이 되고, 5일(1후)[五日(一候)]이 모여서 초강식(初降式)을 하고, 보름이 되면 초강(初降)이 세 번(番)이 모여서 합강(合降)이 되는 것이다. 이것을 자리 공부(工夫)라 한다. 천지(天地)를 도(道)라 하고, 천지

(天地)가 음양(陰陽)이다.

　천자(天子)는 하늘의 아들이고, 도문 소자(道門小子)는 도(道)의 아들을 말한다. 소자(小子)는 웃전에 자신(自身)을 낮춰 칭(稱)하는 것으로 도(道)에 내 몸을 낮추어 말하는 것이다. 천지(天地)를 가지고 도(道)라고 말한다. 하늘·땅은 음양(陰陽)인데, 하늘·땅은 눈에 보이지만 음양(陰陽)은 보이지 않는다. 천(天)에는 음(陰)이 없다. 하늘이 높은가, 땅이 높은가? 하늘이 큰가, 도(道)가 큰가? 하늘의 아들이 큰가, 도(道)의 아들이 큰가? 도(道)의 아들이 크다. 우리 도(道)는 순리(順理)로 보아야 한다. 하늘이 큰가, 도(道)가 큰가? 그래도 모르는 사람은 몰라. 눈 꼭 감고 있다가 몰라서 그런 게 아녀. 생각해 보면 세 살 먹은 어린애도 알 거여. 구천상제(九天上帝)님을 하느님이라 그래. 전 도인(全道人)은 다 구천상제(九天上帝)님 옥황상제(玉皇上帝)님 아들이여. 양위(兩位) 상제(上帝)님 전(前)에 도인(道人)은 다 같다. 차별(差別)이 없다. 나[도전(都典)]도 상제(上帝)님 전(前)의 도문 소자(道門小子)다. 주문(呪文) 읽을 때 도문 소자(道門小子)라고 안 그래? 도인(道人)은 다 똑같아. 나[도전(都典)]의 차이(差異)는, 다 똑같은데 도전(都典)이라는 게 달라요. 알려면 똑바로 알아야 해, 밖에서도 어떠한 단체(團體)가 있다면 그것을 이끌어 나가는 책임(責任) 있는 사람이 있어야 되거든. 통솔(統率)해 나가는 것이다. 나[도전(都典)]는 도인(道人)들을 영도(領導)해 나가는 사람이다. 딴 게 아니다. 내 책임(責任)이란 건 그거여. 이것은 도주(道主)님께서 해 주신 것이다. 그걸 옥황상제(玉皇上帝)님께서 직접 주신 거여. '맡을 도(都)' 자(字) 옥편(玉篇)에도 그런 '도(都)' 자(字) 없더라고 박성구(朴成九)가 말한다. 그럼 내가 그걸 말하려고 일부러 만들었단 말인가? 설령(設令) 아니라 할지라도 내가 말하면 믿고 들어야 되거든. 내가 확인(確認)해 봤어. 시봉(侍奉) 시켜서 옥편(玉篇) 들여다봤는데 거기에 '총(總)' 자(字)로 나와 있다. '거느릴 총(總), 총지휘(總指揮), 총재(總裁)', '모두 도(都), 맡을 도(都)' 자(字)지. '거느릴 도(都)', '총(總)'이란 '모두 도(都)' 자(字)여. '전(典)'이란 '법 전(典)' 자(字). 법(法)이 되고 '주장 주(主), 주인 주(主)'이다. 모든 걸 주장(主張)하는 사람이다. '거느릴 총(總)' 자(字)나 '맡을 도(都)' 자(字)나 뜻이 다를 게 뭐 있어. 나[도전(都典)]도 하느님의 아들이고, 너도 하느님의 아들이다. 다 같은 도문 소자(道門小子)다. 부모(父母)한테도 소자(小子), 소녀(小女)라고 말하는 것이다. 나[도전(都典)]하고 다르다는 것은 뭐냐면, 내[도전(都典)]가 통솔(統率)해 나가는 것이다. '도(道)'하면 상제(上帝)님·정산(鼎山)님을 받들어 모시는 것이다.

심우도(尋牛圖)가 다른 게 아니라, 도(道) 찾는 것이다. 날이 모여 달, 달이 모여 일 년(一年), 일 년(一年) 안에는 철[사시사철(四時四節)]이 있고, 그게 도(道)여, 도(道)라고 해서 조그마한 게 아녀. 심우도(尋牛圖) 있지, 대순성전(大巡聖殿) 한편(-便)에 심우도(尋牛圖) 그려 놨어. 도(道) 찾는 거여. 흰 소를 찾았어, 흰 소는 '흰 백(白)' 자(字)여, 白(백)은 '人山(인산)'이고, '仙(선)'자(字)여. 백자(白字) 안에 숨겨진 이치(理致), 비결(祕訣)이다. 우리 도(道)는 누가 만들어서 되는 것이 아니고 아무나 해서 되는 것이 아니다. 구천상제(九天上帝)님께서 천지(天地)를 임의(任意)대로 하셨다. 다른 데는 상제(上帝)님을 믿는다는데 진리(眞理)가 없다. 진리(眞理)가 뭐냐? 이치(理致)다. '仙(선)'자(字)여. 백자(白字) 안에 숨겨진 이치(理

致), 비결(祕訣)이다. 우리 도(道)는 누가 만들어서 되는 것이 아니고 아무나 해서 되는 것이 아니다. 구천상제(九天上帝)님께서 천지(天地)를 임의(任意)대로 하셨다. 다른 데는 상제(上帝)님을 믿는다는데 진리(眞理)가 없다. 진리(眞理)가 뭐냐? 이치(理致)다. '仙(선)' 자(字)여. 백자(白字) 안에 숨겨진 이치(理致), 비결(祕訣)이다. 우리는 적극성(積極性)이 있다. 적극성(積極性)이 없으면 안 된다. 증산(甑山)·정산(鼎山)의 도(道)가 음양(陰陽)의 도(道)다. 정산(鼎山)님은 12월(十二月) 4일(四日) 강세(降世)하셨다. 12월(十二月)이 도(道)를 뜻한다. 4일(四日)은 사철, 4일(四日)은 '적은 달, 초승달, 소월(小月)', 보름달은 '큰 달'. 비결(祕訣)에 "주청림(走靑林)하라. 청림 도사를 찾으라. 수종백토주청림(須從白兔走靑林) 찾아가세, 청림 도사(靑林道士)," 등의 말이 있다. 12월(十二月)은 '靑(청)' 자(字), 走靑林(주청림)은 趙小月(조소월), 여러 가지 이것저것 많아. 시루에는 솥이 들어가야 한다. 이것이 우리의 진리(眞理)라는 것이다. 상제(上帝)님께서 강세(降世)하신 곳을 손바래기, 객망리(客望里), 시루산, 증산(甑山), 이걸 비기(祕記)라 하는 거여.

부산(釜山)에서 나를 나오게 한 사람들은 크게 공(功)을 세운 사람들이다. 그들이 아니었으면 그냥 부산(釜山)에서 있었을 것이다. 도주(道主)님께서 대 강전(大降殿)이라고 직접(直接) 만들어 놓으신 곳인데, 거기에는 가족(家族)들, 아들네들이 있는데, 난 아무것도 없이 나왔다. 그 후(後) 부산(釜山) 태극도(太極道)는 발전(發展)은 고사(固辭)하고 포덕(布德)시킬 사람도 없다. 지금(只今)도 감천(甘川)에 가면 대순진리회 도인(大巡眞理會道人)들이 더 많다. 그럼 그 사람들이 다 어떻게 됐냐면, 이갑성(李甲

成)이라고 있거든. 죽을 때 몸이 시커멓게 돼 가지고 죽었다. 누구 하나 포덕(布德)시키는 사람이 없어. 아무나 되는 게 아니다.

　본인(本人)들은 다 알아. 연동흠(延東欽)이도 한 사람이라도 포덕(布德)시킨 것 있어? 여기 사람 꼬셔서 했지. 몇몇 방면(方面)의 여러 사람이 연동흠(延東欽)한테 갔지, 몇천(千) 명(名), 몇만(萬) 명(名)일지라도 나중에 가서 누가 믿겠나? 다 속았다고 하고 나가지. 밖에서 연동흠(延東欽) 하나지, 딴 사람 있어? 도주(道主)님 강세(降世)하신 날 12월(十二月) 4일(四日), 나[도전(都典)]는 11월(十一月) 30일(三十日), 11월(十一月) 하고서 막판이면, 30일(三十日)이 들어가면 12월(十二月)이여, 도주(道主)님은 태을주(太乙呪)로 본령 합리(本領合理)를 이루는 23세(二十三歲) 시(時)에 도(道)를 받아 득도(得道)하시었다. 그때가 정사년(丁巳年) 2월(二月) 10일(十日), 나 낳던 해다. 박태선(朴泰善)이가 정사년(丁巳年)이므로 자기(自己)가 주인(主人)이다 하고서 만든 것이 있잖아. 『전경(典經)』에 시루산[증산(甑山)]에서 상제(上帝)님께서 오시고 부정리(扶鼎里), 쪽박골이 있거든. 시루, 솥하고 불[화(火)]이 안 들어가면 안 돼. 딴 사람이 아무나 한다고 되는 게 아녀. 상제(上帝)님이 금산사(金山寺)에 임(臨)하셨다가 인간(人間)의 모습으로 강세(降世)하셨다. 솥 위에 시루가 있는데, 그 위에 미륵(彌勒)을 세우고, 좌우(左右)에 보호 불(保護佛) 세우고, 또 옆에 작게 세웠거든. 양산(兩山) '출(出)'의 형상(形狀)이다. 이게 증산(甑山)·정산(鼎山)이다.

　상제(上帝)님께서 화천(化天)하실 때 "나를 보고 싶거든 금산사(金山寺) 미륵(彌勒)을 찾으라."라는 말씀은 그 진리(眞理)를 찾아서 오라는 말씀이다. 그 미륵 금불(彌勒金佛)을 보라고 한 것이 아니고, 그 진리(眞理)를 찾으라는 말씀이다. 딴 데서는 모두 미륵 금불(彌勒金佛)에 계신 줄 알았어. 그게 미륵(彌勒)을 따르라는 얘기지, 절에 오라는 얘기가 "나의 일은 판 밖에 있다."라는 말씀이 있다. 도주(道主) 옥황상제(玉皇上帝)님은 재세(在世) 시(時)에는 안 계셨어. 그때 직접(直接) 공사(公事)하면서 따라다녔던 종도(從徒) 김형렬(金亨烈), 문공신(文公信), 박공우(朴公又) 등(等) 24종도(二十四從徒) 중(中)에 속(屬)해 있지 않아. 도주(道主) 옥황상제(玉皇上帝)님께서 창도(創道)하시고 펴 놓으신 것이 아녀. 세상(世上)에 알려지고 있잖아. 석가여래(釋迦如來)를 우리가 모시고 있잖아. 박성구(朴成九)는 그것이 오류(誤謬)라고 한다. "구천하감지위(九天下鑑之位), 옥황하감지위(玉皇下鑑之位), 석가여래하감지위(釋迦如來下鑑之位)…" 등(等)은 상제(上帝)님께서 다 해 놓으신 것이거든. 그것이 오류(誤謬)라고 하면 상제(上帝)님을 욕하는 게 아녀? 그것보다 큰 죄가 어디에 있어? 박성구(朴成九)가 납형 치성(臘享致誠) 때 석가여래전(釋迦如來殿)에 도전(都典)님이 계실 곳이라 하여 사배(四拜)를 모셨다. 또 최혜경(崔海炅)과 같이 내정(內庭)에 올라가서 괴물(怪物)같이 그려진 도전(都典)님의 용안(龍顔)을 들고 석가여래전(釋迦如來殿)에 봉안(奉安)해야 한다고 주장(主張)하였다. 이것은 상제(上帝)님을 역행(逆行)한 것이다. 이보다 큰 죄(罪)가 없다.

◎ 1991년 02월 20일

상도 선감(上嶋宣監)[박성구(朴成九)]이 엎드리자,

일어나라, 잘못했을 때 엎드리는 것이지, 너는 잘못한 것이 없다면서 왜 엎드리느냐? 잘못한 줄 아는 사람이 내 명(命)을 거역(拒逆)해? 감사원(監査院)에서는 너를 일찍 제명(除名)하려고 했으나 내가 조금 더 두고 보자고 하여 있는 것이다. 그렇지 않으면 너는 벌써 제명(除名)이다. 상제(上帝)님의 유지(遺志)와 도주(道主)님의 유법(遺法)을 받들어서 우리는 수도(修道)를 해 나가고 있다. 우리의 목적(目的)을 위(爲)해서 모든 것을 제쳐 놓고 도(道)를 믿고 있다. 우리가 도(道)를 믿는다고 할 것 같으면 상제(上帝)님의 뜻을 받들고, 도주(道主)님의 법(法)을 지켜 나가는 것이 믿는 것이다. 조금이라도 거기에서 벗어나는 것은 죄(罪)를 짓는 것이다. 물론(勿論) 모르면서 죄(罪)를 짓는 것이다. 우리의 법(法)은 상제(上帝)님의 뜻을 도주(道主)님께서 짜 놓은 것으로서 우리의 제도(制度)를 믿고 나가는 것이 수도 생활(修道生活)인 것이다. 우리의 법(法)을 믿는 사람을 도인(道人)이라 하고 우리의 법(法)을 믿지 않는 사람을 비도인(非道人)이라 한다. 이 법(法)을 바꾸려고 하는 것이 난 법 난도자(亂法亂道者), 난동자(亂動者)가 되는 것이다. 몰라서 그랬으면 모르지만, 알고서도 짓는 것은 신명계(神明界)에서 벌(罰)받는 것보다 지금(只今) 여기 도인(道人)들이 먼저 쫓아낸다.

○ 박성구(朴成九) 잘 들어!.
지금(只今) 우리가 하고 있는 것은 상제(上帝)님, 도주(道主)님께서 정(定)한 법(法)이다. 우리가 우리의 법(法)을 지키는 것은 우리의 목적(目的)을 이루기 위(爲)함이다. 도주(道主)님의 법(法)은 상제(上帝)님의 뜻을 받들어서 만든 것이다. 나도 역시(亦是) 마찬가지로 상제(上帝)님의 뜻을 지켜서 하는 것이다. 이것을 어기는 자(者)는 도인(道人)이 아니고 난동자(亂動者)라고 한다. 여기 그런 사람이 있다. 일찍 쫓아낼 놈이지만 나는 살려볼까 기다리고 있다. 그런데 이런 사람을 쫓아가는 선·교감(宣教監)이 있다. 괘씸한 놈들이다. 밑에 도인(道人)들을 가지고서 제 도인(道人)처럼 제 마음대로 하려고 하지. 감사원(監査院)에서도 제명(除名)을 시키려고 하지만 다른 곳에 지장(支障)이 좀 있더라도 내가 지금(只今) 만류(挽留)하고 있다. 위에 상급 임원(上級任員)이 도(道)를 모르고서 행동(行動)하면 밑에 있는 사람이 불쌍하다. 지금(只今)도 못 들어올 것을 들어와서 보고서 다른 사람들에게서 보고 배우고 깨우치라고 기회(機會)를 한 번(-番) 더 줘 보는 것이다. 생각하면 참으로 죽일 놈이다. 개를 그려다 놓고 제 아버지 제사(祭祀)를 지내라 하면 그것은 하지 않을 것이다. 옆에서 호응(呼應)해 주는 사람은 박성구(朴成九)보다 더 한 놈이다. 우리가 도(道)를 믿는다고 하는 것은 옳은 도인(道人)을 만들어 우리의 소망(所望)과 목적(目的)을 달성(達成)하기 위(爲)함이다. 영대(靈臺)에 카메라 가지고 올라가서 상제(上帝)님 옷을 찍어서 나도 아닌 이상(異象)한 것을 그려 놓고 도전(都典)이라고 했다. 그림을 그려도 나랑 찍은 사진(寫眞)을 놓고 그려도 그렇게 그리지는 않을 것이다. 그림이 틀리고 맞는 것이 중요(重要)하지 않다고 하는 거야. 그냥 받아 달라는 얘기지. 저놈이 아주 노골적(露骨的)이다. 상제(上帝)님은 옥황상제(玉皇上帝)님께서, 옥황상제(玉皇上帝)님은 도전(都典)이 만들어 줬다는 거야. 그러니까 도전(都典)은 우리가 만들어 줘야 한다는 것이다. 이것은 자기(自己) 밑에 있는 임원(任員)들을 보고 자기(自己)를 그렇게 해 주라는 것이다. 다른 것은 다 도전(都典) 말을 듣겠지만 그것만큼은 듣지 않겠다는 거다.

옛날로 치면 너는 대역죄(大逆罪)다. 보통(普通) 죄(罪)가 아니다. 그래도 그것이 옳다고 하는 방면(方面)이 2개(二個) 방면(方面)이 있다. 앞으로 고치지 않으면 제명(除名)이다. 그때는 나도 모른다. 한 번(-番) 더 기회(機會)를 주겠다. 도(道)에서는 쫓아내면 그뿐이다. 제명(除名)을 하면 연동흠(延東欽)처럼 된다. 앞으로 한 달간(間) 시간(時間)을 주겠다. 내가 너를 직접(直接) 따로 만나지는 않는다. 그러면 반드시 자기(自己) 마음대로 말을 한다. 너 하나 제명(除名)하면 그뿐이야. 다른 임원(任員)들이 그만둘 줄 아느냐? 절대(絶對)로 그만두지 않는다. 다음 달까지 확실(確實)하게 반성(反省)하지 않으면 제명(除名)하기 전(前)에 나가라. 앞으로 상도 방면(上嶋方面) 임원(任員)들은 박성구(朴成九)의 말을 듣지 마라. 절대(絶對)로 손을 떼어라. 밑에 있는 임원(任員)들은 박성구(朴成九) 지시(指示)를 받을 것 없다. 절대(絶對)로 안 된다. 앞으로 내가 지시(指示)한 것을 지켜라. 그렇지 않으면 어렵다. 진리(眞理)라고 하는 것은 법(法)을 가지고 진리(眞理)라고 한다. 법(法)이 맞으면 진리(眞理)가 맞는다고 한다. 진리(眞理)에 맞으니까 옳다고 좋아한다. 법(法)은 진리(眞理)다. 모르면 어렵다. 네놈이 당돌(唐突)해도 보통(普通) 당돌(唐突)한 놈이 아니다. 역적(逆賊)도 그런 역적(逆賊)이 없다. 다른 사람은 다 허수아비냐? 그럼 네 마음대로 다 움직이네. 네가 위에서부터 한 것이 잘못이라고 하니, 네놈이 어디를 가서 용서(容恕)를 받을 거냐? 지금(只今) 박성구(朴成九)의 말이 옳다고 하는 것은 살인행위(殺人行爲)다. 설사(設使) 내 말이 조금 틀렸다고 하자. 그래도 어떻게 할 수 있겠느냐? 한 달 내로 결정(決定)하라. 소수(小數)를 희생(犧牲)시키는 한(限)이 있더라도 할 수 없다. 박 성구(朴成九)를 추종(追從)하는 2개(二個) 방면(方面)은 제주도(濟州道) 치성(致誠)에 못 가고 사과(沙果) 하나라도 받을 수 없다. 도(道)는 이치(理致)고 경위(經緯)다. 경위(經緯)가 법(法)이다. 거기에 맞으면 여합부절(如合符節)이라 하고 진리(眞理)라 한다. 천지신명(天地神明)들이 하소연을 하여 상제(上帝)님께서 금산사 미륵 금불(金山寺彌勒金佛)로 오셨는데 이것은 진표율사(眞表律師)가 계시(啓示)에 의(依)하여 봉안(奉安)하였다. 진표(眞表)가 계시(啓示)에 의(依)해서 미륵불(彌勒佛)을 봉안(奉安)하려고 하니까 연못이야. 메우려고 해도 메워지지 않더니, 다시 계시(啓示)로써 숯으로 메우라는 거야. 그리고 숯은 여기 연못에 숯을 넣고 안질(眼疾) 있는 사람은 눈에 그 물을 적시면 낫는다고 선전(宣傳)하라 하니 실제(實際)로 그러하더라. 여기에도 이치(理致)가 있다. 숯 위에 솥을 놓고 그 위에 금불(金佛)을 모셨다.

상제(上帝)님 호(號)가 증산(甑山), 도주(道主)님 호(號)가 정산(鼎山)이신 것도 이런 이치(理致)다. 그 곁에 보호불(保護佛)이 양쪽에 둘이 있는데 설명(說明)하는 중들이 후천 미륵불 시대(後天彌勒佛時代)가 도래(到來)하면 사람들의 키가 이렇게 커진다고 한다. '뫼 산(山)' 자(字)가 둘이면, '出(출)' 자(字) 형태(形態)다. 『전경(典經)』에 "나를 보고 싶거든 금산사 미륵불(金山寺彌勒佛)을 보라." 하셨다. 금산사(金山寺)에 이치(理致)가 있다는 뜻이다. 증산교(甑山敎)가 있는 도인(道人)마저 다 떨어지고 하니까 이젠 유명무실(有名無實)하다. 정산 도주[鼎山(道主)]님 아니면 안 된다. 그 어른이 어디로 오셨냐 하면 함안(咸安)(다 함, 편안할 안) 회문리(會文里)(모일 회, 글월 문), 즉(卽) 글이 많이 있는 데를 가야 찾을 수 있다. 또 12월(十二月) 4일(四日)에 오셨는데 1년(一年) 12달(12월, 十二月)이 도(道)다. 초(初)나흘날은 춘하추동(春夏秋冬) 사계절(四季節)이다. 15

일(十五日)이 한 절후(節候), 한 달에 절후(節侯)가 음양(陰陽)으로 둘이 있다. 지금(只今)도 양일(陽日)에는 태을주(太乙呪), 음일(陰日)에는 기도주(祈禱呪)를 하지 않느냐? 이것을 법(法)이라 하고 진리(眞理)라 한다. 옛날 비결(祕訣)에 '수종백토주청림(須從白兔走靑林)하라.'라는 것이 있다. 비결(祕訣)마다 다 나온다. 소월(小月)이라는 것은 초생달(初生-)로서 초(初)나(흘)흘날 달이다. 옥토(玉兔)는 만월(滿月)이요, 백토(白兔)는 소월(小月)이라 했다. 수종백토주청림(須從白兔走靑林)은 肖(초)+走(주)=趙靑林(조청림)이다. 지명(地名), 탄강(誕降)하신 날과 시(時)까지 알아야 한다. 이것을 진리(眞理)라 하고, 법(法)이라 하고, 여합부절(如合符節)이라 한다. 다른 계열(系列)은 저 기독교(基督敎) 믿는 것처럼 상제(上帝)님 권능(權能)만 믿고 있는 것이다. 진리(眞理)는 우리 대순진리회(大巡眞理會)밖에 없다. 구천상제(九天上帝)님 이라고 하는 데도 우리밖에 없다. 도(道)는 자각(自覺)을 해야 한다고 하니까, 자기(自己)가 생각하는 대로 믿는 것은 있을 수 없다. 자각(自覺)은 옳은 것을 깨달으란 얘기다. 마음대로 종단(宗團)의 제도(制度)와 법(法)을 지키지 않고 한다면 난 법 난도(亂法亂道), 즉(卽) 난동자(亂動者)가 되는 것이다. 사회(社會)에서도 사회단체(社會團體)에 목적(目的)이 있는데, 목적(目的)을 시행(施行)해 나가는 데 제도(制度)에 따르지 않으면 안 된다. 그런 제도(制度)와 법(法)을 어긴다면 사람이 아니다. 짐승과 같다. 그것이 싫다면 내가 나가는 것이다. 어려운 일이 아니다. 밑에 있는 사람을 임의(任意)대로 한다면 자기(自己)의 이기심(利己心)에서 하는 것이다. 박성구(朴成九), 다음 달까지 태도(態度)를 결정(決定)지어라. 만약(萬若) 고치지 않으면 제명(除名)할 테다.

○ 박성구(朴成九) 고얀 놈! 감사원(監査院) 사람들이 너 제명(除名)하려고 그런 거여. 내가 아니었다면 너 제명(除名)당했어. 우리의 법(法)이라는 것이 도법(道法)이거든. 상제(上帝)님의 유지(遺志)를 받들고, 도주(道主)님의 유법(遺法)을 받들고, 신앙생활(信仰生活)을 믿고 나간다, 받든다는 것은 상제(上帝)님의 뜻을 받들고 도주(道主)님께서 정(定)하신 법(法)을 지켜 나가고 믿는다는 것이다. 여기에 조금이라도 벗어난다면, 모르면 모르는 거여. 알고서 벗어난다면 죄(罪)여, 모르면 배워야 해. 임원(任員)이 모른다면 한두 사람을 통솔(統率)하기도 어려워, 우리에게 법(法)이란 것은, 상제(上帝)님의 모든 것을 받들어 도주(道主)님께서 정(定)하신 법(法)을 지키는 것이다. 법(法)이란 것은 우리가 신앙생활(信仰生活)을 해 나가는 법방(法方)과 제도(制度)인 거여, 이것을 행(行)하면 도인(道人)이고 여기에서 벗어나면 비도인(非道人)이라고 한다. 도(道)를 믿다가 우리 법(法)에 어긋나게 하면 탈법(脫法)이고 난 법 난 도(亂法亂道)라고 한다. 그것을 난동자(亂動者)라 하는 거다. 난동자(亂動者)의 행동(行動)을 할 때 몰라서 그랬다면 큰 것이 아니나, 알고서도 자꾸 그런다면 나중에 신명(神明)한테 벌(罰)을 받는 것보다도 사람한테 벌(罰)받는 거여. 여기서 쫓겨 나가는 거다. 악(惡)을 없애기 위(爲)해서도 안 쫓겨날 수 없지. 너 박성구(朴成九), 똑똑히 들어. 난동자(亂動者)라 하는 거여. 법(法)이란 것은 가령(假令) 도장(道場)에 신앙(信仰)의 대상(對象)이신 여러 명(名)의 신명(神明)을 모시고 있잖아? 상제(上帝)님께서 정(定)하신 법(法)을 도주(道主)님께서 세우신 거여. 이것이 정(定)해진 도법(道法)이야. 그 법(法)을 지켜 나가기 위(爲)해서 우리의 제도(制度)가 있잖아. 우리의 목적(目的)을 이루기 위(爲)해 제도(制度), 법(法)을 지켜 나가는 거다.

상제(上帝)님이 정(定)하신 법(法)을 받들어 한 것이 도주(道主)님의 법(法)이고, 도주(道主)님께서 짜 놓으신 법(法)을 받들어 하는 것이 나[도전(都典)]의 법(法)이다. 나[도전(都典)]는 도주(道主)님께서 정(定)하신 법(法)을 지키는 것이다. 나[도전(都典)]의 법(法)은 상제(上帝)님·도주(道主)님 법(法)이다. 이것을 어기는 자(者)는 도인(道人)이 아니다. 난동자(亂動者)라 하는 것이다. 상제(上帝)님의 유지(遺志)를 받들어 도주(道主)님께서 유법(遺法)으로 한 것을 내가 그것을 그대로 시행(施行)해 나가는 것이다. 호수(戶數)를 가지고 '내 밑에 몇만(萬) 명(名)이 있는데,' 하고 생각한다. 그것은 밑에 있는 사람이 잘하니까 그런 거지. "나를 보고 싶거든 금산사 미륵(金山寺彌勒)을 보라."를 붙여서 해 보지만, 그게 되겠어? 안 되지. 증산(甑山)은 상제(上帝)님의 호(號)니까 다들 잘 알 것이다. 그러나 정산(鼎山)은 모르거든. 아무나 갖다 '솥 정(鼎), 뫼 산(山)'이라 하면 되는 게 아니다. 도주(道主)님이 아니면 안 된다. 그 어른께서 함안(咸安) 땅으로 오셨다. '다 함(咸), 편안 안(安).' 다 편안(便安)해진다. 회문리(會文里) 모일 회(會), 글 문(文). 글이 모여 있는 곳, 글을 배우려면 글이 모여 있는데 가야 글을 찾는다. 글이 다 모여 가지고 도통(道通)하는 곳, 찾고 배우는 곳이다. 기도(祈禱) 모실 때도 음일(陰日), 양일(陽日) 가려 기도주(祈禱呪), 태을주(太乙呪)를 바꾸어 기도(祈禱) 모신다. 5일(五日)에 1주일(一主日), 5일(五日)×3=15일(十五日) 절후(節侯). 두 절후(節侯)가 한 달. 달이 셋이 모이면 한 철. 이런 모든 것이 변칙(變則), 조화(造化)이다. 이 세상(世上) 모든 조화(造化), 변칙(變則)이 도(道)다. 12월(十二月)이 도(道)다. 4일(四日)춘하추동(春夏秋冬) 사철 의미(意味). 이것을 법(法)이라 하고, 진리(眞理)라 하고, 도(道)라 하는 것이다.

◎ 1991년 04월 20일

소속(所屬)도 모르고 치성 참석(致誠參席)한 사람이 있다.

우주(宇宙)에는 하늘이 있고 땅이 있는데, 하늘과 땅이 잘 조화(調和)가 이루어져야 만물(萬物)이 회생(回生)하고, 음양(陰陽)이 잘 조화(調和)되어야 만물(萬物)이 잘 되는데 그게 잘 안되면 멸망(滅亡)하고 만다.

앞으로는 정역 시대(正易時代)가 온다. 이는 밤이 오고, 낮이 오고, 봄이 오고, 여름이 오고 하듯이 선천 복희역(先天伏羲易)에서 문왕(文王) 선천(先天) 주역 시대(文王先天周易時代)인 이 시대(時代)는 음양 난잡 시대(陰陽亂雜時代)인데 앞으로는 순조(順調)로워진다. 이것이 난잡(亂雜)하면 멸망(滅亡)하고 만다. 앞으로는 정역 시대(正易時代)인데 말로는 그렇게 된다 하면서 행동(行動)은 엉뚱하게 하면 안 된다. 그것이 순조(順調)로우면 해원상생(解冤相生)이 되는데 그게 어그러지면 해원상생(解冤相生)이 될 수 없다. 한 가지를 보면 열 가지를 안다고 한다. 우리는 개인(個人)이 아니다. 내가 내 마음대로 못 한다. 1·2·3월(月)을 봄이라 하고, 4·5·6월(月)은 여름이라 하고, 7·8·9월(月)은 가을, 9·11·12월(月)을 겨울이라 한다. 한 달을 30일(三十日), 5일(五日)마다 한 후(소후)[候(小候)]가 있고, 소후(小候)가 셋이 합(合)하면 한 절후(節侯)라 한다. 한 달에 절후(節侯)는 2번(二番), 소후(小候)는 6번(六番). 그래서 5일(五日)마다 주일(主日)을 본다. 한 달에 소후(小候)가 6번(六番), 1년(一年)에 72후(七十二候), 한 달에 절 후(節侯)가 2번(二番), 1년(一年)에 24절 후(二十四節侯)가 있다. 이것을 도(道)라 한다. 1년(一年) 12달 안에 4계절(四季節)이 있고, 24절 후(二十四節侯), 72후(七十二候)가 있는데 이것을 도(道)라 한다. 12월(十二月)을 축월(丑月), 12달은 1~12월(十二月)을 다 포함(包含)한다. 여기에서 음양 조화(陰陽造化)가 일어나는데 이것을 도(道)라 한다. 바로 이것을 하는 것이다. 12월(十二月)은 축월(丑月), 축(丑)은 소다. 심우도(尋牛圖)는 소를 찾는 것인데, 즉(卽) 도(道)를 찾는 것이다. 심우도(尋牛圖)를 보면 심심유오(深深有悟) 하다가 소 발자국을 보고 가서 흰 소를 찾는데 흰 소[白(백)]는 '사람 人(인)' 변(邊)에다 '뫼 山(산)' 자(字)를 옆으로 한 것이다.

24. 1992년, 특수 공부, 순감(巡鑑) 공부

내수(內修), 외수(外修)라는 용어(用語)는 다른 종교(宗敎)에는 없다. 오직 우리만 사용(使用)한다. 그 뜻을 알아야 한다.

도주(道主)님 재세(在世) 시(時) 내수(內修), 외수(外修)라 한 것에는 도주(道主)님의 유지(遺志)가 담겨 있으며, 그 말에는 뜻이 담겨 있고 법(法)으로 정(定)해 놓으신 것이다. 임원(任員)들도 내수(內修), 외수(外修)라는 말을 쓰면서도 이 말의 중요성(重要性)을 별(別)로 생각지 못하고 남자(男子), 여자(女子)라고만 생각하는 데, 그렇지 않다. 수(修)는 '닦을 수(修)'이다. 도인(道人)이라는 뜻이다. 남자 도인(男子道人), 여자 도인(女子道人)이다. 밖의 사람들이 생각할 때는 도성덕립(道成德立)을 이룬 사람이라고 생각하지만, 도인(道人)이라는 것은 간단(簡單)하지 않다. 우리는 도인(道人)이라고 부르는 데 그 '수(修)'는 '닦고 있다'는 뜻이고, '도인(道人)이 되려고 수도(修道)를 하고 있다'는 것이며 수도 과정(修道過程)에 있다는 말이다. 우리가 운수(運數)를 받고 도통(道通)을 받기 위하여 닦아 나가는 것이다. 운수(運數)를 받고 도통(道通)을 받기 위(爲)하여 닦는 것인데 나쁜 일을 해서는 안 되며, 그릇된 것을 버리고 좋은 일을 해 나가면서 실천 수도(實踐修道)를 해 나가야 한다. 십 년(十年) 전(前)에 들어와도 도(道)를 깨닫지 못하면 선각(先覺)이 아니다. 어제 들어와도 도(道)를 깨달으면 선각(先覺)이다. 우리 도(道)의 법(法)을 만드신 도주(道主)님의 뜻이 있고, 법(法)이 있는데 이 법(法)을 지켜야 운수(運數)를 받고 도통(道通)을 받는다. 이것을 알고도 행(行)하지 않으면 도(道)를 배신(背信)하는 것이다. 이것을 행(行)하지 않으면 자꾸 어두운 데로 빠지고 앞이 막힌

다. 이것은 있을 수 없는 일이다. 내수(內修)에게 하대(下待)하고 함부로 대(對)하는 것은, 운수(運數)를 받고 도통(道通)을 받는 것은 고사(固辭)하고 죽어도 죄(罪)가 남는다. 닦는다는 것은 도통(道通)을 받고 운수(運數)를 받기 위(爲)한 과정(過程)인데 나쁜 일을 하면 안 되고 좋은 일을 해야 한다. 도주(道主)님의 깊은 뜻을 담아 내놓으신 것을 우리가 정성(精誠)을 다해 지켜야지 지키지 않으면 배신(背信)하는 것이고, 그 유지(遺志)를 버리는 것이고, 덕화(德化)를 버리는 것이고, 종단(宗團)을 욕(辱)먹이는 일이고, 죽어도 죄(罪)가 남는다. 그러고도 도통(道通)받고 운수(運數)받겠느냐? 있을 수 없는 일이다. 우리 도(道)는 신도(神道)다. 못 속인다. 신명(神明)으로 심판(審判)하고, 신명(神明)으로 운수 도통(運數道通)을 받는다. 신명(神明)은 속일 수 없다. 여기 계신 큰 공부(工夫)하신 분들 이분들은 안다. 나가서 아는 척 안 한다. 어떤 것이 죄(罪)인지 안다. 설마 하고 죄(罪)짓고 하는데, 신명(神明)은 속일 수 없다. 이분들은 안다. 신명(神明)은 다 본다. 신(神)도 를 다 본다. 절대(絶對) 아는 척하지 않는다. 어떤 것이 죄(罪)인지 알고 도통(道通)을 받는 것도 안다.

"신목여전(神自如電) 하니 암실기심(暗室欺心) 하지 말라." 사정(邪正)의 감정(鑑定)을 번갯불에 붙인다고 했는데 번갯불보다 더 빠르다. 암실기심(暗室欺心)은 어두운 방(房)에서 자기(自己)를 속이지 말라는 것인데 남이 모른다고 마음을 속이지 말라는 것이다. 여기서 본다면 전 세계(全世界) 어디든 다 나오는데, 번갯불에 비길 바가 아니다. 신안(神眼)이라는 것은 멀고 가까움이 없고 막히는 것이 없다. 미국(美國)을 보는데 산(山)이 막혀 있다고 못 보지 않는다. 막히는 것이 없다. 번갯불에 비길 바가 아니다. 못 속인다. 도(道)를 믿으면 믿고 나가야 한다. 과거(過去), 현재(現在), 미래(未來)의 모든 것을 신(神)은 빠짐없이 다 안다. 이 세상(世上)에서 살아온 것을 돌아보면 부모(父母)도 모르고 나도 모른다. 하지만 신(神)은 안다. 신(神)은 모든 것을 안다. 도(道)가 어떻다는 것을 알고, 도(道)가 얼마나 무섭다는 것도 알고, 엄(嚴)하다는 것도 안다. 어디 가서 뭐라고 한 것도 알고, 자기(自己)가 한 것도 알고 남이 한 것도 안다. 앞으로 뭐 할 것도 안다. 설마 할지 모르지만 안다면 절대(絶對) 그렇게 할 수 없다. 밖의 사람은 절대(絶對) 이해(理解)할 수 없다. 상대방(相對方)이 어떤 마음으로 과거(過去)에 해 왔으며 앞으로 할 일도 다 안다. 여러분 앞에는 신명(神明)들이 있고 여러분을 보호(保護)해 주면서 항상(恒常) 따라다닌다. 그것을 믿지 않아 속일 수 있는 것이지 여기 큰 공부(工夫) 하신 분들은 다 본다. 신명(神明)이 보호(保護)해 주다가 잘하면 더 힘이 되고 못하면 떠나기도 한다. 신명(神明)은 내가 잘못한 것을 안다. 전생(前生)도 안다. 삼생(三生)의 인연(因緣)을 가져야 내 사람이 되고 운수(運數)를 받는다고 했다. 내 전생(前生)이 무엇인지 무슨 일을 했으며 왜 도(道)를 닦는지도 안다. 과거(過去), 현재(現在), 미래(未來)를 다 안다. 저 사람이 며칠 전(前)부터 뭘 하고, 그저께는 손님이 몇이고, 어제는 몇이고, 내일(來日)은 몇이고 하는 것을 다 안다. 주인(主人)은 수저가 몇 개(個)인지 모르나 신명(神明)은 안다. 내가 더우면 추운 지방(地方)의 한기(寒氣)를 끌어다 쓰고, 추우면 열대지방(熱帶地方)의 열기(熱氣)를 끌어다 쓰고 절대(絶對) 남용(濫用)은 못하게 한다. 심판(審判)은 신(神)이 하고 신(神)으로부터 운수(運數)를 받고 도통(道通)을 받는다. 내수(內修), 외수(外修)라는 것은 도주(道主)님의 유지(遺志)며 명(命)이라는 것을 잘 알아서 절대(絶對) 어기지 말라. 우리는 진실(眞實)한 도인(道人)이 되어 나가야 한다. 사람이 남는 법(法)은 없다. 전 세계(全世界) 사람이 다 와도 모자란다. 잘하면 다 받는다. 남이 모른다고 속이지 말라고 하고, 신(神)의 눈은 번갯불에 붙인다고 하나 나는 번갯불보다 빠르다고 했다.

『전경(典經)』에 "너희가 믿음을 주어야 내가 믿음을 주리라."라고 하지 않느냐? 나를 믿으면 받고 안 믿으면 못 받는다. 그냥 그런 것이 아니고 실제(實際)로 그렇다. 큰 공부(工夫) 다 시키기 어렵다. 그래서 내가 시험(試驗)해 보는 것이다. 우리 공부(工夫)는 남 살리자는 공부(工夫)다. 이 동토(東土)에 다른 겁재(劫災)는 다 물리쳤으나 병겁(病劫)만은 남겼다고 하셨다. 지금(只今)은 어느 정도(程度) 내가 생각했던 것의 반(半)은 되는 어지간하면 내가 시험(試驗)을 해 보려고 하는 것이다. 상제(上帝)님 믿는 다른 종단(宗團)에서는 인패(印牌)라고 해서 팔기도 했지만, 안 된다. 내가 생각했던 것 반(半)은 되었다. 직접적(直接的)으로 안 해도 도인(道人)들 전체(全體)가 조금 다를 거야, 봉강전(奉降殿) 그 안이나 여기나 부산(釜山)이나 서울이나 다 똑같다. 앉아서 직접(直接) 하는 사람, 밖에서 심부름하는 사람, 시간(時間)을 알리는 사수(師修) 보는 사람 모두 똑같다. 실제(實際) 사수(師修) 보는 사람은 웬만한 병(病)은 다 떨어졌다. 밖에서는 과학적(科學的)으로 이해(理解) 못 하지. 몸의 병(病)이 낫는다고 포덕(布德)시키면 안 된다.

임원(任員)들만 들어라. 바깥말이 이상(異狀)하게 나가고 하면 사이비(似而非) 소리 듣는다. 개안(開眼)이란 신안(神眼)인데, 신안(神眼)이란 보면 원상태(元狀態)로 돌아오는 것이다. 공부(工夫)하면서 아픈 자기 부모(自己父母)를 보고 며칠 후(後)에 확인(確認)해 보면 낫는다. 기운(氣運)에 따라 정도(程度)의 차이(差異)는 있을 수 있다. 방면(方面)을 알아야 앉아서 확인(確認)하고 찾는다. 개안(開眼)이란 신안(神眼)이고 보는 것이 열리는 것이다. 또한 멀고 가까움이 없다. 듣는 것, 보는 것 모두 원근(遠近)이 없다. 음식(飮食)을 먹어도 영(靈)이 가서 먹는데, 그 영양가(營養價)를 그대로 받아들여 몸이 더 건강(健康)해진다. 1주일(一週日) 단식(斷食)했는데 며칠 지나면 오히려 몸은 더 건강(健康)해진다. 있는 그대로를 말해 주는 것이다. 후천(後天)에 가서는 기온(氣溫)이 자기 체온(自己體溫)에 꼭 맞는다고 하셨다. 먼 데 있는 것을 쓸 수도 있고 만들어 쓸 수도 있다. 수(修)라는 것은 닦는다는 것이다. 어려운 것이지만 내수(內修), 외수(外修)라는 것은 수도(修道) 중(中)에 있다는 것이다. 안 좋은 것은 하지 말고 조금 나쁜 것은 고쳐 나가도록 하자. 우리 도(道)는 신도(神道)다. 신명(神明)이 심판(審判)을 하고 신명(神明)으로부터 운수 도통(運數道通)을 받는다. 믿으면 된다. 신(神)은 속일 수 없다. 나쁜 것은 다 나온다.

◎ 1992년 02월 08일

특수 수련반(特殊修練班) 희망자 명단(希望者名單)을 받아 보니 연락소 생활(連絡所生活)을 하는 사람이 많다. 도(道) 믿기 전(前)부터 그런 사람이 있지만 도(道) 믿고 나서 그런 사람이 많다. 몰라서 그렇지 지금(只今) 여기 도인(道人) 하나 들어오는 것은 자신(自身)의 덕(德)은 하나도 없다. 모두 조상(祖上)의 덕(德)이다. 주문(呪文) 속에도 직선조(直先祖), 외선조(外先祖)가 있지 않느냐? 모두가 조상(祖上)의 덕(德)으로(私情)이 있어서는 안 된다. 그것은 들어온다. 도인(道人)의 숫자(數字)를 따질 때, 금방(今方) 낳은 아이도 도인(道人)이고, 조상(祖上)들도 모두 도인(道人)이다. 그분들도 다 같이 운수(運數)를 받으려 한다. 성웅(聖雄)을 겸비(兼備)해야 한다니까, 왜 그런 데다 붙이느냐. 좀 더 큰 데다 붙이지! 우리가 앞서가야 하는데 뒤떨어져 있다. 서로 화목(和睦)해야 한다. 가정(家庭)이나 사회(社會)에서도 솔선(率先)하여 도인(道人)으로서 취(取)할 행동(行動)을 하면 된다. 일부러 만들어서 할 필요(必要)가 없다. 그러면 도인(道人)들의 행동(行動)이나 모습을 보고 들어오지 말라고 해도 들어온다. 우리가 운수(運數)를 받고 후천 선경(後天仙境) 5만 년(五萬年)을 나가는 것이 요번(番)의 시학 공부(侍學工夫)에 달려 있다. 그러니 생명(生命)보다 중요(重要)한 것이다. 앞으로 후천(後天)의 천지 도수(天地度數)가 이 공부(工夫)에 의(依)해서 제약(制約)을 받는다는 사실(事實)을 알아야 한다. 우리의 공부(工夫)가 얼마나 중요(重要)한지를 알아야 한다. 우리의 조그마한 잘못으로 후세(後世)에 재앙(災殃)이 온다는 것을 알아라. 이번(-番)에 시학원(侍學員)을 용서(容恕)해 주는 것은 잘하라는 뜻에서다. 이 공부(工夫)가 정역(正易) 5만 년(五萬年)의 일이다. 지금도 현재(現在) 이 세상(世上)에 가끔 재앙(災殃)을 받는 것은 이전(以前)에 무엇이 잘못되었기 때문이다. 옷을 만들 때 잘못 만들면 입고 다니다가 망가지는 것과 마찬가지다. 공부(工夫)가 우리의 생명(生命)보다 중요(重要)하다는 것을 믿어야 한다. 나 하나 잘하려고 그러는 것이 아니다. 천지 군상 만물(天地群像萬物)에 영향(影響)을 미치는 일이라는 것을 알아야 한다. 그러니 이 공부(工夫)가 생명(生命)보다 중요(重要)하다. 방면(方面)에서 공부(工夫)에 대(對)해서 임기응변식(臨機應變式)으로 대(對)하지 말라. 내 방면(方面)에 공부(工夫)가 있으면 철저(徹底)히 주문(呪文)을 잘하도록 하고 정 못 하면 나중의 반(班)으로 돌려라. 바꾸면 된다.

　신명(神明)을 복희(伏羲)씨(氏)께서 하늘에 모셨고, 문왕(文王)은 영대(靈臺)에 천지신명(天地神明)을 모셔다가 땅에다 봉신(封神)을 했고, 요번(番)에는 천지신명(天地神明)을 도장(道場)에다 모셨다가 사람에게 봉신(封神)을 하는 것이다. 공부(工夫)를 시켜 보았더니 다 못 하더라. 여자(女子) 먼저 시키는 것은 여자(女子)는 수성(水性)을 띠고, 남자(男子)는 화성(火性)을 띠고 있기 때문에 내수(內修)를 먼저 시키는 것이다. 신인 상합(神人相合)이 도통(道通)이다.『전경(典經)』에도 진강(眞降)과 허강(虛降)의 구별(區別)이 있다. 여기에 공부(工夫)한 사람이 있다. 신(神)을 보면 신명(神明)인지 잡신(雜神)인지를 알아야 한다. 도장(道場)의 신(神)하고 밖의 신(神)하고 완전(完全)히 다르다. 사람이 사람을 보면 저 사람이 어떻고 저 사람은 저렇고 한다. 신(神)도 마찬가지다. 보면 신명(神明)인지 잡신(雜神)인지를 안다. 바깥에도 신(神)이 있다. 귀신(鬼神)이 있다. 보면 안다. 이것은 추측(推測)으로 하는 얘기가 아니다. 실제(實際)다. 신(神)을 볼 줄 아는 사람이 확실(確實)히 안다. 공부(工夫)했다고 아는 척하는 사람은 허령(虛靈)이라 한다. 밖에서는 미쳤다고 한다. 공부(工夫) 마친 사람을 봐라. 멀쩡하지 않느냐? 허령(虛靈)이 들면 눈동자가 하얗게 된다. 진리(眞理)가 옳고 틀림없다는 것만 믿게 하면 된다. 공부(工夫)를 하면 몸이 첫째 건강(健康)해진다. 주문(呪文)을 하니 피 순환(循環)이 잘되어 밥을 잘 먹는다. 멀고 가까움이 없이 똑같다. 즉(卽) 곁에 있는 사람이나 먼 데 있는 사람이나 똑같다. 곁에서 기운(氣運)받는 것이 똑같다면 멀리서 기운(氣運)받는 것도 마찬가지다. 개안(開眼)이라는 것은 신(神)의 문이 열린다는 것이다. 즉(卽) 신(神)을 보는 것이다. 개안(開眼)해서 보는 신(神)은 우리가 얘기하는 신(神)과는 다르다. 공부(工夫)한 사람은 신(神)을 다 본다. 공부(工夫)를 마친 사람은 절대(絶對)로 허령(虛靈)이 들지 않는다. 허령(虛靈)이 들려야 들 수가 없다. 내가 하고 싶은 대로 볼 수 있으니까, 더 이상(以上) 보고 싶은 것이 없으니 허령(虛靈)이 안 든다. 무엇보다도 우리 도(道)의 진리(眞理)를 이해(理解)하고 도인(道人)들이 그것을 확고(確固)하게 아는 것이 중요(重要)하다.

◎ 1992년 04월 09일

도(道)를 닦는 데는 정성(精誠)이 최고(最高)이고 기도(祈禱), 주문(呪文)이 제일 중요(第一重要)하다. 주문(呪文)을 가르치고 배워야 한다. 주문(呪文)을 먼저 가르치고 입도(入道)했다면 주문(呪文)부터 배워야 한다. 제일(第一) 근본(根本)이 정성(精誠)이고 정성(精誠)에는 주문(呪文)이 따른다. 정성(精誠)이 통(通)하게 하는 데 필요(必要)한 것이 주문(呪文)이다. 어제도 그런 일이 있었는데 입도(入道)해서 얼마나 됐는지 정무(正務)가 주문(呪文)을 모른다고 해서야 도인(道人)이라 하겠느냐? 정무(正務)라고 하면 몇 해가 되어서 정무(正務)가 됐겠어요? 시학(侍學)·시법 공부(侍法工夫)라면 주문(呪文)이 몇 가지가 되겠는가? 정무(正務)가 5~6년(五六年) 정도(程度) 되는데, 정무(正務)가 주문(呪文)을 몰라서 공부(工夫)를 못 한다고 하니 말이 되나? 그 사람 쉽게 했다. 그런데 주문(呪文)을 읽지 말라고 해서 안 읽었다는 거야. 방면(方面)에서 허령(虛靈) 동(動)한다고 주문(呪文)을 읽지 말라고 했다는데, 그것은 수련(修鍊)을 혼자 몇 시간(時間)

씩 하지 말라고 한 것이지 기도(祈禱)를 자주 모시지 말라는 것이 아니야. 그 사람에게 주문(呪文)을 가르쳐야 한다. 옛날에는 주문(呪文)을 남에게 보여 주지 않았다. 전(傳)할 때 그 자리에서 외우게 했고 다 외우면 불살라 버렸다. 옛날에는 국민학교(國民學校)도 제대로 다닌 사람이 없었다. 지금(只今)은 배운 사람이 많지만, 글자(字)도 모르면서 잘했어. 수도(修道)의 목적(目的)을 달성(達成)하도록 하는 것은 정성(精誠)이고, 기도(祈禱)를 모셔야 하는데 그러기 위(爲)해서는 주문(呪文)을 해야 한다. 정성(精誠)을 들이는 데 있어서는 주문(呪文)을 해야 하는데 전(傳)해 주는 사람이 주문(呪文)부터 가르쳐야만 한다. 병원(病院)에 가서 태을주(太乙呪)부터 외우고 급(急)하면 아버지, 어머니 찾듯 주문(呪文)부터 찾는데, 그건 안 좋아. 주문(呪文)이란 것은 급(急)하고 위험(危險)하고 걱정될 때에 하는 정성(精誠)인 것이다. 주문(呪文)은 신명(神明)한테 내 영(靈)이 다 통(通)하게 되는 것인데, 다 알게 되는 거야. 그런데 꼭 주문(呪文)을 해야 되는 것은 아니다. 걱정하는 것만으로도 정성(精誠)이다. 걱정하는 마음만 먹어도 신명(神明)이 다 통(通)해 준다. 외국(外國)에 있어서는 거시기 하더라도 내가 걱정을 하고 마음만 먹어도 내 영신(靈神)이 다 간다. 주문(呪文) 읽는다는 그 정성(精誠)이 받아들여지는 것이다. 마음만 먹어도 통(通)한다. 앞으로 주문(呪文)을 많이 읽도록 하라.

지금(只今)은 크게 허령(虛靈) 같은 것은 안 동(動)할 것이다. 큰 공부(工夫) 하고 있는 사람들의 기운(氣運)이 그대로 다 전(傳)해진다. 맘만 먹는다고 해도 신명(神明) 때문에 다 통(通)해진다. 믿음 때문에 다 통(通)해진다. 이 사실(事實)이 틀림없다는 것을 믿어도 좋다. 허령(虛靈)에 대(對)해서 큰 것은 없다. 공부(工夫)하는 사람은 방면(方面)에서 주문(呪文)을 읽혀서 들어오게 하라. 주문(呪文)을 못 하는 사람을 뭣 하러 들여보내? 한 가지 더 부탁(付託)하면 절대(絕對)로 아픈 사람 보내지 말라. 어제도 그래. 기침하고 병원(病院)에 보내 입원(入院)시켜야 할 사람을 보냈어. 약(藥) 먹는다고 해도 어려워. 입원(入院)시켜야 한다고 해서 그러라고 했다. 어느 방면(方面)인가? 가정 환경(家庭環境)이 어떤가 보고(報告)해. 젊은 사람이 30도 안 됐는데 혹(或) 노인(老人)이라면 몰라도 안 좋거든. 기침이 심(甚)하면 폐(肺)가 안 좋아지고 저절로 폐렴(肺炎)이 되고 자연적(自然的)으로 기침을 많이 하게 된다. 도(道)에 아픈 사람, 뭐 한 사람 많아. 공부(工夫) 들어가면 병(病) 낫는다고 하고 들여보내면 안 좋거든. 말이란 갈수록 늘고 공덕(功德)은 갈수록 줄어. 어제 아픈 사람이 있어서 하는 얘긴데, 주문(呪文) 못 하는 것하고, 아픈 사람 보내는 것하고 주의(注意)하라. 공부(工夫)가 우리의 생명(生命)이야. 중요성(重要性)을 알아야 해요. 주문(呪文) 많이 읽히고 가르치고 해서 공부(工夫)에 보내고 아프고 뭐 한 사람 공부(工夫) 보내지 말고, 36명(三十六名)이 공부(工夫)하는데 한두 사람 시간(時間)이 조금 늦어도 사고(事故)라고 하고, 큰일이라 한다. 공부 시작(工夫始作)할 때부터 노약자(老弱者), 아픈 사람 넣지 말라고 규칙(規則)을 정(定)했는데 임원(任員)들 욕심(慾心)만 갖고 하려고 하면, 그런다고 되는 게 아니야. 죄(罪)란 다른 것이 아니고 잘못된 것이 죄(罪)다. 잘못된 것을 모른다면 말이 안 돼요. 처음부터 법(法)으로 시행(施行)하는데, 안 지키면서 모른다면 되느냐? 선·교감(宣敎監)으로 몇십 년(十年) 된 사람도 있지만 다 모른다. 참 어렵다. 도(道)의 진리(眞理)는 무궁무진(無窮無盡)해. 나중에 다 통(通)해 봐야 한다. 그러나 도(道)의 진리(眞

理)가 옳다는 것을 가르치면서 지키고 또 가르쳐야 한다.

　기독교(基督敎)나 불교(佛敎)나 기타(其他) 여러 종교(宗敎)가 있고 또 상제(上帝)님을 믿는 종단(宗團)도 여러 가지 있다. 원불교(圓佛敎)를 보니까 원불교과(圓佛敎科)라는 것이 있거든. 동국대학교(東國大學校) 승가과(僧伽科)를 나오면 중이 될 수 있고, 기독교(基督敎)는 신학대학(神學大學)을 나오면 목사(牧師)가 될 수 있지만 우리는 완전히 다르다. 우리는 인물 본위(人物本位)가 아니기 때문에 어려운 것이다. 배우기도 어렵고 가르치기도 어렵다. 『전경(典經)』만 보더라도 여기 보면 이 말 쓰여 있고, 저기 보면 저 말 쓰여 있고, 그것이 진리(眞理)다. 어렵다. 어려운 것이 진리(眞理)다. 무궁무진(無窮無盡)하니까 어려운 것이고, 그렇기 때문에 진리(眞理)라 말한다. 몇십 년(十年)을 공부(工夫)해도 다 모른다. 그래서 통(通)해야 한다. 배우기도 어렵고 가르치기도 어렵다. 신학대(神學大)를 나오면 목사(牧師)를 하고 교육(敎育)을 시켜 나갈 수 있으나 우리는 그렇지 않다. 간단(簡單)한 것 같으나 워낙 무궁무진(無窮無盡)하니까 그렇게 할 수가 없다. 우리의 진리(眞理)라는 것은 무궁무진(無窮無盡)해서 끝이 없으니까 통(通)하지 않고서는 알 수가 없다. 사회(社會)에서는 12년(十二年) 정도(程度) 공부(工夫)하면 박사(博士)라 하고 한 분야(分野)에 어느 정도(程度) 통(通)했다고 하지만, 한 분야(分野)의 전문가(專門家)가 되기도 어렵다. 우리의 진리(眞理)는 세상 군상 만물(世上群像萬物)이 생기고, 자라고, 나오고 하는 모든 이치(理致)를 다 알아야 진리(眞理)를 안다고 하는데, 그래서 어려운 거고 한마디로 알 수가 없는 것이다.

세상(世上)에 드러나면 알겠지만 복희(伏羲) 선천(先天), 문왕(文王) 선천 시대(先天時代)가 있고, 복희(伏羲)는 봄 시대(時代)이고, 문왕 시대(文王時代)는 여름이다. 우리의 진리(眞理)가 정역(正易)으로 가을 시대(時代)이다. 복희 시절(伏羲時節)에는 용마(龍馬)가 하도(河圖)를 지고 나와서 모든 이치(理致)를 만들었고, 그 이치(理致)를 알게 되었고, 천지의 이치(理致)가 거기에 담겨 있었다. 문왕(文王) 선천(先天)에서는 거북이 낙서(洛書)를 지고 나왔다. 하지만 우리 일은 아무도 모른다. 앞으로는 연원 도통(淵源道通)이야. '못 연(淵), 근원 원(源)', 도통(道通)이다. 즉(卽) 못을 근원(根源)으로 한다. 모든 것이 물에서 나온다. 복희(伏羲) 때 용마(龍馬)가 하수(河水)에서, 문왕(文王) 때 거북이도 낙수(洛水)에서 나왔다. 연원(淵源)이라는 것은 상제(上帝)님께서 나오는 곳이다. 금산사(金山寺)에 미륵불(彌勒佛)이 있는 곳을 용소(龍沼)라고 했다. 용(龍)이 아홉 마리 있다고 했는데, 진표율사(眞表律師)가 계시(啓示)를 받아 금불(金佛)을 봉(奉)했는데 금불(金佛)은 미륵(彌勒)을 말함이다. 현몽(現夢)을 했는데 현몽(現夢)은 계시(啓示)라 한다. 못을 메워서 솥을 얹고 솥 위에 시루를 얹고 미륵(彌勒)을 세웠다. 못을 메워서 솥을 얹고 솥 위에 도금(鍍金)을 해서 미륵(彌勒)을 세웠는데 시루다. 시루가 솥 위에 얹힌다. 자기(自己)가 한 것이 아니라 계시(啓示)에 의(依)한 것이거든. 미륵(彌勒) 가까이 있는 두 불(佛)은 크고 바깥의 두 불(佛)은 작다. 자기(自己)가 왜 했는지 모르고 세웠는데 그것이 증산(甑山), 정산(鼎山)이다. 즉(卽) '出(출)'이다. 양산(兩山)이 '날 출(出)'자(字)다. 옛날에는 出出(출출)은 양산(兩山)이라 했다. 이것이 연원 도통(淵源道通)이다. 우리의 연원 도통(淵源道通)을 말씀하셨다.

◎ 1992년 05월 03일

 도(道)를 닦으면서 가정(家庭)을 버린 사람이 있는데, 설령(設令) 그 집에서 못 산다고 말을 하더라도 찾아가서 같이 살자고 얘기해 봐야 한다. 모르니까 그렇지, 안다고 하면 우리 도(道)를 잘 이해(理解)시켜서 도인(道人)이 옳고 또 그렇다고 하는 것을 이해(理解)시켜 함께 살도록 하라. 여기 몇 분 되지 않지만 큰 공부(工夫) 하신 분들 계시는데, 그분들은 안다. 절대(絶對) 속일 수 없다. 여기 계신 분들 다 신명(神明)이 한 분씩 맡고 있다. 절대(絶對) 속일 수 없다. 신명(神明)들은 속일 수 없다. 그것도 믿으면 믿어지고, 안 믿으면 안 믿어지고 하는 것이다. 우리는 그것을 믿어야 한다. 믿고 닦아 나가야 한다. 우리 도(道)를 신도(神道)라고 하고, 신명 신도(神明神道)임을 알아야 한다. 사회(社會)에서는 인정(認定)하지 않더라도 정신(精神)이라는 것은 '맑을 정(精), 신 신(神)'이거든. '맑은 신(神)'이라는 것도 사회(社會)에서는 인정(認定)하지 않는다. 정신(精神)이란 내 신(神)이 맑아지면 다 알아지는 것이거든. 큰 공부(工夫) 하는 데 있어서 내가 시험(試驗)해 보고 있다. 사람을 좀 시켜서 시험(試驗)해 본 것이 있다. 전(前)에도 얘기했잖아. 개안(開眼)이라는 것은 신안(神眼)이거든. 막히는 것이 없고, 멀고 가까운 것이 없이 다 통(通)하게 되는 것이다.

 『전경(典經)』에도 진강(眞降)을 받으면 만져도 낫고, 보기만 해도 낫는다고 하지 않았어. 대순성전(大巡聖殿)에 가면 있지. 병(病) 고치는 것 말이야, 곱사도 고치고 종도(從徒)들에게 만국의원(萬國醫院)이라고 써 붙이라 하셨지. 모든 병(病)을 다 고치는 것인데, 앞으로 있을 일을 말함이다. 상제(上帝)님께서 모든 겁재(劫災)는 다 물리쳤으나 병겁(病劫)만 남겨 놓으신 공사(公事)가 『전경(典經)』에 있다. 내가 시험(試驗)해 본 것이 있다. 병(病)을 고치는 것은 아니야. 신명(神明)한테 병(病)을 고쳐 달라는 것도 아니고. 신안(神眼)이 열리면 몸의 일부(一部)를 보면 아픈 곳이 정상(正常)으로 돌아가고 하는 것이다. 병(病)을 고치는 것이 아니야. 허강(虛降), 진강(眞降)이 다르거든. 신안(神眼)이 열리면 멀고 가까우나 똑같다. 여기서 여주(驪州)를 보나, 미국(美國)을 보나, 서울을 보나 똑같다. 소리를 들어도 여기서 나는 소리나 서울, 미국(美國), 일본(日本)에서 나는 소리나 똑같다. 냄새를 맡는 것도 음식(飮食)에서 나는 그 냄새 그대로 다 맡는다. 미국(美國)이나 일본(日本)이나 서울이나 이곳 바깥이나 똑같다. 이목구비(耳目口鼻)가 다 그대로 열린다. 과거(過去), 현재(現在), 미래(未來) 그것도 다 보이는 것이다. 어느 집 주발(周鉢)이 몇 개(個)고, 그림이 몇 개(個)가 있는지 다 안다. 내가 하려고 하면 안 되는 일이 없다. 내 영(靈)을 보내 미국(美國)에 가서 음식(飮食)을 먹으면 내 육신(肉身)이 그 영양분(營養分)을 그대로 다 받는다. 기분(氣分)이 아니다. 그러니 신명(神明)이 계시니 암실기심(暗室欺心) 하지 말고, 번갯불에 콩 튀겨 먹는다는 말이 있잖아? 영(靈)이 추운 지방(地方)에 가면 영(靈)이 춥게 된다. 여기 있는 육신(肉身)이 기운(氣運)을 받아 춥다. 기분(氣分)이 그런 것이 아니고 실제(實際)로 춥다. 육신(肉身)이 그대로 받는다. 절대(絶對) 기분(氣分)으로 그런 것이 아니고 사실(事實) 그대로다. 영(靈)이 먼 곳에 가서 먹는다 하더라도 내 몸, 육신(肉身)이 그대로 영양분(營養分)을 받는다. 어디 가서 이런 얘기 하면 미쳤다고 하니 절대(絶對)로 얘기하지 말아라. 큰 공부(工夫)를 하고 있는 중(中)이다. 신안(神眼)이라는 것은 현미경(顯微鏡)으로 확대(擴大)해서 보는 것과 같다. 실제(實際)로도 그렇다. 멀거나

가깝거나 똑같다. 세밀(細密)하게 확대(擴大)해서 보인다. 신안(神眼)이 열리면 과거(過去), 현재(現在), 미래(未來)도 히 보인다. 전생(前生)에 뭘 하다 나왔다는 것도 다 안다. 못 속인다.

◎ 1992년 05월 31일

　우리가 운수(運數)를 받고 도통(道通)을 받기 위하여 닦아 나가는 것이다. 운수(運數)를 받고 도통(道通)을 받기 위(爲)하여 닦는 것인데 나쁜 일을 해서는 안 되며, 그릇된 것을 버리고 좋은 일을 해 나가면서 실천 수도(實踐修道)를 해 나가야 한다. 십 년(十年) 전(前)에 들어와도 도(道)를 깨닫지 못하면 선각(先覺)이 아니다. 어제 들어와도 도(道)를 깨달으면 선각(先覺)이다. 우리 도(道)는 신도(神道)다. 못 속인다. 신명(神明)으로 심판(審判)하고, 신명(神明)으로 운수 도통(運數道通)을 받는다. 신명(神明)은 속일 수 없다. 여기 계신 큰 공부(工夫) 하신 분들 이분들은 안다. 나가서 아는 척 안 한다. 어떤 것이 죄(罪)인지 안다. 설마 하고 죄(罪)짓고 하는데, 신명(神明)은 속일 수 없다. 이분들은 안다. 신명(神明)은 다 본다. 신(神)도 를 다 본다. 절대(絶對) 아는 척하지 않는다. 어떤 것이 죄(罪)인지 알고 도통(道通)을 받는 것도 안다. 신안(神眼)이라는 것은 멀고 가까움이 없고 막히는 것이 없다. 미국(美國)을 보는데 산(山)이 막혀 있다고 못 보지 않는다. 막히는 것이 없다. 번갯불에 비길 바가 아니다. 못 속인다. 도(道)를 믿으면 믿고 나가야 한다. 과거(過去), 현재(現在), 미래(未來)의 모든 것을 신(神)은 빠짐없이 다 안다. 이 세상(世上)에서 살아온 것을 돌아보면 부모(父母)도 모르고 나도 모른다. 하지만 신(神)은 안다. 신(神)은 모든 것을 안다. 도(道)가 어떻다는 것을 알고, 도(道)가 얼마나 무섭다는 것도 알고, 엄(嚴)하다는 것도 안다. 여러분 앞에는 신명(神明)들이 있고 여러분을 보호(保護)해 주면서 항상(恒常) 따라다닌다. 그것을 믿지 않아 속일 수 있는 것이지 여기 큰 공부(工夫) 하신 분들은 다 본다. 신명(神明)이 보호(保護)해 주다가 잘하면 더 힘이 되고 못하면 떠나기도 한다. 어른[부모(父母)]이 아이를 데리고 가다 말을 안 듣고 떼를 쓰면 때리기도 하고 떼어놓기도 하는 것을 생각해 보면 된다. 임원(任員)이란 내가 말한 것을 지켜야 되지 못 지키면 아무 자격(資格)이 없다.

신명(神明)은 내가 잘못한 것을 안다. 전생(前生)도 안다. 삼생(三生)의 인연(因緣)을 가져야 내 사람이 되고 운수(運數)를 받는다고 했다. 내 전생(前生)이 무엇인지 무슨 일을 했으며 왜 도(道)를 닦는지도 안다. 과거(過去), 현재(現在), 미래(未來)를 다 안다. 저 사람이 며칠 전(前)부터 뭘 하고, 그저께는 손님이 몇이고, 어제는 몇이고, 내일(來日)은 몇이고 하는 것을 다 안다. 주인(主人)은 수저가 몇 개(個)인지 모르나 신명(神明)은 안다. 내가 더우면 추운 지방(地方)의 한기(寒氣)를 끌어다 쓰고, 추우면 열대지방(熱帶地方)의 열기(熱氣)를 끌어다 쓰고 절대(絶對) 남용(濫用)은 못하게 한다. 심판(審判)은 신(神)이 하고 신(神)으로부터 운수(運數)를 받고 도통(道通)을 받는다. 내수(內修), 외수(外修)라는 것은 도주(道主)님의 유지(遺志)며 명(命)이라는 것을 잘 알아서 절대(絶對) 어기지 말라. 우리는 진실(眞實)한 도인(道人)이 되어 나가야 한다. 사람이 남는 법(法)은 없다. 전 세계(全世界) 사람이 다 와도 모자란다. 잘하면 다 받는다. 남이 모른다고 속이지 말라고 하고, 신(神)의 눈은 번갯불에 붙인다고 하나 나는 번갯불보다 빠르다고 했다. 『전경(典經)』에 "너희가 믿음을 주어야 내가 믿음을 주리라."라고 하지 않느냐? 나를 믿으면 받고 안 믿으면 못 받는다. 그냥 그런 것이 아니고 실제(實際)로 그렇다. 큰 공부(工夫) 다 시키기 어렵다. 그래서 내가 시험(試驗)해 보는 것이다. 우리 공부(工夫)는 남 살리자는 공부(工夫)다. 이 동토(東土)에 다른 겁재(劫災)는 다 물리쳤으나 병겁(病劫)만은 남겼다고 하셨다. 지금(只今)은 어느 정도(程度) 내가 생각했던 것의 반(半)은 되는 어지간하면 내가 시험(試驗)을 해 보려고 하는 것이다. 상제(上帝)님 믿는 다른 종단(宗團)에서는 인패(印牌)라고 해서 팔기도 했지만, 안 된다. 내가 생각했던 것 반(半)은 되었다. 직접적(直接的)으로 안 해도 도인(道人)들 전체(全體)가 조금 다를 거야, 봉강전(奉降殿) 그 안이나 여기나 부산(釜山)이나 서울이나 다 똑같다. 앉아서 직접(直接) 하는 사람, 밖에서 심부름하는 사람, 시간(時間)을 알리는 사수(師修) 보는 사람 모두 똑같다. 실제(實際) 사수(師修) 보는 사람은 웬만한 병(病)은 다 떨어졌다. 밖에서는 과학적(科學的)으로 이해(理解) 못 하지. 몸의 병(病)이 낫는다고 포덕(布德)시키면 안 된다. 임원(任員)들만 들어라. 바깥말이 이상(異狀)하게 나가고 하면 사이비(似而非) 소리 듣는다.

개안(開眼)이란 신안(神眼)인데, 신안(神眼)이란 보면 원상태(元狀態)로 돌아오는 것이다. 공부(工夫)하면서 아픈 자기 부모(自己父母)를 보고 며칠 후(後)에 확인(確認)해 보면 낫는다. 기운(氣運)에 따라 정도(程度)의 차이(差異)는 있을 수 있다. 방면(方面)을 알아야 앉아서 확인(確認)하고 찾는다. 개안(開眼)이란 신안(神眼)이고 보는 것이 열리는 것이다. 또한 멀고 가까움이 없다. 듣는 것, 보는 것 모두 원근(遠近)이 없다. 음식(飮食)을 먹어도 영(靈)이 가서 먹는데, 그 영양가(營養價)를 그대로 받아들여 몸이 더 건강(健康)해진다. 1주일(一週日) 단식(斷食)했는데 며칠 지나면 오히려 몸은 더 건강(健康)해진다. 있는 그대로를 말해 주는 것이다. 후천(後天)에 가서는 기온(氣溫)이 자기 체온(自己體溫)에 꼭 맞는다고 하셨다. 먼 데 있는 것을 쓸 수도 있고 만들어 쓸 수도 있다. 수(修)라는 것은 닦는다는 것이다. 어려운 것이지만 내수(內修), 외수(外修)라는 것은 수도(修道) 중(中)에 있다는 것이다. 안 좋은 것은 하지 말고 조금 나쁜 것은 고쳐 나가도록 하자. 우리 도(道)는 신도(神道)다. 신명(神明)이 심판(審判)을 하고 신명(神明)으로부터 운수 도통(運數道通)을 받는다. 믿으면 된다. 신(神)은 속일 수 없다. 나쁜 것은 다 나온다.

◎ 1992년 06월 26일

　요즘 조상(祖上)을 해원(解冤)시켜 준다 하고 몇백만(百萬) 원씩을 받아서 중간(中間)에서 어떤 임원(任員)은 가로채고 하는 모양(模樣)이다. 그것은 죄(罪)짓고 도둑질하는 것이다. 그리고 그 돈이 도장(道場)에 안 들어오고 방면(方面)에서 회관(會館) 짓는 데 쓰인다. 청도 방면(淸道方面)인가 보더라. 한 번(番) 하는 데 몇백만(百萬) 원씩이다. 그것은 죄(罪)만 짓는 것이다. 그런 임원(任員)이 있다면 감사원(監査院)에서 제명(除名)해 버려라. 그런 사람은 여기서 제명(除名)해 그곳으로 보내 버려야 한다. 누가 해원(解冤)을 시켜 주나? 어디 가서 조상(祖上)의 해원(解冤)을 해. 지금 여기에도 그런 사람이 있다. 그것도 믿는다면 할 수 없다. 그것도 일종(一種)의 종교(宗敎)라면 종교(宗敎)다. 그러니까 그런 사람은 우리 도(道)에서 제명(除名)해 버리면 된다. 신명(神明)에게 얘기를 해서 낫는 것이 아니고, 공부(工夫)하는 사람이 직접(直接) 눈만 마주쳤다 하면 모든 것이 풀린다. 다 된다. 멀고 가까움이 없이 다 된다. 영(靈)은 멀고 가까움이 없다. 병(病)을 고치기 위(爲)해서 상제(上帝)님께서도 『전경(典經)』에 말씀하시길 "세상(世上)에 모든 겁재(劫災)는 내가 다 물리쳤다. 그러나 단(但) 한 가지 병겁(病劫)은 남겨 두었다."라고 하셨다. 이 병겁(病劫)은 의통(醫統)만이 막을 수 있다고 하셨다. 과거(過去)에도 몇 번(番) 하다가 아니다. 싶어서 그만두었다. 요번(番)에 다시 하는데 지금(只今)은 잘되어 가고 있다. 그때도 안 되는 것은 아니었지만 시기상조(時機尙早)다 싶어서 안 했다. 우리 도(道)에 운(運)이 없어서 빠져나가려고 하는 것이다. 임원(任員)들 중(中)에서 그런 사람이 있다면 도(道)에 척(慼)이다. 자기(自己) 한 사람 나가려고 하는 것이 아니고 여럿을 데리고 나가려고 한다. 절대(絶對) 우리 공부(工夫)는 병(病) 고치기 위(爲)한 것이 아니다. 상제(上帝)님께서 병겁(病劫) 하나 남겨 두었다 하셨는데, 지금(只今) 우리가 그것을 준비(準備)하고 있는 것이다.

　상제(上帝)님께서 직접(直接) 꼽추, 앉은뱅이 등(等)을 낫게 하는 것을, 간판(看板)을 갖다 걸라고 하시니 '만국의원(萬國醫院)'이라 하며 걸었다. 지금(只今)은 류마티스, 관절염(關節炎), 귀머거리, 봉사 다 고친다. 제일(第一) 쉬운 게 귀머거리다. 눈도 밖에서는 치료(治療)만 해 주지 눈을 밝게는 못 한다. 여기서는 다 한다. 진강(眞降)을 받게 되면 보기만 해도 낫고, 말만 해도 낫고 하는데, 지금(只今) 현재(現在) 그렇게 되어 가고 있다고 믿으면 된다. 뼈가 어긋나도 갖다 붙이면 된다. 신명(神明)이 꼭 보호(保護)를 해 준다. 보호(保護)를 해 주다가도 어린애가 말을 안 들으면 떠나기도 하고 때리기도 하듯이 신명(神明)도 똑같이 한다.

◎ 1992년 08월 16일

　포천 도장 명칭(抱川道場名稱)은 '포천 수련도장(抱川修鍊道場)'이라 한다. 반 명칭(班名稱)은 '특수 수련 기도 반(特殊修鍊祈禱班)'이라 했다. 그것이 목적(目的)이다.

　시료(施療)를 할 경우(境遇) 순감(巡鑑)을 통(通)하게 하라. 직접(直接) 나한테 명단(名單)을 갖고 오는 사람이 있는데, 공부(工夫)한 사람과 불편(不便)하다고 그러면 손해(損害)다. 순감(巡鑑)이라는 임명(任命)은 아무나 되는 것이 아니다. 포덕 공로(布德功勞), 사업 공로(事業功勞)와 무관(無關)하다. 직무(職務)에 실력(實力)이 있어야 순감(巡鑑)의 임명(任命)을 모실 수 있다. 대순(大巡)의 '순(巡)' 자(字)다. '돌 순(巡)' 자(字)요, '한정(限定)이 없다'는 뜻이고, '감(鑑)'은 '볼 감(鑑)' 자(字)다. '본다'는 뜻도 된다. 포덕 업무(布德業務)를 수행(遂行)하는 데 감독(監督)하는 것이 선감(宣監)인 것같이 순감(巡鑑)도 많은 뜻이 있다. 그분들은 거짓말을 안 한다. 있는 것을 그대로 보고 할 의무(義務)가 있다. 정리(正理)가 순감(巡鑑) 되어 들어오면 저 아래 임원(任員)이라고 생각하여 아니꼽다고 생각할 수도 있다. 특(特)히 공부(工夫)하면서 일어난 일을 바깥에 나가서 말을 안 한다. 상급 임원(上級任員)이라도 물어보면 대답(對答)하지 않고 내가 얘기하지 말라고 했는데 그 말도 얘기 못 하거든. 말하지 않으니 미워할 수도 있다. 여러분이 협조(協助)해야 한다. 이 안에서도 안 만나는 것이 좋다. 만나면 안 좋은 소식(消息)을 듣게 되니, 한 달에 한 번(番) 휴가(休暇)를 주려고 했는데 그것도 없앴다. 안 만나는 것이 좋다. 첫째로 정신(精神), 마음이 안정(安定)해야 한다. 조금이라도 정신(精神)이 헛갈리면 안 된다. 방면(方面)의 좋은 소식(消息)은 괜찮겠지만 좋지 않은 소식(消息)은 그날

할 일을 어렵게 한다. 그래야 하루의 맡은 임무(任務)를 해 나갈 수 있다. 만날 필요(必要)가 없다. 일체(一切) 못 만나게 했다.

입도(入道) 6개월(六個月) 이상(以上) 안 된 사람은 넣지 마라. 도인(道人)도 하기 어려운데 그런 일 하지 시험 과정(試驗過程)이다. 바로 나아지지 않거든. 갑상선(甲狀腺)인가? 보고 나니 다 나았다고 하면서 가서 자고 일어나니 다 나았다더라. 혹도 없어지잖아. 꼬부랑 할머니인가? [(용암 방면(龍巖方面)] 수원(水原) 사는데 참배(參拜) 올라갈 때 꼬부랑이었는데, 내려올 때 펴져서 내려왔다. 믿으면 나을 수 있는 것이다. 보는 사람들의 광선(光線)이 흩어져서 포천(抱川)으로 광선(光線)만 가는데 본전(本殿) 있는 마라. 지금(只今)은 곳에서 광선(光線)이 합(合)쳐지고 그 광선(光線)을 맞으니 나을 수 있는 것이다. 『전경(典經)』에 진강(眞降)을 받으면 보기만 해도 낫고 만져만 봐도 낫는다고 하지 않느냐? 우리 것을 아무렇게나 생각하지 말고 소중(所重)하게 생각하라. 잘못되면 덕화(德化)를 손상(損傷)하고 종단(宗團)을 욕(辱)먹이게 된다. 나만 이해(理解)를 하게 될 것 같으면 괜찮으나 얘기하면 미친놈 소리를 들으니 하지 말라. 후닥닥 다 낫는 것이 아니거든. 믿어야 되는데. 그러니 얘기 말아라. 내가 말 나가서 거시기할까 봐 그래서 그러는 것이 아니고, 소중(所重)하니까 그러는 것이다. 우리 도(道)를 믿고 지켜 나가는 것이 기본(基本)이 그런 것 아니냐?.

할렐루야기도원(祈禱院)인가? 목사(牧師)가 있고 사람들이 앉아서 손들고 소리 지르고 난리(亂離)하는 것이 제비 새끼가 뭐 달라고 하는 것 같은데, 보는 것이 힘들다.

포항 방면(浦項方面)이다. 24살 먹은 처녀(處女)가 뇌성 소아마비(腦性 小兒痲痹)인가 높은 데서 떨어져서 그랬단다. 포천(抱川) 참배(參拜) 온 걸 내가 봤거든. 딱해 못 보겠어. 발이 돌아갔거든. 내가 보자 그랬어. 병명(病名)이 없어. 처음 와서 4박 5일(四泊五日) 했는데 20년(二十年) 동안 걸음도 못 걸었다. 그래 내가 해 보자 하고 나가지 못하게 했다. 그랬어. 물어보면 "저는 다 나았어요." 하거든. 착하더라. 아무 데서나 떠들고 포덕(布德)에 써먹으려고 하면 안 된다. 이해(理解) 못 한다. 포천(抱川) 일은 말이 안 나가는 것이 좋다.

◎ 1992년 09월 30일

우리 도인(道人)들은 누구나가 대운 대통(大運大通) 큰 운수(運數)를 원(願)하고 도통(道通)을 목적(目的)으로 수도(修道)한다. 상제(上帝)님께서도 천지공사(天地公事)를 하실 때 일방적(一方的)으로 그것을 한국(韓國)에만 한 게 아니고 전 세계(全世界)에 다 하신 것이다. 운수(運數)를 전 세계(全世界)에 두셨거든. 꼭 거기에 있는 사람만 살리는 게 아니고 세계 창생(世界蒼生)을 살리려고 도(道)를 펴신 거여, 우리 역시(亦是) 일반(一般)이다. 우리 도인(道人)들은 누구나 대운(大運)을 원(願)하고 도통(道通)을 믿고 나간다. 큰 운수(運數)를 원(願)하고 도통(道通)을 목적(目的)으로 나간다. 행(行)하고 움직이는 것이 운수(運數)에 다 들어간다. 일동일정(一動一靜)에 있어서 행동 처세(行動處世)를 잘해야 한다. 도통(道通)이 딴 데 있는 것이 아니다. 모두가 내 마음에 있다. 도통(道通)이란 어려운 것이 아니다. 학교(學校)처럼 배우는 것이 아니다. 깨끗하게 내 마음을 닦아 놓으면 저절로 밝다. 밝은 것을 도통(道通)이라고 한다. 국가(國家)에도 아들딸을 많이 두어야 나라가 번영(繁榮)된다. 힘이라면 아들을 많이 두어야 한다. 왜냐하면 힘의 울타리가 된다. 즉(卽) 그들이 된다. 여러 명(名)의 형제(兄弟)도 서로가 귀중(貴重)함을 아니까 존중(尊重)한다. 왕비(王妃)가 비록 자식(子息)을 낳았다고 해도 말은 함부로 못 한다. 자식(子息)들은 자기를 낳아 준 부모(父母)가 제일(第一) 높은 지존(至尊), 임금이니 자기(自己)들도 귀(貴)하다. 우리는 더하다. 상제(上帝)님의 자식(子息)이기 때문이다. 내가 포덕(布德)을 했다고 내 도인(道人)이 아니다. 모두 상제(上帝)님의 자식(子息)이다. 그래서 서로가 존중(尊重)해야 한다. 주문(呪文)만 읽는다고 수도(修道)하는 게 아니다. 내 마음을 깨끗이 닦는 것이 수도(修道)이다. 순감(巡鑑)들도 공부(工夫)를 하면서 마음을 닦는다. 내가 30분(三十分)만 데리고 있으면 다 본다. 30분(三十分)만 데리고 있으면 마음대로 할 수 있다. 과거(過去), 현재(現在), 미래(未來)까지 다 알 수 있다. 순감(巡鑑)으로 있다가 방면(方面)에 나가도 순감(巡鑑)이다. 순감(巡鑑)은 자기의 직위(職位)다. 지방(地方)에 나가면 모르지만 나중에 쓰고자 할 때 하루만 시키면 전(前)처럼 다 본다.

  순감(巡鑑)은 선감(宣監)의 위다. 순감(巡鑑)은 아무나 받을 수 없는 직위(職位)다. 내[도전(都典)]가 직접(直接) 임명(任命)했다. 자기(自己)를 낳은 부모(父母), 아버지가 높은 지존(至尊)이라는 것을 생각하면 자기(自己) 형제(兄弟) 모두가 아버지의 자식(子息)이며, 우리는 지존 지엄(至尊至嚴) 하신 상제(上帝)님의 자식(子息)이다. 서로가 존중(尊重)하여야 한다. 도인(道人)은 도통(道通)할 자격(資格)이 갖추어진 자(者)가 도인(道人)이다. 남이 볼 때에 수도(修道)가 다 되었다고 인정(認定)이 되어야 된다. 우리는 항상(恒常) 도통(道通)을 받을 수 있는 자격(資格)이 갖추어져 있어야 한다. 수도(修道)라 하는 것은 내 마음을 닦는 것이다. 우리는 하나하나 깨달아서 실천(實踐)해 나감으로써 수도(修道)가 되고 도통(道通)을 받을 수 있는 자격(資格)을 갖추어 나가는 것이다. 실지(實地)로 어렵고 실지(實地)로 쉽다. 내 마음을 닦으면 올바른 것이 도통(道通)이다. 마음만 깨끗하게 닦아 놓으면 도통(道通)하기 쉽다. 순감(巡鑑)도 도(道)를 닦을 때 이런 마(魔)가 있더라. 심마(心魔), 신마(身魔), 인마(人魔)가 없어질 때 모든 것을 다 본다.

그 후(後) 시료(施療)하는 법(法)을 배운다. 이것은 어려운 것이 아니다. 어려운 것은 수도(修道)가 어려운 것이다. 내 마음만 닦아 놓으면 모든 것이 열린다. 그렇지 순감(巡鑑)들은 덥고 추운 것도 마음대로 할 수 있다. 세상(世上)이 아무리 밝다 하여도 그 외(外)에는 안 된다.

우리는 상제(上帝)님의 도인(道人)이라는 것을 알아야 한다. 서로가 귀중(貴重)하다. 이것만 서로가 잘 이해(理解)하고 그대로 되면 조금도 염려(念慮)가 없다. 이번(-番)에는 대진대학(大眞大學)에 도인 학생(道人學生)들이 얼마 안 되더라. 대학교(大學校)에 도인(道人)들을 원(願)하지, 바깥 사람들을 원(願)하지 않는다. 대한민국(大韓民國) 국민(國民)의 전체 인구(全體人口) 중(中) 13%이다. 우리는 대한민국(大韓民國)에만 국한(局限)된 게 아니고 전 세계(全世界)에도 있다. 오늘 말한 것을 다음에 다시 말하지 않게끔 꼭 지켜라. 염려(念慮)가 없다.

25. 1993년, 해원상생(解冤相生)

　모든 부서(部署)를 서울 중곡동(中谷洞)에 두고 왔는데, 여주(驪州)에는 총무부(總務部), 수도 부(修道部), 재단법인(財團法人)을 옮기고, 기획부(企劃部)는 중곡동(中谷洞)에 그대로 두고, 교무부(敎務部)는 포천(抱川)으로 옮기려 한다. 교무부(敎務部)는 포천(抱川) 대진대학(大眞大學)으로 옮기고 연구소(硏究所)를 대학(大學)에 두려고 한다. 학교(學校)에서 교수(敎授)도 가르쳐야 하고 대순 종교(大巡宗敎)에 대(對)한 종교 과목(宗敎科目)도 있어야 하니, 포천(抱川)에다 두어야겠다. 옮겨서 사무 집행(事務執行)은 2월(二月) 1일(一日)부터 하도록 한다. 도장(道場)은 늘 정결(淨潔)하고 신성(神聖)해야 한다. 항상(恒常) 깨끗해야 한다. 도장(道場)은 상제(上帝)님을 모시고 천지신명(天地神明)을 모신 자리이기 때문에 깨끗하고 신성(神聖)해야 한다. 신성(神聖)이라 함은 상제(上帝)님과 천지신명(天地神明)을 모신 곳이므로 깨끗하고 청결(淸潔)해야 한다. 무엇을 치워서 깨끗한 것보다 마음가짐을 정결(淨潔)히 가져야 한다. 내가 알고 신명(神明)이 아는데, 마음가짐을 헝클어지게 가질 수 없다. 늘 깨끗한 정신(精神)을 가져야 한다. 도장(道場)이므로 수도(修道)를 해야 한다. 도(道)를 닦는다는 것은 꼭 공부(工夫)만이 수도(修道)가 아니고, 마음가짐을 바르게 하고 깨끗한 정신(精神)을 가지는 것이 수도(修道)다. 그중(中)에서 무엇보다도 드러나는 것이 공부(工夫)다. 이곳은 우리의 생명(生命)보다 중요(重要)한 공부(工夫)를 하고 있는 곳이다. 우리의 생명(生命)보다 중요(重要)한 공부(工夫)를 하고 있는 곳이기 때문에 도장(道場)은 늘 정결(淨潔)하게 하여야 하고, 수도(修道)의 만전(萬全)을 기(期)하기 위(爲)하여 수호(守護)를 한다. 수호(守護)란 오는 사람, 가는 사람을 살피는 것이 아니고, 도인(道人)의 제도(制度), 법도(法度)를 살펴서 지도(指導)를 하는 것이다. 지도(指導)란 무엇을 가르치는 것이 아니고 몸가짐을 바르게 하고 자세(姿勢)를 올바르게 하는 것을 의미(意味)한다. 수호(守護)는 중요(重要)하고 어렵다. 우리는 모든 것을 혁신(革新)하여야 한다. 혁신(革新)은 지난 일의 잘못을 고쳐서 새롭게 해 나가는 것이다. 무엇을 치워서 깨끗하게 하는 것은 물론(勿論)이고 마음가짐, 정신(精神) 가짐을 바르게 하는 것을 말한다. 걸음 한 번(番)을 걸어도 상제(上帝)님, 신명(神明)이 보고 계시다는 것을 알아야 한다. 이것은 실제(實際)를 말하는 것이다. 그냥 하는 얘기가 아니다.

여기 순감(巡鑑)들도 있고 큰 공부(工夫) 한 사람들도 있다. 도장(道場) 안에 들어오면 아무 데고 침 뱉을 곳이 없다. 속일 수가 없다. 생각으로 하는 얘기가 아니다. 사람이 잘못한 일은 시일(時日)이 오래가면 잊어버리지만, 신명(神明)은 절대(絶對) 잊어버리지 않는다. 신명 공판(神明公判)에 가면 다 드러난다. 정신(精神)을 차려야 한다. 항상(恒常) 반성(反省)해야 한다. 잘못된 것은 잘못되었다는 것을 알면 된다. 잘못을 반성(反省)해서 뉘우치고 잘해 나가면 된다. 알면 고칠 수 있다. 늘 반성(反省)해서 잘못이 없도록 해야 한다. 이렇게 해 나가면 이것이 수도(修道)다. 이것이 어렵다.

도인(道人)은 하시(何時)라도 도통(道通)이 오면 받을 수 있도록 해야 한다. 도통(道通)이라 하면 도(道)에 열의(熱意)를 보이면 신명(神明)들이 응(應)해 주는 것이다. 바르게 닦은 사람에게 신명(神明)이 응(應)해진다. 유리(琉璃)알처럼 맑아지면 그대로 보인다. 도인(道人)을 완성(完成)해 나간다는 것은 거기까지 가야만 도인(道人)을 완성(完成)시켰다고 할 수 있다. 임원(任員)으로부터 수반(修班)까지 도문(道門)에 들어온 사람은 도통(道通)을 받을 수 있기까지 만들어야 하는데, 그것이 임원(任員)을 비롯한 도인(道人)의 책무(責務)인 것이다. 도(道)를 믿어 나가는 데 척신(慼神)이 제일(第一) 무섭다. 사회(社會)에서 형제 동기간(兄弟同氣間)에도 형(兄)이 동생(同生)을 나무랄 때 감정(感情)이 있다. 서운한 감정(感情)은 부모(父母)님, 할아버지, 할머니도 마찬가지다. 가정(家庭)에서도 이놈의 새끼 나쁜 짓 한다고 몽둥이로 때리고 하면 자기 자식(自己子息)이라도 원망(怨望)밖에 안 남는다. 즉(卽) 척(慼)밖에 안 남는다. 야단(惹端)을 쳐서 자식(子息)을 옳게 만들려는 경우(境遇)가 있고, 옳게 이해(理解)로써, 즉(卽) 말로써 잘 이해(理解)시키는 경우(境遇)가 있다. 부모(父母)가 무식(無識)해서 몽둥이로 때리고 하면 척(慼)이 온다. 그렇게 하면 도통(道通)을 받나 봐라 하면서 자신(自身)이 도통(道通)을 주듯이 얘기하는데, 거기에 척(慼)이 온다. 척(慼)이 많으면 다른 사람은 물론(勿論) 나도 운수(運數)를 받기가 힘들다. 무척(無慼) 잘 산다는 말이 있지 않느냐? 우리의 근본 원리(根本原理)가 해원상생(解冤相生)이다. 상생 대도(相生大道)이다. 서로가 세워 나가야 한다. 조화(調化)가 잘 이뤄져야 한다. 임원(任員)과 수반(修班)의 조화(調化)가 잘 이뤄져야 한다. 우리의 운수 도통(運數道通)도 바로 그 원리(原理)에 있다. 서로 상생 조화(相生調化)가 안 되면 없어지고 말 것이다. 다른 사람이 죽고 자기(自己)도 못 사는 것이다.

해원(解冤)은 상생(相生)이 없으면 안 된다. 우리의 버스 색깔(色-)을 보면 살아 움직이는 것 같다. 단청(丹靑)은 열두 색(色)이 다른 색(色)과 잘 조화(調和)되어야 산다. 어느 하나가 우뚝 솟아나면 다른 것이 다 죽는다. 그것이 딴 게 아니라, 서로 감사(感謝)하다는 마음을 가지면 된다. 해원상생(解冤相生)이라는 것은 해원(解冤)이 아니고는 상생(相生)이 있을 수 없고, 상생(相生)이 아니고는 해원(解冤)이 있을 수 없다. 그것을 일러 주는 것이 교화(敎化)다. 서로 존경(尊敬)해야 한다. 허리를 굽히고서 하는 것이 아니다. 나도 중(重)하고 남도 중(重)하게 여기는 것이다. 상대방(相對方)을 존중(尊重)하면 이쪽을 업신여기지 않는다. 악(惡)을 악(惡)으로 갚으면 피를 피로 씻는 것과 같다. 그래서 남을 존경(尊敬)해야 한다. 인망(人望)과 신망(神望)을 얻어야 한다. 그것이 제일(第一)이다. 인망(人望)과 신망(神望)을 얻어야 자리에 오른다. 수도(修道)라는 것은 깨끗해지는 것이다. 깨끗한 것을 나쁘다는 사람은 없다. 사람이 그러면 신명(神明)도 그렇게 한다. 즉(卽) 인망(人望)과 신망(神望)을 얻어야 한다. 좋은 인망(人望)을 얻어야 한다. 즉(卽) 잘함으로 해서 신명(神明)도 알아지는 것이다. 도통(道通)을 받는 데 제일(第一) 중요(重要)한 것이 인망(人望)과 신망(神望)이다. 절대(絶對)로 척(慼)지을 일을 하지 마라.

해원상생(解冤相生)의 근본 원리(根本原理)에서 벗어나면 안 된다. 항상(恒常) 이 원리(原理)에서 생활(生活)해야 한다. 해원상생(解冤相生)의 근본 원리(根本原理)가 평화(平和)다. 우리의 목표(目標)는 천하(天下)를 평화(平和)롭게 해야 한다. 그러자면 밖의 사람은 고사(固辭)하고 우리끼리의 평화(平和)가 없어서야 되겠느냐? 평화(平和)가 없이는 단결(團結)은 있을 수 없다. 단결(團結)은 화목(和睦)에서 나온다. 여러분은 잘 안되고 있다. 우리의 도통(道通)인 운수(運數)도 수(數)없이 많은 사람이 필요

(必要)하다. 그러니 네 방면(方面) 내 방면(方面)이 무슨 소용(所用)인가? 도인(道人)이면 길 가다가도 서로가 반가운 사람이다. 너 없으면 내가 도통(道通)을 못 받고, 내가 없으면 네가 도통(道通)을 못 받는다고 생각하면 여러 사람이 있어야 한다. 그러니 서로가 고맙다. 그것이 해원상생(解冤相生), 즉(卽) 상생 대도(相生大道)의 근본(根本)이다. 무척(無慼)이어야 한다. 다른 것이 아니다. 때를 기다린다 하나 그것보다 중요(重要)한 것은 수도(修道)가 되어야 한다. 전부(全部)가 유리(琉璃)알처럼 맑아지면 그것이 바로 도통(道通)이다. 잡념(雜念)이 없어야 한다. 그만큼 안 되었어도 내가 봐서 공부(工夫)를 시켜 약(約) 한 시간(時間) 반(半) 정도(程度)만 데리고 있으면 과거(過去), 현재(現在), 미래(未來)를 다 안다. 맑고 밝게 해야 한다. 밖에서 신(神)들려 가지고 하는 것하고는 완전(完全)히 다르다. 밤을 새워서 공부(工夫)를 해도 몸이 더욱 좋아지고, 얼굴은 더욱 환해지고, 먹는 것은 아무렇지도 않다. 체중(體重)도 늘고 소화(消化)도 잘되고 한다. 귀신(鬼神)이 들리면 얼굴이 파래지고 이상(異狀)해진다. 몸도 많이 축난다. 마음이 안정(安定)되고 정신(精神)이 맑아지면 된다.

충분(充分)하게 휴식(休息)하고 공부(工夫)를 해야 한다. 자기들도 보람이 있을 것이다. 포천(抱川)이건 제주(濟州)건 미국(美國)이건 바로다. 현재(現在) 마음대로 안 되는 것이 없다. 안 해 본 사람은 모를 것이다. 딱 한 시간(時間) 반(半)이면 되고 안 되고 그런 사람이 없다. 한 시간(時間) 반(半)이면 자기(自己)가 원(願)하는 뭐든지 할 수 있다. 그중(-中)에 제일(第一) 막는 것이 척신(慼神)이다. 척신(慼神)이 남에게만 있는 것이 결코 아니고 원망(怨望) 자체(自體)가 척(慼)이다. 해원상생(解冤相生) 대도

(大道)의 제일(第一) 큰 것이 고마움이고, 우리는 하나하나 혁신(革新)해야 한다. 알면 고칠 수 있어야 한다. 새롭게 나가야 한다. 포덕(布德)은 미성년자(未成年者), 특(特)히 여자애들 시키지 마라. 어디 나가서 소식(消息)이 없어 봐요. 부모(父母)가 애타지. 내 마음도 그렇게 부모(父母) 마음이 되어 봐요. 순감(巡鑑)들을 내보내지 않는 것은 나갔다 오면 정신(精神)이 헛갈리기 때문이다. 그러면 약(弱)하다. 그래서 지금(只今) 암 환자(癌患者)는 두 번(番)씩 보도록 했다. 가령(假令) 폐(肺)·간(肝)이 없어졌다 해도 살아 나온다. 폐(肺)가 완전(完全)히 절단(截斷) 났다 해도 다시 살린다. 처음에는 한 사람 보는데 순감(巡鑑) 3, 4명(名)이 봤다. 다음에는 둘이서 한 시간(時間)을 봤다. 다음에는 한 사람이 30분(三十分), 지금(只今)은 10분(十分) 걸린다.

해원(解冤)이 없이는 상생(相生)이 있을 수 없고, 상생(相生)이 없이는 해원(解冤)이 안 된다. 우리는 항상(恒常) 밖의 사람이거나 도인(道人)이거나 윗사람이거나 아랫사람이거나 다 존경(尊敬)해야 한다. 존경(尊敬)이라고 해서 허리를 굽혀 어떻게 하라는 것이 아니고, 남을 중(重)하게 알라는 것이다. 나도 중(重)하면 남도 중(重)한 것이다. 누구는 남을 사랑하라 했지만 우리는 남을 존경(尊敬)하라는 것이다. 악(惡)을 선(善)으로 갚아라, 악(惡)을 악(惡)으로 갚는 것은 피를 피로 씻는 것과 같다. 그래서 우리는 항상 남을 존경(尊敬)해야 한다. 인망(人望)과 신망(神望)을 얻어야 된다. 그것이 제일(第一)이다. 그래야 자리에 오른다. 수도(修道)라는 것은 깨끗하게 닦아 나가는 것인데 깨끗한 삶을 누가 나쁘다고 하겠어? 다 칭찬(稱讚)하지. 그러면 신망(神望)도 얻게 된다. 인망(人望), 신망

(神望)도 좋은 평(評)을 받도록 해야 한다. 운수(運數)와 도통(道通)을 받는 데 제일(第一) 중요(重要)한 것이 인망(人望)과 신망(神望)이야. 절대(絶對) 척(慼) 짓는 일 하지 말아야 한다. 무척(無慼)이 돼야 한다는 것을 얘기하는 것이다. 지금(只今) 때를 기다리는 것보다도 수도(修道)가 급(急)하다. 전부(全部)가 유리(琉璃)알처럼 맑아져야 한다. 지금(只今) 순감(巡鑑) 정도(程度)가 되려고 하면 잡념(雜念)이 없어야 한다. 내가 시키는데 시간(時間) 반(半) 정도(程度)만 데리고 시키면 과거(過去), 미래(未來), 현재(現在)를 다 볼 수 있다. 바깥 가서 산 공부(山工夫) 신(神)들려 하는 것하고는 완전(完全)히 다르다. 신(神) 부리고 산 공부(山工夫) 하는 것과는 다르다. 밤을 새워 공부(工夫)해도 잠을 못 잤어도 얼굴이 훤하고 몸에 축이 안 나고 체중(體重)도 는다. 단(但) 한 가지 마음이 안정(安定)되고 정신(精神)만 맑으면 된다. 한 시간(時間) 반(半)만 봐주면 자기(自己)가 모든 것을 다 알 수 있다. 포천(抱川)에 있건 제주(濟州)에 있건 미국(美國)에 있건 안 되는 게 없다. 흩어진 정신(精神)이 집중(集中)되면 된다. 하나도 어렵지 않다. 공부(工夫)하는 데 있어서 제일(第一) 방해(妨害)가 되는 것이 척신(慼神)이다. 딴 사람이 나에게 원망(怨望)한다면 그것이 척(慼)이다.

◎ 1993년 03월 03일

도인(道人) 하면 임원(任員)이 건 수반(평도인)[修班(平道人)]이건 간(間)에 도인(道人)의 책무(責務)는 상제(上帝)님의 덕화(德化)를 펴는 것이다. 상제(上帝)님의 덕화(德化)를 전(傳)해 주는 것이다. 덕화 선양(德化宣揚)이란 덕화(德化)를 펴 나가는 것이다. 만인(萬人)에게 우리의 덕화(德化)를 전(傳)해 주는 것이다. 거기에 우리의 목적(目的)이 있다. 앞으로의 도통(道通)이 우리의 목적(目的)이다. 다른 사람을 포덕(布德)했으면 거기에 책임(責任)을 다해야 한다. 도인(道人)을 완성(完成)시켜 주는 것이다. 우리의 목적(目的)인 도통(道通)을 받을 수 있도록 해 주는 것이 우리의 책임(責任)이다. 거기에 맞게 우리의 임원 제도(任員制度)가 있다. 남이 도통(道通)을 잘 받도록 해 주어야 하는 체계(體系)가 잘 서야 한다. 지금(只今)은 체계(體系)가 잘 서지 않고 자기(自己)가 어떻게 해야 하는지 잘 모르고 있다. 도통(道通)은 수도(修道) 없이 되지 않는다. 수도(修道)는 자기(自己)가 스스로 해야 한다. 무자기(無自欺), 즉(即) 자기(自己) 스스로를 속이지 않게 되어야 한다. 속이지 않는 것이 수도(修道)의 원기본(元基本)이고 이것 없이는 안 된다. 이것을 잘 알아야 한다. 우리는 인원수(人員數)에 따라 임원(任員)이 성립(成立)된다. 그 직책(職責) 갖고 되는 것이 아니다. 수도(修道)가 없이는 안 된다. 우리가 도인(道人)이라면 너 나가 없이 똑같아야 한다. 한 도인(道人)이라면 한마음 한뜻이 되어야 한다. 그게 아니면 안 된다. 절대(絶對) 혼자서는 안 된다.

내[도전(都典)]가 이종사촌(姨從四寸)에게서 도(道)를 받았고 그 이종사촌(姨從四寸)은 도(道)를 믿지 않는다. 나에게 도(道)를 전(傳)해 줬다고 해서 연운(緣運)에 대(對)한 그것을 다 받지 못한다. 같이 도(道)를 닦을 경우(境遇)에는 모르지만. 방면(方面)에서 자꾸 떨어져 나가는 것은 늘 위에서 잘못했기에 그렇게 되는 것이다. 신임(信任)을 못 받으면 안 되는 것이다. 신임(信任)이 인망(人望)에 오르는 것이다. 사회(社會)에서도 마찬가지 아니냐? 인망(人望)에 오르면 자연(自然)히 신망(神望)에 오른다. 절대(絶對)로 수도(修道) 없이는 안 된다. 임원(任員)이라고 다 되는 것이 아니다. 남이 해 주는 것이 아니다. 수도(修道)는 자기가 직접(直接)해야 하는 것이다. 위에서 잘했는데 밑에서 배신(背信)해도 안 되는 것이다. 참 어렵다. 쉬운 일이 아니다. 말로선 쉽다. 모르는 일이다. 안다면 지켜진다. 위의 사람이 밑에 있는 사람을 두드리고 욕(辱)을 하면 밑에서 불신(不信)을 하게 되고 그러면 안 되는 것이다. 밑에서나 위에서나 서로가 존중(尊重)해야 한다. 수도(修道) 없이는 도통(道通)이 있을 수 없다. 수도(修道)는 자기(自己)가 직접(直接) 하는 것이지 남이 해 주는 것이 아니다. 무척(無慽) 잘 산다 하지 않느냐? 수도(修道)로써 그 척(慽)을 푸는 것이다. 앉아서 주문(呪文)만 하는 것이 아니고, 우리의 체계(體系)에서 그 책무(責務)를 잘 이행(履行)해 나가는 것이 수도(修道)다. 그러자면 혁신(革新)을 해야 하는 것이 아니냐. 명칭(名稱)만 혁신(革新)해서는 안 된다. 실제(實際)로 실천(實踐)해 나가야 하는 것이다. 잘못은 고치고 실제(實際) 그렇게 해 나가야 혁신(革新)이다. 무자기(無自欺)를 근본(根本)으로 해야 한다. 자기 자신(自己自身)을 속여서는 안 된다. 속일 수가 없다. 지금(只今)은 묻어 놨다 하더라도 나중에 다 드러난다. 크게 욕심(慾心)부리는 것보다도 그 위치(位置)에서 해야 할 책무(責務)를 잘 지켜 나가라. 꼭 믿어야 한다. 속이면 안 된다. 무자기(無自欺)가 근본(根本)이 되어야 한다. 이것이 없으면 안 된다.

기도반(祈禱班) 들어갈 욕심(慾心)으로 나이를 속이지 마라. 연로(年老)하고 혈압(血壓)이 높은 사람은 보내지 마라. 딴 것은 크게 걱정 안 하는데 암 환자(癌患者)는 방면(方面)에서 잘 살펴라. 무엇보다 믿으면 다 낫는다. 안 믿으면 안 낫는다. 가령(假令) 뼈가 어그러졌을 때 맞추면 맞춰진다. 내장(內臟)의 일부(一部)가 없어져도 실제(實際)로 없어진 장(臟)이 살아난다. 신명(神明)의 조화(調化) 없이는 안 된다. 신명(神明)의 조화(調化)와 믿음이 없이는 안 된다. 이것은 시료(施療)받을 때 영력(靈力)의 힘 때문이다. 이때 순감(巡鑑)에게 잡념(雜念)이 들어가면 안 된다. 덜 낫는 수가 있다. 순감(巡鑑)들에게도 내가 가끔 얘기하는데 뼈가 맞춰지고, 깨진 것이 붙고 하는 것이 신명(神明)의 조화(化)가 아니면 되겠느냐? 하다 못해 간(肝)이 없어도 간(肝)이 생긴다 하면 간(肝)이 생기는 것이 아니냐? 이것이 전부(全部) 신명(神明)이 하시는 것이다. 임원(任員)들이 너무 모른다. 몰라서 그러는지 몰라도 우리 도(道)는 신도(神道)다. 말로만 하면 못 믿겠지만 우리가 지금 직접(直接) 행(行)해 나가고 있는 중(中)이 아니냐? 신명(神明)이 쫓으면 못 배겨서 자꾸 나간다. 여기 들어오면 차(車)에도 보호 신명(保護神明)이 있고 사람마다 다 신명(神明)이 붙는다. 신명(神明)이 쫓아내면 사람이 못 배긴다.

◎ 1993년 04월 27일

 세계 평화(世界平和)도 우리의 해원상생(解冤相生)이 아니면 안 된다. 상제(上帝)님께서도 세무충(世無忠)·세무효(世無孝)·세무열(世無烈)이니 천하개병(天下皆病)이라 하셨다. 해원상생(解冤相生)이 아니면 고칠 수 없다. 이것이 아니면 고쳐지질 않는다. 우리가 운수(運數)를 받고 도통(道通)을 받는다고 하는데 이것으로써 세계(世界)를 다 살린다. 지금(只今) 부모(父母)를 아느냐? 동기간(同氣間)을 아느냐? 아무것도 모르잖느냐? 뭐니 해도 대순진리회(大巡眞理會)에 가면 부모(父母)를 공경(恭敬)하고 조상 제사(祖上祭祀)를 잘 지낸다고들 도(道)를 안 믿는 사람들끼리 얘기

하더란다. 조상(祖上)뿐만 아니라 부모 자식 간(父母子息間), 가정 간(家庭間), 동기간(同氣間)에 잘해야 한다. 밖의 사람들이 이것이 어렵고 안 되니까, 도인(道人)끼리만 모이고 그러지 말고, 밖의 사람하고도 해원상생(解冤相生)의 원리(原理)로 생활(生活)해 나가야 한다. 도인(道人)에게만 도통(道通)을 주는 것은 아니다. 상제(上帝)님께서도 도인(道人)만이 아니고 천하 창생(天下蒼生)을 다 구(救)하려고 하셨다. 그것을 광구 창생(匡救蒼生)이라 하지 않느냐? 도인(道人)들만 뭐 하는 것이 아니다. 해원상생(解冤相生)의 원리(原理)를 생활화(生活化)해 나가야 한다. 몸 안에 푹 배이게 해야 한다. 도(道)를 믿는다고 간단(簡單)히 도통(道通)하는 것이 아니다. 도통(道通)이란 뭐라고 말할 수 있는 것이 아니고 쉬운 것이 아니다. 믿는다고 다 되는 것이 아니다. 잘 믿으면 되겠지만 해원상생(解冤相生)은 서로 믿고 의지(依支)해 나가는 것이다. 우리 도(道)는 해원상생 대도(解冤相生大道), 보은 상생 대도(報恩相生大道)이다. 알기만 하면 되는 것이 아니다. 몸에 배게 해야 한다. 그러면 그 안에 충(忠)·효(孝)·열(烈)이 다 들어간다.

　우리는 성(誠)·경(敬)·신(信)을 수도(修道)의 훈전(訓典)으로 삼고 안심(安心)·안신(安身)을 이율령(二律令)으로 삼아 윤리 도덕(倫理道德)을 숭상(崇尙)해 나가면 자연(自然)히 정신 통일(精神統一)이 되게 되는 데, 이것을 영통(靈通)이라 한다. 안 하고 그냥 되는 것이 아니다. 성(誠)은 마음으로 하고, 경(敬)은 몸으로 하고, 신(信)은 처사(處事)할 때 믿음으로 해 나가는 것을 말한다. 안심(安心)·안신(安身), 즉(卽) 마음과 몸을 편(便)하게 하는 것을 수도(修道)의 훈 전법(訓典法)으로 삼아 나가는 것이다. 무자기

(無自欺)를 근본(根本)으로 하여야 한다. 나를 속이지 않는 것을 근본(根本)으로 하여 윤리 도덕(倫理道德)을 숭상(崇尙)해 나가면 자연(自然)히 삼라만상(森羅萬象)의 움직임을 다 이해(理解)하고 풀 수 있는 것이다. 항상(恒常) 해원상생(解冤相生)의 원리(原理)에 입각(立脚)해서 수도(修道)의 목적(目的)으로 삼아야 한다. 성(誠)·경(敬)·신(信)은 쉬운 게 아니다. 정성(精誠)은 끝이 없고 무한(無限)한. 마음으로는 정성(精誠)을 다하고 몸으로 경(敬)을 다하는 것이다. 즉(卽) 위로 대(對)하는 것, 밑으로 대(對)하는 것, 부모(父母)를 대(對)하는 것, 무궁무진(無窮無盡)하다. 신(信)은 처세(處世)하면서 남이 나를 믿고, 내가 남을 믿는 것인데, 그것 역시 무궁무진(無窮無盡)하다. 안심(安心), 안신(安身)은 몸과 마음을 편(便)하게 하는 데 있다.

26. 1994년, 의통(醫通)을 알아 두라

첫째, 무엇보다도 가정 화목(家庭和睦)이고 다음이 이웃 화합(和合)이다. 가정 화목(家庭和睦), 이웃 화합(和合) 이것을 생활(生活)해 나가는 것이 우리의 종교(宗敎)다. 내가 늘 하는 얘기지만 사람이 자기 위치(自己位置)에서 자기 도리(自己道理)만 다하면 된다. 내가 어머니면 어머니의 도리(道理)를 다하고, 아버지면 아버지의 도리(道理)를 다하면 된다. 그 도리(道理)만 다하게 되면 서로 상대(相對)를 지켜 주는 것이 된다. 먼데 가서 구(求)할 것이 아니다. 도(道)를 믿고 안 믿고 간(間)에 이 도리(道理)를 못 한다면 사람이 아니다. 이 도리(道理)를 모르고 못 지키면 금수(禽獸)라고 한다.

내가 이발(理髮)을 하려고 해도 여주 시내(驪州市內)에는 안 간다. 원주(原州)로 간다. 원주(原州)에서도 변두리로 간다. 중곡동(中谷洞)에서도 면목동(面牧洞)이나 청량리(淸凉里)로 간다. 만약(萬若) 그쪽에서 나를 알아보고 대순(大巡)의 영도자(領導者)라고 그러면 우습게 본다. 그러면 그것이 우리 대순(大巡)으로 돌아온다. 봐서 별(別) 볼 일 없거든. 똑같아 보이고 오히려 더 못 하지. 중곡동(中谷洞) 사람들은 내 얼굴을 모른다. 웬 할아버지로 안다. 이웃에 살면서도 모른다. 우리가 닦는다고 하는 것이 바로 이것을 닦는 것이다. 기도 반 시료(祈禱班施療) 들어올 때 절대(絶對)로 치료비(治療費)로 돈 받지 마라. 죄(罪)짓는 것이다. 그것은 밖에서도 의료법(醫療法)에 걸린다.

우리 종단(宗團)으로 등록(登錄)되어 있는 차량(車輛)만도 봉고 같은 차(車)는 제외(除外)하고 45인승(人乘), 25인승(人乘) 등록(登錄)된 것이 105대(臺)가 된다. 그래서 군(軍)에서 유사시 징발(有事時徵發)한다고 한다.

요번(-番) 보름 명절 치성(名節致誠)은 중곡동(中谷洞)에서 올릴 것이다. 방면(方面)이 큰 데는 순감(巡鑑)이 한 명(名)씩 있어야겠다. 민족 종단(民族宗團)에서는 말세론(末世論)이고 기독교 단체(基督敎團體)에서는 종말론(終末論)이다. 종말론(終末論)은 세상(世上)이 끝난다는 것이다. 민족 종단(民族宗團) 거의가 인륜 도덕(人倫道德)이 완전(完全)히 끊겼다는 것이다. 그래서 우리가 포덕(布德)하는 것은 끊어진 인륜 도덕(人倫道德)을 바로 찾자는 것이고, 그것은 창생(蒼生)을 살리는 것이다. 기독교(基督敎)에서는 구원(救援)을 받자는 것이고, 우리는 창생(蒼生)을 살리자는 것이다. 포덕(布德)을 하는 것은 세상(世上)을 구(救)하고 창생(蒼生)을 건진다는 것이다. 사람으로 말하면 삼강오륜(三綱五倫)이라는 것이 끊겼다는 것인데, 우리는 그것을 바로 찾자는 것이다. 전 인류(全人類)가 멸망 지경(滅亡地境)인데 우리가 살리자는 것이다. 상제(上帝)님께서 광구 천하(匡救天下) 하시려고 이 땅에 오셨다.

상제(上帝)께서 천지(天地)를 구(救)하고 창생(蒼生)을 구(救)하는 데 해원(解冤)을 근본(根本)으로 하셨다. 반상(班常)의 차별(差別), 적서(嫡庶)의 차별(差別), 남녀(男女)의 차별(差別)을 없애서 해원(解冤)을 근본(根本)으로 하여 40년간(四十年間) 공사(公事)를 해 온 것이다. 인간 세상(人間世上)에 오셔서 직접(直接) 공사(公事)를 하셨다. 공사(公事)라 함은 모든 것에 운(運)을 정(定)해 놓은 것으로 해원(解冤)의 도수(度數)를 보셨다. 70년(七十年) 전(前)만 해도 여자(女子)는 이름도 없고 족보(族譜)에 넣어 주지도 않았다. 본인(本人)들은 법(法)이 그러니까 그런가 보다 하지만 얼마나 잔인(殘忍)한 노릇이냐? 우리는 끊긴 오륜(五倫)을 다시 잇자는 것이다. 세무충(世無忠)·세무효(世無孝)·세무열(世無烈)이므로 천하개병(天下皆病)이라고 상제(上帝)께서 말씀하셨다. 그래서 그것을 말세(末世)라 하였다. 기독교(基督敎)에서 말하는 종말(終末)이란 완전(完全)히 없어진다는 뜻이기 때문에 그 뜻이 다르다. 40년간(四十年間)에 걸쳐서 인계(人界)에 모든 일을 마치고서 구천상제(九天上帝)님의 위(位)로 화천(化天)하셨다. 화천(化天)하신 뒤에 재세(在世) 시(時) 하신 말씀, 행적(行績)을 책(冊)으로 만든 것이 대순(大巡)의 『전경(典經)』이다. 자세(仔細)하지 않고 대강(大綱) 만들었다. 이것은 상제(上帝)님 재세(在世) 시(時) 이 세상(世上)에 계시면서 손수 기록(記錄)하신 것이 아니다. 말씀을 하셔도 구중 곤륜산(口重崑崙山)처럼 하라 하시니 상제(上帝)님께서 하신 말씀을 상제(上帝)님 따랐던 종도(從徒)들과 사회(社會) 사람을 통(通)해서 옳은 말씀이든 어떻든 그대로 적었다. 그때 호(號)를 강(姜) 삿갓이라 했다. 그때는 왜정(倭政) 때다. 감옥(監獄)살이도 하시고 해서 그때의 사람들이 볼 때는 정신(精神)이 온전(穩全)한 사람으로 보지를 않았다. 그때의 하신 말씀은 지금(只今)에 비춰 보면 다 옳으신 것이다.

『전경(典經)』은 보기가 어렵다. 쉬우면 안 된다. 진리(眞理)를 터득(攄得)하고 보면 쉽다. 『전경(典經)』은 비결(祕訣)보다 더 어렵다. 『전경(典經)』에 보면 무엇무엇에 쓰면 병(病)이 고쳐지는 방약합편(方藥合編)이 있는데 쉽게 생각하면 안 된다. 『전경(典經)』에 병겁(病劫)에 대(對)해서 말씀하셨다. 무슨 병(病)이 있을 때 무슨 약(藥)을 쓰면 낫는다고 분명(分明)히 말씀이 되어 있다. 약재(藥材)를 귀(貴)히 여기지 말고 의통(醫通)을 잘 알아 두라 하셨다. '의원(醫員)의(醫)' 자(字)에 '통(通)할 통(通)' 자(字)다. 병(病)이라는 것은 지금(只今)은 완전(完全)히 고칠 수가 없다. 삼강오륜(三綱五倫)과 도덕(道德)이 완전(完全)히 끊겨 버렸다. 『전경(典經)』에 이 말씀을 여러 번(番) 하셨다. 도인(道人)을 포덕(布德)시켜 놓고 교화(敎化)하러 다니는 것이 약(藥)을 먹이고 있는 것이다. 『전경(典經)』에 병(病)에 대(對)해서 말씀해 주시고 어떻게 하면 사는지 말씀해 주셨다. 그래서 우리는 수도(修道)하고 있는 것이다. 도인(道人)들은 딴 사람하고 다르다. 그만큼 병(病)이 낫는 것이다. 약(藥)이라 비유(譬喩)해서 세상(世上) 사람에게 먹이려고 그러는 것이다. 지금(只今)은 남자(男子), 여자(女子)의 차별(差別)이 없다. 이것은 상제(上帝)님께서 다 해 놓으신 것이다. 상제(上帝)님께서 공사(公事)로서 해 놓은 것을 사회(社會) 사람은 몰라도 우리는 알지 않느냐?

도(道)라는 것은 이치(理致)다. 도(道)라는 것은 천지 음양(天地陰陽)이고, 이것이 이치(理致)고, 이치(理致)가 경위(經緯)다. 옷감을 짤 때 씨줄과 날줄이 있다. 이것이 경위(經緯)고 도덕(道德)이고 질서(秩序)다. 이것이 지켜지지 않아서 나쁜 것이다. 해원상생(解冤相生)은 상제(上帝)님께서 해 놓으셨다. 구천상제(九天上帝)님이 아니시면 안 되기 때문에 신명(神明)들이 구천(九天)에 하소연하신 것이다. 그래서 직접(直接) 내려오셔서 천하창생(天下蒼生)을 건져야 되겠기에 인세(人世)에 강세(降世)하셨다. 40년(四十年) 동안 앞으로 올 오만(五萬) 년(年) 공사(公事)를 보신 것이다. 상극(相克)에 걸린 것부터 풀기 위(爲)하여 해원(解冤)을 내놓으신 것이다. 해원(解冤)이 없이 상생(相生)이 없고, 상생(相生) 없이 해원(解冤)이 없다. 40년(四十年) 동안 세상(世上)의 모든 것을 해원상생(解冤相生)으로 해 놓으시고 화천(化天)하셨다.

  오만(五萬) 년(年) 공사(公事)의 시운(時運)은 선운(仙運)이다. 통(通)하지 않고서는 어려운 것이다. 오만(五萬) 년(年) 공사(公事)를 하나씩 하나씩 하시는 데 '신선 선(仙)' 자(字) 선운(仙運)이다. 불도(佛道), 유도(儒道), 선도(仙道)라고 하는 그것 가지고는 안 된다. 오만(五萬) 년(年) 공사(公事)라는 것은 전(前)에 있었던 것이 아닌 전(全)혀 새로운 것이다. 오만(五萬) 년(年) 극락(極樂), 극락(極樂)이라 함은 끊임없이 즐겁다는 것이다. 뭐든지 다 새롭고 즐거운 것이다. 오만(五萬) 년(年) 동안 새롭고 즐거운 것이다. 지금(只今)은 아니다. 있는 사람보다 없는 사람이 더 즐겁다. 떨어진 옷이라도 빨아서 입을 때 그 마음이란 것은 있는 사람보다 더 좋고 더 새로운 것이다. 오만(五萬) 년(年) 동안이 마음이 계속(繼續)되어 나간다. 있는 사람은 잘 모르지만 못 먹고 배고픈 사람이 있는 사람보다 더 낫다. 잘못해서 형무소(刑務所) 가면 꽁보리밥에 반찬(飯饌)으로 소금에 절인 풀을 준다. 우리가 볼 때 어떻게 먹나 싶지만 보리밥이 땅에 떨어지면 서로 주워 먹는다. 세상(世上)에 그것보다 좋은 것은 없다. 있는 사람 진수성찬(珍羞盛饌)에 비(比)할 바가 아니다. 오만(五萬) 년(年) 극락 세상(極樂世上)은 없는 사람이 더 새롭고 즐거운 것이다. 상제(上帝)님께서 광구천하(匡救天下) 하시려고 이 땅에 오셨다. 인륜 도덕(人倫道德)이 막 끊어지니 이어 나가야 한다. 도주(道主)님께서 만주(滿洲)에 가셔서 독립(獨立)을 위(爲)하여 항일운동(抗日運動)을 하시다가 신(神)의 힘이 아니면 안 되겠다 생각하시고, 입산수도(入山修道)하여 영(靈)으로 하느님의 계시(啓示)를 받아서 세상(世上)을 건지려고 하신 것이 대순(大巡)의 뜻이다.

25년(二十五年) 전(前)만 해도 가정(家庭)에서 식구(食口)들 모르게 믿어 온 사람은 없었다. 즉(卽) 가정 화합(家庭和合)이 안 되어서 믿는 사람이 없었다. 그런데 지금(只今)은 많다. 사회(社會)가 그렇다. 서양 법(西洋法)이 들어와서 그렇다. 살다가 마음이 안 맞으면 헤어지는데 화합(和合)이 안 되어서 그런다. 애들까지 있어도 같이 안 산다. 세상(世上)이 그렇다. 우리가 그런 것이 아니다. 25년(二十五年) 전(前)만 해도 결혼(結婚)하여 그 집에 들어가면 죽어서 나와야 되고, 이혼(離婚)이라는 것이 없다. 도(道)를 믿더라도 불화(不和)가 생기면 안 되고 몰래 집 나오거나 그러면 안 된다. 가정(家庭)에서 안 맞으니까 나와 버리고서 만만한 우리 종단(宗團)을 가지고 문제(問題)를 삼는다. 절대(絶對) 불화(不和)가 있으면 절대(絶對) 입도(入道)시키지 마라. 부부간(夫婦間)에 갈려 가지고 나오거나 그러지 마라. 그것이 죄(罪)다. 아이들까지 두고서 자기(自己)들끼리 맞지 않으니까 나와 버린다. 천륜(天倫)이 끊어지고 가정(家庭)도 파탄(破綻)을 시키는 것이다. 이 죄(罪)는 용납(容納)할 수가 없다. 나중에 운수(運數)를 못 받는다. 아주 못된 것이다. 종단(宗團)이 안 좋다는 소리보다 사람으로서 가장 못된 것이다. 임원(任員)도 그렇게 한 사람도 다 복(福) 못 받는다. 복(福) 못 받는다는 것은 운수(運數)를 못 받는다는 것이다.

도주님 재세(在世) 시(時)에도 좋은 운(運)에 있는 것이라도 평범(平凡)한 것이 없었다. 좌익(左翼)으로 몰려서 나중에 사건(事件)을 만들기도 했지만 내가 좋아서 믿는다고 하면 안 걸린다. 천륜(天倫)을 끊는 것은 용납(容納)할 수 없다. 어린애들 있고 가정(家庭)이 있는 사람은 들여보내라. 모자(母子)의 정(情)이 중요(重要)한 것이다. 내가 도(道) 닦는다고 애들 떼어놓고 나와 봐라. 못 살고 나와도 남편(男便)을 고맙게 생각해야 한다. 다른 것은 상제(上帝)님께서 다 하신 것이다. 그랬는데 병겁(病劫)은 남겨 둔다고 하셨다. 지금(只今) 세상(世上) 사람들이 다 인정(認定)한다. 바른 말씀이시다. 병겁(病劫)은 너희가 알아서 사람 살려 주라는 것이다. 원칙(原則)이 그것이다. 상제(上帝)님께서도 병겁(病劫)이 제일(第一) 크다 하셨다. 너희가 해 주라는 것이다. 순감(巡鑑)들이 도인(道人)들 병(病)을 고치려고 하는 게 아니다. 공부(工夫) 중(中)이다. 시험(試驗)하고 있다. 시료(施療) 보는 시간(時間)은 현재(現在) 5분(五分)도 채 안 걸린다. 도인(道人)들 봐주고 하는 게 다가 아니다. 공부(工夫)하는 것이다. 시험(試驗)하는 것이다. 하나는 부산(釜山)에 있고 하나는 포천(抱川)에 있는데 동시(同時)에 봤어. 취지(趣旨)를 알아야 한다. 『전경(典經)』에 있다. 만국 의원 도수(萬國醫院度數), 대학교 도수(大學校度數)도 있다. 판밖에서 성도(成道)한다.

대학교(大學校)에서 '교(校)'를 받으려면 30년(三十年)을 가야 되는데 우리는 입학식(入學式)에서 곧바로 대진대학교(大眞大學校)를 썼다. 그때 법령(法令)이 고쳐졌다. 병원(病院)도 그렇다. 내 땅이라도 내 맘대로 못하는데 미 8군 부대(美八軍部隊) 땅이지만 섣달이 넘었는데 설 전(前)날까지 해 오라고 그랬다. 안 그러면 그냥 줘도 안 한다고 했다. 바로 승인(承認)받았다. 미국(美國) 사람들에게 승낙받으려면 12년(十二年)은 걸리는데 우리는 일곱 달 걸렸다. 미국(美國) 사람들에게 갑자(甲子), 을축(乙丑) 짚고서 올해 아니면 안 된다고 하니까, 허가(許可) 내주더라.

상제(上帝)님께서도 일본(日本) 사람에게 옥중(獄中)에서 고초(苦楚)도 겪으시고 경칩일(驚蟄日) 날 풀려나기도 하셨다. 구중 곤륜산(口重崑崙山)이라, 상제(上帝)님을 따르던 종도(從徒)들에게 내가 한 일을 밖에 나가서 말하지 말라 하셨다. 종도(從徒)들이나 다른 사람들에게 말씀하신 것이 옳은 말씀이나 바깥사람들은 옳게 듣지를 않았다. 도(道)라는 것은 인위적(人爲的)으로 만들어서 되는 것이 아니다. 그냥 놔두면 천지(天地)가 전부(全部) 잘못되기에 천지신명(天地神明)이 호소(呼訴)하여 상제(上帝)님께서 직접(直接) 세상(世上)에 강세(降世)하셔서 40년간(四十年間) 앞으로 오만(五萬) 년(年) 간(間) 공사(公事)를 다 보신 것이다. 전부(全部) 상극(相克)에 얽혀 있으니 상생 대도(相生大道)의 해원(解冤)이 아니고는 안 되기에 오만(五萬) 년(年) 운세(運勢)를 해원(解冤)으로 짜 놓으셨던 것이다. 그래서 어려운 것이며 통(通)해야 다 알 수 있는 것이다. 전(前)에 있던 불도(佛道), 선도(仙道), 유도(儒道) 그것을 가지고는 안 되기에 새로운 것으로 오만(五萬) 년(年) 극락(極樂)에 한(恨)없는 즐거운 세상(世上)을 짜 놓은 것이다. 40년(四十年) 간(間) 인계(人界)에 모든 일을 맡기시고 화천(化天)하셔서 구천상제(九天上帝) 위(位)에 오르신 것이며, 화천(化天)하신 뒤에 하신 일과 말씀을 대강(大綱) 수록(蒐錄)해 놓으신 것을 『전경(典經)』이라 한다. 『전경(典經)』은 체계(體系)가 없어 보이기에 어려운 것이고 깊이가 한(限)이 없다. 비결(祕訣)보다도 이해(理解)하기가 어려운 내용(內容)이나 진리(眞理)를 닦아 나가다 보면 알게 된다. 도주(道主)님 께서도 만주(滿洲)에서 우리나라를 독립(獨立)시키고자 독립운동(獨立運動)을 했지만 이것으로는 안 되겠다 생각하시고 입산수도(入山修道)하셔서 도력(道力), 즉(卽) 신(神)의 힘으로 세상(世上)을 건지고자 하다 상제(上帝)님의 계시(啓示)를 받으셔서 세상(世上)을 구하고자 하신 것이다.

오늘날은 삼강오륜(三綱五倫)의 도덕(道德)이 완전(完全)히 끊어져 사람들은 조상(祖上)을 모른다. 따라서 자손(子孫)이 있어도 죽어서 물 한 그릇도 못 얻어먹게 되었다. 우리의 도(道)는 이와 같이 끊어진 삼강오륜(三綱五倫)을 다시 잇고 지키는 것이다. 상제(上帝)님께서 세무충(世無忠) 세무효(世無孝) 세무열(世無烈) 시고(是故) 천하개병(天下皆病)이라 하셨다. 우리는 수도(修道)를 통(通)하여 모르는 과정(過程) 속에서 병(病)이 나아가고 있는 것이다. 방약 합편(方藥合編)은 병(病)에 대(對)하여 약(藥)을 짓는 처방(處方)을 해 놓은 것이다.『전경(典經)』에 이런 병(病)에는 무슨 약(藥)을 쓰면 된다는 것을 다 말씀해 놓았다. 너희가 약재(藥材)를 귀(貴)하게 여기지 말고 의통(醫統)을 잘 알아 두라 하셨다. 도(道)라는 것은 천지음양(天地陰陽)으로 생장 염장(生長斂藏) 해 나가는데, 그것이 이치(理致)이며 이치(理致)가 도(道)이다. 옷감을 짤 때 씨줄 날줄이 있어서 두 줄이 음양(陰陽)으로 잘 놓여 짜이면 좋은 옷감이 되는 것이다. 사람의 행동(行動)도 경위(經緯)에 맞으면 훌륭하다고 하고 경위(經緯)에 안 맞으면 도리(道理)에 어긋난다고 한다. 그것을 도덕(道德)이라고 하는데 점점(漸漸) 없어져 가고 있다. 남녀 간(男女間)에 구분(區分)과 질서(秩序)도 없어지고 있다. 아버지는 아버지 역할(役割)을 다하고, 어머니는 어머니 역할(役割)을 다해야 되는데 그것을 못하면 사람이라 할 수 없는 것이다. 상극(相克)에 의(依)해 없어져 가는 도덕(道德)을 해원상생(解冤相生)의 대도(大道)로서 다시 세워 가정 화목(家庭和睦)을 이룩하고 이웃 화합(和合)과 세계 평화(世界平和)를 이루고자 하는 것이다.

　20여 년(二十餘年) 전(前) 처음 서울에 올라왔을 당시(當時)에는 가정(家庭)에 식구(食口)들이 모르고 믿는 경우(境遇)는 없었다. 지금(只今)은 서양 풍조(西洋風潮)가 들어와서 이혼(離婚)을 하기도 하고 도(道)를 믿겠다고 집을 나오는 경우(境遇)도 있는데 옛날에는 그런 것이 없었다. 지금(只今)은 TV를 보면 이혼(離婚)하는 사람들이 많지만 절대(絶對) 도(道)를 믿어서 불화(不和)가 일어나서는 안 된다. 어린애들이 있는 경우(境遇)도 부부간(夫婦間)에 불화(不和)가 있을 때 쉽게 나오고 하는데 이것은 가정(家庭)을 파탄(破綻)시키는 것이며 천륜(天倫)을 끊는 것으로 죄(罪)가 된다. 제일(第一) 큰 정(情)이 모자지정(母子之情)인데 아이들이 있는 가정(家庭)에서 그것을 떼어놓고 하면 안 된다. 시료(施療)에 관계(關係)되는 내용(內容)도 밖에 많이 알려져 있지만 사람들이 잘 믿지 않는다. 자신(自身)들이 와서 기도(祈禱)를 돌려서 나았다고 생각한다. 그것을 이야기할 필요(必要)는 없다. 특수 기도 수련반(特殊祈禱修鍊班)에 들어오기 전(前)에는 믿어지지 않는다. 앞으로 공해(公害)로 병(病)이 많아진다는 것을 부정(否定)할 사람은 없을 것이다. 상제(上帝)님께서도 병겁(病劫)에서 사람을 많이 살리라고 하셨다. 순감(巡鑑)들이 지금(只今) 도인(道人)들을 고치는 데 목적(目的)을 두고 있는 것이 아니고, 지금(只今)은 시험(試驗)하고 공부(工夫)하는 것이다. 몇 가지의 병(病)이든 10분(十分)이면 끝이 난다. 현재(現在) 5분(五分)도 채 안 걸린다.

◎ 1994년 06월 05일

　도장(道場)은 상제(上帝)님을 모시고 천지신명(天地神明)을 봉안(奉安)한 곳이다. 상제(上帝)님을 모신 곳이 영대(靈臺)요, 천지신명(天地神明)을 모신 곳은 도장(道場)이다. 임원(任員)들 각기(各其) 숙소(宿所)가 정(定)해져 있고 그것이 곧 도장(道場)을 수호(守護)하고 있는 것이다. 그것을 중요(重要)하게 알아야 한다. 그래서 '정성 성(誠)' 자(字) '성 날(誠-)'이다. 상제(上帝)님, 천지신명(天地神明)께 고(告)하는 것이다. 도장(道場)을 수호(守護)하는 것 자체(自體)가 정성(精誠)이다. 우리가 바라는 운수(運數)와 도통(道通)을 받으려면 내 생명(生命)을 바쳐도 모자라는 것이다. 돈 갖다 삐쭉 내놓고 도장(道場)을 바늘방석(方席)보다도 어렵게 생각한다. 내가 처음부터 너희들 사정(事情)을 봐주느라 잘못했다. 외수 임원(外修任員)은 이곳에 있고, 내수 임원(內修任員)은 집안 사정(事情) 때문에 나가 보라 했더니, 부산(釜山)·대구(大邱) 사람도 밖에 나가서 자고 온다. 오후(午後)에는 도장(道場)에 차(車)가 한 대(臺)도 없다. 처음부터 법(法)대로 했으면 안 그랬을 것이다. 부모(父母)가 애들이 있고 해서 틈 있는 대로 나가 보라 했지만 원칙(原則)은 안 그런 것이다. 도장(道場)에 있는 동안 모든 행동(行動)은 공부(工夫)다. 자는 것도, 노는 것도, 일하는 것도 모두 공부(工夫)다. 성 날(誠-) 도장(道場)에 와서 며칠 동안 있으면서 제반(諸般)을 배우는 것이다. 배운다고 해서 무엇을 가르치고 배우는 것이 아니라 잠을 자도, 노는 것도, 말하는 것도, 싸우는 것도, 장난하는 것도 모두 배우는 것이다. 우리는 무엇보다도 수도(修道)다. 늪는 것을 보고도 저것이 잘했다 잘못했다는 것을 안다. 자신(自身)은 잘못해도 보면 잘하고 잘못하고를 안다. 그래서 남을 보고 배우게 된다. 잘하는 것은 본(本)받아서 그렇게 하고, 잘못은 내가 그렇지 않은가 해서 고쳐야 한다.

도(道)는 각(覺)이라고 하는데 나중에 입도(入道)해서 오래 수도(修道)한 사람보다 먼저 깨닫는 경우(境遇)가 있다. 그러면 배워야 한다. 도(道)란 배워서 알 수가 없다. 결국(結局) 통(通)해야 다 안다. 몰라서 그렇지 배울 것이 많다. 여러 사람이 있어야 알지 혼자서는 모른다. 사람이 없는 곳에서 큰 사람은 어찌해야 할지 아무것도 모른다. 마치 귀머거리와 같다. 우리가 자꾸 뭘 연구(硏究)하고 깨달으려고 하는 것이 수도(修道) 중(中) 제일(第一) 중요(重要)하다. 앉아서 주문(呪文)만 한다고 해서는 모른다. 앞으로 도장(道場) 안에서 자유행동(自由行動)은 없다. 선·교감(宣敎監)들이 부지런한 것은 사실(事實)이다. 참말로 부지런하다. 점심(點心)만 먹으면 내뺀다. 그리고 새벽에 도장(道場)에 들어온다. 강식(降式) 날도 12시(十二時)만 넘으면 내뺀다. 그러면 큰일이다. 꼭 나가야 할 사람은 딴 사람하고 바꾸도록 하라.

선·교감(宣敎監)에서 보정(補正)으로 바꾸어라. 그렇지 않으면 규율(規律)을 세울 수가 없다. 여기는 도장(道場)이다. 마음 한 번(番) 잘못 먹으면 삐뚤어진다. 임원(任員)들이 참말로 도(道)를 빈는 것인지 모르겠다. 임원(任員)들이 도인(道人)을 잘 기르고 있는지도 모르겠다. 장난하는 것은 아닐 테고, 잘못하면 사기(詐欺)다. 그러면 그 밑의 도인(道人)들만 불쌓하다. 앞으로 2~3년(二三年) 후(後)면 천만(千萬) 도인(道人)이 넘는다. 현재(現在)는 이 안이 충분(充分)하다. 내가 생각할 땐 자리가 반(半)이 남는다. 앞으로 집을 더 지어서 늘릴 필요(必要)가 없다. 현재(現在) 이 상태(狀態)로 충분(充分)하다. 임원(任員)이 방면(方面)에 나갔다 들어오면 도인(道人)들은 다 들어올 수 없다 해도 대표(代表)로 들어온 거다. 기운(氣運)을 방면(方面)에서 다 같이 받는다. 딴 것하고 우리 도(道)는 틀리다. 전(前)에도 얘기했지만 새를 키우는데 사람이 벌레를 먹여서 키운 것하고, 어미 품에서 큰 것하고는 다르다. 사람이 벌레를 잡아다 아무리 잘 먹여도 살이 찌지 않는다. 어미 품에서 자란 것은 말할 것이 없다.

옛날에 도주(道主)님 모시고 계실 때는 아주 모시고 있다시피 했다. 그때는 사정(事情)이 없다. 선·교감(宣教監)이 다 모이면 15명(十五名) 정도(程度) 됐다. 어느 때 찾으실지 모르기 때문에 집이 옆에 있어도 못 가 본다. 찾을 때 없으면 걱정 모신다. 그때 60세(六十歲)가 넘은 선감(宣監)인데 한 날 그 사람 생일(生日)이었다. 그래서 포장(布丈), 호장(護丈)을 청(請)해서 점심(點心) 먹으러 갔는데, 그간(間)에 도주(道主)님께서 찾으셨다. 찾는 사람이 한 사람도 없고 더구나 오치국(吳治國) 그 사람은 시봉(侍奉)이었다. 그때 머리를 내밀고 들어가니까 벼락을 내리셨다. 그 자리에서 엎드렸다. 그때 오치국(吳治國)은 갓을 쓰고 있었는데 갓도 벗기고 옷도 벗기고 꿇어앉히고 몇 시간(時間)을 놔두셨다. 임원(任員)은 도장(道場)을 비울 수 없었다. 밤에도 그랬다. 밤낮이 없으셨다. 난 애들을 일찍 안 재운다. 도주(道主)님 재세(在世) 시(時) 애들은 더 어렸다. 옷도 벗고서 못 잔다. 그렇게 엄(嚴)하셨다. 일체(一切) 성 날(誠-) 도장(道場)에 들어오면 그동안 하는 모든 것이 공부(工夫)다. 꼭 사정(事情)이 있어서 바깥 일을 봐야 하는 사람은 중간 임원(中間任員)을 대신(代身) 보내도록 한다. 도장(道場)은 보금자리 '보배 보(寶), 금 금(金)'이다. 참배(參拜) 와서 등이 꼬부라진 할머니 등이 펴지는 곳이다. 방면(方面)에서도 도장(道場)의 기운(氣運)을 그대로 받는다. 임원(任員)들이 내 앞에서도 이렇게 하는데 밖에 나가면 도인(道人)들 다 버린다. 방면(方面)에 나가서 뭘 하는지 그것이 알고 싶다. 차(車)가 한 대(臺)도 남아 있지 않다. 전부(全部)가 다 똑같다.

방면(方面) 임원(任員)들 순감(巡鑑) 만나지 마라. 필요(必要)한 것 아니고서는 만나지 마라. 안 좋은 소리 들으면 정신(精神)과 마음이 헛갈리기 때문이다. 강식(降式) 때 임원(任員)들이 너무 무질서(無秩序)하다. 처음에는 안 그랬는데 점점(漸漸) 그래진다. 재세(在世) 시(時) 지방(地方)에서 일을 해도 늘 도장(道場)이 걱정이고 도주(道主)님 걱정을 했다. 그래도 부족(不足)이다. 나는 지금(只今)도 지방(地方)이 걱정이다. 차(車)도 많고 그래서 더욱 걱정이다. 임원(任員)들도 어디 있거나 상제(上帝)님을 잊어서는 안 되고, 도장(道場)을 잊어서는 안 된다. 대전 선감(大田宣監) 죽으나 사나 일반(一般)이다. 늘 얘기하지 않느냐? 신명 인사(神明人事) 일반(一般)이다. 나중에 운수(運數)를 받아도 신명(神明)으로 받으나, 인간(人間)으로 받으나 똑같다. 그러나 모른다. 예수(耶蘇)도 부활(復活)한다고 하지 않느냐? 미라(mirra)도 썩지 않고 그대로 있지! 상제(上帝)님께서도 『전경(典經)』에서 진묵대사(震黙大師)와 김 봉곡(金鳳谷)의 공사(公事)도 머리카락 하나만 있어도 회생(回生)한다고 하셨다. 공부방(工夫房)에서는 허령(虛靈)이 아니다. 그때 공주 방면(公州方面) 인가 공부(工夫)하다가 '누구'를 살리러 간다고 뛰어나갔다. 현재(現在) 과학(科學)에서도 사람 숨 떨어지기 전(前)에 냉동(冷凍)시켜서 보관(保管)했다가 나중에 의학(醫學)이 발달(發達)하면 살릴 수 있다는 것이 근거(根據) 없는 얘기가 아니다. 있을 수도 있다. 앞으로 그럴 수 있다. 순감(巡鑑)들 오장(五臟)이 하나 없어도 만들어서 넣는 것이 가능(可能)하다. 다 된다. 뼈가 모자라도 길게 할 수 있다. 상제(上帝)님께서 진묵대사(震默大師) 공사(公事) 보시는 것도 그것이다. 엊그제 부전 방면(釜田方面) 선감(宣監) 차(車) 사고(事故) 나서 뇌진탕(腦震蕩)에 뼈가 제대로 된 것이 없었다. 그제 저녁 7시(七時)에 알았는데 어제저녁 7시(七時)에 퇴원(退院)시켜 달라고 하니, 있을 수 없다. 병원(病院)에서는 퇴원(退院)을 안 시켜 준다. 몇 시간(時間) 동안에 그렇게 바꿔 놓으니 누가 믿어. 아무도 믿지 않는다. 자꾸 거기 놔두면 딴 것이 옮겨붙는다. 도인 학생(道人學生) 하나가 수학여행(修學旅行) 가서 차(車) 사고(事故)가 났는데 병원(病院)에서는 팔이 썩으니 24시간(時間) 안에 팔을 끊어야 한다고 한다. 외삼촌(外三寸)은 도(道)를 믿고 어머니는 천주교(天主敎) 신자(信者)인데, 시료(施療)를 보고서 손이 움직이니 수술(手術)을 하더라도 X-ray를 찍어 보고서 하라고 하니까, 의사(醫師)가 다시 X-ray를 찍더니 수술(手術)을 하지 않아도 된다고 한다.

◎ 1994년 07월 01일

복(福)을 받으려면 먼저 화(禍)를 겪어야 한다. 삼계복마 대제신위 원진 천존 관성제군(三界伏魔 大帝神位 願趁天尊 關聖帝君)에서처럼 복(福)을 받기 위(爲)해서 들어오는 모든 마(魔)를 관성제군(關聖帝君)께서 풀어 주신다. 남에게 나쁜 구설(口舌)을 받아서 들어오는 마(魔)를 관성제군(關聖帝君)께서 늘 막고 물리치시는데 그동안 많은 화(禍)를 겪었다. 화(禍)만 겪어선 안 된다. 이제는 복(福)을 받을 때다. 그것을 알아야 한다. 그동안 당(當)하고 겪은 것보다 복(福)을 받을 일을 해야 한다. 그러자면 사람이 필요(必要)하다.

성사(成事)라는 것이 옛날에는 하늘을 믿었지만 지금(只今)은 사람이 잘해야 한다. 사람이 이루는 것이다. 사람들의 평(評)이 중요(重要)하다. 우리가 사회(社會) 사람에게서 안 좋은 소리를 들으면 사람들이 우리 도(道)에 안 들어온다. 우리는 사람이 필요(必要)한 것이다. 『전경(典經)』에 보면 상재(上才)는 칠일(七日), 중재(中才)는 십사일(十四日), 하재(下才)는 이십일일(二十一日)은 도통 순서(道通順序)다. 하재(下才)는 알기는 다 알고 용사(用事)를 못 한다고 했다. 지금(只今) 순감(巡鑑)들은 다 알고 일부(一部)는 용사(用事)도 한다. 그러면 알아야 할 것 아니냐? 될 수 있는 대로 순감(巡鑑)들 주문(呪文) 배워 나가려고 해야지, 그것을 꺾어 버리려고 해서는 안 된다. 쉽게 말해서 그것을 시기(猜忌)하고 질투(嫉妬)하는 것이다. 순감(巡鑑)들도 알기는 하고 용사(用事)를 못 한다. 알기는 다 안다. 막힘이 없다. 용사(用事)도 일부(一部)는 되지 않느냐? 안 그래도 그래. 치성(致誠)에 주문(呪文)이 맞지 않으면 주문(呪文)을 맞추려고 해야지. 각기(各其) 자기(自己) 것을 고집(固執)하면 그것은 정성(精誠)이 아니다. 우리의 것에 어긋나는 것이다. 성(誠)·경(敬)·신(信)은 엄청 크다. 우리 도(道)에서 정성(精誠), 공경(恭敬), 믿음을 삼법언(三法言)으로 하고 안심(安心)·안신(安身)을 이율령(二律令)으로 하여 대순진리(大巡眞理)를 닦고 정성

(精誠) 하고 정성(精誠) 하면 수도(修道)가 되는 것이다. 성(誠)·경(敬)·신(信)은 굉장(宏壯)한 것이다. 이것만 해도 안 되는 것이 없다. 그러면 여기에 영통(靈通)이 있고 도통(道通)이 있다. 다른 데서 있는 것이 아니다. 수도(修道)는 쉬운 게 아니다. 어려운 것이다. 이렇게 하면 영(靈)이 통(通)하고 도통(道通)이 되는 것이다. 수도(修道)가 되어 가고 있다. 수도(修道)가 안된 게 아니다.

◎ 1994년 09월 02일

도(道)를 모르고 치성(致誠)을 드리면 안 된다. 백날(百-)을 드려도 안 된다. 나도 정월(正月) 보름에 치성(致誠)을 올리려고 하는데 여럿이 같이할 것인가 따로 할 것인가를 묻길래, 절에 가서 불공(佛供)드리는 것하고 같은 줄 알고서, 같이하면 돈이 덜 들 것 같은 생각이 들더라. 사람이면 다 그렇다. 도(道)를 믿느냐고 해서 믿는다고 했다. 믿는다고 하니까 곧이듣지 않았다. 몇 번(番)을 찾아가서야 만나 줘서 얘기를 했다. 찾아가니 자다가 문(門)을 열고 나왔는데 치성(致誠)에 대(對)해서 일체(一切) 이야기를 않더라. 12시(十二時)가 되어 기도 준비(祈禱準備)를 해야 하는데 난 그때 기도(祈禱)도 못 모셔 봤거든, 선반(縣盤)에 청수(淸水)를 뜨고서 기도(祈禱)를 드리는데 내게는 말을 않더라. 같이 해야겠는데 뭘 할 줄을 알아야지. 주문(呪文)을 하는데 입 밖으로 소리는 안 나오고 속으로 음음한다. 남이 알면 안 좋다고 하면서 입속으로 읽고서 끝내고서 앉더라. 그때만 해도 음둔(陰遁)이었거든. 이야기를 하는데 대단한 이야긴 줄 알았는데 딴 이야기가 아니고 '유불선(儒佛仙) 삼도(三道)인데 불도(佛道), 유도(儒道)는 지나갔고, 앞으로는 선도(仙道)다.' 하는 이야기였다. '석가·

공자 시대(釋迦孔子時代)가 지나갔고, 앞으로는 미륵불 시대(彌勒佛時代)라.' 한다. 나중에 아주 말이 없어서 '내 마음을 떠보려고 하는구나.' 하고 생각했다. 그때 이서구(李書九) 비결(祕訣)을 받았다. 보니 대강(大綱) 알겠지만 완전(完全)히 귀가 안 열렸다.

이용직(李容稷)은 글을 안 배웠지만 안(安) 포감(布監)이 어려워서 그 앞에서 말을 못 했다. 왜냐하면 어떤 일이 있으면 그것은 그게 아니고 이걸 새라고 하고, 또 안(安) 포감(布監)이 그 밑에서 배웠다. 그때 도(道)가 좋다는 것을 알았다. 치성(致誠)을 올리는데 동네 사람 다 모아서 음식(飮食) 장만하여 치성(致誠)을 올렸다. 치성(致誠)을 알고서 올려야지 모르고 올리면 그것이 죄(罪)다. 아무렇게나 해서는 안 된다. 치성(致誠)이 중요(重要)한 것이 아니다. 믿는 것이 중요(重要)하다. 치성(致誠) 전(前)에 도(道)의 행사(行事)를 가르쳐 줄 수 있다. 안 믿는 사람이 죄(罪)를 뭐 알겠느냐? 하느님 앞에 죄(罪)를 짓는 줄도 모른다.

치성(致誠)도 자기 정성(自己精誠)을 모두 들일 수 있도록 해야 한다. 그런데 중간(中間)에 오다가 변(變)했다. 입도 치성(入道致誠)만 드리면 된다고 생각해서 그렇다. 참배(參拜)시킬 때 그중(中)에는 친척(親戚)이 따라오고 친(親)한 사람이 따라오기도 한다. 그러면 대개(大槪)는 많이 안 떨어진다. 여기 참배(參拜) 데려온 사람이 치성(致誠)을 드리도록 해야 한다. 그래야 누구를 통(通)해서 믿는지를 안다. 그래서 체계(體系)가 서고 질서(秩序)가 선다. 원수(怨讐)를 사랑하는 것도 해원상생(解冤相生)이다. 사람은 자기 정신(自己精神)이 있고 누구나 자존심(自尊心)이 있다. 그 사람이 참배(參拜)를 왔다 가서 믿건 안 믿건 바깥사람들은 잘 모르고 그러니 절대(絶對) 척(慼) 지을 말과 행동(行動)을 해서는 안 된다.

여기 선·교감(宣敎監) 중(中)에 그때 포장(布丈), 호장(護丈)도 있지만 그네들이 싫다고 해서 내가 나왔다. 그 사람들이 도(道)를 못 따라온 것은 안 됐지만 내게는 유공자(有功者)다. 그네들이 안 그랬으면 서울은 생각도 못 했다. 그 후(後)에도 어려움이 많았다. 그래서 화복(禍福)이라 한다. 그것이 진리(眞理)다. 복(福)을 받으려면 화(禍)를 먼저 겪는다. 다 겪어야 한다. 설령(設令) 누가 나를 나쁘다고 하면 나를 반성(反省)하면 된다. 그러면 그들이 내게 은인(恩人)이 된다. 『전경(典經)』에 보면, 돼지 한 마리를 도둑맞아서 돼지 주인(主人)이 키운 공(功)을 생각하니 아까워하는데, "그것을 잊어버리라. 네가 전생(前生)에 남의 돼지를 훔친 그 죄(罪)는 없어졌다."라고 했다. 모든 것이 해원상생(解冤相生)에 의(依)해서 참아 나가는 것이다. 도인(道人) 기르기가 참으로 어렵다. 『전경(典經)』에 도인(道人)을 기르는 것이 누에 기르는 것과 같다고 했는데, 누에를 기르자면 손이 자주 가야 한다. 비인정(非人情)이면 불가근(不可近)이라 했다. 내가 시켜서 도인(道人)이 되었다 하면 서로 가깝고, 떨어지지 말고 인정(人情)이 가야 한다. 인정(人情)이 뭐냐면 우리의 해원상생(解冤相生)이다. 서로 의지(依支)하고 살아가는 것이다. 서로 떨어지지 않으려는 그런 사이가 되어야 한다. 학교(學校)에서 가르칠 때 반드시 뒤에는 의심(疑心)을 조금 남겨 놓고 하는 것은 학교(學校)에 자주 오고 싶도록 하기 위(爲)해서다.

아버지는 어렵거든. 어릴 때 모자 지정(母子之情)인 것처럼 임원(任員)에게 어떠한 어려움도 얘기할 수 있도록 해야 한다. 권위(權威)로 하면 안 된다. 잘하면 우리 선사(宣伺), 우리 선감(宣監) 저절로 잘 받들어진다. 우리 도(道)는 부모 자식 간(父母子息間)의 천륜(天倫)보다 더하다. 서로 믿어야 한다. 안 그러면 안 된다. 권위(權威)나 세우고 하는 데서 문제(問題)가 생긴다. 임원(任員)이 권위(權威)만 세우면 안 된다. 종각(鐘閣) 앞에서 어느 선감(宣監)이 뒷짐을 지고 다니니까 그 선감(宣監)을 나로 잘못 알고 자꾸 인사(人事)를 하더라. 그전(前)에는 안 그랬다.

6·25사변(六二五事變)쯤이다. 그때 호수(戶數)가 약(約) 4천(四千) 호(戶) 정도(程度)였다. 임명(任命)을 안 받았다. 싫어하는 사람이 없었다. 포감(布監)보다도 내 말을 더 신용(信用)했다. 간다고 그러면 미리서 기다리곤 했다. 자주 만나면 좋다. 여러 사람을 만나면 단결심(團結心), 협동심(協同心)이 생기고 거기서 배우는 것이 많다. 내가 세 번(番)만 만나면 떠밀어도 안 나갔다. 그때는 대개(大槪) 촌(村)에서 국문(國文)도 잘 모르는 사람들이다. 대동아전쟁(大東亞戰爭) 말기(末期)에 충청도(忠淸道) 시골에 가면 국민학교(國民學校)도 제대로 못 다닌 사람뿐이었다. 절대(絶對)로 편벽(偏僻)되고 삿(私)되면 안 된다. 새로 들어온 사람이 포덕(布德)은 잘한다. 그전(前)에 사람은 도인(道人)만 만들어 주면 된다. 똑같은 소리도 이 사람에게 듣는 것하고 저 사람에게 듣는 것하고 다르다. 무엇보다도 사람이 중요(重要)하다. '도인(道人)은 금싸라기보다 중요(重要)하다.' 임원(任員)들이 그렇게 생각해야 한다..

27. 1995년, 을해(乙亥)년, 음(陰) 12월 4일 화천(化天)

　도인(道人)이라고 하면 임원(任員)만이 도인(道人)이 아니고 도(道)에 들어와서 도(道)를 믿는 사람을 말한다. 모략(謀略)을 한다 하더라도 아예 없는 얘기는 안 나온다. 약간(若干) 있으니까 나오는 얘기다. 말이란 것은 옮길 때 불리기 마련이다. 확장(擴張)되고 커지기 마련이다. 이것이 유언비어(流言蜚語)다. 말이 날아다닌다. 그러다가 말이 더 커지는 것이다. '복록(福祿)은 갈수록 줄어들고 말은 갈수록 커진다.'는 속담(俗談)이 있지 않느냐? 갈수록 커지는 일이 유언비어(流言蜚語)다. 내가 할 말만 하는 것이 아니고 남한테 들은 말도 하게 된다. 사실(事實) 그대로 권(勸)하고 바르게 얘기해야 한다. 말을 들으면 그대로 전(傳)하지 않고 안 좋은 부분(部分)은 크게 하는 것이 사람 본능(本能)이다. 도인(道人)은 그것을 올바르게 지켜 나가고 배우는 것이 수도(修道)다. 밖의 사람과 똑같이 한다면 그것은 수도(修道)라 할 수 없다. 무슨 말을 해도 그대로 해야 한다. 말을 전(傳)할 때는 안 좋은 말은 걸러서 보낸다.

　이것은 심각(深刻)한 문제(問題)이기 때문에 내가 얘기하는 것이다. 예전에도 믿고 시켰지 아무나 안 시켰다. 이것은 우리의 비밀(祕密)이 새어 나갈까 봐서 그러는 것이 아니다. 우리의 비밀(祕密)이 무엇이 있겠느냐? 그것은 모르니까 하는 말이다. 포덕(布德)을 시킬 때 있는 말, 없는 말 만들어서 포덕(布德)시키면 그것에 말이 보태지는 데 이(利)롭게 보태지지 않고 나쁘게 보태진다. 그 말이 떠도는 것이 유언비어(流言蜚語)다. 결국(結局) 그것이 나에게 돌아온다. 입은 곤륜산(崑崙山)처럼 무겁고 마음은 황하수(黃河水)처럼 깊게 하라고 하신 말씀은 어느 한 가지가 아니고 여러 부분(部分)에 대(對)해서 하신 말씀인데, 이것을 지금(只今)은 지킬 때다. 말을 할 때 여러 가지 생각하고 해야 한다.

도를 알면 말하기가 어렵다. '열 길 물속은 알아도 한 길 사람 속은 모른다.'는 말도 있다. 전(前)에 수리사(修理寺)에 갔을 때 그 주지(住持)가 허물없이 하고 무슨 말이든 하는데 우리는 뭐 할 말이 없다. 그 사람 얘기가 "자기(自己)는 있는 그대로 털어놓는데 박(朴) 선생(先生)은 꼭 벽(壁)이 있으시다."라고 그러더라. 그러나 필요(必要)한 말 외(外)엔 할 말이 없다. 내가 가면 심부름하는 사환(使喚)한 사람을 보내 주는데 거기가 묘(妙)한 데다.

도통(道通)에는 시한부(時限附)란 말이 없다. 시한부(時限附)란 언제, 무엇이, 어떻게 된다는 것이다. 영생교(永生教)가 시한부(時限附) 운운(云云)하다 그렇게 되었듯이 대순(大巡)이 급속도(急速度)로 발전(發展)된 것은 딴 것이 없고 시한부(時限附) 얘기를 한 것이라고 밖에서도 생각한다. 실제(實際)로 그런 말이 들려온다. 우리에게 시한부(時限附)란 있을 수가 없다. 밖에서 꾸며서 얘기를 했던, 뭘 했던 간(間)에 대순(大巡)에서 어떻다고 하는 얘기가 들려온다. 시한부(時限附)가 도인(道人)한테는 있을 수가 없다.

우리는 도통(道通)이 목적(目的)이다. 자나 깨나 우리는 수도(修道)인데 수도(修道)에는 기도(祈禱), 공부(工夫), 항상(恒常) 비는 마음, 항상(恒常) 심령(心靈), 즉(卽) 마음과 정신(精神)을 통일(統一)시켜 나가는 것이다. 여기에 시한부(時限附)가 들어가면 도로아미타불(阿彌陀佛)이 되어 버린다. 그런데 밖에서는 그렇게 생각지 않는다. 종말(終末)을 생각하는 것은 처음부터 있을 수가 없다. 우리는 종말(終末)이 아니고 말세(末世)를 얘기하는 것이다. 말세(末世)란 종말(終末)과는 완전(完全)히 다르다. 종말(終末)은 마쳐서 끝난 것이고 말세(末世)는 사람으로서 지켜야 할 도리(道理)를 못 지키면 그것이 말세(末世)인 것이다. 어미, 아비를 죽이고, 인정(人情)이 메말라 가고 하는 그것이 말세(末世)다. 상제(上帝)님께서 세무충(世無忠)·세무효(世無孝)·세무열(世無烈)이라고 하셨다. 이 세상(世上)이 무도(無道)하다 하셨다. 우리는 그것을 다시 찾아가는 것이다. 우리는 없어진 것을 다시 찾고 이어 나가는 것이다. 종말(終末)을 말하지는 않는다. 말세(末世)를 얘기하는 데 시한부(時限附)가 있을 수가 없다.

  도통(道通)을 목적(目的)으로 하기 때문에 성(誠)·경(敬)·신(信)이 기본(基本)이다. 우리에게 시한(時限)이 있다면 도통(道通)할 시기(時期)가 거의 왔다는 얘기다. 믿는다는 것은 도통(道通)을 믿는 것이다. 기약(期約)한 날이 왔다고 한도(限度)가 다 찼다고 생각하는데 내가 부족(不足)한 것을 두려워하고 정성(精誠) 하고 정성(精誠) 하는 것이 성(誠)·경(敬)·신(信)이다. 우리는 끝나는 것이 없다. 굳이 있다면 도통(道通)하는 것이 끝나는 것이다. 우리가 학교(學校)를 짓고 병원(病院)을 짓고 하니까, 도(道)의 완전(完全)한 진리(眞理)를 잘 모르는 도인(道人)은 생각 없이 뭣 때문에 하는가 하고 생각하겠지만, 있다고 하면 있을 것이고 없다고 생각하면 없는 것이다. 그게 뭐냐 하면 꼭 도통(道通)이 있다고 믿으면서 수도 과정(修道過程)을 잘 받아 나가면 도통(道通)이 있고, 없다고 생각하고 아무 생각 없이 해 나가면 도통(道通)이 안 되는 것이다. 우리가 잘 믿고 잘 정진(精進)해 나가면서 우리의 심령(心靈)을 통일(統一)시키는 것이 목적(目的)이다.

사강령(四綱領), 삼요체(三要諦)다. 즉(卽) 안심(安心)·안신(安身)·경천(敬天)·수도(修道), 성(誠)·경(敬)·신(信)이다. 내 마음이 안심(安心)이 되어야 한다. 마음이 편(便)해야 한다. 그래서 하느님을 공경(恭敬)하고 편(便)하게 해야 한다. 정성(精誠)은 한(限)이 없고 끝이 없다. 정성(精誠)을 다해도 끝이 없다. 부족(不足)하다 생각해야 한다. 경(敬)은 위에서도, 아래에서도 다 쓰는 것이다. 내 일신(一身)의 동작(動作)에 따라 모든 것이 나타나는 것이 경(敬)이다. 이 성(誠)·경(敬)·신(信)의 뜻을 제대로 알면 여기에 모든 것이 다 들어 있다. 춘하추동(春夏秋冬) 사시(四時)가 어김이 없는 것과 같다고, 한도(限度)가 다 찼다고 생각하는 것이 믿음이다. 우리가 시한(時限)이 다 됐다면 세상(世上)이 다 된 것이 아니고, 우리가 도통(道通)할 날이 가까워졌다는 것이다. 지금(只今) 밖의 사람들은 병(病)이 없다고 말하지 못한다. 내가 얘기하는 것은 유언비어(流言蜚語)나, 시한부(時限附) 얘기가 나오지 않도록 하라는 것이다.

우리의 목적(目的)은 도통(道通)이다. 도통(道通)이 쉬운 것이 아니다. 여태까지 언제 그런 것이 있었느냐? 그래서 밖의 사람들이 이해(理解)를 못 한다. 아주 심각(深刻)한 문제(問題)다. 포덕(布德)시키는 데 믿고 시키고, 믿고서 받아야 한다. 잘 모르면 포덕(布德)을 안 시키면 된다. 유언비어(流言蜚語) 만들지 말고 시한부(時限附) 논(論)하지 말라.『전경(典經)』

에도 충(忠)·효(孝)·열(烈)이 없어서 천하(天下)가 병(病)들었다고 하셨다.

이혼(離婚)한 사람도 다시 다 찾아야 한다. 세상(世上)에 열(烈)이 없다. 지켜야 할 도리(道理)가 다시 지켜져야 한다. 이러한 말세(末世)를 해원상생(解冤相生)으로 건지는 것이다. 이것이 아니면 고칠 수가 없다.

1996. 병자(丙子)년,

출석 임원(出席任員)은 도정실(道政室)에 참석(參席)하여야 한다. 조회(朝會)란 하루 계획(計劃)을 세우는 것이다. 대순(大巡)에서는 선·교감(宣敎監)이 대표(代表)로서 아침 인사(人事)를 하는 것이며, 대강(大綱)할 일이 있으면 하는 것이다. 아침 조회(朝會)는 없앴다.

선·교감(宣敎監)들이 나를 보고 풀어라. 수반(修班)들에게 자유(自由)롭게 풀고 가르쳐라. 강압(强壓)을 없애라.

선·교감(宣敎監)이 도통(道通)을 주는 양 수반(修班)에게 말을 한다. 절대(絶對) 그래서는 안 된다. 상제(上帝)님께서 하신 말씀을 깊이 새겨야 한다. 융화 단결(融和團結) 해야 한다. 화합(和合)이 없이는 융화(融和)가 될 수 없다. 도인(道人) 사이가 제일(第一) 가깝다. 도인들 사이에는 믿어야 한다. 수련(修鍊)은 현재(現在)대로 하라.

청학 공부(青鶴工夫)는 봉축주(奉祝呪) 일독(一讀)하고, 태을주(太乙呪)만 계속(繼續)한다.

방면 회관(方面會館)에 봉안(奉安) 모신 데는 관계(關係)없지만 회실(會室), 연락소(連絡所) 같은 데는 위지(位紙)를 붙여라. 창호지(窓戶紙)도 괜찮다. 봉안(奉安) 모신 데는 법수(法水) 안 모신다.

◎ 1996년 01월 08일

내가 나온다고 무슨 얘기가 있는 것이 아니다. 서로 이해(理解)하고 화목(和睦)하라. 이해(理解)도 여러 가지다. 상대방(相對方)에게 흠(欠)을 잡으면 안 된다. 위의 임원(任員)은 아래 임원(任員)에게 상(相)을 찌푸리지 말고 무엇이든지 이해(理解)해야 된다. 상하 임원 간(上下任員間)에 물에 물 탄 식(式)으로는 곤란(困難)하다. 서로 간(間)에 할 말은 하여라. 화(火)를 내서는 좋지 않다. 이해(理解)하고 알아서 일하는 것이 임원(任員)이다. 나도 믿는 사람에게는 사정(事情)없이 나무란다.

남을 중상모략(中傷謀略)하는 것은 상인 해물죄(傷人害物罪), 실인(失人)이다. 정신개벽(精神開闢)을 시켜서 사람을 만든다. 스스로 속이지 않는 것이 근본(根本)이 된다. 대의(大義)는 밝혀진다. 유전(遺傳)이라는 것은 당대(當代)에 끝나는 것이 아니다. 여러 대(代)를 잇는다.

무자기(無自欺)를 근본(根本)으로 삼아야 정신(精神)이 개벽(開闢)된다. 오해(誤解)는 돈에서 받는다. 이해(理解)를 하면 왜 그리했느냐고 말할 필요(必要)조차 없다. 결심(決心)하면 안 되는 일이 없다. 모든 것이 마음에 있다.

임원(任員)끼리 싸우면 절대(絶對) 안 된다. 서로 고맙게 생각하라. 올바로 가기를 원(願)해야지 잘못되면 어떻게 하느냐? 불쌍하게 생각하라.

상제(上帝)님의 덕화(德化)를 펴고 도세(道勢)를 확장(擴張)해서 전 세계(全世界)에 도(道)를 전(傳)해야 한다. 이것이 우리의 책무(責務)다. 덕화(德化)를 펴 나가는 데 있어서 밖의 사람들이 대순진리회(大巡眞理會) 사람을 다 본(本)받고 그런 것이 많다면 식구(食口)가 자꾸 많아지는데 그것을 도세 확장(道勢擴張)이라고 한다. 세상(世上) 사람이 다 좋다고 하면 다 따르려고 하고, 안 좋다고 하면 다 안 따른다. 우리의 사업(事業)은 포덕(布德)인데, 덕화(德化)를 펴서 전 세계(全世界) 사람을 다 도인(道人)을 만들자는 것이다. 모든 것이 다 우리의 정신(精神)에 있다.

임원(任員)끼리 싸우면 절대(絶對) 안 된다.

◎ 1996년 01월 04일

병인년(丙寅年)에 납향 치성(臘享致誠)을 도주(道主)님께서 모셨다. 그믐 날짜하고 가까워서 그냥 넘어갔는데 금년(今年)부터는 납향 치성(臘享致誠)을 모셔라.

납향(臘享)이란 것은 제후(諸侯)들이 천자(天子)에게 올리는 치성(致誠)이다. 회관(會館)에서 치성(致誠)을 올려라.

정유년(丁酉年)에 영대 봉안(靈臺奉安)하시고 무술년(戊戌年)에 화천(化天)하시며 납향 치성(臘享致誠)은 동지(冬至) 지나고 세 번째 미일(未

日)이다.

◎ 서기(西紀) 1996년 01월 23일

음(陰) 을해(乙亥) 1995년 12월 4일 도전(都典)
화천(化天)

四.
후기(後記), 후인(後人)

※ 2023. 계묘(癸卯)년 12월

후기를 편집하면서

01. 훈시 자료를 얻게 된 동기

강원도 고성 금강산 토성수련도장 부근에 도전님 묘소가 있어 몇 번 방문한 적이 있는데 고성 대형 산불화재로 산불이 근처까지 왔었지만 들어오지 못한 곳이다. 봄이 오면 영산홍 꽃이 주변을 장관을 이룬다. 문헌에 따르면 영산홍은 고려 시대부터 있었음이 확인된다. 영산홍의 한자(漢字)를 보면, 영(映)은 빛이 비치거나 비춘다는 '비칠 영, 비출 영'이고 또 시간을 가리키는 '미시(未時: 오후 1시~3시) 영'이며, 산(山)은 말 그대로 '메 산'이고, 홍(紅)은 붉음을 가리키는 '붉을 홍, 붉은빛 홍'이다. 영과 홍에 담긴 뜻도 그렇지만, 특히 '메 산(山)'은 도인들에게 특별한 느낌으로 다가온다. 이처럼 도장과 그 주변에 영산홍이 많이 피어 있다.

민병규는 방면 소속이 없는 관계로 들어가지 못하고 상급 임원이 도전님 훈시 말씀 읽고 입도해서 오란 뜻으로 민병규에게 건네준 훈시 말씀이 결국에는 민병규더러 편집하라는 뜻이다. 신명이 움직이면 사람이 행동하는 것이다. 포천 도장 순감 공부할 때 육체는 도장에 있고 밖에 나가 식당에 들어서면 음식은 나오고 음식 시킨 손님은 화장실 간다던가 밖에 나간 사이 빈자리에서 음식 기(氣)를 먹고 오는 것이다. 100일 먹지 않고 잠 안 자는 공부를 해도 살이 포동포동한 것이다.

  훈시 말씀은 교무부에서 보관용인데 민병규에게 전해진 것이 신명이 하는 일이다. 훈시 말씀은 상급 임원을 가르치는 내용이기에 분량이 너무 많아 보관만 하고 2022년 11월 "대순진경"을 먼저 편집한 것이다. 훈시 말씀만 편집하게 되면 민병규가 상급 임원을 가르치는 것이 되므로 후기(後記)라는 천기누설로 민병규의 27년 헛도수 공사를 마치고 참 진법을 넣은 것이므로 판단은 각자에 있는 것이다.

◎ 출판 동기

  이번에 도전님 훈시 말씀을 편집하게 된 동기는 절에서 왔다며 문을 두드리기에 만나서 대순진경을 설명하니 눈이 동그래지며 사실은 직책이 여자 교령이고 중곡 도장 소속인데 중곡 도장은 귀신들만 드나들어 그들은 용인에 건물이 있다는 것이다. 높은 사람 모시고 온다며 두어 시간 지나서 함께 젊은 여자 선감이 왔는데 대순진경 "저자 소개"에 선사 글자를 보더니 선사로 남아 있지 나와서 고생한다며 자기 들은 대순전경 외에는 읽지 않는다며 책을 뺏어 뒤에다 감추고 목에 힘을 주고 자기 후각 다루듯이 하는 것이 한심스러워 편집하게 된 것이다.

  선천 세상의 불경, 성경, 사서삼경 등 경자가 들어간 것은 사람으로서 배워야 할 경전(經典)인 것이다. 증산 상제께서 화천(化天)하실 무렵이었는데 태을주를 문 위에 붙이면 신병(神兵)이 지나다가 도가(道家)라 하여 침범하지 아니하고 물러가리라 하신 것을 명심해야 할 것이다. 태을주가 어디서 내려오는지 모르는 이들이 도통에 눈이 먼 자들이다. 현재 과학 문명이 발달되었어도 부적을 사용하는 곳이 많다. 상제 강림 이후로 부적은 쓸모없고 오직 오직 민병규가 완성한 "대순진경" 경전(經典)만이 진법(眞法)이 완성되어 원귀 잡귀를 막아 낼 수 있는 것이다. 중곡 도장에서 쫓겨나 용인에 건물이 있다고 자랑하는 그들이 그곳에 교주가 있다는 것이다. 지금은 도판이 완성이 되어 가므로 교주 행위를 한다면 그자가 대두목이고 천자 놀음하는 것이다. 대두목은 하나이니 어찌 둘일 수 있으랴.

민병규는 대순진리회에서 나온 지 28년 되었다. 1995년 여름에 먼저 나오고 도전님은 그해 겨울 화천(化天)하신 것이다. 민병규 고향이 화천이라 그 화천(華川)이 아니라. 사망, 별세, 작고, 서거, 등 죽음을 표현하는 등급의 가장 높은 표현을 화천하셨다 하는 것이다. 개천(川)에서 용(龍) 났다는 풍속(風俗)은 민병규를 두고 표현한 것이다.

도전님 훈시 말씀은 지나간 공사이고 상급 임원 가르치는 말씀이라 많이 줄이고 내용을 정리하자면 이러하다.

증산 상제께서 오시어 인세를 둘러보시고 충, 효, 예가 끊어진 관계로 인류가 진멸 지경이라. 도덕을 바로 세워야 한다 하시어 체계를 만드신 것이다. 증산 상제님께서는 영적 공사를 주로 하시고 정산 도주님께서는 바둑판 도수를 짜시고 우당 도전님께서는 운수 자리와 도통을 받을 수 있는 법 방과 환골탈태도 가능하다는 것을 밝혀 놓으신 것이다. 즉, 도인

(道人)은 무자기(無自欺) 정신개벽(精神開闢) 지상신선 실현(地上神仙實現) 인간개조(人間改造) 지상천국건설(地上天國建設) 세계개벽(世界開闢)인 것이다.

무자기(無自欺)는 도인(道人)의 옥조(玉條)이니, 민병규는 1995년 대순진리회를 나와 부모님 계신 집에 가려니 몸뚱어리만 가기가 자존심 상하여 서울로 무작정 상경하여 여인숙을 집으로 생각하고 생활하며 용역 일용직으로 일할 때, 예를 들어 미장 데모도(뒷일) 하면 나는 기술이 없으니 나는 무자기(無自欺)가 되는 것이다. 기술자가 시키는 대로 하면 되는 것이다. 나는 아는 것이 없기에 시키는 대로 하면 되는 것이다. 그것이 내가 똑똑하면 무자기(無自欺)는 달아나 산(山)으로 가는 것이다. 원(願)하는 것을 찾는 것이다. 시멘트에 모래 섞어 갖다주고 물 떠다 비벼 주고 발판 매 주고 벽돌 갖다 달라면 갖다주고 하는 일이다. 내가 똑똑하면 그 일이 안 되는 것이다. 일을 마치고 나면 사실은 민병규가 기술자를 일하게끔 만드니 민병규가 기술자인 것이다. 포덕 또한 그와 같다는 것이다. 입도시켜 놓고 너는 내 말 들어라 하면 듣지 않는 것이다. 새로 들어온 사람이 기술자인 것이다. 나는 그를 일하게끔 상제님의 진리를 알려 주면 그가 사람도 데리고 오고 저절로 되는 것이다. 대순진리회 상급 임원이 되면 대단한 감투를 쓴 것처럼 권세 부리는 것은 욕심을 앞세우기 때문이다.

증산 상제께서 24장 신명을 선정할 때 당 태종 때 위징은 낮에는 당 태종을 섬기고 밤에는 상제를 섬겼다 하여 당 태종 신하들을 쓰신 것이다. 당 태종 같은 인물은 쓰지 않는다는 것을 명심하라.

또한 조선에는 충신이 없다는 것이다. 청나라는 황제를 쓰고 조선은 왕에 국가이니 왕이 장남 아들에게 왕위를 물려주고 싶어도 황제가 왕에 큰아들은 마음에 들지 않으니 둘째로 하시오 하면 조선 왕은 아비가 되어 아들을 죽일 때에 찢어지는 마음은 오죽했으랴. 아들이 기침을 한다며 의원을 붙여 의원은 침으로 서서히 죽게 하는 것이다. 드라마에 나온 장면이다. 조선은 집안싸움으로 옳은 말 하면 왕에 자리를 탐한다며 귀양 보내고 충신이 없다는 것이다. 즉 대순진리회 상급 임원은 대단한 벼슬인 양 행동하는 것이다. 그동안 행한 충, 효, 예가 민병규가 인정하지 않으면 신명이 인정하지 않는 것이다.

일본이 물러가고 청나라 당나라를 중국으로 하고 우리는 대한민국이라 하는 것이다. 지금도 중국은 진시황제 때부터 내려오는 버릇이 있어 우리나라를 중국의 속국으로 생각하는 것이다. 나라에는 충, 효, 예가 없는 것이다. 도전님께서 체계를 만들어 실천하는 것인데 임원이라고 목에 힘주고 후각을 제 도인처럼 생활하여 습관이 되면 운수가 없다는 것이다. 도전님께서는 도인은 상제님(하느님)의 도인이다, 하셨다. 민병규 또한 도인은 상제님 도인이지 민병규가 뭐라 하지도 않고 도통하는 방법만 알려 주면 되는 것이다. 운수가 없는 곳은 종교라 하는데 종교(宗教)는 마루 종(宗) 자로 쓰고 높고 낮음이 없고 마루처럼 평등한 것이다. 우리는 종교처럼 하면 안 된다. 도통이 있다는 것을 믿으면 종교가 아니라 도(道)를 닦는다 하는 것이다.

민병규가 갑자기 튀어나온 것도 아니고 부친께 들은 것은 민병규가 태어날 때 3년 동안 호랑이가 집 주위를 돌았다는 것이다. 겨울에 눈 위에 발자국이 있고 한번은 소변보시고 있는데 소 두엄 넘어 달빛에 얼룩얼룩한 것이 엎드려 있어 더듬더듬하여 소똥 덩어리를 집어던지니 움직이는데 황소만 한 호랑이라 머리카락이 쭉 뻗쳐 재빨리 사립문 닫고 방으로 들어왔다 하시더라. 또한 국민학교 졸업하고 가을 되면 땔나무를 하는데 어느 날 산등성 위에 갓을 쓰고 어마하게 큰 황금 동상이 3개가 나를 바라보고 서서히 사라지는데 그 뒤로 산에 가기가 무서웠던 시절이 있었다. 부친께서는 몸이 늘 편찮으셨고 소로 밭 가는 방법을 알려 주시고 아랫녘은 소 한 마리로 갈고 강원도는 소 두 마리로 가는데 안소, 마라소라 하여 오른쪽 소는 덩치가 크고 동작이 느려 안소라 하고 왼쪽 소는 행동이 빨라 마라소라, 이려 이려 아냐아냐 밭고랑 끝에 가면 어치 하면 안소는 뒷거름 한번 하고 마라소는 빙 돌아 주는데 회초리를 사용하면 말을 더 듣지 않는다. 회초리는 폼으로 들고 있는 것이지 말(소리)로 소를 가르치는 것이다. 포덕 또한 덕을 펴는 것으로 그러하다는 것이다. 회초리(권위)를 쓰면 안 되고 전경을 토대로 상제님 말씀을 전하라 하신 것이다.

1979년,
박정희 대통령 때 북한에서 간첩이 오면 숨어 있을 곳이라 화전민 철거로 아랫마을로 내려온 것이다.

1. 박정희, 정사생 09월 = 대한민국 대통령
1. 박태선, 정사생 10월 = 장로 신앙촌
1. 박한경, 정사생 11월 = 대순진리회

한 분을 인간 세상에서 만들기 위하여 두 분은 껍데기인 것이다. 우리는 도의 진리를 바르게 터득하여 목적을 이루는 데 있는 것이다. 밤을 도라고 하는데 밤송이를 벗기면 껍질이 나오고 한 번 더 벗겨야 하얀 생률이 나오는 이치인 것이다.

허경영 교주는 고 박정희 대통령 딸 전직 대통령 박근혜와 결혼해야 한다고 한다.

요즘 유튜브에 강증산 어른의 강의를 자주 하는 63년생 강석준은 대통령 되는 것이 꿈이고, 고 박정희 대통령 딸 전직 대통령 박근혜와 결혼해야 한다고 한다.

신천지 교주 이만희는 박태선 장로가 꿈에 자주 나타났다고 말한다. 예수 성경 공부하면 성공이 없는 것이다.

요즘 유튜브에 인천이 피난처라 하는 것은 예수 성경 공부한 조희성 단체이다. 조희성 교주가 사망한 지 오래되어도 믿는다는 것은 조희성 혼령의 기운이 내려온다는 것이다.

또한 격암유록을 예언서로 많이 사용하는데 박태선 시절 박태선을 모시던 집사가 격암유록의 주인공을 박태선으로 고치고 원본은 불태웠기 때문에 믿으면 안 되는 것이다.

예언서에 죽산 박씨다 하는 것은 박한경 도전님을 뜻하고 밀양 박씨다 하는 것은 상도 방면 박성구를 뜻하므로 이렇듯 우리는 바로 알고 있어야 바른 행동이 나오는 것이다. 훈시 말씀의 핵심은 충, 효, 예, 성, 경, 신 몸에 배어야 한다는 말씀이시다. 오판하면 종교의 교주와 다름없다 하신 말씀이다.

화천군 안평리에서 신대리로 이사 가서 농사지으며 있을 때 두 살 많은 조득용 형벌인데 알게 되어 농민회에 가입하고 활동하기도 하였다. 농민이 뭉쳐야 한다는 것이다. 그때 카농(단체 이름)이라 하여 카톨릭(천주교)에서 후원하여 주도하고 동학을 일으킨 전봉준 생가도 가서 견학도 하였다. 그땐 집집마다 소 한 마리씩은 거의 있었다. 재산목록 1위였던 것이다. 밭도 갈고 새끼 낳으면 팔아 생활비로 쓰는 시대였다. 부(父)친 허락 없이 소 한 마리 80만 원에 팔고 제일 좋은 타자기를 30만 원 주고 산 것이다. 타자를 탁탁 치면 하얀 종이 필름이 왼쪽으로 돌아가며 종이에 글자가 생기는데 내용을 가위로 오려 도화지에 풀로 붙이고 화천은 시골이라 인쇄소가 없고 춘천 가서 인쇄한 적이 있다.

제목은 "농민신문" 지금 생각하면 A4용지 두 장 분량이다. 내용은 [1986년 9월 우루과이에서 개최된 GATT 관세 및 무역에 관한 일반 협정 무역 협상을 일컫는다.] 농업을 개방하면 수입농산물이 들어오고 우리 농민은 죽는다는 내용이다.

◎ 입도 동기

1989년 그 무렵 "도를 아십니까? 절에서 왔습니다!"를 만나서 대화해 보니 전봉준 이야기도 하고 절에 가서 제사를 지내면 복을 받는다 하여 입도하게 된 것이다. 모(母)친은 나를 나으신 후로 산후조리 못 하셨는지 중풍에 류마티스 관절염으로 뼈마디 마디가 굵어지고 부(父)친 또한 6.25 전쟁 후로 병으로 항상 괴로워하시니 대순진리회에서 조상 제사도 지내 보고 부모님 병을 고쳐 보자 하여 입도하게 된 것이다. 농민운동 한다며 사 놓은 타자기는 신대리 최수명한테 주고 수명이는 공무원 공부해서 군청에서 일하고 있다. 신대리 경사(慶事) 난 것이다.

  부모님 생각하면 불효한다 하지만 사회에서 아무리 잘해도 충, 효, 예가 성립이 될 수 없다. 도에서 성공해야 하는 것이다. 대순진리회가 민병규를 살려 준 것이다. 농민 운동이나 참여하고 데모한다고 나라가 잘 되는 것은 분명 아닌 것이다. 항상 고맙고 감사해야 하는 것이다. 개벽 이야기는 증산도에 입도하여 들으면 될 것이고 개벽하여 후천 세상이 열리면 우리가 처음 시작이 되는 것이다. 조상과 함께 오는 세상을 맞이하는 것이다.

  통일신라 때 김대성은 머슴(천민)이었는데 하루는 스님이 찾아와 시주를 하라 하기에 왜 하냐고 물었더니 부처님 전에 공양을 하면 팔자가 바뀐다 하여 세경(일한 노임)을 스님한테 몽땅 바치고 며칠 뒤에 사망한 것이다. 동네 사람들은 손가락질하며 미쳤다며 수군댔으나 김대성은 곧바로 정승집 부잣집에 태어난 것이다. 곧바로 태어나서 혜안이 되어 보니 전생에 부모님도 살아 계시고 현생에 부모님도 살아 계시니 전생에 부모 위하여 불국사를 짓고 현생에 부모님을 위하여 석굴암을 세운 것이다. 민병규는 대순진리회 들어가기 전부터 이러한 진리를 알고 있었던 것이다. 그러므로 불행한 일이 생기면 현재를 탓하기보다 전생에 내가 잘못한 것이 있구나 반성하고 또한 이번 도는 조상이 지은 업보까지 닦는다는 마음으로 임해야 하는 것이다.

이번에 자신, 본인이 성공해야 조상도 구하고 부모 형제도 구할 수 있는 것이다. 본인 있어야 상제님도 계시는 것이고 사회도 함께하는 것이다. 한국 전래동화에는, 달아 달아 밝은 달아 이태백이 놀던 달아 저기 저기 저 달 속에 계수나무 박혔으니 옥도끼로 찍어 내어 금도끼로 다듬어서 초가삼간 집을 짓고 양친 부모 모셔다가 천년만년 살고 지고, 달은 옥황상제님을 표현한 것이고 민병규는 계묘생으로 도통 표에는 태을주가 내려온다.

민병규는 불고 가사(집을 나옴)하여 연락소 생활할 때 방 하나는 선각이 쓰고 방 하나는 윗분 오시면 교화하는 곳이라 함부로 못 들어가고 기도실에서 잠자고 생활할 때 향로는 항상 깨끗이 닦고 아침 7시기도 밤 1시기도 주일날은 낮 11시에 기도하러 수반(집에서 도 닦는 이)이 오는데 기도실에서 생활은 맞지 않으면 못하는 것이다.

그 시절은 도장 공사, 병원 공사 건설 참여하고 연락소 오면 양복 입고 수반 집 가서 기도 모셔 주고 참배하는 날은 행사라 한복 단정히 차려입고 상제님 계신 곳에 인솔하여 다녀오고 그 시절은 수반이 삐삐(호출기) 사 주고 오히려 그 시절이 더 좋은 것이다. 그 시절에 연락소 기도실에서 잠자고 상제님 모시는 습관이 몸에 배서 지금도 방에는 상제님 신위를 모시고 가끔 기도 모실 때는 샤워하고 단정히 하여 향 피우고 모시는 것이다. 하감 지위 응감 지위라.

훈시 말씀에는 아무나 입도시키면 불화가 일어난다고 하셨다. 우리나라는 군대 가는 것이 의무라 군대에서도 생활이 맞지 않으면 탈영하고 군기 교육대 가고 그러는 것이다. 맞지 않으면 못하는 것이다. 요즘 여자들은 지원하여 군대를 가는데 먹여 주고 재워 주고 여자는 하사관 이상이라 남자 사병을 거느리는 것이다. 그 맛에 군대 가는 여성들도 있다는 것이다. 도에 체계는 직급으로 되어 있으나 사회와 다른 것이다. 훈시 말씀이 그것인 것이다. 공부하기 싫은 사람 대학교 보내면 연애 공부하고 데모나 조금 하다가 졸업장 따서 사회에서 하는 일이 사기 치는 데 사용하지 나라를 위하는 사람이 없다는 것이다. 상제님의 뜻을 펴라고 하셨지 싫어하는 사람 끌어들여 감투 씌워 놓고 도통을 물건 건네주듯이 가르치니 대순진리회 말하면 정신 차리라고 하는 것이다.

훈시 말씀에 보면 여주 도장 공부할 때 5년 도 닦았다는 정리가 주문을 못 외우고, 어떤 이는 폐렴이 걸려 공부시간에 콜록콜록하며 약봉지 들고 있고, 어떤 내수는 공부하다가 아이를 출산하고 도전님께서 공사하시는데 상급 임원들이 문제가 많은 것이다.

후천 5만 년의 자리 공부가 욕심으로 생겨나니 세상이 어지러운 것이다. 민병규는 그 시절 여주 도장 시학 시법 공부할 때 세 명이 들어가 공부를 하는데 왼쪽에는 외수 선무, 오른쪽에는 내수 선무, 선사인 나는 중간에서 주문을 이끌어 가고 양쪽 내, 외수는 맞추어 따라오는데 그 공부 마치면 날아갈 거같이 개운했었다.

◎ 박한경 도전님이 화천하신 해

　민병규는 1995년 대순진리회를 나와 무작정 서울 용산 삼각지 국방부 옆 여인숙에 머물며 용역 일은 하루 일당 8만 원 10퍼센트 소개비 주고 겨우 방세 내고 살아갈 때 우연히 중국에 갔다 오는 보따리 장사꾼을 알게 되어 위장 결혼을 하라는 것이다. 진짜가 가짜가 되는 세상에 위장 결혼을 잘 하면 살 수 있다 하여 1996년 1월 중국 흑룡강성 목단강을 가는데 가도 가도 끝이 없고 하얼빈에 기차가 서며 잠깐 본 풍경은 처음 보는 세상이고 목단강에 도착하니 추위는 뼛속까지 저리다 할 정도로 매서웠다. 흑룡강성 대부분은 고구려의 땅이었다가 발해국(渤海國)의 지배하에 있었고 송화강(松花江)의 여러 지류 중 가장 큰 강인 목단강(牡丹江)에서 연유한다고 한다.

　강증산 어른께서는 나는 부모를 위하여 결혼은 했을망정 자식은 두지 않았노라 말씀하셨듯이 민병규도 부모에게 자랑하고 싶어서 한 위장 결혼이 여자가 한국 나올 적에 브로커에게 천만 원을 주고 민병규는 이백 받고 그 돈은 빌린 돈이기에 갚아야 하므로 식당에서 생활하고 결혼생활은 아닌 것이다. 충, 효, 예는 사회에서는 힘든 것이다. 오히려 부모에게 불효하는 것이다.

　1997년 벼룩시장에 선원 모집 광고를 보고 전화하니 부산 사상터미널로 오라 하여 갔더니 나를 데리고 전라도 영광군 법성포에 내려 주고 소개비가 60만 원이고 일해서 갚아야 하는 것이다. 월급이 아니고 나누어 먹기로 선장이 60% 일하는 사람이 40%로 대하잡이 배로 대하를 잡아야 돈을 받는 것이다. 이곳 박영복 씨의 철(쇠) 배 한 곳밖에 없었다. 탑승 인원 7명까지인데 5명이 바다로 출항할 때 선장이 스피커로 탑승 인원 몇 명, 보고하고 나간다. 한번 나가면은 바다에서 3일은 머물다 온다. 뱃길 3시간 나가면 바닷물이 맑고 투명하고 물결에 하얗게 반짝이는 것은 고기가 떼로 지나가는 것이라 한다. 바다는 매일 잔잔한 것이 아니라 한번은 큰 파도가 밀려오는데 배가 45도 아래로 박혔다가 올라갈 때는 45도 각도로 하늘로 향하는데 그때 상황은 이제는 죽었다 하는 생각밖에 없는 것이다. 살겠다고 아우성치면 배는 가파른 파도 옆으로 가로지르고 그냥 뒤집어져 전부 죽는 것이다. 배에는 선장이 한 명인 것이다. 선장을 믿어야 하는 것이다. 나에 목숨은 선장한테 달려 있는 것이다. 선장 또한 경험을 토대로 하늘에 맡기고 무사히 모두가 살아날 수 있는 것이다. 내가 하늘과 통하려면 안 되는 것이다. 하나뿐인 선장과 통하여 일심이 되면 하늘과 통하는 것이다. 배 선장 부인은 출항 전 새벽에 3일 먹을 식량을 준비할 때 초향 피우고 막걸리 한잔 부어 정성을 올리는 것을 볼 수 있다. 그것이 도라는 것이다 우리는 보이지 않은 상제님 전에 빌어야 하는 것이다. 대하는 많이 잡지 못하고 선장 집에서 1년 머물며 먹고자고 한 거 계산하면 오히려 손해 봤다 하여 나왔지만 그곳은 불교가 들어왔다 해서 법성포라는 지명이 있다. 원불교의 교주가 증산 어른의 말씀을 듣고 이곳에서 깨달음은 얻고자 했던 것이다.

    그 후 서울 고시원에서 상제님의 진리를 공부하기 위하여 컴퓨터를 사다 놓고 홈페이지를 만들어야 하는데 가르쳐 주는 사람도 없고 몇 개월을 매달리고 신발을 신으려니 신발이 너무 작아 발이 부어도 연습하고 모두가 영문으로 되어 영문을 모르는데 그래도 html로 www.msge.co.kr 만든 것이다.

우리 일은 신명이 아니면 안 된다 하셨다. 하면 되는 것이다. 그리하여 상도 방면을 알게 되고 상도 방면에서 임원이 찾아와 대순진리회 상급 임원이 상도로 오고 있으니 경사라 하고 순감 공부를 한 김은희가 상도 방면에서 순감 공부를 돌린다는 것이다. 아무리 순감 공부 돌려도 도전님이 안 계시는데 열리지 않는 것이다. 김은희는 교정으로 있을 때 방면 추천서로 순감 공부를 경험하여 알 수는 있지만 절대로 용사를 못하는 것이다.

그 후 2010년 용역 생활하는 것보다 숙식 제공하는 도로공사 일하러 간 곳이 익산인데 한 달이 안 되어 꿈에 웬 노인이 그렇게 해서 무슨 집을 짓느냐며 호통을 치시는 것이다. 아침에 일어나 보니 진눈깨비 눈이 내리고 9시쯤 함바로 가지 않고 돼지국밥이 먹고 싶어 읍내로 향하는데 발걸음이 마음대로 안 되고 기차역으로 몸이 떠밀려 가는데 무슨 조화인지 도통 이해가 안 되어 숙소에 있는 작업복 소지품을 가지고 오겠다 마음먹으니 그제야 발걸음이 움직여 기차 타고 서울로 온 날이 12월 21일 그날 세분 증산, 정산, 우당 삼산 상제님의 신위를 모신 날이고 도통 표 또한 그림으로 꿈에 보았던 것이다.
  [대순진경 참조]

  증산 구천 상제님의 시 중에서,

머무를 곳 없는 나그네이고 오직 의지할 곳 없는 거지 상제(上帝)로다. 시절이 어쩔 수 없어 삼계(三界)의 일을 질정(質定)하고 천지공사(天地工事)를 맡았건만 신명들이 짐을 보면 울음을 멈추지 아니했고 인간들은 욕심을 멈추지 아니한즉, 법통 전하려 한 세월(歲月)이 이미 백 년(百年)이거늘 백 년(百年)간의 백(魄)은 한시도 쉬어 본 적이 없고 혼(魂)은 또한 정사(政事)에 있어 한시도 쉬어 본 적이 없나니 그 괴로움은 태양이 순환(循環)하는 것과 같고 달이 순환(循環)하는 것과 같도다.

[대순진경 8p 참조]

증산 상제께서는 주로 영적(靈的) 공사를 하시었다. 유교(遺敎)와 유문(遺文)으로 남기셨다.

유교(遺敎)란? = 후인(後人)을 위(爲)하여 임종(臨終) 전에 행(行)한 설교(說敎),

유문(遺文)이란?= 임종(臨終) 전에 생전(生前)에 지어 놓은 글.

거지 상제(上帝)로다. 즉 민병규가 아무것도 없는 거지라는 말씀이시다.

1909년 39세 화천 + 백 년(百年) 지나 2010년 삼위 신위 봉안한 연도, 상제님께서 하시는 천지(天地) 대공사(大工事)는 신명(神明)이 움직인다는 것을 알아야 한다. 도장에서 신위를 모셨지만 사진을 걸어 놓으니 백 년 동안 거지 상제로 계시다가 2010년 신명의 이끌림으로 모신 것이 맞다는 것이 확인된다.

훈시 말씀에도 도장 공사를 하실 때는 우리 집을 짓는다 하셨다. 민병규 또한 꿈에 노인이 나타나 그렇게 해서 무슨 집을 짓겠느냐며 호통을 치시는 것이다.

마포구 염리동에 고시원 생활할 때 "베르넷크레디트" 하청 사체, 대출을 조금 쓴 적이 있는데 이자를 제때 못 넣으면 전화가 오는데 목소리 그 자체는 섬뜩하다. 못 갚으면 민병규 간을 빼내 소금 찍어 먹는다 한다. 가족에게 알리면 큰일 날 것 같아 고시원에서 고시원으로 옮길 때 전입신고를 안 하여 주민등록은 말소되는 것이고 수년 동안 일해서 빚은 다 갚은 것이다. 벌금 조금 내고 주민등록을 다시 살리고 고시텔로 옮기니 화장실, 세면장이 있어 공부하기는 안성맞춤이다. 3개월이 지나 고시텔 원장이 경찰이 왔다 갔는데 시골에서 모(母)친 이 위독하시다는 것이다. 이제는 어쩔 수 없다 하여 2014년 컴퓨터 하나만 가지고 고향을 방문하게 된다.

방문하니 신대리가 아니고 용신이라 부르는 신읍리 입구였다.
모(母)친은 병원에서 사망하시어 장례시켜 드리고, 부(父)친께서는 90세가 넘어 낮에는 요양보호사가 와서 점심은 챙겨 드리고, 조석(朝夕)으로 부(父)친을 모시고 민병규는 지인 소개로 미화원(청소) 하는데 새벽 3시에 나가서 집에 오면 오후 4시다. 저녁 차려드리기에는 이르고 뒤란 바닥에서 맥주 한잔 먹고 있는데 김상기가 키우는 개가 오더니 맥주잔을 개밥그릇으로 아는지 맛을 보길래, 나는 귀여워서 사진을 찍어 김상기한테 보여줬더니 문제가 생긴 것이다. 바로 옆집인데 민병규가 일 갔다 오는 시간이 되면 개가 꼬리 흔들고 민병규를 무척 좋아하니 묶어 놔도 개

줄을 끊고 민병규를 찾으니 개를 꼬셔 술을 먹였다는 것이다.

　김상기는 중학교 중퇴하여 단란 주점 가서 돈 뜯어내는 전과 8범인데 밤이 되면 찾아와 협박하고 사연을 경찰서 가서 말하니 이웃 간에 "개" 가지고 찾아오면 어쩌겠느냐는 것이다. 김상기는 춘천 폭력배까지 데리고 와서 칼 들고 협박을 하고 부(父)친을 요양원에 모시려고 하는데 자식이 있다는 관계로 안 된다 하여 동네 이장 사인받아 요양원에 모실 때 부(父)친은 내가 무슨 죄가 있냐! 집으로 가자 하시는데 지금도 가슴이 미어지어 글로 남기는 것이다. 결국에는 이웃집 개를 꼬셔 술을 먹였으니 동물 학대에 적용되며 벌금 이백만 원 춘천 검찰청에 납부한 것이다.

　화천산천어축제 21일 기간에 활동하는 사람은 하루 5만 원 한 달 행사 끝나면 백만 원 정도 받는다. 김상기는 외국인 전용 낚시터에 취직하고 행사 끝나면 3백만 원 소득이 된다고 자랑한다. 산천어를 몰래 뒷문으로 팔아서 소득을 취하는 것이다.
　민병규는 낮에는 미화원(청소) 일하고 밤에 8~11시까지 축제장 얼음 위에 물 뿌리기를 하였다 해서 군수님 표창장을 받았다. 김상기는 생활 보호 대상자로 한 달에 80원을 받는데 다른 일을 하면 안 되고 낮에는 잠자고 밤에 못된 짓만 골라 하는데 봄이 되면 재배용 두릅을 몰래 따다 팔고 못된 짓만 골라 하는 자이다. 가을이 되면 옆집 밤나무에서 밤이 김상기 집 지붕 위에 떨어지면 군청 직원이 밤나무 가지를 잘라 주고, 싱크대가 고장 났다고 하면 군청에서 나와서 교체해 준다. 이러한 내용은 화천 군수님을 욕되게 하는 직원들이 문제가 많다는 것이다. 전과 8범 김상기를 생활보호 대상자로 만들어 군인 가족만이 사용하는 군인마트 사용 카드도 만들어 주고 국가유공자로 떠받드는 직원들이 문제가 많다는 것이다. 대순진리회에서 도전님이 병이나 고쳐 주는 교주로 몰고 가는 상급 임원들이 문제인 것이다. 도란? 내가 도고 사회가 도이고 인류 전체가 도이고 삼라만상 전 우주가 도라 하는 것이다.

민병규에 부(父)친께서는 6.25 때 3사단 소속으로 평양탈환 선봉대였으나 중공군이 내려와 후퇴하며 밤중에 계곡물을 마시고 병환으로 원주 병원에서 살아나셨으나 그 부대는 완전히 전멸했다고 한다. 제대증에는 군번이 있는데 부대로 복귀하라는 사단장 직인 도장이 찍혀 있고 복귀를 하지 않고 기록이 없다는 관계로 이명박 대통령 때 받은 6.25참전용사 문패만 본 적이 있다.

◎ 용신이란 마을 이름은
일본 점령기에 하남면 원천리에서 용마(龍馬), 날개 달린 말이 나와 말을 잡기 위해 일본 순사들이 사람들을 동원하여 언덕 고개에 진을 치고 말을 몰았다 하여 말고개라는 지명이 있는 것이다. 용신이란 마을 이름은 용마가 죽은 자리다. 하여 용신이라 부르는 것이다. 바로 노신로 민병규 부모(父母)가 사시던 집 뒤쪽이다.

일제강점기에 원천리를 명당(明堂)으로 생각하고 소를 죽여 가마니에 넣어 땅에 묻었다 하여 가마니골이라는 지명이 있고, 그곳에 묫(墓)자리를 쓰지 못하게 만든 것이다. 부(父)친으로부터 들은 이야기는 일본 사람이 묫자리를 못 쓰게 하여 밤중에 가마니골에 일본 사람 몰래 증조뻘 되는 묘가 2장이 있다. 가래골 살 때 부(父)친 따라 벌초를 하던 곳이다. 대순진리회 다닌 후로 벌초는 하지 않고 있다. 부(父)친께서는 일본 강제 징용에는 제외되고 화천댐 만들 때 화장터를 짓고 죽은 자는 매일 불태웠다고 한다. 화천에는 일본 사람이 쇠말뚝 박은 곳이 있는데 풍산리 장수봉, 가래골 들어가는 입구 장군봉, 장군이 나올까 두려워 일본이 산에 맥을 끊어 놓은 것이다. 원천리에서 훈련용 포를 쏘면 장군봉에 떨어지는데 민병규는 포 소리 들으며 가래골서 태어난 것이다.

천존 시대에는 땅에 지기(地氣)가 동하면 겨드랑이에 날개 달린 아이가 태어나는데 이때 날개 달린 용마(龍馬)가 나타나는 것이다. 용마는 날개 달린 아이가 타는 것인데, 나라 임금은 날개 달린 아이가 태어나면 역적이 될까 두려워 삼족을 멸한다 하고, 부모는 아이를 몰래 죽일 때는 수탉의 뾰족한 깃털로 아이의 겨드랑이에 날개 나온 쪽을 찔러 피를 뽑아야 죽고 용마는 사명(使命)을 이루지 못하고 죽는 것이다.

용마(龍馬)가 나타난 해는 1891년 증산 상제께서 강림한 해이다. 하늘(天氣), 구천(九天)에 계시는 상제(上帝)께서 강림하시니 땅에 지기(地氣)가 동하여 천기 자동으로, 동시에 용마(龍馬)가 출현했던 것이다. 용마(龍馬)는 증산 상제께서 타시는 것이 아니라 증산, 정산. 우당, 다음으로 오는 민병규의 태어나는 위치를 알려 준 것이다.

천존 시대(天尊時代) 천도(天道)로다. 하도 용마(河圖龍馬) 나설 적에 천존 시대(天尊時代) 천도(天道)로다. 하도 용마(河圖龍馬) 복희 팔괘는 춘운도(春運圖)이다. 용마는 물속에서 나왔다. 말(午)이 물(子)에서 나왔으니 오출용자(午出龍子)라. 몸에 날개가 달린 아이가 태어났던 것이다. 복희 역은 봄(春) 시대이다. 문왕은 여름(火) 시대, 지금은 가을(秋) 시대인 것이다. 선천 세상의 봄은 복희씨라. 춘운도(春運圖), 옮길 운(運) 그림도(圖), 옮겨야 하는 것이다. 봄에 씨앗을 뿌려 여름에 가꾸고 가을에 추수하여 후천 5만 년의 완벽한 봄(春) 시대를 만드는 것이다.

이 세상의 모든 것은 상제(上帝)께서 쓰시고자 내신 것이므로, 하물며 만물(萬物)의 영장인 인간으로 태어나서 하늘이 쓰시고자 하는데 응하지 않으면 어찌 인간이라 할 수 있겠는가?

후천 5만 년은 봄과 같다 하여 도시춘(春), 대동세상(大同世上)이라 한다.

민병규가 창건한 용담 역(龍潭易)은 춘운수(春運數)라 후천 5만 년 동안 인간(人間)의 힘을 초월(超越)하는 도술 문명이 열리는 것이다. 증산 상제님께서는 인류의 조종은 태호 복희씨 것만 어찌하여 부처 노래를 부르는가 하셨다. 대순진리회의 서가 여래 하감지위, 박성상제 하감지위는 백날 주문 외워도 열리지 않는다.

건남곤북(乾南坤北) 하올 적에 이동 감서(離東坎西) 되었구나, 건, 남, 곤, 북 이, 동, 감, 서 희역 시대의 복희 8괘이구나.

육천 년 전 태호 복희씨가 희역을 만들어 천지신명을 하늘에 봉하고, 문왕은 영대에 봉했다가 강태공이 땅에 봉하고, 이번에 도전님은 영대에 천지신명을 봉하고, 신봉 어인은 신을 사람에게 봉해야 하는데, 도통 신명이라. 민병규가 도통 신명을 사람에게 봉하는 것이 후천 오만년의 기초인 것이다.

　상제님을 공경하고 신명을 섬기는 것을 헛된 것이라 하니 이것이 스스로 상제님과 단절함이 아니고 무엇이랴? 오직 상제님께서 이 사람들을 버리지 않아 나에게 대도를 내리시니 이르기를 무극(无極)이라. 무극이라는 것은 천지의 무극(無極) 한 이치이다. 상제님이 이치로써 사람에게 주시고 사람이 상제님으로부터 도를 받으니 상제님께서 주심을 모름지기 감사하고 도를 받음을 극진히 생각하여 상제님을 대함을 오로지 생각하고 오로지 도로써 일에 임하여 반드시 인(仁)·의(義)·예(禮)·지(智)·신(信)을 다하며 반드시 삼강오륜을 지키며 부지런히 밭 갈고 베 짜기에 힘쓰고 절약하며 힘에 맞게 일에 임하라.

　2016년 겨울,
　html로 만든 www.msge.co.kr 내용을, 폭력배의 협박으로 부친을 요양원에 강제로 모시고 도피(逃避) 중에 판매용 홈페이지를 구입하여 자료 이전하고 성명서 발표한 해이다.

02. 선천 판 신명계 층 표 보기, 하늘 궁

민병규 도가(道家) 판에서는 하느님을 구천 응원 뇌성 보화 천존이라 칭한다. 구천이란 하늘은 종적(縱的)으로 아홉 단계로 이루어져 있다는 뜻이다. 가장 상위(上位)인 구천(九天)에 하느님이 계신다는 뜻이다. 도솔천이요, 천국(天國)의 내원궁(內院宮)인 도솔궁이 있고 외원궁(外院宮)이 있는 곳이다. 구천응원뇌성보화천존(九天應元雷聲普化天尊) 상제(上帝)이시다.

하늘의 팔천(八天)은 천계(天界)이고,

칠천(七天)은 성계(星界)이며,

육천(六天)계는
인간 최고 등급인 성인(聖人)이 오르는 하늘이며,

오천(五天)계는 현인(賢人)이 오르는 하늘이며,

사천(四天)계는 만고에 효자, 충신, 열녀, 의인, 지사
(孝子, 忠臣, 烈女, 義人, 志士)가 오르는 하늘이다.

삼천(三天)계는 일반 중생은 오르는 하늘이고,

어리석은 우자(愚者)는 이천(二天)계에 머물며,

악자(惡者)는 맨 하계(下界)인 일천(一天)계에 머문다. 그러니까 일천(一天)이 지옥(地獄)인 것이다.

지상과 가장 가까운 어두운 세계이다. 즉 인간 세상의 현실계가 가장 어두운 곳이다. 물론 지하세계는 최악의 어두운 지옥이다. 펄펄 끓는 지옥은 더 깊은 지하로 불구덩이를 뜻한다. 삼천계는 두 직급으로, 도를 닦다가 사망하면 일반 중생으로 삼천계에 머물다가 사람으로 태어나길 원하면 사람으로 오는 것이고, 강제추방은 사람 또는, 축생계로 떨어진다. 중생이 가는 삼천계는 상제라 자칭하는 혼령도 있다. 배터리가 방전된 상태로 태어나니 전생 기억을 못 하는 것이다.

사천계는 만고에 효자, 충신, 열녀 등, 갈 사람이 없어 텅 비어 있는 것이다. 훈시 말씀에는 상제께서 천하를 대순하여 보니 충, 효, 예가 끊어지어 멸종 위기라 도에 체계를 만들었으니 성, 경, 신으로 닦아라 뿐이다. 훈시 말씀에는 천(天)계(하늘)의 층에 대해서는 말씀이 없다. 그러니 도전님 훈시 말씀보다 민병규가 말하는 것을 알아들어야 하는 것이다. 사천계 이상은 본인이 원하지 않는 이상은 사람으로 오지 않고 복(배터리)이 떨어지면 공덕을 쌓으러 본인이 부모를 선택하기도 한다. 인간 세상에 오지 않는 혼령의 이유는 자손이 성공하면 함께 후천 선경 세상에 들어선다. 자손 줄이 죽으면 선령 신도 죽는 것이다.

태호 복희씨가 만든 하늘은 다단계와 같아 아래층은 위를 볼 수 없고 위층은 아래층을 볼 수 있다. 위층으로 올라갈수록 사람으로 태어나기를 싫어한다. 천상계에 머물다가 복이 떨어지면 사람으로 태어나길 빌고 빌어 복을 많이 만들어 제자리로 와야지 했는데 태어나서 응애하고 배고픔을 느끼며 엄마 젖을 먹으면서 지나간 일은 새까맣게 잊어버리고 죄만 짓는 것이 사람인 것이다. 우리는 오는 세상에서 살아갈 수 있는 복을 짓는 것이고 우리의 목적은 도통인 것이다. 이번에 사람으로 올 때는 도통하러 태어났는데 모르고 있다는 것이다. 포덕은 그래서 있는 것이다. 상제님의 진리를 제대로 알리는 것이 도를 전한다 하는 것이다. 때가 되어 당도해 보니 피를 토하도록 통곡한다는 것이다. 그렇게 좋은 천지 대도가 있는데 지금 알려 주면 어떡하냐 한다는 것이다. 현재 우리가 살고 있는 세상은 일천계 이천계 원귀 잡귀들의 집에서 함께 살아가는 것이다. 세상의 사건 사고는 원귀, 잡귀들의 장난인 것을 알아야 한다. 교통사고 등 고소 고발, 갑자기 사람이 돌변하고 이유 없이 사람을 찌르고 모두가 원귀 장난인 것이다. 사람 사는 세상이 지옥인 것이다. 악령들은 윤회가 없고 펄펄 끓는 기름 불가마에서 괴로움의 아우성치는 소리뿐이다. 그중에 착한 혼령은 초목에 붙어 있고 상제께서 말씀하셨듯이 꽃도 신이 떠나면 시들어진다 하신 것이다. 꽃은 사람이 미워하면 향이 나지 않고 예뻐해 주면 아름답게 피어난다.

신명계 층의 원리를 알면 도를 닦는 데 도움이 되는 것이다.

육천 년 전 민병규가 희역을 만들고 모래시계를 만들 적에 절반은 신명계이고 절반은 인간계 세상으로 나누어 시간을 측정하려 했던 것이다.

세월이 가면서 위층에 있던 혼령이 복(배터리)이 줄어들면서 아래층에서 아래층으로 내려와 삼천계에 와서 사람으로 태어나는 것이다. 150년 전 오천계에 머무는 신, 성, 불, 보살들이 구천에 계시는 상제가 아니면 인간 세상이 전멸당하니, 구천 상제에게 하소연하므로 괴롭기는 한량없으나 어쩔 수 없이 왔노라 기록된 것이다. 사람이 사망하면 삼천계에 들어가야 하는데 들어가는 혼령이 없어 신명계가 빌딩이 주저앉듯이 인류 전멸 일보 직전인 것이다. 삼천계에 있다가 사람으로 올 때 원수를 갚으러 오는 혼령도 있다. 주로 가까운 사이로 태어나 사람을 죽이고 축생계도 가지 못하고 지옥보다 더한 불가마로 가서 고통받는 것이다. 사람 사는 세상에 사람 죽은 귀신과 함께 살아가자니 지옥인 것이다. 모래시계에 신명계 모래가 인간계로 모두 내려와 균형이 깨지고 심장이 터지고 뼈마디가 튕기고 지옥문이 열리는 것이다. 우리나라는 상제님께서 강림하신 나라이기에 자유가 천국 되어 사망하면 복(배터리)이 없으니 멀리 갈 수 없고 주변에서 맴돌다 보니 피해는 사람에게 오는 것이다.

순환지리(循環之理)

사물(事物)의 성(盛)하여지고 쇠(衰)하여짐이 서로 바뀌어 도는 이치(理致)를 순환지리(循環之理)라 한다.

천기 하강, 지기 상승하면 만물이 소생하여 초목이 자라나고, 지기 하강 천기 상승하면 초목은 시들고 겨울이 오고 다시 봄이 오는 것이다. 높은 곳 산에 물이 있는 것도 순환지리로 생겨나고, 사람 몸에도 기(氣)가 도는데 입에서 끊기는 것이다. 그리하여 좋은 글을 읽고 말을 하면 배 안에 있던 나쁜 기를 밖으로 보내니 헛소리가 되고, 좋은 기(氣)는 혓바닥이 입천장으로 연결하여 뇌로 보내니 정신이 맑아지며 기가 돌고 돌아, 심장이 펌프 작동하여 피가 돌고 도는 것이다. 맥박은 1분에 72번 뛰면은 가장 건강한 신호인 것이다.

그러므로 천지 만물 세상의 이치가 순환이 안 되고, 신명계와 인간계가 순환지리(循環之理)가 안 되어 천지 만물이 모두 전멸 위기에 처해진 것이다. 모래시계의 모래가 순환이 안 되니 계곡과 강은 모두 오염이 되어 물고기들도 오염된 물에서 지옥 생활을 하는 것이다. 이제는 집을 수리하는 것이 아니라, 천지 부모님이 헌 집은 헐어 버리고 새집을 지으려고 할 때 함께 참여해야 하는 것이 사람 된 도리인 것이다. 헌 집(선천 종교)에서 살겠다고 고집하면 모두 교주와 함께 지옥 불에 들어가 오는 세상을 맞이하지 못하고 영원히 죽는 것이다. 우리는 상제님의 말씀으로 정신개벽을 먼저 해야 오는 후천 선경 세상을 건설할 적에는 도통 군자는 72가지 둔갑술을 부리는 것이다.

육천 년 전 민병규가 모래시계를 만들어 수수 천년 지나니 고장이 난 것이다. 이제는 후천 5만 년 작동하는 모래시계를 만들어야 하는데 신명과 사람이 어우러져 살아가는 무궁 대운의 5만 년 지상선경(地上仙境), 도화낙원(道化樂園) 건설을 위한 상제님과 성인의 위대한 사업에 동참해야 하는 것이다. 아홉 명의 대들보가 있어야 되고 일만이 천 명이 필요한 것이다. 힘든 공사는 상제님께서 모두 다 하시고 우리는 참여만 하면 되는 것이다. 여자가 팔천 명 남자가 사천 명이다. 일만이 천명은 한정이 되어 72가지 도술을 부리고 일반인은 용사는 하지 못하지만 새집에 들어가야 사람으로 살아왔다는 것을 알 수 있는 것이다. 들어가는 문이 두 개인데 문(門)이 있고, 문(文)이 있는데 선택하려면 가장 어려운 문제인 것이다. 잘못 들어가면 지옥행인데 가장 어려운 것이다. 속담에, 모 아니면 도라 하여 점집 가서 무당(무속인)한데 물어봐도 맞추지 못하고, 도에서 성공하려면은 원리를 알아야 하는데 문제도 하나, 답도 하나인 것이다. 윷놀이는 초패왕 시절 전쟁터에서 만들어진 전술 방법이 풍속으로 전해진 것이다.

새해 첫날부터 대보름까지, 4개의 윷가락을 던지고 그 결과에 따라 말(馬)을 이동시켜 승부를 겨루는 전통놀이로, 나무로 윷을 만들어 여러 사람이 편을 갈라 즐기는 놀이이다. 초패왕 전생이 단주이고 지금은 옥황상제에 임하시므로, 시험 볼 때 "모"를 선택하면 탈락이고 "도"를 선택하면 살 수 있는 것이다. 무당(무속인) 이 섬기는 신은 삼천계에 가지 않고 이천계에서 대장 노릇 하다 사람한테 빌붙어 먹는 귀신이라, 신명계 법을 모르고 집안에 한 맺힌 조상이 있으니 결국에는 잡귀들한테 놀아나는 것이다.

문(門) + 문(文) = 민(閔)이 된다. 서울대 들어가기도 힘들지만 서울대 간다고 도통하는 것이 아닌 것이다. 정답은 민병규가 완성한 진리만이 살길인 것이다. 예수 성경에도 좁은 문으로 들어가라고 하지 않았던가. 상제께서도 어찌 민민하지 않으리오, 가르쳐 줘도 못 찾는 것이다. 이번에 민병규가 정답을 알려 줬으니 가까운 날 시험을 볼 것이다. 떨어지면 못된 악령들 손에 넘어가고 인생을 망치고 조상까지 전멸당하는 것이다.

옛날에 과거 시험 볼 때는 천 리라도 걸어가서 임금님 앞에서 시험을 보고 낙방을 한 선비들은 원리를 몰라서 떨어진 것이다.

"천기누설"의 참뜻은 그동안 도를 닦았다는 이들 상대로 시험 볼 때가 있는데 도통을 모르는 이들의 시험지 답안지가 "천기누설"인 것이다. 제 시간에 제출하지 못해도 죽는 것이고 사람으로 태어나서 성공하자는 결심이 서면 외면하지 않고 참여하게 되는 것이다. 시험지에 가장 어려운 것은 들어가는 문이 지옥과 천국 갈림길에서 거의 지옥행 확률이 많다는 것이다. 전 인원이 합격하려면 이곳에 정답이 있으니 마음을 속이지 말고 숙지해야 할 것이다. 우리 도(道)는 신도라 하며 영적으로 시험을 보는데 시험관이 천지신명이라, 문제를 낼 때 민병규가 "무궁화 꽃이 피었습니다." 이때 문(門) 더하기 문(文)은 민(閔)이 되니 민병규에 진경이 답이라. 이도 일체 되어 만든 진경을 읽었다는 생각만 가지면 천지신명이 합격 판정 내려 기다리면 되는 것이다. 합격한 사람은 영이 점점 밝아져 도통이 열릴 때쯤 되면 어디로 가야 하는지 스스로 알게 되는 것이다. 변하면 곰팡이가 생기어 썩는 것이다.

그동안의 세월은 인간을 가르치기 위하여 육천계에 머무는 석가, 공자, 예수, 무함마드, 등이 내려와 교리를 만든 것을 종교라 하는 것이다. 종교(학교)는 사람으로 해야 할 일이 있고 죽어서 가는 길과 미래에 누군가 와야 한다는 것이다. 불교계는 미륵, 예수계는 여호와, 하나님, 등이다. 사람이 죽으면 천국 들어가는 문과 지옥 들어가는 문 두 개뿐이다. 이문에 들어가기 위해 대기시간은 혼령에 무게를 보고 판단하는데 혼령이 복

(배터리)이 많으면 사천계 오천계 이상도 갈 수 있는데, 갈 수 없는 곳이 된 것이다.

    삼천계에 있다가 사람으로 오는 이유가 복(배터리)을 충전하러 오는 것이다. 그런데 사람으로 오면 죄만 지으니 신명계가 문을 닫은 것이다. 삼천계도 이제는 들어가는 혼령이 점점 줄어드는 것이다. 신명계가 무너지기 일보 직전에 머지않아 대혼란이 오는 것이다. 이천계에 있는 혼령은 주로 무당(무속인)과 가까이 접해 있었으나 이천계의 문을 돌리게 되면 정화되지 않은 혼령이 사람으로 태어나게 되는가 하면 아예 직접 몸속으로 들어가 주인 행세하면 사회는 더욱 혼란해지는 것이다. 전쟁사를 읽지 마라 전쟁사를 읽으면 그 억울하게 죽은 혼령이 달라붙는 것이다. 육체를 벗고 가는 길은 이천계, 일천계 지옥뿐인 것이다. 예수교는 원수를 사랑하라, 상제께서는 원수를 은혜로 갚아라, 말씀하신 것이다. 상제님 말씀이 깊이가 있는 것이다. 소는 밭을 갈고 죽어서 고기를 사람에게 바치니 공덕이 되어 삼천계에 들렀다가 사람으로 태어나는 것이다.

    예수교는 일제강점기에 조선 총독부에서 전파한 것이고 상제께서 예수교를 둘러보시고 쓸모없다 하신 것이다. 민병규가 마포구 염리동 있을 적에 합정동 천주교 신부 8천 명이 처형되어 혼령을 기념으로 만든 공원이 있는데 그곳에 빵과 우유 사 가지고 공원에서 먹고 오기도 한 적이 있다. 기독교에 선각은 천주교 신부인데 선각을 처형하고 사랑한다면 진리가 아닌 것이다. 석가, 공자, 예수, 무함마드, 등이 내려와 인간을 가르치자 함은 그들도 복(배터리)을 만들어 위층으로 가려 했던 것이다. 우리는 상제님의 진리로 복(배터리)을 만드는 것이다. 성현 중에 석가 공자는 가장 높은 상제에 오르시고 예수 등 성인은 종교를 만들어 따르는 신도들의 만행으로 예수 혼령은 죽어가는 것이다. 예수 혼령이 불가마에 들어가면 따르는 신도들도 함께 들어가야 하는 가을 심판의 기운으로 천기 자동이라.

옛날에 임금이 죽으면 신하도 같이 따라 죽어야 하는 법이 있었다. 우리는 성공을 하려면 상제님의 진리를 빛나게 해야 하는 것이다. 상제님은 몇몇 사람을 구하는 것이 아니라 전체 인류를 구하러 오셨기에 상제님의 뜻을 알아야 성공을 할 수 있고 먼저 상제님의 진리가 빛이 나야 우리가 성공하는 것이다. 이것이 해원상생인 것이다. 죽어도 상제님 진리는 하나이고 죽어도 상제님 진리에서 성공하겠다는 결심이 서야 성공하는 것이다.

의통이 사람을 거느리면 통한다 하여 교주들이 늘어나는 것이다. 의통이란 의원(醫院)이 되라는 말씀이며 신안이 열려도 자기 병은 자기가 볼 수 있고, 우리의 목적은 도통인 것이다. 태초가 만들어질 때부터 상제께서 일만 이천 명은 정해져 있다, 하신 말씀은 태초에 복희씨(민병규)가 신명계를 만들고 하늘에 신명을 봉하여 신명계에 있던 혼령이 사람으로 태어났던 것이다. 예를 들어 땅에 신명을 봉한 시절에 박, 석, 금, 고, 부, 양 6개 성씨들은 부모 없이 천지 부모가 사람으로 태어나게 한 것이다. 고씨, 부씨, 양씨는 제주도 성씨라 삼성혈 땅에서 태어났고, 박혁거세는 박에서 태어나 인간계에 있던 일을 하늘에 계시는 옥황상제께 전하려 천상계 올랐더니 옥황상제께서 노하시어 혼자 왔더니 두 명이 왔다며 몸이 6각 여섯 개 토막으로 잘리어 땅에 후두둑 떨어져 박혁거세 묘(墓)가 여섯 군데에 있는 것이다. 그때 박혁거세 부인이 이로 변장하여 신랑이 가는 곳이 궁금하여 변을 당한 것이다. 그 후로 육시랄 놈이라는 말이 풍속으로 전해진 것이다. 앞으로 오는 세상에도 상제께서 민병규를 부르실 때에 도통 군자는 도술을 부리는 데, 이로 둔갑하여 민병규 몸에 붙어 따라오면 절대로 아니 되오니 미리 전하여 알리는 것이다.

증산 상제께서 부인이 세 명이 있는데 결혼을 하려고 하신 것이 아니라 고수부 공사는 삼성혈에서 솟은 고, 부, 양 씨 혼령을 원을 풀어야 함인데 증산도에서는 고 판례가 종통을 받았다고 사진 걸어 놓고 고집부리니 영(玲)이 열리지 않는 것이다. 증산 상제님께서 가족이나 부인에게 종통을 주었다면 진리가 아니고, 현재 증산도는 종통을 대물림하고 있는데도 찾아가는 사람들이 허령인 것이다. 민병규가 증산 상제님의 27년 헛도수를 쓰시고 불에 태우신 공사가 2023년에 공표하니 시간 지나는 대로 소리가 나올 것이다.

상제님의 진리를 알아야 해원상생 하여 척을 풀고 도통을 하고 군자가 되어 영원히 죽지 않는 불멸의 진리인 것이다. 있으므로 본인들이 도통할 수 있고, 민병규는 단지 군자들을 잠에서 깨어나길 알려 줄 뿐이다. 상제께서는 잠자던 개가 일어나면 산 호랑이도 잡는다, 하셨다. 속담에도 호랑이에게 물려 가도 정신만 차리면 살 수 있다, 하였다. 짐승은 혼이 두 개이고 사람은 혼이 세 개라. 혼났다 하여, 혼이 하나가 빠져나가면 호랑이가 볼 때는 너는 짐승이니 잡아먹는 것이다. 도를 닦는다 함은 정신 통일하는 것이고, 정신통일이 되면 일심이 나오는데 충심(忠心) 만 들어져 본인에 영이 밝아지는 것이다. 도 앞에서 고집이 있으면 몸(身)을 망치는 지름길이다. 도전님께서는 도를 알면 민병규가 팥으로 메주를 쑨다 해도 믿으라 하신 것이다. 대순진리회 상급 임원들도 이러한 원리를 모르고 문 걸어 잠그고 도전님에게 충, 효, 예를 실천하여 수도가 되었다 자랑하는 것이다. 도전님 화천 하신 후 각각 대두목이 되어 교주 생활에 맛이 들려 도통이 각각 자기네 진리로 나온다고 진리 싸움에 허덕이고 허령에 빠져 판사 찾아가서 종통 종맥을 찾아달라고 재판장 걸어놓고 소송만 하고 있는 것이다.

박한경 도전 화천 후, 박한경 처남 경석규 종무원장과 상급 임원 몇몇이 대순진리회에서는 성공이 없다 하여 도전님을 배반하고 김상환 선감은 허경영 총재를 찾아 법배(法拜) 4배를 올리고 도전님보다 높게 받들다 보니 황제 폐하 또는 신인 하느님이 된 것이다. 강증산은 일천계 안에 있는 구(九)계에서 왔고 허경영은 36천계에서 왔으니 강증산 어른보다 높다는 것이다. 허경영의 36천계는 삼천계 소속인 것을 알아야 한다.

일반인 허경영 중생은 삼천(三天)에 머물다가 인간계로 온 것이다. 민병규는 칠천계에 있는 "칠성계" 성계(星界)를 관리하다 왔으니 허경영 보다 높은 것이다. 허경영 황제(皇帝)는 민병규 천자(天子)를 받들어야 성공하는 것이다. 삼국지를 읽지 않은 자(者)들이다. 삼국지에 처음 등장은 천자가 나온다. 황제는 천자를 위하여 몸까지 바치는 것이 도법(道法)이다.

착한 허경영 총재를 대순진리회 상급임원들이 허경영을 교주로 받드는 것이다. 구천(九天)계에 있는 내원궁(內院宮)인 도솔궁이 있고 외원 궁(外院宮)이 있는 곳을 모방하여 만든 것이 하늘 궁이라 하는 것이다. 명패에 이름 석 자 거는데 삼백만 원 조상 명패까지 걸려면 재산 모두 바쳐야 한다. 일억 바치면 "천사"라는 직책을 준다. 일만 이천 도통 군자가 하늘궁에 모였다는데 우리에게는 잘된 일이다. 진리가 맞지 않으면 갈라지는 것이 도법이다.

민병규는 칠천계에 있는 "칠성계" 성계(星界)를 관리하다 왔으니 허경영보다 높은 것이다. 조선말 탐관오리들이 판을 칠 적에 전봉준이 동학혁명을 주도하고 일본은 천황 제도를 들고 들어와 사람들을 모아 놓고 보는 앞에서 땅(재물)이 있는 양반은 모가지를 베어 재산 몰수하여 일본 땅으로 만들 적에 최제우가 나라를 구하고자 하는 마음이 하늘과 같아 상제께서 금산사에 30년 영으로 계실 적에 최제우에게 강을 주니 둔갑술을 부리고 왕(王)이 되고자 꿈을 꾸니 상제께서 최제우에게 준 강을 도로 거두어 일본 순사에게 목이 잘린 것이다. 상제께서 최제우에 혼령은 일본 명부로 보낸 것이다.

고종이 황제(皇帝)에 오르니 일본이 배가 아파 천황이 들어와 박살 당하는 판국에 왕(王)이 나오면 안 되는 것이다. 천자가 나와야 세계통일이 되고 하늘 아래 한 집안이 되는 것이 상제님의 천, 지, 인 삼계 대공사인 것이다. 삼위 상제님의 공사가 미륵이 출현하는데 곧, 하늘의 아들 천자(天子) 공사를 보신 것이다. 지금은 가을 섭리로 낟알 낯 가리를 세울 때라 콩 낟가리 팥 낟가리 이곳저곳에서 단체가 만들어지는 것은 천기 자동이라, 옛날에는 가을이 오면 주인이 낟가리를 마당에 펴 놓고 도리깨를 만들 적에 꼿꼿한 물푸레나무 세 가닥을 베어다가 긴 장대에 구멍을 뚫어 메뚜기를 박아 도리깨를 빙빙 돌려 후려치면 알곡을 주인이 추리는 것이다. 요즘은 과학이 발달되어 탈곡기에 넣어 쭉정이는 모두 불태우는 것이 하늘의 법이다.

상제님께서도 이 땅에 오시고 노자(老子) 신명이 동방 칠성을 다스리다 대두목(민병규)으로 왔는데 사람이 죽으면 갈 곳이 없는 것이다. 축생계로 떨어지거나 원귀가 되어 돌아다니는 것이다. 허경영의 명패, 절(불교)에서 천도재, 무당(무속인)의 천도재 등 사람이 죽은 혼령을 달래는 것이다. 그들의 천도재는 조상이 아닐 수도 있다. 과거에는 죽은 혼령들이 사람 근처에 오면 튕겨져 나갔는데 요즘은 사람을 쫓아다닌다. 낙태 혼령은 아예 등에 업혀 다닌다. 요즘 젊은이들이 폐가, 흉가 체험을 하는데 위험한 일이다.

길을 가다 보면 자전거가 지나가며 음악 소리를 남기고 갈 때 마음이 심쿵해질 때가 있다. 사천계에서 삼천계 들러 사람으로 오게 되면 마음을 움직이는 음악을 만드는 것이다. 높은 층에서 오는 사람일수록 배터리가 남아 있어 사람에게 이롭게 하는 것을 만들고 고작, 삼천계 갔다가 배터리가 방전되어 추방되는 사람들은 깡패, 폭력배 등등 못된 사람들이다.

이러한 사람들에게 도를 평생 전해 줘야 오는 것은 고소 고발뿐이고,

도통이 있다는 것을 알면 칼 들고 빼앗을 몹쓸 인산이라는 것을 알아야 하는 것이다. 오는 세상은 사람에게 해롭게 하는 곤충이며 해충이며 사람이며 모두 선별하여 넘어가기 때문에 개벽을 알면 알수록 천지가 진동하고 땅이 갈라지고 벼락이 치고 등등 이렇게 천지 부모가 호령하실 때 우리는 도통만이 살길인 것이다.

　도전님께서 훈시하시기를, 도장에는 천지신명이 계신다, 치성 때 참여하면 조상도 참여한다 하시어 도인들은 집에서 제사를 안 지내는 것이다. 사람들이 허경영을 신인 하느님으로 받들다 보니 명패에 붙은 혼령들이 진짜 상제(하느님)인 줄 알고 빛이 난 적이 있고 그러한 것이 좋은 현상이 아닌 것이다. 증산도 태을 궁의 조상 천도재 지낸 수많은 위패는 오갈 곳 없는 신(神)들이 정(定)하고 있는 것이다. 옛날에는 사람이 사망하여 정혼이 굳게 뭉쳐지면은 삼천계 갔다가 복이 떨어지면 사람으로 태어나길 빌고 빌어 사람으로 태어났으나 지금은 갈 수 없는 곳이 되어 거리에 사람 죽은 혼령들이 가득 차 있다. 증산도에는 주문 외울 때 북 치고 장구 소리가 요란하고 신이 나는데 북소리는 신을 움직이는 소리므로 마음에 문이 열리면 그때 결과는 볼 수 있다.

　배신자들을 고마워해야 한다. 도전님 처남 경 석규 종무원장 및 상급 임원들이 허경영 총재를 찾아가서 명패를 보관하는 궁전을 세운 공로가 있으니 우리 도인들은 안심하고 도를 닦아 운수 마당까지 갈 수 있는 것이다.

　요즘은 과학 문명이 발달되어 전화번호 외우는 사람이 없고 모르면 114

에 물어보듯이 도를 모르면 114가 "천기누설"이고 도심이 떨어지면 허령이 찾아오는 것이 천기 자동이라 "천기누설"이 충전시켜 대강(大通)을 받을 수 있게 보호해 준다는 것이다. 요즘 뉴스에 배터리 이야기가 많이 등장하는데 도(道)는 음양(陰陽)이라 사회 돌아가는 것이 모두 도(道)라, 보이는 것은 현실이고 보이지 않는 것을 알려 주는 것이 진리라 하는 것이다.

    기억하고 생각함을 경문을 외우고 읽는 것 같이하고, 번거로운 생각과 잡된 생각으로 하여금 마음속에서 생겨나지 못하게 하라. 그리하면 정신이 오로지 하나가 되고(精神專一) 가히 마음이 화합하고 기운이 화합함을 얻으리라. 상제님께서 밝고 밝게 위에 계시고, 넓고 넓게 좌우에 계시니 잠시 동안이라도 두려워하고 조심하고 홀로 한가로운 가운데에서도 반드시 삼가며 집에 있거나 나가고 들어옴에 오직 상제님만을 생각하여야 하고 보고, 듣고, 말하고, 행동함에 오직 도만을 준행하며 공경으로써 몸가짐을 바르게 하고 성품과 더불어 익혀 완성하여 이로써 지극한 정성을 다하면 반드시 상제님께서 감응하여 심령이 스스로 통할 것이니라.

    증산 상제님의 천, 지, 인 대공사가 증산 1909년 화천 후 113년 되는 2022년 11월에 "대순진경"으로 출판하게 된 것이다. (구글, 네이버 검색창에 "대순진경" 검색)

    증산 상제님 1909년 화천 후 114년 되는 2023년 12월에 "천기누설"로 출판하게 된 것이다.
    전국 대형서점, 대형 인터넷 서점에서 구입할 수 있습니다.

03. 판밖 공사

도(道)를 설명하니 이러한 것이다.

1. 증산, 구천 상제님도 종교판 밖에서 공사하시고,
2. 정산, 옥황상제님도 판밖에서 공사하시고,
3. 우당, 세존 상제님도 판밖에서 공사하시고,
4. 민병규도 판밖에서 공사하고,

성도(成道) 후에 도통이 있다, 말씀하신 것을 생각해 보라.

도(道)란?
머리 수(首) + 스스로 자(自) + 쉬엄쉬엄 갈 착(辶)= 도(道)

본명 강일순, 스스로 강증산이다 하시고 봉서와 둔괘, 현무경을 조 철제에게 건네주시고 그대는 정산이고 솥과 시루와 이도 일체라. 그리하여 조 정산이 되고 무극도, 태극도를 세우시니 도에 주인 도주(道主)님이 된 것이다. 증산, 구천 상제님께서 공사하실 적에 불로 태워 공사하신 내용이 민병규한테 오는 것이다.

태극도 시절 도주(道主)님으로부터 받은 도호와 직책은 박한경은 우당(牛堂), 충광(忠光)이고 직책은 도전(都典)이다, 하시어 박한경의 도호는 우당(牛堂)이고 직책은 도전(都典)님이라 부른 것이다. 우당이란 소에 집이다 하신 것이다. 소란 조상을 뜻하고 꿈에 소 꿈꾸면 조상 꿈이라 해석하는 것이다.

민병규 또한 어머니로부터 들은 이야기가 태몽 꿈이 소가 방으로 뛰어 들어 와 품속에 안기어 놀래서 깨어나 보니 꿈이더라 하시고 병국이는 조상이 태워줬다 하시더라. 부모님이 지어 주신 이름은 병국(國)인데 출생신고를 외할아버지가 하시어 호적에는 병규(奎)라 되어 있다. 훈시 말씀에는 조상을 잘 받들어야 한다, 하셨다. 즉 도전님도 조상이고 민병규는 살아 있는 조상이라는 말씀이시다.

충광(忠光)이란 박한경 도전은 충심이 빛난다, 이다. 태극도 시절 도주님을 충, 효, 예를 실천하여 모신 것이다.

충광(忠光)이란 도호는 도주님께서 주셨을 뿐 쓰시지를 않으셨다.

태극도 시절은 도주님 한 분만 모신 것이고, 도전님은 태극도를 나오시어 양위(두 분) 상제님을 모신 것이다. 하늘의 도법(道法)인 것이다.

대순진리회는 판 안에서는 도전님 모시는 것이고 민병규는 판밖에서 삼위 상제님을 모셔야 하는 하늘의 도법(道法)인 것이다.

도(道)란?
머리 수(首) + 스스로 자(自) + 쉬엄쉬엄 갈 착(辶)= 도(道)

증산 성사께서 1909년에 27년 헛도수 공사를 하시고, 삼천 년 전 문왕이 신명을 영대에 모시고 강태공이 땅에 봉한 신명을 도전님께서 27년 동안, 영대에 봉한 공사이고 도전 1995년 화천하시고, 민병규는 1995년 대순진리회를 나와 27년 동안, 온갖 시련을 당하고 2022년 "대순진경"이 출판된 것이다.

증산 상제 화천 후 114년 지나, 2023년, 도전님 화천 28년 지나 진법이 "천기누설"로 밝혀지는 것이다. 스스로 증산이라 하셨고 쉬엄쉬엄 가다 보니 증산 어른도 머리고, 정산 어른도 머리고, 우당 어른도, 머리고 민병규가 큰 머리로 나타나 도(道)라 하는 것이다.

대두목(大頭目)= 눈(目)이란 큰머리로 보는 것이다.

갑칠에게 대나무를 잘라 오라 하여 열한 마디를 한마디를 자르시고 열 마디에 한마디는 대두목(大頭目)이며 마음대로 왕래할 것이고 남은 아홉 마디는 수교자의 수이니라, 하셨다. 즉, 민병규는 12월 11일이데 단체 안에 있지 말라 하시어 1995년 신명의 도움으로 서울로 상경한 것이다. 상제께서는 12월은 도(道)이다, 하셨다. "대순진경"에 표지가 푸른 것은 대나무처럼 늘 푸른 것이다. 그 속에서 아홉 명의 수교자(教)가 나오는 것이다.

아홉 마디는 구궁 도수(九宮度數)로 "교(教) 받는 자의 수효와 맞는도다." 하시고 갑칠에게 "뜰에 나가 하늘에 별이 몇 개나 나타났는가 보라."

하시니라. 갑칠이 밖에 나가 살펴본즉 검은 구름이 온 하늘을 덮었는데 다만 하늘 복판이 열려서 별 아홉 개가 나타났거늘 그대로 아뢰니 말씀하시기를 "이는 교 받는 자의 수효에 응함이니라." 하시고 또 말씀하시기를 "도운(道運)의 개시(開始)가 초장봉기지세(楚將蜂起之勢)를 이루리라." 하시니라.

증산, 구천 상제님의 공사라 정확한 것이다. 도에 운이 열리는 시작이 민병규가 60세 되는 2023년이 정확한 것이다. 증산도에서는 초패왕을 이상야릇하게 해석하여 책으로 출판하니 세상이 혼란스러운 것이다. 대순진리회는 1968년 상속 도수로 도전님이 세우시고, 보천교는 일제강점기에 폭삭 무너져 보천교 논리에 빠져 1980년 세운 것을 증산도라 하는 것이다. 가족끼리 대물림하여 개벽을 홍보하는 증산도는 정신 개벽이 먼저 되어야 성공하는 것이다.

증산도는 민병규더러 빠져나오라고 하는데 오히려 증산도가 초장 봉기가 되면 갈 곳이 없고 결국에는 민병규한테 살려 달라고 빌고 비는 모습이 선하게 보이는 것이다. 증산도는 상제님의 신위는 모르고 쓸모없고 갈 곳 없는 원귀들 끌어모아 위패를 수천 개 세우다 보니, 대순진리회 상급 임원들이 허경영 찾아가 하늘 궁 만들어 명패 공사를 하면 한 맺힌 혼령이 들어오고 돈을 벌 수 있다고 알려 준 것이다.

구천 상제님의 초장봉기지세(楚將蜂起之勢) 공사는, 도주님의 전생 단주, 초패왕, 공자, 한 사람 옥황상제로 오르셨고 초패왕이 전쟁터에서 만든 윷가락은 4개이다. 증산, 정산, 우당, 민병규 4명이다. 윷가락 1개가 남아 2023년 도를 선포하니 초나라 장수들이 벌떼처럼 모여 형세를 이룬다는 구천 상제님의 공사라. 어김없이 민병규에 진경을 찾아 형세를 이룰 것이다. 증산도에서 개벽 이야기는 모두 다 죽자는 것이고 민병규는 모두 살아나서 이 땅에 지상천국을 건설하는 것이다. 증산도 진리가 맞느냐? 민병규 진리가 맞느냐? 소리치니 문지방이 덜덜 떠는 것이 민병규 진리가 맞는다는 것이다.

백 년이 넘도록 쉬엄쉬엄 가다가 도착(辶)(著)하니 나(상제)의 일은 판 밖 공사이고 손바닥 뒤엎듯이 쉬우니라 말씀하셨다.

증산 상제님의 공사 내용,
1909년 1월 1일 현무경을 세권 쓰시고 한 권을 후일 도창현에서 불사르시고 한 권은 안내성에게 맡기심, 많은 유교(遺敎)와 유문(遺文)을 남기심,

해설, 유교(遺敎)란? = 후인(後人)을 위(爲)하여 임종(臨終) 전에 행(行)한 설교(說敎),
해설, 후인(後人)이란? = 민병규를 말씀하심이라.
해설, 유문(遺文)이란? = 임종(臨終) 전에 생전(生前)에 지어 놓은 글.

청도원에서 청국 공사와 대신 문 공사를 보시고 운장주, 태을주 도수를 보심 이십칠 년 헛도수 보심, 도운(道運)을 보리라. 하시며 대두목, 법

방 도수 공사 보심, 사두 용미라(蛇頭龍尾)라, 문명은 후일 진경(眞經)으로 나오리라 하심,

　해설, "천기누설"에 "중국 청나라가 예로부터 조선을 멸시한 것이다." 라고 기록,

　해설, 이십칠 년 헛도수, 도전님의 대순진리회는 27년 허 도수라 밝힘

　해설, 진경(眞經)이란? = 참진리(眞理) 진실(眞實)한 "대순진경"을 말씀하심이라.

　1909년 6월 20일 동곡약방에 종도들을 모이게 하여 재차 믿음을 다짐받으시고 창생들의 온갖 병을 번갈아 대속하시고 "세상의 모든 병을 내가 다 대속하였으나 한 가지 괴질만은 남겼으니 곧 무도병이요, 의통을 전하느니 곧 진법의 용이니라" 하시고 삼계 공사를 마치신 후 포교 오십 년 공부 종필(五十年工夫終畢) 쓰시고 불사르심,

　해설, 도주님, 도전님 양위 상제님께서 오십 년 공부 종필로 마치심을 민병규가 밝혀 충, 효, 예가 없는 무도한 세상을 도전님의 훈시 말씀으로 "대순진경"과 "천기누설"로 의통을 전하니 진법의 용이라.

　1909년 6월 23일 김형렬의 딸을 수부로 세움,

　해설, 수부 공사는 김형렬의 딸을 세우신 것이다. 증산도에서 증산 어른 부인 고 판례를 고수부라 사진 걸어 놓고 섬기는 것은 맞지 않는다.

　1909년 6월 24일 이른 아침에 차경석을 부르셔서 무식하고 똑똑하

지 못한 것이 무슨 정가냐? 하시고 사시(巳時)에 태을주를 외우시고 와석하시니 인세 향수는 39년이시다. 종도들은 뿔뿔이 흩어져 돌아가고 김형렬, 차경석, 박공우, 김자현, 김갑칠, 김덕찬 등 6인만 남아서 진당대부 모시고 약방 뒷산에 외빈하노라.

해설, 차경석은 보천교를 만들어 차천자로 불릴 만큼 천자 놀음을 한 것이다. 무식하고 똑똑하지 못한 것이 무슨 정가냐? 보천교에서 나온 증산도에 진리는 맞지 않는다는 말씀이시다. 진당대부란? 증산 어른 부친이시다.

보천교 교주 차경석이 정씨 성으로 사람으로 왔는데, 보천교에서 이어지는 증산도는 맥이 끊어지고 기운이 쇠퇴하여 허령받기 일보 직전이라.
증산, 상제께서 六月 어느 날 천지공사를 마치신 후『포교 오십년 공부종필(布教五十年工夫終畢)』이라 쓰신 종이를 불사르시고 종도들에게 가라사대 "이윤(伊尹)이 오십이 지 사십 구년지비(五十而知四十九年之非)를 깨닫고 성탕(成湯)을 도와 대업을 이루었나니 이제 그 도수를 써서 물샐 틈없이 굳게 짜 놓았으니 제 도수에 돌아 닿는 대로 새 기틀이 열리리라" 하셨도다. [전경 공사 3장 37절]

도주님은 포교 오십 년 공부종필로 옥황상제에 오르시고,
도전님도 포교 오십 년 공부종필로 세존상제에 오르시고,

민병규가 천기누설로 선포하는 것이니, 제 도수에 돌아 닿는 대로 새 기틀이 분명 열리는 것이다.

증산, 상제님의 공사,

상제께서 하루는 『천지 대팔문(天地大八門) 일월 대어 명(日月大御命) 금수 대도술(禽獸大道術) 인간 대 적선(人間大積善) 시호시호 귀신 세계(時乎時乎鬼神世界)』라 써서 신 경수의 집에 함께 살고 있는 공우(公又)를 주어 경수의 집 벽에 붙이게 하시고 가라사대 "경수의 집에 수명소(壽命所)를 정하노니 모든 사람을 대할 때에 그 장점만 취하고 혹 단점이 보일지라도 잘 용서하여 미워하지 말라" 하셨도다. 이때에 또 형렬(亨烈)에게 가라사대 "법(法)이란 것은 서울로부터 비롯하여 만방(萬方)에 펼쳐나가는 것이므로 서울 경자(京字) 이름 가진 사람의 기운을 써야 할지로다. 그러므로 경수(京洙)의 집에 수명소(壽命所)를, 경학(京學)의 집에 대학교를, 경원(京元)의 집에 복록소(福祿所)를 각각 정하노라" 하셨도다. [전경 예시 46절]

금수(짐승) 대도술(禽獸大道術) 짐승같이 살아가는 현시대에 민병규가 참여한 전원 모두 운수를 받게 하라는 증산, 상제님의 공사이시다.

정산, 상제님의 공사,

태극도 당시 도주님께서 총 4호반 시학 공부를 여셨다. 4호반 중 3호반은 봉강식을 행하고, 1호반은 봉강식을 행하지 않았다. 봉강식 때 대강식은 생략하옵고 후일로 기약된 것이다. 봉강식을 마치신 후에 상제님께서 임원들에게 하교하시기를 "대강식은 후일에 있느니라. 그때에는 도인 각자가 집이든 직장이든 어디에 있더라도 전진고가 울리면 대강전으로 몰려들어 문이 있는 대로 올라오게 되리라. 그리하여 자기가 닦은 공을 자기 스스로의 혜각(慧覺)으로 알아서 자기 자리를 찾아 서게 되므로 오늘과 같이 혼잡스럽지 않으리라." 하시니라.

우당, 상제님의 공사,

또한 대순진리회에서도 도전 박우당 재세 시 시학 공부를 여셨는데, 9호반 중 1호는 봉강식을 행하지 않고 8호반만 봉강식을 행하였다. 대순진리회에서도 "대강전"이 없는 관계로 대강식은 열리지 않았고 후일로 기약되었다. 훈시하시길 '우리는 봉강식으로 연습하고 훈련하는 것이다. 대강식이 있다. 거기서 운수를 받을 것이다'라고 하셨다. 이것은 대강식을 행할 '다음 사람(後人)'이 있음을 말씀하시는 것이다. 대강식은 도전님 법이 아니라 도주님 법인데 도주님을 옥황상제로 모시고 오르셨고 내가 닫고 온 옥추문을 열러 간다 하셨다. 옥추문이 열리면 48장 신장들이 불칼을 휘두르는데 잡귀가 붙어 있으면 새카맣게 타죽는 것이다.

정산, 상제님께서 말씀하시기를,

"후일 대강전으로 몰려들어 문이 있는 대로 올라오게 되니라. 그리하여 자기가 닦은 공을 자기 스스로의 혜각(慧覺)으로 알아서 자기 자리를 찾아 서게 되므로 오늘과 같이 혼잡스럽지 않으리라" 하시니라. 태극도 시절 대강전은 지금은 없는 것이라. 도전님께서는 영대만 공사하신 것이다. 스스로의 혜각(慧覺)이 열려도 갈 곳이 없는데 민병규가 대강전 공사도 해야 하는 것이다.

증산, 상제께서 어느 날 한가로이 공우와 함께 계시는데 이때 공우가 옆에 계시는 상제께 "동학주(東學呪)에 강(降)을 받지 못하였나이다"라고 여쭈니 "그것은 다 제우강(濟愚降)이고 천강(天降)이 아니니라"라고 말씀하셨도다. 또 "만일 천강을 받은 사람이면 병든 자를 한 번만 만져도 낫게 할 것이며 또한 건너다보기만 하여도 나을지니라. 천강(天降)은 뒤에 있나니 잘 닦으라"라고 일러 주셨도다. [전경 교운 1장 58절]

대순진리회 상급 임원들은 도전님이 대두목이고 도전님이 도통을 한꺼번에 줄 거라 믿고 있으니 한심한 노릇이다. 천강과 도통을 구분을 못한다.

여주도장(驪州道場)을 지을 때 김하정(金夏正) 교감(敎監)이 글 좀 안다는 사람인데 영대(靈臺)가 있으면 하나가 있지 둘이 아니라고 하는데, 그게 아니다. 만약(萬若)에 없는 일을 하면 이렇게 발전(發展)하지 않는다. 여주도장(驪州道場) 짓고 많이 발전(發展)했다. 지방(地方)에서는 회관(會館)이라고 하고, 도장(道場)에서는 상제(上帝)님 모신 곳을 영대(靈臺)라고 한다. 상제(上帝)님을 모신 방(房), 집을 영대(靈大)라 하는 것이다. 상제(上帝)님 모셔 놓고 영대(靈臺)라 하지 않으면 뭐라 하느냐? 그것은 죄(罪)짓는 것이다.

인도의 불교 석가모니의 제자 달마가 동쪽에 삼신산이 있고 영원히 죽지 않는 불사약을 찾으러 길을 떠날 때 방향을 찾기 위하여 몸(身) 육체는 길가 나무 기둥에 기대 놓고 혼백(魂魄)이 밖에 나가 둘러보고 와보니 몸(身) 육체가 없어지어 저쪽에 몸(身) 육체가 있는데 우락부락하고 산적처럼 생긴 육체가 있어 몸속으로 쑥 들어가 길을 떠나 도착한 곳이 지금의 중국인 것이다. 날마의 설법은 듣는 이 없었고 중국의 소림시, 향료, 등 인도의 달마대사 영향인 것이다.

후에 진시황제는 죽는다는 것이 억울하여 진시황의 신하 서복에게 특명을 내려 우리나라에 와서 동남동여(東男東女) 5백 쌍을 모집하여 금강산, 지리산, 한라산을 샅샅이 찾아도 찾지 못하고 제주도에 폭포를 보고 산이 아니라, 물에 있다 하여 바다로 나가게 된다.

제주도에는 폭포가 천제연, 천지연, 정방, 세 번 만에 물이 바다로 떨어지는 것을 깨닫고 불로초는 물에 있다 하여 바다로 나간 것이다. 일본의 조상은 산에서 살았고, 들에서 살았고, 계곡에서 살았고, 등 일본 조상은 뿌리가 없는 것이다. 진시황은 달마가 말한 삼신산에 불로초를 방사 서복이 찾아오면 모두 살아난다는 것을 믿고 중국 서안에 진시황릉을 만들고 주변에 병마용갱 1, 2, 3호 갱을 만들게 된다.

인도 석가의 불교가 달마에 이어 혜가로 하여 육조 혜능으로 전라도 법성포로 들어오게 된 것이다. 우리나라는 예로부터 삼신 사상이 있어 석가불을 모실 때 불상이 3개 된 것이다. 석가가 앉을 대웅전을 지을 때 위쪽에 칠성각, 당을 조그맣게 만들고 예를 올린 후에 대웅전을 지었던 것이다. 석가는 육천계에서 왔으니 신명계 층 표에 민병규가 머물던 칠천계가 높았던 것이다. 대웅전에는 또 삼세불(三世佛)이나 삼신불(三身佛)을 모시는 경우도 있다. 석가모니 부처님은 미륵을 찾으라 한 것이다.

불교가 우리나라에 정착이 되면서 삼신 사상과 미륵 사상이 엇갈리며 하늘의 비밀, 비결, 암호문을 풀지 못하여 삼신불(三身佛)은 민병규가 모신다는 것을 21세기 들어 진경으로 밝혀 놓는 것이다. 민병규는 서울에 있을 때 따라가 보니 "남묘호렌게쿄"(南無妙法蓮華經), 청년부, 장년부가 있고 동그랗게 둘러앉아 중앙에 얇은 책 한 권 놓고 주문을 외우는데 병을 고친다 말한다. 불교가 인도국에서 일본으로 왔다고 우기는 것이다. 대한민국은 종교 천국이라 모두 원귀들한테 끌려 개벽이 될 때 잿더미만 남는 것이다.

불교가 우리나라에 정착되면서 고승들이 불법을 터득하기 위해 가는 곳이 서역(西域)이다. 달마가 도착한 곳이라. 시작점에서 찾고자 했던 것이다. 원효는 서역(西域)으로 가던 중 깜깜한 밤중에 물을 마실 때는 꿀맛인데 밝을 때 보니 해골에 고인 물을 보고 속이 울렁이는 것에 서역으로 가지 않은 것으로 유명하다. 마음먹기에 달린 것을 깨달은 것이다. 인도 석가의 제자 달마는 불법을 전하기 위하여 동방을 찾았고. 시작점은 인도국에 석가모니 부처님이 석가 탄생 삼천 년이 지나 동방으로 미륵이 와야 극락 세상이 열린다 했던 것이다. 증산 성사께서 미륵이시고 영적으로 공사하실 적에 동방 칠성 노자로 머물지 말고 민병규로 인세에 내려가라 해서 밝혀지는 것이다.

예수는 30살 때 행방불명이 되었는데 인도국에 가서 석가에 불도를 닦아 깨달음을 얻고 고향으로 가서 본인 스스로 하느님에 아들이니 모두 형제요 자매라 말한 것이다. 선천 세상의 모든 종교는 시들고 민병규가 전하는 삼위 상제님의 참된 진리만이 인류를 구원할 천지 대도임을 바르게 밝혀 전하는 것이다. 반복되는 말이지만 예수 믿고 천국은 없는 것이고 모두 죽는다는 것이다.

　무극이 태극을 낳고 태극이 대순으로 성장하여 대순진경이 탄생함이라. 대저 도(道)라는 것은 상제님이 명한 바를 사람이 이치로써 행하는 것이니라. 상제님께서는 무극대도가 있으니 이 무극의 이치로써 조화하여 사람을 낳느니라. 사람의 인생이 곧 무극 지리이니라. 그러므로 이 도와 이치는 사람마다 모두 가지고 있는 것이나 사람이 능히 이것을 행하는 사람이 드문 것은 무슨 까닭인가?

　어리석은 사람은 물질을 탐내는 욕심에 가려 상제님을 생각하지 않고 만물이 원기가 어울려 조화하고 길러짐이 모두 상제님이 주신 바임을 깨닫지 못하며, 우주 만물이 순환하고 쓰이며 움직이고 쉼이 모두 상제님이 그렇게 하심을 깨닫지 못하여 영화와 욕됨과 죽음과 삶을 모두 자기의 능력이라 하고 곤궁함과 통달함과 근심과 즐거움을 오로지 자연이나 우연이라 하다가 마침내 긴급한 궁지에 빠진 사람은 상제님을 부르고 호소하여 겨우 위태롭고 급함을 면하면 곧 오로지 나의 지혜와 능력이라 하고 상제님께 기도하고 목숨을 구한 것을 의심한다.

04. 진법

佛仙儒一元數六十 三合爲吉凶度數
불선유 일원수육십 삼합위길흉도셈
十二月二十六日再生身
십이월이십육일재생신
[대순 전경 공사 3장 41절] www.msge.co.kr 참조

불선유란? "불로유"가 아니고 석가, 노자, 공자라. 불, 선, 유(佛仙儒)를 유, 불, 선(儒佛仙)으로 바로 세워 천지 대도를 세워야 하는데 60수라, 민병규가 60세 되는 계묘년에 삼합 삼위 상제님을 "천기누설"로 선포하니 길이 빛날 것이고 진리가 맞지 않은 곳은 흉하게 떨어지니 바른 도를 택하라. 하신 공사이시다. 2023년은 민병규는 60세라. 구천 상제님의 공사로 어김없이 진법을 알리라는 하늘의 말씀이시다.

대순진리회 상금 임원들이 증산 상제님의 공사를 이해를 못 하고 허경영 총재를 찾아가 만든 것이 "불로유"인 것이다. 명패에 수많은 혼령 신을 모시고 사람을 하느님으로 떠받들면 교주 혼령들이 응하게 되고 신비스러운 현상은 2023년 민병규의 진법이 알려지는 대로 물거품 되어 삭아 없어지는 것이다.

그동안 따르던 신자들을 어떻게 구해야 하는지 이리 뛰고 저리 뛰는 모습이 선하게 보이는 것이다.

再生身= 강증산 성사께서는 내가 미륵(彌勒)이니라 하셨다.
진짜 미륵이 다시 출현한다는 말씀이시다.

정산, 옥황상제(玉皇上帝)님은 50(五十年)년 공부(工夫)이다.
우당, 세존상제(世尊上帝)님은 50(五十年)년 공부(工夫)이다.

삼신 삼위 상제님의 신위를 모신 지 13년 만에 도전님의 훈시 말씀을 받들어 모시니 신명의 기운이 없으면 안 되는 것이다. 세존 상제님께서 말씀하시기를 하면 된다 믿으면 된다 무조건 된다 우리의 목적은 도통이다, 하셨다.

구천(증산) 상제께서 말씀하시기를,
석가불이 천조(天朝)에 무슨 직분을 맡았나이까? 하고 여쭈니, 대제군의 존귀한 자리로서 서방 칠성이니, 언제나 내 옆에 모시면서 모든 것을 다스리노라 말씀하시니라. 또 여쭈기를 동방 칠성은 어찌하여 자리에 없나이까 여쭈니 말씀하시기를, 동방 칠성은 신명계의 주벽(主壁)이니 내 명을 받들어 이미 세상에 내려왔노라 하시니라. 여쭈기를 동방 칠성이 인간 세상에 있으면 만나 볼 수 없나이까 하니 말씀하시기를, 지금 초립동년(草笠童年)이니 인연이 있으므로 만날 것이요, 앞으로 한집 사람이 되리라고 하시니라.

할아버지와 아버지가 한마디 말이 없으니 어째서입니까 하고 여쭈니, 말씀하시기를 나와 지척에 있으니 삼감이 이와 같고, 혹 망령되이 말하여 천기를 누설하면 죄가 되기 때문이라 하시니라.

옥황(정산)상제께서 가르치시기를,
오늘날 도의 안팎에 사칭되는 진법도 많고 대두목(大頭目)도 많도다. 구천 상제께서 무극주로서 물샐틈없이 짜 놓으신 삼계의 도수를 모르는 인간들의 무지(無知)야말로 말할 것도 없거니와 대도(大道)를 안다는 자들의 미혹을 나는 더욱 천연하노라. 두목을 자처하는 자는 금후에도 무수히 나올지라도 모두 천벌을 면치 못하리라. 대두목은 이미 정하신 하나뿐이니 어찌 둘일 수 있으랴. [태극진경]

세존(우당) 상제께서 훈시하시기를,
도장(道場)은 상제(上帝)님을 모시고 천지신명(天地神明)을 봉안(奉安)한 곳이다. 상제(上帝)님을 모신 곳을 영대(靈臺)이고, 천지신명(天地神明)을 모신 곳은 도장(道場)이다.

대두목(민병규)이 삼신상제님을 모신 방을 영대(靈大)라 한다.

과거에는 천기를 누설하면 죄가 되었기에 알고도 모르는 체하였으나 2016년 "www.msge.co.kr"이 선포되면서 천기누설은 종교계에서 거짓 선동하는 것이다. 오늘날 종통을 받았다는 대두목, 보혜사, 정도령, 교주, 등등 50명가량이 거짓선동과 모략으로 나라에는 요귀, 잡귀, 귀신, 혼령 신(鬼神)들이 가득 차 있어 호시탐탐 바른 정도의 길을 못 가게 방해 공작하는 것이 훤히 보이는 것이다.

말씀하시기를, 동방 칠성(민병규)은 신명계의 주벽(主壁)이니라.

주벽(主壁)
여러 사람을 좌우(左右) 쪽 양옆으로 앉히고, 그 가운데를 차지하여 앉는 주장(主張) 되는 자리. 또는 그 자리에 앉은 사람(민병규).

천존과 지존보다 인존이 크니 이제는 인존 시대라. 마음을 부지런히 하라. [교법 2장 56절]

천존(天尊)과 지존(地尊)보다 인존(人尊)이 크니 이제는 인존 시대(人尊時代)니라. [증산도 道典 2:13:3]

하루는 한 성도가 도통을 원하거늘 "때가 오면 도통을 먼저 대두목(大頭目)에게 주리니 그가 천하의 도통신(道通神)을 거느리고 각기 공덕의 크고 작음에 따라 모두 도통을 시키느니라." 하시니라. [천지개벽경]

증산 성사께서 유서로 남기시니,
대순전경(大巡典經)을 기술할 때 이상호에게 주지 않고 남겨 둔 김형렬 김자현 등 다섯 집에 전해진 유서(遺書)를 가지고 현무가 자세히 쓰시되, 의심나는 구절을 정성 들여 살펴서 의심 없이 한 후에 기록하였으니 자세히 보라. 제비 창고서 씨말과 청죽의 말은 다 빼고 썼으니, 우리는 이 책을 보고 인쇄하고 남녀노소 할 것 없이 다 보도록 하라. [동곡비서]

* 그러므로, 대순진경, 천기누설은 동학(東學) 동쪽의 학문인 것이다. 그러므로, 현무=계묘생, (민병규)

종통, 종맥의 정립   신명계와 인간계

1. 증산 = 요임금, 미륵불로 오셨던 상제님. 구천상제님(신격) 원황(元皇) 무극 이도일체(以道一體)

2. 정산 = 단주, 초패왕, 공자로 오셨던 도주께서 도수를 완수하셨으며, 옥황상제님(신격) 천황(天皇) 태극 천존(天尊) 유(儒)

3. 우당 = 순임금, 석가모니, 진묵대사로 오셨던 도전께서 도수를 완수하셨다. 세존 상제님(신격) 지황(地皇) 대순 지존(地尊) 불(佛)

4. 대두목 = 우 임금, 노자로 오신 민병규께서 도수를 완수하실 것이다. (곧 출현하실)(인격) 인황(人皇) 도통 완성 인존(人尊) 선(仙)

우당, 세존 상제께서는 우리나라에만 도를 국한 시키지 말고 전 세계, 전 우주에 널리 포덕(布德)하도록 하라. 하셨고 우리의 목적(目的)은 도통이니 상제님의 덕화(德化)를 전 세계(全世界)에 선양(宣揚)하는 것이다. 훈시에 말씀하셨다.

예컨대 제왕(帝王)으로서 내세(來世)하신 분은 복희, 단군, 문왕(伏羲檀君文王)이시고. 사도(師道)로서 내세(來世)하신 분은 공자(孔子), 석가(釋

迦), 노자(老子)이시며 근세(近世)의 우리 강증산 성사(姜甑山聖師)이시다.
『大巡眞理會(포정문의 글)』

이와 같이 도전님께서 포정문에 정확히 밝혀 놓았음에도 도를 닦았다는 상급 임원들을 도통에 눈이 어두워 도전님이 대두목이고 도전님이 다시 온다고 믿고 있으니 기독교의 예수 재림과 무엇이 다르랴.

(증산) 구천 상제(1871~1909)에 대한 기록을 역사적으로 진술하니, 1926년 이상호(1888~1967)에 의해 발간된 "증산 천사 공사기"로부터 시작된다. 이상호는 구천 상제의 친자 종도들을 직접 만나 자료를 수집하여 최초의 구비문학을 탄생시켰는데 그것이 "증산 천사 공사기"이다. 3년 뒤인 1929년 이상호는 다시 자료를 보완 증보하여 경전의 형태를 띤 교술(教術) 문학작품으로 발간된 것이 바로 "대순전경" 초판인 것이다.
  [무극진경 9장 1절]

구천 상제님께서 기유(己酉 도기 단기 4242, 서기 1909)년 원조에 친히 현무경(玄武經) 세 권을 쓰셔서 한 권은 몸소 지니시고, 한 권은 후일 도창현(道昌峴)에서 불사르셨으며, 한 권은 몸소 지니시고 한 권은 안내성에게 맡기시니 현무경은 한지 13장 26면에 문자와 부도(符圖)를 기록하여 철하신 책이니라.
  [무극진경 9장 2절]

이날 증산 어른의 제자 차경석이 차례를 지내려고 장만한 전수를 가져오게 하셔서 종도들과 함께 진어하시며 말씀하시기를 "이것이 곧 절사(節祀)니라." 하시니라. [무극진경 9장 3절]

현무경을 쓰신 후에 백지에 글을 쓰셔서 두루마리를 만들어 물 담은 흰 병의 입을 막아 놓으시고, 그 앞에 백지를 깔고 그 위에 현무경을 놓으셨다 거두시니라. 상제님께서 화천(化天)하신 후에 병마개를 빼어 펴 보니 "길화개길실(吉花開吉實) 흉화개흉실(凶花開凶實)"이라는 글과 다음의 의통(醫統) 병세문(病勢文) 등이 쓰여 있느니라.

그러므로 이상호 형제가 증산 어른의 친자, 종도를 찾아서 구슬 한 "대순전경"보다 태극도를 창립한 무극 진경이 먼저 창간되었음을 알 수 있다. 또한 현무경은 세 권으로, 한 권은 도주님, 한 권은 안내성, 한 권은 불태우신 공사가 곧, 대두목(민병규)이 창건한 "대순진경"인 것이다. 또한 안내성에게 맡긴 현무경을 가지고 각 종파에서 혼란을 주고 있으며, 그러므로 현무경의 의통(醫統)이란 의원(醫院)을 거느린다는 의통 자(字)이다. 혼란을 주는 것은 의통이 사람을 거느리면 도통한다고 착각에 빠져 사람을 모집하고 교주(教主) 행위(行爲)를 일삼는 것이다.

이상호는 증산 어른 제자가 아니다. 차경석은 보천교 교주가 되고 증산 어른 부인도 교단을 만들어 종통을 말할 때 『대순전경(大巡典經)』을 편집하고 추수 사명을 가진 자신들이 역사의 종통 주인공으로 등장할 것이라 생각하고 일제와 결탁해 인간으로서는 해서는 안 되는 갖가지 모함 사기 협잡 보천교 자산 불법 경매 시대일보 불법매각 대금 도용 도적질,

차력사 동원한 테러 등 패역적 난동을 벌인다. 증산도는 보천교의 교리로 강증산 어른을 옥황상제라 하고 부인 고 판례를 고수부로 섬기고 이상호가 편집한 "대순전경"을 읽지 않는다.

이상호가 편집한 "대순전경"과 "선도진경"(태극도 시절)에 내용을 마지막으로 박우당 도전(都典)의 명에 의해 서울대 종교학 교수 장병길 씨에게 의뢰하여 만들어진 것으로 긴 일대 장정을 마치게 된다. 도전(都典)님께서는 종교학자 장병길 교수에게 부탁하여 "대순전경"에 도주님의 행적을 넣으시고. 대두목(민병규)은 일반인에게 "대순진경"과 "천기누설"을 의뢰하여 일반인도 도(道)를 알면 대운 대통하여 후천 오만 년 지상 선경 세상에 들어설 수 있다는 것을 알리는 것이다.

이상호가 편집한 "대순전경"은 차경석(보천교)과 증산 어른 부인(고 판례)을 내치기 위하여 편집되므로 진경을 얻기란 힘든 것이다. 대순진리회에서 쓰이는 "대순전경"은 박한경 도전의 집필로 강증산, 조정산 두 분의 행적을 기록한 것이다. 박한경 도전 화천 후 "대순전경"이 훼손되고 있다. 이미 상도 방면에서 박성 미륵세존 넣어 새로 만들었고 각 단체마다 "대순전경"을 편집하여 자기들이 만든 "대순전경" 외에는 읽지 못하게 하는 실정이다. 도통을 미끼로 끌어들이고 타방면은 절대로 만나지 못하게 쇠뇌 시키는 것이다. 그러므로 민병규가 지은 "대순진경"과 "천기누설"만이 상제님의 천지공사에 참여하여 대업을 이루는 데 목적을 두는 것이다.

상제님께서 말씀하시기를,

이후에 괴병이 온 세상에 유행하리라. 자던 사람은 누운 자리에서 앉은 자는 그 자리에서 길을 가던 자는 노상에서 각기 일어나지도 못하고 옮기지도 못하고 혹은 엎어져 죽을 때가 있으리라. 이런 때에 나를 부르면 살아나리라 하고 이르셨도다.

[전경 예시 41절]

구천 상제님께서 말씀하시기를,

一日 在院坪 曰 此地 命甲神三十万軍 留陳 以待時

註). 하루는 원평에 계시사 말씀하시되, 이곳에 철갑 신장 30만 군을 명하여 진지를 구축하게 하고 때를 기다리노라.

[천지 개벽경]

증산 상제께서 양피[羊血]로 24점도 찍으신 공사를 훗날 대두목은 용담 계사도(癸巳圖)에 24점을 찍고 삼위 상제님의 신위를 모신 것이다.

옥황상제님께서 가르치시기를,

도주께서 무오년 가을에 재실에서 공부하실 때 상제께 치성을 올리신 다음에 이정률 외 두 사람을 앞세우고 원평을 거쳐 구릿골 약방에 이르셨도다. 이 길은 상제께서 九년 동안 이룩하신 공사를 밟으신 것이고 『김제 원평에 가라』는 명에 좇은 것이라 하시도다. [교운 2장 10절]

세존 상제님께서 훈시하시기를,

진사 성인 출(辰巳聖人出)이라 해서 무진(戊辰) 기사(己巳)에 꼭 때가 된 다고 하는 곳이 있으나 성인이 나왔으면 벌써 나왔지, 지금 나와서 어떻게 하겠는가? 이것은 도주님(道主)께서 기유년(1909년)에 만주에 가셔서 9년 만에 득도(得道)하신 해가 정사년(丁巳年) 박한경, 도전님을 낳은 해인 것이다, 하셨다. 도주님(道主)께서 1958년 화천(化天)하신 5년 후 민병규가 태어난 것이다. 5란 진주(眞主) 중앙 중심을 뜻하는 것이다.

개벽의 대혼란기를 당하여, 전멸 지경에 처한 신명과 창생을 구제하고 지상 선경을 건설하는 일은, 성인이 아니면 감당할 수 없는 막중한 대공사므로 4大 성인들께서 친히 우리나라에 강세하시었다. 강증산, 조정산, 박우당 세 분께서 중생들의 무거운 업을 대속하시느라 갖은 고초를 겪으시며, 천지공사와 그에 따른 허령, 지각 도수까지의 도수 전개를 묵묵히 행하시어 마치신 다음 이미 화천(化天)하셨으며 민병규는 구천상제, 옥황상제, 세존상제 세분의 상제님의 천, 지, 인 삼계 공사를 민병규가 완성하여 천하를 구원할 수 있는 천지 대도(大道)임을 정확히 인식하고 이제는 성숙한 도인으로 성장하길 문서로 전하는 것이다.

※ 개벽기에 신들의 전쟁이 일어나니 상제(하느님)께서 민병규(大頭目)는 철갑 신장 30만 군을 거느리고 때를 기다리라 말씀하셨다.

미륵불이 형태로 세워져 있다. 묏(山)이다. 구천상제님은 증산이시고 시루가 있으니 정산이 계셔야 한다. 도주께서 정산이시다. 솥과 시루가 있으니 숯이 있어야 되고 물이 필요하고 물을 지켜야 한다. 그래서 증산,

정산, 박우당, 대두목(물)에서 도통이 나오는 것이다.

진리라는 것은 물에서 나오고 물이 아니면 안 되는 것이다. 물이 아니면 낳고 자라고 생명을 유지해 나갈 수 없는 것이다. 증산, 정산, 우당, 대두목에 의한 도통이다. 용추 못에 그분들의 진리가 있다. 그러니 그분들의 진리에 의해서 도통이 나온다는 것을 알아야 한다.

민병규의 집법이 완성되므로 용추 못에는 아홉 마리 용이 나올 때가 된 것이다.

도통이란 도를 통하는 것이다. 삼라만상의 이치를 다 알고 그 작용을 다 아는 것이다. 연원 도통을 잘 알아 두라. 용추 못에 그 진리가 있는 것이다. 상제님한테서 진리가 터진다는 것이다. 우주 삼라만상의 이치를 다 알고 내가 다 할 수 있는 것을 다 행할 수 있을 때 도통이라 한다. 자고이래로 도통이 없었다. 무얼 쪼금 안다고 도통이 아니다. 이제 도통이 나오는 것이다.

오는 세상 후천은 일천(一天)이 천지 음양 선악 시비가 합덕 하여 십천화(十天化)하면 만유가 신천국(新天國)으로 개벽이 되는 것이다. 지상에서 모든 위차(位次)가 정위(定位) 되어 선악(善惡)의 구분이 없어지고 고저(高低)의 구분이 사라져 하늘을 뜻대로 오르내리게 되며 부귀빈천(富貴 貧賤)의 구별이 없게 되니 이 세상에 시비(是非)가 없고, 어둠이 없다. 흉(凶)함과 재앙이 소멸되어 악(惡)이 없는 세상을 우리가 이루어야 하는 것이다. 이를 일러 정음 정양(正陰 正陽)의 천지 합궁(天地合宮)으로 대동 (大同)의 천국 시대라 하며 지상이 곧 십천(十天)이 되어 시간(時間)과 공간(空間)이 합덕(合德)하여 일체 되므로 인간(人間)이 지존(至尊)하니 인존 시대(人尊時代)로서 십일 성도(十一成道)의 용화 낙원 세계이다.

첫째, 선천의 구천(九天)이 장차에는 십천(十天)이며 지상낙원화, 하는 것이고, 응원(應元)이란, 원(元)이 응(應)한다는 뜻이니 원(元)은 첫째 상원(上元)이고, 으뜸가는 최상의 하늘이라는 뜻이며, 원형이정(元亨利貞)의 원(元)이라 하는 것이다.

둘째, 천지 시방세계에서의 동방(東方)으로 대한민국이며 십이지지(十二地支)의 동방 묘(東方 卯)로써 토끼이니 한국 땅을 뜻하고, 민병규는 계묘생인 것이다.

셋째, 팔괘(八卦)의 비결로써 제출진(帝出震)이고, 우뢰이며 비를 내리게 하는 조화신(造化神)이며, 삼팔목도(三八木道)이니, 그러므로 민병규는 삼팔선 위 휴전선 아래 화천군(華川郡)에서 태어난 것이다.

넷째, 육신(六神)의 가족으로 장남(長男)이니 신천지의 천자(天子) 민병규를 뜻하는 것이며, 따라서 도가에서는 하느님을 십수(十數)의 글자로 칭한 까닭은 십천 세계를 지향하였음을 가리켜 온 것이다. 따라서 설립이 나란히 병(竝)에 날일(日) 자를 합하여 항상 태양(太陽)의 밝은 날(낮)이 넓게 비춘다는 뜻이니 곧 주야가 함께 밝은 새로운 세상을 의미한다.

하느님은 단군신화에서 나오는 석제환인(釋帝桓仁)이라 하고 옥추경(玉樞經)을 내려 주었다고 전하여 옥추경은 도가의 도통 공부의 경문이다. 불가에서는 제석천 인드라라 한다. 중국의 한족(漢)은 상제(上帝)가 황제 헌원(黃帝軒轅)이라고 고집부리고 있는 것이다. 황제 헌원 씨는 입에 칼을 물고 선천 세상에 머물고 오지 못 한다. 도주님은 옥추경을 옥추문으로 바꾸시고 도통할 수 있는 시학 시법 청학 법학, 공부법방을 짜시고 모든 법방을 도전님께 물려주신 것이다. 도전님은 여주도장에서 공부를 돌리시고 도통이 구천 상제님으로 내려온다는 공사를 하신 것이며, 민병규가 구천 상제님의 약장공사도를 완성하여 단주 수명 태을주는 옥황상제님으로부터 내려오는 것이다.

소설 연신연의(封神演義)에서는 상(商)나라 태사(太師)인 문중(聞仲)이 뇌부(雷部)의 이십사 신장(二十四神將)을 통솔하여 비를 내려서 만물을 길러 내고 간사(奸邪)함을 제거하여 선악에 따라 화복(禍福)을 내린다 하였다. 구천 상제님께 서 24장 절후 신장을 새로 짜신 것이고, 공도 심판(公度審判)에 신(神)의, 신명 심판(神明公判)과 인간의 심판이 신(神)의 판결이고, 공도(公度)의 판결은 뇌성벽력의 천벌로 내린다는 뜻이다. 인존시대화(化) 해야 하므로 건부(乾父) 한울님을 대신하게 하여, 진 장남(震長男)이 천인합일 되어 벼락의 신력(神力)으로 심판하고 천자(天子)가 되는 것이다. 손장녀(巽長女)의 풍괘(風卦)와 합일하면 풍운조화를 일으키니 주역에서 손(巽)은 입야(入也)라 장녀가 안방 주인이 되는 때가 신천세계가 된다는 뜻이다. 이러한 원리로 선천판 주역은 천둥, 번개, 지진으로 천지가 흔들리면, 대 성인 출현으로 쓸모없어지고 민병규가 완성한 용담 역이 오는 세상 오만 년 설계도인 것이다.

　이러한 의미를 담은 상제님 칭호의 뜻을 알지 못하면서 자칭(自稱) 도인이라고 칭(稱)하면 어불성설(語不成說)이라 하는 것이므로 선천 말대에는 엄격히 말해서 도인은 없다. 수도하는 선비는 있을지언정 도사(道師)는 없다는 말이다. 도인의 구분도 셋이다. 첫째는 도의 스승인 도사(道師)이고, 둘째는 도를 주로 삼는 선비의 도사(道士)이며, 셋째로 욕심을 가지고 도의 길에서 샛길로 빠져 잡신이 응기(應氣)된 도사(道邪) 등이 있는 것이다.

　현시대의 도사는 세 번째의 삿될 사(邪) 자의 도사들로 자칭 천자, 자칭 옥황상제, 자칭 예수, 자칭 증산 등 가주(假主)들이며, 그들이 가짜 판을 이루어 성황을 이루고 있는 것이다. 난법세상이니 유유상종이라 난법자들이 가주를 따라 모여들기 때문에 하왕절(夏旺節) 난세의 해원판이 된 것이다. 성군취당 극성중(成群聚黨 極盛中)에 허송세월(虛送歲月) 다 보낸다 하였으니 무리를 모아 당을 짓고 극성한 가운데에 들어가게 되면 허송세월만 보낸다는 가르침이 성인의 말씀이다.

　해인경 경문에 불경자(不經者)는 침수입화(沈水入火)라 하였다. 공부하지 않는 자는 어느 누구든 침수입화만 있을 뿐이고, 침수입화란 물(水)속으로 빠지고 불(火) 속으로 들어간다는 뜻이다. 도(道)의 길을 가다가도 도중에 딴마음을 먹게 되면 차안(此岸)에서 피안(彼岸)으로 건너지 못하고 침몰되는 것이다. 상제님의 칭호인 구천 응원 뇌성 보화 천존 강성상제의 뜻을 깨달아 끝까지 제세이화(濟世理化)의 미래세인 홍익인간(弘益人間) 세상으로 나아가기를 기원하는 마음뿐이다.

요즘 티브이에 뉴스 중 많이 나오는 것이 마약이다. 2010년 인터넷에 신위 모시고 10년 지나 2020년에 경자(庚子)년은 백서(白西) 하얀 쥐(子) 하얗게 시작되는 것이며, 2023 계묘년은 검은 토끼해인데 하얀 토끼해라 하는 것은 이러한 원리인 것이다.

채지가 [남조선 뱃노래]에 경신금(庚辛金) 풍경 소리 말만 듣고 찾아가니 쓰고 달고 맛을 몰라 오락가락 그뿐이라 하는 것은 2020년, 경자(庚子)년을 뜻함이라. 옥룡자 도선국사(872~898), 서계 이극흠(1553~1630), 토정 이지함(1517~1578), 격암 남사고(1509~1571), 우리나라의 대표적 인물로 오천계 선령신으로 머물다 내려와 만든 작품으로 이들은 모두 "궁을(弓乙)"로써 그 오묘한 구원의 생활방식(生活方式)과 생명의 방법을 구전심수(口傳心授) 하여 말(言)로 전하였다.

경신은(庚辛)은 4, 9 金 서쪽이라. 서방(西方) 가을 추(秋) 벼가 익어 곡식이 익는 가을이라 하여 도인이라 함은 벼가 고개를 숙이듯이 상제님을 공경함을 잊어서는 안 되는 것이다. 가을은 서리가 내리는 것이 진리인 것이고, 코로나는 겪었듯이 약한 서리이고 된서리가 내리면 사람이 추풍낙엽 되어 떨어지는 것이다.

삼천 년 전 인도국에서 석가 부처님이 외운 주문,

원앙생 원앙생 미륵불 원앙생 서방(西方)정토 인도(人道) 환생(還生) 왕생극락(往生極樂)하게 하옵소서. 원하옵고 원하오니 서쪽 가을 문이 열릴 적에 사람으로 태어나서 살아서 극락 가는 세상이 있으니 사람으로 태어나길 빌고 빌은 것이다. 결국에는 석가는 도전님으로 공사를 마치시고 상제에 오르신 것이고, 불교계에서 삼천 년 동안 찾던 서방(西方)은 2020년이 되므로 민병규의 진리를 찾아야 할 것이다.

가을이 오면 엄한 법(法)이 있으니 먼저 민병규 아래에 직책이 있고, 먼저 상제님 아래 직업이 있으니, 직책은 의원(醫院)이고, 직업은 거느려 한 곳에 닿아야 할 것이다.

가을이 오면 엄한 법(法)이 있으니 먼저 민병규 아래 도통(道通)이 있고 상제님 아래 직책이 있으니 민병규 진리에 도달해야 통(統)할 것이다. 도를 비방(誹謗)하면 가을 서리 상(霜)에 흰 가루 마약 바람에 괴질 병이 돌고 떨어지는 추풍낙엽(秋風落葉)이 되어 현재 세력이 있다 한들 갑자기 기울거나 시들어 이르나니 상제께서 말씀하시기를 병겁만은 너희들에게 맡기노라 하셨다.

민병규는 삼위 상제님을 모시니, 도를 멀리하면 가을에 서리 흰 가루에 된서리로 멸망(滅亡)하고 망(亡)하여 없어지는 것이며, 2020년은 도인의 도움으로 다락방에 상제님 신위를 모신 해이고 2020년은 동지 지나 세 번째 미(未)일이 민병규의 생일날과 일치한 것으로 2023 계묘년은 천기누설이 선포되니, 깨달음은 각자에 있는 것이다.

가을이 오면 엄한 법(法)이 있으니 아래로 고개 숙인 벼 이삭의 낱알은 잎은 떨어지고, 울 읍(泣)하여 서서 울다 지쳐 눈물(氵)이 맺혀 흐르니 하루라도 속히 음음 급급 여률령으로 깨달음을 주시옵소서.

05. 천자란?

　훈시 말씀에, 병인년(丙寅年)에 납향 치성(臘享致誠)을 도주(道主)님께서 모셨다. 그믐 날짜하고 가까워서 그냥 넘어갔는데 금년(今年)부터는 납향 치성(臘享致誠)을 모셔라. 납향(臘享)이란 것은 제후(諸侯)들이 천자(天子)에게 올리는 치성(致誠)이다. 회관(會館)에서 치성(致誠)을 올려라. 정유년(丁酉年)에 영대 봉안(靈臺奉安)하시고 무술년(戊戌年)에 화천(化天)하시며. 납향 치성(臘享致誠)은 동지(冬至) 지나고 세 번째 미일(未日)이다, 하셨다.

　2010년 삼위 상제님 신위 모신 지 10년 지나 2020년은, 경자(庚子)년 기축(己丑)월 신미(辛未)일이며 정확히 동지(冬至)지나 세 번째 미미(未)일로 민병규 생일이 된다. 앞으로 오는 후천 5만 년 세상은 설날은 동짓날이 된다. 삼위일체 삼신상제님을 신명으로부터 이끌려 동짓날 모셨기 때문이다.

　참고: www.msge.co.kr에 삼위 상제님을 모시고 "만국 의원"을 세운 민병규는 63년 계묘생 12월 11일생이다. "동지(冬至) 지나 세 번째 미(未) 일은 대두목(천자) 생일이다."

　원평이란 증산 계열에서 원평을 김제 원평이라 찾고 있다. 민병규가 원평에 온 것은 오고 싶어서가 아니고 2019년 부(父)친 사망하시고 고향 화천을 떠나고 싶은 마음에 삼성반도체(세방) 취직하게 된다. 안전을 우선으로 하여 일을 쉬우나 출퇴근 시간은 전쟁터를 연상케하여 나오게 된다.

컴퓨터에 신위 모신 지 10년 지나 2020년에 도인의 도움으로 원평에 방을 얻고 다락방에 신위를 모시게 된다.

구천 상제님께서 말씀하시기를,
一日 在院坪 曰 此地 命甲神三十万軍 留陳 以待時
註). 하루는 원평에 계시사 말씀하시되, 이곳에 철갑 신장 30만군을 명하여 진지를 구축하게 하고 때를 기다리노라.
[천지 개벽경]

앞으로 신들에 전쟁이 일어나는 것이다. 인류 역사의 전쟁은 신들이 전쟁을 부축이는 것이다. 사람이 죽어 신이 되고 사람은 신을 숭배하여 일어나는 것이다. 일제강점기에는 종교가 없었다. 강증산 강림 후 종교가 번창하는 것이다. 종교에 종파가 많아질수록 신들에 세계는 전쟁을 해야 하는 것이다. 수도에 목적은 도통이라 하였으나 도통하기 전에 한 사람(천자)이 성립되어야 하는 것이 도법(道法)인 것이다. 도통을 앞세우면 신들의 전쟁이 일어나는 것이다.

예로부터 천자가 다스리는 나라를 천자국이라 불러왔다. 천자는 천제지자(天帝之子)의 약자로 하나님의 아들, 우주의 주재자이자 천상의 통치자[天帝]이신 상제님의 아들을 칭하는 말이다. 고구려의 창업 시조 고주

몽이 엄리대수(淹利大水) 지금의 송화강에서 앞은 강물에 막히고, 뒤에서는 동부여의 군사들이 쫓아오는 절박한 상황에 주몽이 강의 수신(水神)에게 이렇게 외친다. 아시천제지자(我是天帝之子)! 나는 천제의 아들이다! 나는 하늘 상제님의 아들이다! 나는 천자다! 외치니 강물이 갈라지고 길이 만들어졌다. 주몽은 인간세계를 대표하여 하늘(상제님)에게 제사를 올렸다.

중국인들은 "천자는 동이족 임금의 호칭이다, 라고 말한다. 하늘을 아버지, 땅을 어머니로 섬기는 까닭에 하늘의 아들이라 한다(天子, 夷狄之所稱, 父天母地故, 稱天子)." 중국 민족에 대해 동이서융남만북적(東夷西戎南蠻北狄)이라 하여 오랑캐로 불렀다. 그러면서도 하나님의 아들, 제왕을 부르는 "천자"라는 호칭은 동방 사람이 먼저 썼다고 밝혀 놓았다.

과거에 일본(日本)이 원귀(冤鬼), 요귀(妖鬼) 들로 인하여 지방에는 싸움이 번번이 일어나고 하여 스스로 옥황상제 천황(天皇)이니 명을 받들라 하여 일본을 통일하고 조선 왕(王) 국가를 36년간 지배한 적이 있다. 일본 천황은 가짜이다. 조선 개국공신 무학대사는 조선을 만든 지 6백년이 지나면 천자가 나온다 하지 않았던가. 나라가 도둑 소굴이 되었으니 천자문화를 만드는 것만이 상제님의 공사에 동참하는 것이며 조국(祖國)과 민족을 위하여 이 땅에 태어난 것이 자랑스러워야 할 것이다.

36의 수는 일제강점기를 지나 대한민국이 수립된 이후로는 흔히 '36계 줄행랑'이란 표현으로 많이 사용되는 것이다. 악한 무리는 줄행랑치는

것이다. [대순진경 125p 참고]

증산 상제님께서 말씀하시기를,
상제께서 최 창조의 집에서 종도 수십 명을 둘러앉히고 각기 세 글자씩을 부르게 하시니라. 종도들은 천자문의 첫 글자부터 불러오다가 최 덕겸(崔德兼)이 일(日) 자를 부를 때 상제께서 말씀하시니라.『덕겸은 일본 왕(日本王)도 좋아 보이는가 보다』하시며『남을 따라 부르지 말고 각기 제 생각대로 부르라』이르시니라. 이튿날 밤에 상제께서 덕겸으로 하여금 담뱃대의 진을 쑤셔 내되 한번 잡아 놓치지 말고 뽑아서 문밖으로 버리게 하시니 그는 말씀하신 대로 진을 바깥에 버리자 온 마을의 개가 일시에 짖는도다. 덕겸이 신기하게 느껴『어찌 개가 일제히 짖나이까』라고 여쭈니 상제께서 가라사대『대신명(大神明)이 오는 까닭이니라.』그가『무슨 신명이니까』고 여쭈니 상제께서『시두 손님이니 천자국(天子國)이라야 이 신명이 들어오나니라』고 일러 주셨도다. [전경 행록 4장 8절]

상제님께서 공사하시기를
어찌 개가 일제히 짖나이까, 하고 여쭈니 대신명(大神明)이 오는 까닭이니라. 대신명이 들어올 때 시두 손님(급살병)이 들어온다는 것이다. 도통을 욕심내지 말고 민병규가 전하는 것을 읽어야 하는 것이다.

어느 날 공신에게 일러 말씀하시기를,
숙구지(宿狗地) 공사로 일을 돌리리라.
잠자던 개가 일어나면 산 호랑이를 잡는다는 말이 있나니 태인 숙구지

(宿狗地) 공사로 일을 돌리리라, 하시니라.

숙구지, 현재 정읍시 신태인읍 화호리(禾湖里). '개가 밥 먹고 잠자는 곳'이라 하여 '숙구지(宿狗地)' 또는 '성숙한 말 구(駒)' 자를 써서 '숙구지(宿駒地)'라 한다.

조선 말기에 어떤 도인이 부안과 변산 고부 두승산 근처의 지형을 살펴보고 '개 구(狗)' 자가 들어가는 지명 아홉 개(배양구지, 흙구지, 진구지, 돌구지, 거멍구지, 역구지, 숙구지, 각(서)구지, 미륵구지)를 지었는데 예로부터 구구지(九狗地)는 가활 만인(可活萬人)의 길지(吉地)라는 말이 전한다.

삼천 년 전, 문왕은 영대에다 천지신명을 모셨다가,
강태공이 땅에 천지신명을 봉하고,

도전님은 땅에 봉한 천지신명을 영대에 모시고,

민병규가 도통 신명을 봉하려니
일만 이천 명이 잠자고 있는 것이다. 하는 수없이 천하의 대세가 가구판 노름과 같으니 같은 끝 수에 말 수가 먹느니라.
[전경 교법 3장 36절]

중국은 장땡 잡고 무조건 고~ 고 하고, 미국은 9+4(구사) 잡고, 땡큐

판돈이나 올려라, 하는 것이다.

 때가 되어 까 보기 할 때 중국이 장땡으로 판돈을 가져가려 하니, 미국은 구사 들고 오~ 마이 갓, 노~ 노 다시 치자.

 민병규가 동방의 나라 38선 부근에서 태어나 때가 되어 빛나리니 나는 38광땡이라. 38광땡은 구사(서양)도 눌러 버리고 화투장 12월에 빛광이 있어 천자(天子)가 우산을 쓰고 출현할 적에 12월에 황금 개구리가 같이 가자 손짓하는구나.

 구천 상제께서 금산사를 넘어다보시고, 여기를 큰집으로 할까. 여기를 작은 집으로 할까. 제비 새끼 치는 날에 제비 창고 가득 찰 거라, 하시고 쇠머리를 땅에 묻으시니라.

 민병규는 12월 광까지 들고 있고 12광자에 제비 꼬리가 그려져 있다. 상제께서 도통 군자가 가득 찬다고 공사하신 것이다. 12월에 쌍피에 그림은 지옥 갈 때 들어가는 문으로 옥황상제님께서 옥추 문을 여시고 48장 신장이 불 칼 들고 내려오면 민병규가 지옥문을 미리 알려 주는 것이다. 명부시왕 전에 무릎 꿇고 빌고 빌어도 소용없고 지옥에 가면 펄펄 끓는 기름 가마는 항상 기다리고 있는 것이다.

 천하의 대세가 가구 판 노름과 같으니 개가 밥 먹고 잠자는 곳이 지명(地名)이 아홉 개라. 같은 끝수에 말수 9(갑오)가 먹느니라. 민병규는 아

홉의 수교자를 두고 일만 이천 도통 군자를 만드는 것이다. [전경 교법 3장 36절]

숙구지(宿狗地) 공사로 일을 돌리리라. 지명(地名)이 아홉 개라, 대두목은 수교자(受教者) 아홉을 둘 것이니, 천기누설이라.
그러므로 '성인의 말은 한마디도 땅에 떨어지지 아니한다.' 하느니라." 하시니라.

증산, 구천 상제께서 "속담에 강성(姜姓)을 강아지라 하니라." 하셨다.

어떤 사람이 계룡산(鷄龍山) 정 씨가 도읍하는 비결을 묻기에 상제께서 이렇게 이르시니라. 『일본인이 산속만이 아니라 깊숙한 섬 속까지 샅샅이 뒤졌고 또 바닷속까지 측량하였느니라. 정 씨(鄭氏)가 몸을 붙여 일을 벌일 곳이 어디에 있으리오. 그런 생각을 아예 버리라.』 [전경 교법 3장 39절]

상극과 무도와 온갖 죄악으로 인하여, 지금 온 세상이 병들어 상도(常道)가 끊어지고, 삼계가 혼란하여 천하 창생이 모두 공멸할 지경의 극즉변(極卽變 : 끝에 가서 뒤집어짐) 하는 시점에 이르렀다. 고로 이제 우리는 이 혼란을 바로잡고 병들고 오염된 세상을 정화하여, 청정 무병장수하고 신인이 조화를 이루는, 후천 5만 년 무궁 대운의 지상선경, 도화낙원(地上仙境, 道化樂園) 건설을 위한 상제님과 성인의 위대한 사업에 동참해야 하는 것이다. 도전님께서는 "앞으로 12,000 도통 군자가 나와, 5

만 년 후천 선경을 건설할 것이니라." 하신바, 구천상제님께서는 민병규는 9명의 수교자를 두노라 말씀하신 것이다.

직업은 모두 상제님께서 주신 바이니 반드시 그 직분에 힘써야 하느니라. 남을 다치게 말게 하고 물건에 해를 주지 말며 흉하고 잡되고 싸우고 성내는 일이 없어야 하고 분수 밖의 망령된 일을 하는 것은 불가하니라. 이것이 모두 상제님께서 싫어하는 더러운 덕이니라. 그러므로 사람을 가르침에 그것을 널리 펴기에 힘쓰고 부지런하며 믿기를 지성으로 하면 이것이 상제님이 낳은 적자(赤子)와 같으며 반드시 한 몸과 같이 여길 것이니라.

무릇 도에 뜻을 둔 사람은 반드시 상제님을 생각하니 상제님을 생각하는 연고로 상제님을 공경하고 공경함으로써 반드시 상제님에 대하여 정성이 있음이라. 정성이 있음으로써 밝으며 밝음이 지극하고 지극하면 변하며 변하면 화(化)하여 이로써 천지의 조화와 육성에 참여할 수 있으리라.

- ▶ 시두 손님? = 먹다 죽고, 자다 죽고, 의원 죽고, 약국 죽고,
- ▶ 천자국(天子國)? = 박 우당 도전께서 납향 치성은 천자께 올리는 치성이 다 하셨다.

6. 허령이란?

천부교 박태선 장로의 혼령이 나타나는 현상,

사망한 교주에 혼령은 일반 사람에게는 붙지 않는다. 비슷하게 교주처럼 행동하는 사람에게 붙게 되는데 주로 쓰는 용어가 자신이 하나님, 구세주, 승리자, 정도령 등 사용하는 것이 특징이다.

1981년 창설된 영생교 조희성 교주는 자신을 하나님, 구세주, 승리자, 정도령 등으로 칭하며 자신을 믿으면 모든 병을 고칠 수 있고 영생도 얻을 수 있다고 주장했다. 2004년 옥중에서 심장마비로 사망했다.

허경영 총재도 스스로 신인 하나님, 구세주, 승리자, 정도령 등으로 칭한다.

2003년 영생교 신도 15명의 실종사건을 수사하던 경찰이 영생교 밀실 정원(소사 은혜원)에 암매장된 유골을 발견함으로써 세상을 떠들썩하게 했다.

만민중앙교회 이재록 목사, 신천지가 이만희 총회장을 예수 다음의 목자라고 하는 것도 유사한 행태다.

통일교 문선명 교주는 16살 때 아침에 '예수가 나타나(구원을) 다 하지 못했으므로 네가 완성하라'고 했다며 자신이 메시아라고 주장했다.

교주에 혼령들은 삼천계 들어가지 않고 살아서 하던 짓 하는 것이다. 사람을 모집하고 사람 위에 있으려 하는 사람들 상대로 빌붙어 사람들의 혼을 빼앗으려 하는 것을 알아야 한다.

요즘 들어, 기독교 종교인들이 휴거 이야기는 뜸하고 천국에 갈 준비를 해야 한다며 거리에 너저분히 깔려 있는 것을 볼 수 있다. 그들이 외치는 천국은 죽어서 귀신 되어 가겠다고 하는 행동인 것을 알아야 한다. 그것이 "허령"인 것이다.

선천 5만 년 동안 천국은 한 번도 없었고 고작 2천 년 전 예수가 말한 것을 조작하여 예수 믿고 천국 가야 한다고 사람들을 선동하는 것이 허령인 것이다. 휴거는 사람이 죽어서 공중에 대롱대롱 매달려 있는 것을 휴거라 하며, 예수 믿고 천국 가자고 하는 것은 죽어서 가자는 것이다. 교회 열심히 다니면 목사가 세례를 줄 때는 전부 외국 사람 죽은 혼령을 이름으로 주는 것이다. 가장 많이 받는 세례명은 "요한"이고 죽은 혼령들이 귀속에 대고 죽으면 천국 갈 수 있다고 꼬드기는 것이다.

하느님 이 살아 계신다고 하는데 기독교에서 찾는 하나님은 외국 귀신(혼령) 교주라는 것을 알야야 한다. 그들이 좋아하는 방언 자체가 외국 귀신이 몸속에 숨어 있다가 자기를 봐 달라고 했을 때 방언이 되는데 외국 귀신이 말을 하니 말해 놓고 무슨 뜻인지 모르고 그것을 자랑으로 삼는 것이 기독교 성경의 진리인 것이다. 그러다가 지기가 동하게 되면 쓰러지는 것이다. 속담에 어미가 제 자식이라도 비위가 거슬리면 급살 맞을 놈 꾸짖듯이 "급살병"이 온다는 것이다.

여호와의 증인,

또한 예수 성경에서 갈라져 나간 여호와의 증인은 대한민국 국기에 마귀가 붙었다며 경례를 못 하게 한다. 경례 거부, 군대 거부, 헌혈 거부 그것이 "허령"인 것이다. 현직 대통령 부인 여사께서 국기에 대하여 경례했다며 조직(단체)에서 제명시켰다고 자랑하는 것이 그것이 허령인 것이다. 민병규가 대순진경을 교차로에 낸 적이 있는데 진경을 읽어 볼 생각은 하지 않고 오히려 민병규를 가리키려 문자로 예수 성경에 몇 장 몇 절, 문자를 보내주니, 대한민국은 확실히 사탄 마귀 집단이라.

우리나라 국기는 태극기라 하는 것이다. 건, 곤, 감, 리(하늘, 땅, 물, 불) 4괘, 중앙은 음, 양이다. 전 세계 국기 중에 살아남을 국기(태극)인 것이다. 조선 말 고종 때 도안은 나왔으나 사용하지 못하고 일제강점기에 빼앗겼다가 태극도 시절 도주님으로 완성된 태극기가 현재 태극기인 것이다. 외국 국기는 그림 그린 깃발인 것이다. 국기에 태양 또는 달, 별이 있는 국기는 사라지는 것이다. 해(미륵)가 뜨면 달, 별은 사라지듯이 미륵(민병규)이 출현하면 해(태양)에 해당하므로 일본 국기 해 그림, 별 그림, 달 그림 모두 사라지는 것이다.

정산(옥황상제)께서는 세계인의 가슴에 태극을 심어 주리다, 하셨다.

또한 원불교는 강증산을 믿고 있으면서 겉으로는 아닌 척한다.

증산 어른 제자 박공우 성도의 이웃에 살던 박중빈은 박공우 성도 집에서 증산 상제님의 개벽 말씀을 듣고 나갈 때 "너무 배가 고프니 우선 물질이나 개벽하자"라고 말한 것이 현재 원불교의 개교 표어가 된 것이다.

소태산(박중빈 원불교 1대)에서 정산(山)(송규 2대), 대산(김대거 3대) 도맥(道脈)이 흡사하나 삼신의 진리가 없다. 원불교에 교주는 전라도 영광군 태생이고 강증산 어른이 종도들에게 오는 세상은 해원한다 하여 법성포에서 머물다가 만든 것이 원불교이다. 법성포는 인도의 불교가 들어왔다 해서 법성포라 지명만 있을 뿐이다.

원불교가 만들어지고 이건희 회장과 인연 되어 이건희 회장은 삼성이라 하시오, 해서 삼성 회사가 만들어진 것이다. 원광 대학교 원광 보육원 시설은 모두가 삼성 이건희 회장이 받침을 한 것이다. 또한 국가기관에서는 삼성 이건희 회장은 원불교인데 아들 이재용은 최순실 아버지가 만든 미르재단이 미륵이니 돈 바치라 강제로 협박하여 삼성 이재용 부회장은 최순실 아버지 최태민에게 바친 죄가 뇌물죄가 성립되고 그 무렵 전직 박근혜 대통령은 세월호 사건이 있었던 것이다.

한국(韓國)은 땅도 작고 무명(無名)이다. 무명 소국(無名小國)이다. 옛날부터 조선(朝鮮)이라는 나라는 있었지만 자주독립(自主獨立)은 없었다. 늘 남의 나라의 지배(支配)를 받았다. 우리나라는 우리가 아닌 늘 남의 지배(支配)를 당(當)했다. 우리나라이지만 남의 나라에 얽매어 구속(拘束)을 받아 왔다. 지금(只今)도 중국(中國), 일본(日本)의 압박(壓迫)을 받고 있다. 이렇게 원(怨)이 맺히고 한(恨)이 맺힌 무명(無名)의 땅으로 상제(上帝)님이 오시게 된 것도 원(怨)과 한(恨)을 풀어 주시기 위(爲)해서다.

증산, 상제(上帝)님께서는, 일본(日本) 사람에게 옥중(獄中)에서 고초(苦楚)도 겪으시고 경칩일(驚蟄日) 날 풀려나기도 하셨다. 구중곤륜산(口重崑崙山)이라, 상제(上帝)님을 따르던 종도(從徒)들에게 내가 한 일을 밖에 나가서 말하지 말라 하셨다. 그리하여 구천 상제님의 천지 대 공사가 제대로 전파가 되지 않아 "대순진경"과 "천기누설"을 편집하여 출판하는 것이다.

정산, 상제(上帝)님께서도, 만주(滿洲)에 가셔서 독립(獨立)을 위(爲)하여 항일운동(抗日運動)을 하시다가 신(神)의 힘이 아니면 안 되겠다 생각하시고, 입산수도(入山修道)하여 영(靈)으로 하느님의 계시(啓示)를 받아서 세상(世上)을 건지려고 하신 것이 대순(大巡)의 뜻이다.

우당, 상제(上帝)님께서도, 태극도 시절 온갖 모략과 질투로 옥중 생활 하시다 무죄로 풀려나시고 대순진리회를 설립하신 것이다. 천기누설이라는 제목으로 도전님의 훈시 말씀을 민병규가 발표하는 것이며, 우리가 성공하려면 상제님의 진리를 정확히 찾아야 성공할 수 있는 것이다. 상제님의 진리는 병이나 고쳐 주는 그러한 진리가 아니라 인류를 구원할 수 있는 공사를 하신 것이며, 개개인이 아무리 주문을 외운다고 되는 것 아니고 일만 이천 명이 나타나야 상제께 대운 대통할 수 있는 기운을 주시는 것이다. 상제님을 믿지 않고 오히려 상제님의 덕을 손상시키면 개벽기에 모두 죽는다는 것을 알아야 한다.

민병규 또한 허령 받은 종자들로 인하여 2016년 핸드폰 문자 발신 6개월을 검찰청 요구로 제출하였고, 그해 겨울 "성명서" 발표를 발표한 것이다.

2018~2019년에 검찰청의 수차례 협박 등기우편과 다섯 번 끌려가 재판을 받았다. 한 달 사회봉사는 천도교 산하 계열 경기도 지평면에 있는 궁을 행복요양원에서 마쳤으나 부족한 것이 있는지 2022년 대통령 선거 끝나자마자 검찰청에서는 대순진경(www.msge.co.kr)에 농협 계좌가 있으니 영장 발부한다며 농협 계좌를 인천 경찰청으로 넘겨 조사했다.

은행 찾아가서 내막을 알아보니 최순실 아버지가 만든 미르재단에 전국 기업 총수들에게 돈 바치라 해 놓고 요리조리 빼먹을 대로 빼먹고 삼성 이재용 부회장만 뇌물죄 누명 씌워 감옥 보내고 돈이 모자라, 대순진경(www.msge.co.kr) 수록된 농협 계좌를 인천 경찰청에서 조사하니 재산은 삼백만 원이더라, 하며 민병규는 불쌍하다고 하더라.

미르재단은 2015년 최태민이 미륵이다 하여 국정원 검찰에서 키워 주고,

민병규는 2016년 겨울에 도피(逃避) 중에 성명서를 www.msge.co.kr에 발표했으니 국가기관에서 사회를 혼란 시킨다는 것이다.

통장에는 총 삼백만 원 있는데 벼룩 간 빼먹으려 하는 검찰청은 눈깔이 허옇게 되어 후천 세상 열릴 때, 미륵(민병규) 찾아 빌고 빌어야 한다.

"허령"이란 경우와 이치가 맞지 않은 행동을 했을 때 허령이라 하는 것이다.

종교 지도자들은 방문(訪問)하여 왈가왈부하더니 뒤돌아 간다. 대두목(민병규)은 종통종맥의 생활로 상제님의 대명(大命)을 받은 성인(聖人)이시다. 하느님의 말씀을 거역하는 자는 반드시 멸망한다. 여와(女媧) 상제(하나님)의 역사적 진실을 모르거든 시비 시비(是非 是非)하며, 중구난방(衆口難防)으로 떠드는 것보다 입에 자갈을 물고 가만히 있는 것이 복을 받는다.

우리나라는 자유민주주의라 하지만 민주주의를 지향할 뿐 완성된 것은 아니다. 천주교의 교황이 우리나라에 왔다가 자기 나라로 갈 때는 돈 가방 챙겨 들고 로마로 간다, 라고 자랑스럽게 말하는 것을 볼 수 있다. 현재 우리가 쓰고 있는 달력은 로마에서 만들었으니 로마를 자랑하는 것이다.

오늘의 인류가 사용하는 달력은 1년 12개월 중에서 유독 2월이 짧아진 것은 유명한 로마의 통치자인 율리우스 카이사르(B.C 100~44)에 의해서였다. 그는 같은 국가 안에서도 지역마다 각각인 달력을 통일해 열두 달 중 홀수 달은 31일, 짝수 달은 30일로 정했다. 1년이 365.2422

일이기 때문에 2월은 29일로 하고 4년에 한 번씩 30일로 해서 우수리 날짜를 맞춘 것이다. 카이사르는 자신의 권위를 세우기 위해 7월에 자신의 이름을 붙여 율리(July)로 정하였다. 카이사르가 브루투스에게 암살을 당하자 아우구스투스(B.C 63~A.D 14)가 권력을 잡게 된다. 아우구스투스도 자신의 생일이 든 8월에 자신의 이름을 붙여 '아우구스투(August)로 정한다. 그뿐만 아니라 그는 자신의 생일인 8월이 30일이던 것을 황제의 권위를 내세우기 위해 31일로 바꾸었다. 그러고는 2월에서 하루를 보충하다 보니 본래 30일이었던 2월이 29일로 변한 것이다.

나라가 없는 암울한 일제강점기 시대에 김일부 선생이 후천 정역(正易)을 만들다가 강증산 어른을 뵙고 요운으로 모시고 정역은 완성되지 않았다. 요운이란 우주의 통치자를 말함이다. 한얼님이 오셨는데 어찌 정역을 만들 수 있겠는가! 증산 어른께서 정역 중앙에 1, 6 수(水)를 넣으시고 운합주 공사를 보신 것이다. 증산 어른께서는 김일부를 중국 명부, 최제우는 일본 명부, 전명숙은 조선 명부, 명부란 염라대왕보다 높은 것이다.

운합주(運合呪) 용담역 방향
乾坎艮巽坤离兌震八位之精(건감간손곤이태진 팔위지정)
[대순 전경 교운2장 42절]

증산(甑山) 구천상제님께서 말씀하시기를,
『문왕(文王)의 도수와 이윤(伊尹)의 도수가 있으니 그 도수를 맡으려면 극히 어려우니라』고 일러 주셨도다. [공사 2장 16절]

문왕이란 3천 년 전 강태공 주역(周易)의 말씀이라.

문왕의 도수는, 도전님께서 도수를 보시고,

민병규는 강태공의 도수가 오는 대로 도통 신명을 사람에게 봉하는 것이 상제님의 명령인 것이다.

정산(鼎山) 옥황상제님께서 말씀하시기를,

이용담(龍潭)에 사해용왕이 곡물을 가득 싣고 찾으리라, 하셨다. 옥황상제님께서는 민병규가 도수를 완성한다 말씀하신 것이다.

상제님께서 로마에서 만든 달력은 쓸모없으니 후천 역을 만들라는 계시로 2010년 삼위 상제님의 신위와 후천 5만 년 용담 역(龍潭易)이 완성되므로 오는 세상의 달력은 민병규가 완성한 용담 역에서 시작한다는 것을 각골 명심해야 할 것이다.

상제님께서 양피로 24 점찍고 신위를 모셨다고 하니 요즘 24점을 그리고 중앙에 신위를 한 분만 모시는 블로그를 볼 수 있다. 상제님께서는 신명이 짐을 보면 울음을 멈추지 않고 인간들은 욕심이 끝이 없다. 말씀하셨듯이 알려 주면 도용하고 그들 집단에서 사용하는 것이 그들이 대두목이고 천자 놀음하는 것이다. 경우와 이치가 맞지 않으면 허령이라 이르나니, 허령이 있으면 강을 받지 못하는 것이다.

걸어온 길,

민병규는 인간 세상에 두루두루 살펴보니 "대두목" 글자를 보면 잡귀 혼령들이 놀래서 이리 뛰고 저리 뛰는 것을 볼 수 있다.

검·판사 종자는 사회 혼란 시킨다 협박하고,

기독교 종자는 예수 하느님 믿으라 협박하고,

여호와 증인 종자는 심판한다 협박하고,

문선명 통일교 종자는 일본 여성과 결혼 하라 협박하고,

증산도 종자는 태을주 읽으라 협박하고,

대순진리회 종자는 천자 놀음한다 협박하고,

사기꾼 종자는 매일 하루 수십 건 광고 문자 보내고,

대순진리회 여주 도장에서는 도전님 화천하신 후 중국 도교인(道敎人)을 초청하여 도통이 열리게 굿판을 벌이고, 도전님이 생활하시던 내정에다 불상을 한 개 세워 놓고, 나라에서는 석가모니 부처님이 계축생인데 조계종 끌어들여 살아 있는 소가죽 벗기기 행사를 하여 대통령이 되는 것이 꿈이라고 한다. 언론계도 무속인에 의하여 미쳐 돌아간다. 즉, 왕 대통령 황제 천자의 뜻을 모른다는 것이 대한민국 국호가 없어진다는 뜻이다.

사월 초팔 일은 석가불의 탄신일이니 불가에서나 기념할 일이지 민병규의 도, 선(仙)가에서는 하등에 무관(無關)이라. 본래의 뿌리를 찾는 일이니 영이 밝으면 통하는 것이다. 오죽하면 구천 상제님의 공사를 대순진경과 천기누설로 문서로 전하는 것이니 사람이 없으면 말뚝에 기운을 붙여 쓸 것이다.

대한민국이란?

민병규가 5차례 법원 출석할 때는 죄인으로 끌려가는 것이다. 처음에

는 혼자 끌려가서 재판받고 그들이 국선 변호사도 알려 주고 또 오게끔 얼굴을 익히게 알려 주는 것이다. 그것이 인연이 되어 2017년부터 5차례 재판받을 적에 판사 얼굴을 기억하게 되는데 엄상문 판사는 계집아이처럼 생겨 말을 할 때는 살랑살랑하면서 질문이, 본인은 민병규가 확실합니까? 분위기는 민병규는 죄인이라 감히 우물쭈물할 때, 오른쪽 아래 민병규에 옆자리 국선 변호사가 맞다 하면, 판사가 진행을 하는데 민병규에 죄명도 밝히지 않고 연애질하던 습관이 몸에 배어 법전을 몇 마디 외우면, 판사 왼쪽 아래 책상에 서류뭉치 갖다 놓고 얼굴이 벌겋게 달아올라 꼭 멧돼지같이 생겨서 하는 말이 민병규는 징역 2년입니다! 멧돼지가 말하면 결과는 판사가 제일 높은 곳 가운데 앉아서 쇠망치 들고 세 번 땅땅 땅 하면 끝나는데 문제는 등기우편 가지고 장난질하는 것이 머리가 비상한 자들이라.

   2019년 부(父)친 장례 마치고 민병규에 부(父)친 사십구재 날 정확히 민병규는 5번째 엄상문 판사 앞에 끌려간 결과는 사회봉사 300시간을 경기도 지평면에 있는 천도교 산하 궁을 요양원에서 마치고 www.msge.co.kr 기록되어 대한민국 검·판사에 머리 지능이 사람 피를 말리는 것이 특징인 것이다. 그 시절 엄상문 판사가 민병규를 대학교 지식으로 가지고 놀다가 출세하여 승진한 곳이 경기도 수원 지검 판사, 백날 대통령 앞에 무릎 꿇고 충(忠)을 빌고 빌어 봤자이다. 대통령 위에는 입법, 사법, 행정이 있는데 엄상문 판사가 민병규를 가지고 놀았다는 증거는 확보되어 있다. 민병규에 진리가 맞는다면 엄씨의 조상과 자손이 지옥에 떨어지는 것이다 즉, 오는 세상에는 엄씨라는 종자가 없다는 것이며 엄씨 집안을 살리고 싶다면 도 공부해야 한다. 자고로 엄씨라는 종자는 당나라 때 생긴 일이다, 조선 시대 공부하고 싶거든 최제우, 김일부, 전봉준, 이들은 어느 곳에 있는지 공부하여 엄상문 판사는 엄씨를 살리고 싶다면 민병규에게 무릎 꿇고 빌고 빌어도 살릴 수 없는 시대에 왔음을 알리는 것이다. 죽는다고 해서 서러워할 필요 없다. 죽은 혼령은 선천판에 남아 명부시왕의 말을 잘 들으며 혼령으로 남아 5만 년 살면 되는 것이다.

옛날에 지 씨가 냇가에서 아이가 있어 아이 몸에 고기 비닐 같은 게 있어 임금님 찾아가 보이니 그 아이를 어(魚) 씨로 하라 하여 어 씨가 되고 지 씨는 그 공로가 있어 도를 닦는 것이다. 공덕이 있어야 민병규의 말을 알아듣는 것이다. 민병규는 상제님의 도는 전 인류를 구원하는 진리라고 전하는 것임에도 사람들이 못 알아들으면 다 죽는 것이다. 증산 어른 부인 고 판례께서 우리나라 성씨 중 70% 없어진다고 하지 않았던가. 죽는다는 것이 억울하면 증산도에 가서 진리 공부하면 될 것이고 증산도는 도통이 없다는 것을 알아야 한다. 충(忠)이라는 것은 부모에게는 해당 사항이 없고 국가를 위하여 목숨을 버린 사람을 충신이라 하는 것이다.

비결서에 "개벽기에 도를 모르고 죽으면 씨도 없고 뼈도 없다. 혼령인들 있을쏘냐?"라는 구절이 있는데 혼령은 오는 세상 오만 년이 끝나야 혼령도 없어지는 것이다.

하루가 낮 12시간 밤 12시간, 24시간을 하루라 하는 것이다.

우주에 하루는 십이만 구천 육백 년이라 하는데 대략 선천 5만 년 후천 5만 년이라 하는 것이며, 선천 세상에서 만들어진 혼령은 없어지지 않고 후천 5만 년이 끝나야 선천에 머문 혼령이 사라지는 것이다. 김일부, 최제우, 전봉준은 명부 시왕으로 염라대왕보다 높으며 후천 5만 년이 끝날 때까지 선천 세상 일천계에서 사람 죽은 혼령을 벌주고 있는 것이다. 죄지은 사람들은 혼령이 되어 선천 판에서 남아 5만 년 동안 명부 시왕으로부터 고통받다가 후천 5만 년이 없어져야 같이 없어지는 것이다. 낮과 밤을 합하여 하루라 하듯이, 선천 세상과 후천 세상이 하나인 것이다. 선천 세상은 점점 어두워지며 암흑 시간으로 뒤로 멀어지고 우리는 점점 밝아 오는 세상으로 대운 대통하여 지상 선경을 맞이하는 것이다.

천부경은 하늘, 땅, 인간을 나타내는 세계에서 가장 오래된 경전이자 가장 짧은 경전이고 세계에서 최고의 내용이 들어 있는 경전이며, 학계에서 천부경은 절대 해석이 불가하다고 말한다.

천부경의 81자는 구천 상제님의 헛도수 27 + 도전님의 헛도수 27 + 민병규의 헛도수 27년= 3×27=81, 천부경의 81자의 뜻은 시작과 끝이 하나이므로 후천 5만 년이 끝나면 선천 5만 년이 끝나는 것이다. 우리는 지상 선경에 들어가 복 있는 거만큼 도술 문명 세상에서 천 살, 만 살, 5만 살 살다가 연기처럼 사라지는 것이다. 사람으로 태어나 신선 선녀가 되어 천살, 만 살, 5만 살, 되어 우주 판이 깨질 때 후회 없이 사라지는 것이다.

선천 세상은 허령 세상인 것이다. 상제님의 27년 헛도수 공사는 선천 세상 도수이고 죄지은 혼령들이 5만 년 동안 불구덩이에서 아우성쳐야 혼령이 삭아 없어지는 것이다. 우리는 선천 판에서 살지 않는다. 후천 판에서 살아가는 것이다. 운수가 열려야 후천 판이라 하는 것이다. 그러므로 도를 진정으로 알게 되면 닦지 말라고 발로 걷어차도 무릎 꿇고 비는 것이다.

도통 군자는 정해져 있으므로 죽은 시체를 밟고 사람을 살리러 다닐 때는 부귀영화를 누릴 것이니 부귀영화가 선하게 보이노라.

다시 설명을 하자면 상제님께서 오신 이유는 인류 전멸이라 하여 운수가 있고 도통이 있는데, 있으면 살아 있는 사람이고 없으면 죽은 사람인 것이다. 운수가 없으면 죽는 것인데 죽은 혼령은 명부시왕이 칸을 막아 혼령들이 사람 사는 세상에 접근을 못 하게 막아 주는 역할을 하는 것이다. 그러므로 선천과 후천은 같은 세상이고 오는 세상이 오면은 현 세상에서 살아가는 것이고 잡귀 혼령들은 지나간 시간 선천 세상 지옥에서 고통을 받는 것이다. 선천이라는 세상은 점점 뒤로 멀어져 가는 세상으로 죽은 혼령들만 사는 세상이 되는 것이다.

선천 세상에서 살아간다 하면 모두 허령 세상에서 살아가는 것이고 허령판, 선천 판에서 살아가자니 나이 먹고 늙어 죽는 것이 진리라 하는 것이다. 대통령도 늙어지면 병들어 죽는 것이고 민병규도 늙어지면 병들어 죽는 것이다. 대순진리회든 증산도이든 태극도이든 일반이든 모두 허령 선천 판에서 살고 있다는 것을 스스로 자각(自覺)하여 성공을 하지 못하면 선천 세상 지나간 과거 시간에서 혼령으로 남아 살아가는 것이 되는 것이다. 이러한 원리를 깨고 죽지 않고 영원히 살 수 있다고 하는 진리가 있다던데 찾아보는 것이 현명한 사람이고 진리가 맞으면 행하여 본인이 있어야 가정이 있고 사회가 있고 국가가 있는 것이다.

일천계에서 축생계에 떨어진 자는 가축, 새, 물고기 곤충 등으로 환생하게 된다. 축생계는 육해공에 걸쳐 펼쳐 있으며 인간이 살고 있는 인도와 비슷한 부분이 많다. 지옥도와 아귀도 다음으로 위치한 나쁜 세계로 나쁜 짓을 일삼은 인간의 영혼이 떨어지는 세계이다. 불교에서 말하는 축생의 종류는 34억 개이며 축생이 되는 이유가 각각 다르게 기록되어 있다.

예를 들어 몇 가지를 살펴보면, 생전에 잘못된 사상을 배워 자만을 편 자는 살모사나 족제비로 태어나고, 생전에 죄를 지었지만 보시(베풂)를 해서 다음 생에 부부가 되기를 맹세한 연인은 원앙이나 비둘기로 환생하여 한 쌍을 이루는 것이다.

축생계보다 한 단계 더 나쁜 아귀계는 생전에 정신적이거나 물질적으로 탐욕스러운 인생을 보낸 자들이 환생하는 세계이다. 그래서 아귀가 된 자들은 굶주림과 갈증의 고통을 받게 된다. 살아서 악행을 행한 자는 죽은 후에 질리도록 고통스러운 시간을 보내게 된다. 지옥계로 떨어지는 악행은 살생, 도둑질, 부부 아닌 자와 불륜, 거짓말, 성범죄 등이며 살생의 죄를 지은 사람이 가는 곳으로 갖은 형벌로 죽었다가 다시 살아나고, 다시 같은 형벌을 받으므로 고통이 끝없다는 지옥이다.

7. 오천억 계좌의 비밀

유튜브에 "대순진리회 5천억" 검색하면 내용이 자세히 나온다. KB국민은행 여주 지점장은 여주 도장 상급 임원들에게 자동차를 사 주고 덩실덩실 춤을 춘다. 한 사람 대표가 나오면 5천억을 내주겠다 한다.

대순진리회 상급 임원들은 도(道)에는 관심 없고 5천억을 찾기 위하여 공동 대표 5명이 도장에 상제님 신위를 사진을 찍어 "개"처럼 그려 놓고 도(道)를 모르는 판사에게 종통을 받겠다고 법원 판결문만 들고 다니니 사업자등록이 말소된 것이다. 대순진리회 여기저기 지은 곳 도장을 영대(靈臺)라, 부른다. 영대는(靈大)는 없고, "대강전"도 없다는 뜻이다. 상제님께서 강림(降臨) 한 국가는 천자(天子) 국(國)이라야 하고 영대는(靈大)는 하나이다.

www.msge.co.kr에 사업자등록이 되어 있으니 영대는(靈大)는 하나(一)는 있어야 한다. KB국민은행 여주 지점장은 한 사람 대표가 나오면 5천억을 내주겠다 한다. 대표는 한 사람이다. 우리는 하나가 되어야 한다.

박한경 도전 화천 후 처남 경석규 종무원장과 상급 임원 몇몇이 도전님을 배반하고 김상환 선감은 허경영 총재를 찾아 법배(法拜) 4배를 올리고 도전님보다 높게 받들다 보니 황제 폐하 또는 신인 하느님이 된 것이다.

강증산은 구(九) 계에서 왔고 허경영은 36천계에서 왔으니 강증산 어른보다 높다는 것이다. 허경영의 36천계는 3천계 소속이라, 허경영 신인 (가짜 하느님)은 명패 사업으로 거두어들인 돈이 1천억도 안 된다.

1969년. 대순진리회 설립
1995년. 도전 화천

1969+27=1995 음력 1995년 12월 4일
27년 헛도수를 대두목(민병규가) 완성하는 것이다.
1995+27=2022년에 대순진경 출판,

민병규는 도전님 화천(化天)하신 후 27년(二七年) 동안 한시도 쉬어 본 적 없고 동쪽으로 가도 동역 객(東亦客)이고 서쪽으로 가도 서역 객(西亦客)이니 천지(天地)의 무가객(無家客)이라. 거지(巨知) 민병규로다.

27년 헛도수를 완성해야 한다. 도전님 1995년 화천하신 지 올해가 27년 지났으니 완성해야 한다. 삼위 상제님 신위는 작은방에 모셔져 있으니 영대(靈大)는 하나가 있어야 한다. 예를 들어 포천 도장은 들어가는 입구에는 대진대학교라는 문이 있고 그 안에 도장(道場)은 있으나 간판이 없다. 도전님께서 후인 대두목(민병규)가 완성하라는 말씀이다.

상제께서 말씀하시기를,
"후일 대강전으로 몰려들어 문이 있는 대로 올라오게 되니라. 그리하여 자기가 닦은 공을 자기 스스로의 혜각(慧覺)으로 알아서 자기 자리를 찾아 서게 되므로 오늘과 같이 혼잡스럽지 않으리라." 하시니라.

초강식(初降式)을 올리고, 초강식을 3번 하면 (15개 반) 합강식(合降式)을 올리고 합강식을 3번 하면 (45개 반) 봉강식(奉降式)을 올리는데, 한 봉강식을 한 호라 한다. 총 8호가 봉강식을 하면 대강식(大降式)을 행하게 되는데 태극도 시절부터 후일만 약속한 것이라 꼭 열리는 것이다.

도전님이 안 계셔도 공부는 계속 돌리는데 대강식(大降) 받기 위함이라 절대 되지 않는다, 주문이 단체마다 모두 다르고 식을 거행할 때는 이미 통한 사람 한 사람이 나타나는데 현재 교주들이 엄청나게 불어난다. 우리는 딱 한 번 대강식을 하는 것이다. 도통 공부는 그 후로 한다. 대강식(大降式)을 하려면 대강전도 살펴봐야 한다. 대강전은 태극도 시절 부산에 있었는데 지금은 쓰지 못한다. 도주님 법이 도전님 법인데 대순진리회는 영대가 여러 곳에 있고 대강전은 없다. 상급 임원들은 어린아이가 되어 부모한테 젖 달라고 매달리는 형국이라. 도전님은 구천 상제님을 모시고 계시므로 오시지 않는다. 혜각(慧覺)이 열리면 전진고 소리가 들리는데 증산도는 주문 외울 때 처 외 선조까지 나오고 북 치고 장구 치는데 그 소리를 착각하여 증산도를 향하면 그곳은 태을궁이 희미할 뿐 대강식을 하지 못한다.

공사하실 때 1990년 도전님께서 여주 도장 본전 신축공사를 시공하시고 급히 서둘러 4개월(120日) 만에 완공하신 후 1990년 12월 11일

(陰 10.25)로 영대 봉안을 예정하셨으나 거행하시지 않으시고, 그 후로도 여기에 대해서는 아무런 언급이 안 계셨다. 그리고 임원들에게 한 달 보름이 되도록 지방으로 내려가라는 명이 계시지 않자, 임원들은 도장 내에서 영문도 모른 채 무료히 시간만 보내고 있었다. 그런데 임원들이 식사하러 내려올 때나 올라갈 때 보면 도전님께서는 항상 숭도문에 납시어, 무엇인가를 애타게 기다리시듯이 앉아 계셨으나, 임원들은 도전님의 의중을 헤아릴 수 없었다. 도전님께서 다음 해 1991년 여주 도장 본전에 영대 봉안을 하셨다.

도전님께서 내정을 두 개를 만드셨는데 내정은 한 개는 도전님이 생활하신 곳이다. 내정이 두 개인 것을 생각하여 보라. 즉 종통을 받을 대두목을 기다리신 우당 도전님의 뜻을 아는 임원은 아무도 없었다. 오히려 도전님을 대두목으로 알고 도통(道通)을 줄 거라 착각하고 있는 것이다. 민병규는 계묘생 12월 11일이다.

한 사람은 분명 나오는 것이다. 옥황상제님의 법이라 분명 나온다. 한 사람이 대강식을 거행할 때 가짜 교주는 심장이 터지는 것이다. 교주들은 많은 신도를 거느리는데, 사람마다 수호신이 있고 따라다니는 혼령도 있고 그 교주가 가짜라는 것이 알려지면 수많은 신들이 교주 목 속으로 들어가는 것이다. 거부할 수 없는 것이다.

2019년 공포 액션 영화 "영화 사자"인데 그것은 약과이다. 때가 성숙기라 현재 교주들은 대두목이고 천자 놀음에 해당한다. 콩나물 뽑히듯이 뽑혀 조상 대대로 내려온 씨가 없어지는 것이다. 증산 어른 부인께서 하신 말씀은 우리나라 성씨 중에 70% 없어진다 하니 명심해야 한다.

영대(靈臺) = 임금이 올라가서 사방(四方)을 바라보던 대(臺) 대순진리회 도장은 영대(靈臺)라 부른다. 완성이 안 됐다는 뜻이다.
※ 영대(靈臺)를 영대(靈大)로 옮길 운(運)
※ 여러 곳에 있는 영대(靈臺)를 영대(靈大)로 옮길 운(運) 대두목(민병규)이 모신 영대(靈大)는 하나라 말씀하시는 것이다.

※ 육천 년 전 태호 복희씨 선천 봄(春) 판을 옮기는 판국에 민   병규가 만들어야 할 영대(靈大)는 하나인 것이다.

인간을 누가 창조하였는지 어떻게 진화되었는지 궁금하겠지만 진리의 차원에서 보면 그것은 전혀 중요한 문제가 아니다 현재를 살고 있는 사람들이 창조의 근원과 사후세계에 대해 알면 어쩌겠다는 것인가 과거와 미래는 중요하지 않다. 또한 현재도 지나가는 것이다.

"금강경"에도 과거의 마음, 현재의 마음, 미래의 마음은 없다고 하지 않았는가 중생들의 몸과 마음으로는 이해할 수 없는 구절이다.

부처의 몸과 마음이 되어야만 느낄 수 있는 심오한 문구이다. 문자적으로 해석을 하려고 하면 점점 수궁으로 빠져들게 되고 지식과 학식으로 글을 남기게 되면 자신은 물론 많은 사람들에게 고통을 안겨주는 결과를 만드는 것이다. 인도의 성자 싯다르타는 자신의 체험과 경험을 바탕으로 수많은 방편과 비유를 들어가며 중생들을 안락한 피안의 땅으로 인도하였다.

그는 글이 아니라 자신의 체험을 바탕으로 설명했던 것이다. 이러한 방법으로 석가[釋迦]는 마하가섭에게 전통성을 물려주었고 가섭은 또 다른 제자에게 법을 물려주는 방법으로 달마에게 전해진다.

8. 미륵이란?

《맹자》〈이루 장구 하(離婁章句下)〉
제1장에 다음과 같은 구절이 나온다.

순임금과 문왕은 여합부절(如合符節)이라 한다. 부절을 맞춘 듯 똑같다.

순임금과 문왕 살았던 지역이 시간적으로 세대(世代)가 서로 천여 년 이상 있었지만, 뜻을 이루어 도(道)를 행함에 있어서는 마치 부절(符節)을 맞춘 것처럼 똑같았다. 앞의 성인과 뒤의 성인을 헤아려보면 그 행한 도가 똑같다는 것이다.

순임금은 상고시대(上古時代) 전설적 인물로 덕(德)으로 세상을 잘 다스려 현명한 군주의 표본이 되어 천오백 년 지나, 문왕의 시대는 혼란을 야기했던 폭군 상나라 주왕을 몰아내고 주 왕조의 기틀을 세웠다.

유가(儒家)에서 이상적인 정치를 펼친 임금으로 평가한다. 두 사람 모두 천하의 성군이자 태평성대의 상징으로 칭송되는 인물들이다.

우주(宇宙)가 우주(宇宙) 된 본연 법칙(本然法則)은 그 신비(神祕)의 묘(妙)함이 태극에 재(在)한바 태극(太極)은 외차 무극(外此無極) 하고 유일무이(唯一無二)한 진리(眞理)인 것이다. 그러므로 이 우주(宇宙)의 모든 사물(事物)은 곧 천지 일월(天地日月)과 풍뇌우로(風雷雨露)와 군생 만물(群

生萬物)이 태극(太極)의 신묘(神妙)한 기동 작용(機動作用)에 속하지 않음이 있으리오. 창생(蒼生)을 광제(廣濟) 하시는 분이 수천백 년(數千百年) 만에 일차식 내세(一次式 來世) 하시나니 예컨대 제왕(帝王)으로 내세(來世)하신 분은 복희 단군 문왕(伏羲 檀君 文王)이시오, 사도(師道)로서 내세(來世) 하신 분은 공자 석가 노자이시며 근세(近世)의 우리 강증산 성사(姜甑山 聖師)이시다. [대순진리회 포정 문의 글귀]

도전님께서 도장 들어가는 문에 써 놓으신 것은 전 세계에 알리라는 뜻이 담겨 있다.

후천 오만 년이 오려면 선천 세상의 육천 년 전, 제왕(帝王)으로 있던 태호 복희씨가 와야 한다는 공사이다.

구천 상제께서는,
끝판에 돗씨가 있는 줄 몰랐지 야.

"상씨름꾼 들어오라." 벽력같이 고래장 치니 어느 누가 당적 할까?
"허허, 헛 참봉이로고. 소 딸 놈은 거기 있었건만 밤새도록 헛춤만 추었구나.
육각(六角) 소리 높이 뜨니 상씨름이 끝이 났다." 하시니라.

부절이란 쌍방이 서로를 알아보기 위한 증명의 물건, 애정이나 믿음의 증표 등의 의미로 사용하는 물건이다. 인용문에 부절을 맞춘 것처럼 똑같았다는 것은 성인의 살아 있는 시대가 앞과 뒤, 멀고 가까운 다름이 있으나 그들이 행한 도는 똑같이 훌륭하다는 말이다. 둘로 쪼개었다가 합쳐 보면 꼭 들어맞는 것처럼 성인들이 천하를 평화롭게 다스리기 위해 도를 펼치고 행한 점은 모두 같다는 비유에서 약합부절이라는 말이 나왔다. 전하여 꼭 들어맞는 모양, 어긋나지 않고 일치하는 상태 또는 관계를 일컬어 여합부절(如合符節), 약합부절(若合符節)이라고 한다.

진짜 미륵이 오려면 태호 복희씨가 와야 된다고 공사하시고, 알려주신 분이 강증산 구천 상제님이시다.

영부(靈符)란, 1860년 4월 5일 교조(敎祖) 최제우(崔濟愚)가 영감으로 한울님에게서 받은 천신(天神)을 그림으로 표상(表象) 한 부도(符圖), 천도교 본부에서 보관되어 있으나 아무 의미가 없다. 영부(靈符)를 생각할 때에 먼저 부자(符字)의 뜻을 생각함이 쉬울 것 같다.

부(符)라는 것은 일(一)이 분(分)하여 이(二)가 되고, 이(二)가 합(合)하여 일(一)이 되는 것인 고로 여합부절(如合符節)이란 말이 있다.
영부(靈符)에는 글과 그림이 공존한다. 본래 영부는 옛날의 신선들이 사용한 문명의 도구이다. 그러던 것이 물질문명의 낙서 시대가 전개되면서 영부의 흔적은 산간이나 역술인, 무당의 손에 의해 겨우 그 명맥만 유지된 것이다. 천부경도 처음에는 영부의 형태였으나 낙서 문명의 기운에 의해 문자와 수리로 변한 것이다. 민병규는 신명의 가르침으로 용담 역, 용담 계사도에 삼위 상제의 신위를 글과 그림(圖), 영부(靈符)로 모시다가 2021 신축(辛丑)년 1월 1일에 방에 모신 것이다.

삼황오제(三皇五帝) 시대

三皇(삼황)

1. 수인씨(燧人氏) - 추위에서 보호하고, 불을 발명 음식을 익혀 먹는 법을 인류에 가르쳐 주었다.

2. 복희씨(伏羲氏) - 팔괘를 만들고 노끈으로 그물을 만들어 고기 잡는 법 사냥하는 법을 가르쳐 주었다.

3. 신농씨(神農氏) - 농기구 발명, 농사짓는 법과 여러 종류의 풀을 맛본 후 병을 치료할 수 있는 약초를 가르쳐 주었다.

상제님 인신(人身)의 시조는 중국의 염제 신농씨(炎帝神農氏) 휘 궤(軌)이시라 하며, 중시조는 고구려의 병마도원수 휘 이식(以式)이시고… 태극도 [무극진경 1:6]

또 "신농씨가 경농(耕農)과 의약을 가르침으로부터 천하가 그 두터운 혜택을 입어 왔으나 그 공덕을 앙모(仰慕)하여 보답하지 않고, 강태공이 제잔금폭(除殘禁暴)의 묘략(妙略)을 전수함으로부터 천하가 그 덕을 입어 왔으나 그 공덕을 앙모하여 보답하지 아니하니 어찌 도의에 합당하리오? 이제 해원 시대를 당하여 모든 신명이 신농과 태공의 은혜를 보답하게 하리라." 하시니라. [무극진경 9:121]

*상제께서 어느 때 내장산(內藏山)에 가셨을 때에

世界有而此山出 紀運金天藏物華

應須祖宗太昊伏 道人何事多佛歌

라고 읊으셨도다. [행록 2장 5절]

세계가 있어 이 산이 나왔으니

빛나는 운을 간직한 가을 하늘은 후천의 화려한 문명을 담고 있구나.

마땅히 선천 종교의 시조는 태호 복희씨 것만

도인들은 어찌하여 부처만 많이 노래하는가!

* 應須祖宗太昊伏(응수조종태호복)

何事道人多佛歌(하사도인다불가) 오 마땅히 선천 문명의 조종(祖宗)은 태호 복희씨인데 웬일로 도(道) 닦는 자들이 허다히 부처 타령들이냐!
[증산도 도전 5:282:3]

또한, 체면장(體面章), 체면(體面)에 관한 글, [공사 3장 42절]

무신년(戊申年, 1908년) 납월(臘月, 12월)에 대흥리(大興里)에 머무르시며 대공사를 행하실 때 납향 치성 4일 전 "체면장(體面章)"을 쓰시고 고축을 하셨으니

惶恐伏地問安 氣體候 복지(伏地) ~ 땅에 엎드림

황공복지문안 기체후 기체후는 '기력과 체력 상태'를 의미하며 산 사람에게만 있지 죽은 신명에게는 없는 것이다.

즉, 죽은 신명에게 안부 묻는 것이 아니라 살아 있는 분의 육신에 대하여 안부를 묻는 단어이다.

살아 있는 사람은 한 사람 민병규뿐이다.

萬死不忠不孝無序身無序 ~ 序(따를서) 는 뒤에 나오는 '師'와 연관되는 것으로 문맥으로 볼 때 '아비에게 효도'하듯,

만사불충불효무서신 스승을 따르는 것이다. 뜻은 '스승의 가르침을 따름이 없음이' 몸(身)으로,

泣祝於君於父於師
읍축어군어부어사 읍축(泣祝) ~ 울면서 축원함. 울면서 원하는 것을 빎. [대순진경 316p 참조]

미륵(彌勒)이란? 윗분을 모셔야 한다.
그런고로 미륵은 "갓" 모자를 쓰고 서서 구만리를 내다보는 것이다.

증산 상제님께서도 윗분에게 비셨으니 미륵이시다.

미륵불은 미래불로 갓을 쓰고 홀로 밖에 서서 눈, 비, 바람맞으며 극락세상 후천 5만 년 지상 선경을 여는 불이라 하여 삼국시대, 통일신라 때부터 부흥하게 된 것이다. 미륵은 머리에 "갓"을 쓰고 서 있는 것을 미륵이라 한다. 놀랬을 때 "오~ 마이 갓" = 오 하느님이라 하는 것이다. "갓"은 곧 하느님이라는 것이다. 즉, 미륵은 하느님(천지 조물주)을 모시고 출

현해야 한다고 천 년 전부터 바위로 깎아 세운 것이다.

미륵이란 = 하느님, 하나님, 창조주, 일부 종교에서 신과 같은 존재이다. 미륵이란? 인도의 석가모니 부처님이 사람이 태어나서 늙고 병들어 죽는 것에 해답을 얻고자 득도하여 내다보니 석가 설법 삼천 년이 지나면 미륵이 출현하여 극락 세상이 열린다 하여 미륵 문화가 생긴 것이다. 그런고로 삼천 년이 지나 강림하신 분이 강증산 어른이시다.

증산 성사께서는 나는 신농씨이며 윗분 인류의 조종은 태호 복희씨다 하여 납향치성 4일 전에 엎드려 읍축(泣祝)을 하여 비신 것이다. 그러므로 미륵이시다.

정산 성사께서는 증산 어른을 "구천상제"라 한 분을 모시고 공사를 행하셨으니 미륵이시다.

우당 성사께서도 증산, 정산 두 분 상제님을 모시고 공사를 행하셨으니 미륵이시다.

대두목(민병규)는 증산, 정산, 우당 세 분 상제님을 모시니 미륵이시다.

증산, 정산, 우당 세 분은 미륵이시며 보이지 않는 것이다. 상제에 오르신 것이다.

그러므로 이와 같이 한 사람으로 오는 진짜 미륵은 윗분(세분)을 모시고 출현한다 하여 미륵 탄생 공사에 기록되어 있다. 기독교에서는 찾는 한 분 하나 있다 하여 하느님 하나님 부르는 것이다. [암만(아멘)]

* 민병규가 세운 대순진경(大巡眞經)은 강증산, 구천 상제님의 공사로 하여금 조정산(趙鼎山) 도주(道主)께서 만주(滿洲) 봉천(奉天)에서 증산 상제(姜聖上帝)로부터 그 천부(天賦)의 종통 계승(宗統繼承)의 계시(啓示)를 받으신 데서 비롯하여, 유명(遺命)으로 종통(宗統)을 이어받으신 도전님(都典)을 삼위 신위에 모시고 민병규(大頭目)가 영도(領導)하시는 민족 종단(宗團)의 명칭(名稱)이다.

9. 도통(道通)이란?

　현재 과학 문명을 병란으로 종결지으면 도술 문명 5만 년이 전개되는 것이다. 일만 이천 도통 군자는 72가지 둔갑술을 부리는 것이다. 72가지 도술을 부려야 상통 군자라 하는 것이다. 조금 안다고 선량한 종교인을 모집하는 것을 교주라 하며 부서질 때는 여지없이 와지끈 소리가 나는 것이다.

　도통에 욕심을 두기 전에 증산 상제님의 공사를 먼저 알아야 한다.

　강증산 상제께서 대원사 방문,

　진묵의 시해(尸解) = 몸만 남기고 혼백(魂魄)이 빠져나감, 사실을 아시고 대원사에 가셨으며, 유서를 발견하게 된다. 대원사에 상제님께서 들어가신 때는 신축년 5월이고, 그해는 서른한 살이 되시는 해였다. 민병규는 대순진리회를 나온 때는 1995년 을해년 5월이고, 그해는 서른두 살이 되는 해였다.

　진묵의 유서 내용은 다음과 같다.
　진묵의 살 한 점도 남기지 말고 태워『너와 나는 아무런 원수진 것이 없는데 왜 그러느냐? 너의 자손은 대대로 호미를 면치 못하리라』동양의 도통 신명들을 거느리고 서양으로 간다.

내용은,

김봉곡(金鳳谷)은 진묵대사와 우의가 깊었으나, 시기심이 강한 유학자였다. 봉곡에게서 진묵이 성리대전(性理大全)을 빌려 갔다. 봉곡은 진묵이 불법을 통달하였는데 거기에 유도마저 통달하면 상대할 수 없을 것으로 생각하여 급히 사람들을 보내 다시 찾아오게 하였다. 그 후에 진묵이 성리대전을 한자도 틀리지 않게 외우니, 봉곡은 더욱 시기하게 되었다.

진묵이 여드레 동안 방문을 잠가 둘 것을 부탁하고 범서(梵書)와 불법(佛法)을 더 연구하려고 시해(屍解)로 서역(西域)에 갔음을 봉곡이 알고 절에 가서 그 방문을 열고 어찌 시체를 방에 방치해 두고 혹세무민(惑世誣民)하느냐고 꾸짖어 화장(火葬), 불에 태우고 팔 일이 지난 뒤에 진묵이 돌아와서 신(身)체가 없어졌음을 보고 공중에서 소리쳐 이는 봉곡의 행위(行爲)라. 내가 각 지방 문화의 정수(精髓)를 거두어 모아 천하를 크게 문명케 하고자 하였더니 이제 봉곡의 질투로 인하여 헛되게 되었으니 이제 나는 이 땅을 떠나려니와 봉곡의 자손은 대대로 호미를 면치 못하리라 하고 동양의 도통 신(道通神)을 모두 거느리고 서양으로 건너간 것이다. 진묵의 전생은 석가모니인 것이다.

대원사에서 49일간 공부(工夫)하심,

구천 상제님의 유서,
세상에 나서 경자년(천개어자)에 하늘 천문의 이치를 우러러 통하고(상통천문), 신축년(지벽어축) 두칠 7월 7일에 인도(人道)를 통했다(중통인의). 임인년(인기어인)에 수제자인 김형렬을 만나 큰 덕을 세상에 펼 것을 맹세하였다.

그때 경자(庚子)년은 1,900년이고 민병규의 경자(庚子)년은 2,020년 이다.

충성과 효도와 스승에 대한 절개 윤리가 세상에 없으니 온 세상이 병들었도다. 그러한 병을 낫게 하는 것은 원형이정 안심 안신 24종 약재 사물탕 80첩이다.
1. 증산, 2. 정산, 3. 우당, 4. 민병규

사물탕 80첩,
네 사람 중, 복중 80년 신명 노자 도수,
상제께서 대원사에서의 공부를 마치고 대원사 골짜기에 각색의 새와 각종의 짐승이 갑자기 모여들어 반기면서 무엇을 애원하는 듯하니라. 이것을 보시고 너희 무리들도 후천 해원을 구하려 함인가, 하시니 금수(짐승)들이 알아들은 듯이 머리를 숙이는도다. 상제께서 알았으니 물러들가 있거라 하고 타이르시니 수많은 금수들이 그 이르심을 좇는도다. 시호시호 귀신 세계 금수 대도술.

호랑이로 변장도 하시고, 바다 위를 걸으셔도 신발에 물 한 방울 묻지 않고, 갑칠아 배고프냐! 하시니 순간에 누런 참외가 주렁주렁 달려 하나 따 먹고 두 개 먹으니 배부르냐! 이제 가자 하시고, 호연이를 매미로 변장시켜 상제님 어깨에 올려놓으시고 호연이와 대화도 하시고, 이러한 권능이 있으셔도 일본 순사에게 끌려가시어 고문도 받으신다. 도통은 증산, 정산, 우당, 민병규 이렇게 도통줄 맥이 흘러야 되는 것이다.

[대순진경 158p 참조]

앞으로 도인(道人)들이 속았다, 헛 닦았다 하는 말들이 나올 때가 있다. 유교(儒敎)에 72 현인(賢人)과 불교(佛敎)의 500 나한(羅漢)의 고역(苦役)을 생각하여 보아라. 참다운 성심(誠心)에서 일심(一心)이 나올 때 비로소 삶이 있다. 마음 지키기가 죽기보다 어려우니 따라오는 힘이 크니라. 도통(道通)이란 시기(時期)를 논(論)하지 말라. 예(例)컨대, 만 개(個)의 전구(電球)가 스위치 하나로 일시(一時)에 통(通)하는 것과 같은 것이니라 말씀하셨다. 도를 닦는다는 자들이 자존심 버리기가 죽기보다 어렵고 만 명이 있어도 한 사람에 달려 있다는 말씀이시다. 민병규는 현재 네 명이 있는데 인터넷으로 알게 되어 얼굴도 모르고 전화 통화만 가끔 하는데 그분들은 민병규 진리를 믿는 분들이다.

다른 사람들은 눈치만 보고 있고, 어떤 사람은 대순진리회를 잘 아는데 도통이 어제쯤 나오냐요? 민병규가 대순진리회 다니는 줄 알고 도통하는 날짜를 알려 달라는데 전부 잡귀들한테 놀아나는 것을 민병규는 훤히 보고 있는 것이다. 전화 중에는 "대순진경"을 사장님(민병규)이 쓴 거 아니죠? 이렇게 물어보는데 "네. 맞아요. 제가 쓴 거 아니에요." 한다. 사실 상제님께서 다 하신 것이지 민병규는 상제님의 말씀만 알려 주는 것이다.

예전에 대순진리회 있던 교감인데 민병규는 책 장사하니? 문자 오는 거 차단은 했지만 대순자(子)가 들어가면 도통 욕심 앞을 가려 도통은커녕 모두 죽는 것이다. 개벽 공부하려면 증산도에서 공부하면 되고 개벽이 오면 모두 죽는다는 것을 알아야 하는 것이다. 모두 죽으면 민병규도 죽는 것이다. 전부 잡귀들한테 놀아나는 것이 보이는데 도통을 받으려면 진리는 하나 있어야 하는 것이 진리라 하는 것이다.

유교(儒教)에 72 현인(賢人)과 불교(佛教)의 500 나한(羅漢)의 고역(苦役)을 생각하여 보아라. 이 말씀은 단주에서 공자로 왔다가 도주님(조 철재)으로 오신 분을 도전님이 모시였기에 공자를 앞에 두신 것이다. 원래는 석가의 500나한과 공자의 72현인을 생각해 보라 이것이 맞는 것이다. 이분들이 수천 년 동안 육천(六天) 계 있었고 민병규는 칠천(七天) 계 성계(星界)에 있었다 왔으니 아는 것이다. 이천오백 년 전, 노자는 공자보다 연상이고 공자는 노자한테 도를 물어보고 했던 것이다. 노자가 민병규로 왔으니 아는 것이고, 민병규가 왔으니 모두 이 땅에 내려온 것이다.

구천 상제님께서는 민병규가 유, 불, 선 도통 신명을 거느리고 각자 닦은 바에 열리리니 하신 것이다. "신명계 층 표" 보기 하면 쉽게 이해될 것이다. 도통 표에는 단수 수명 태을주가 옥황상제님으로부터 민병규로 오는 것이다. 노자가 만든 도교보다 같은 시대 공자의 제자가 많아 유교가 컸던 것이고, 조선 시대는 공자의 유교 사상을 받아들여 정치를 했던 것이다.

구천 상제님께서는 노자 신명을 부르시고 꾸짖어 가로되 인세에 내려가 다시 진리 경전을 만들라 하시어, "대순진경"과 "천기누설"을 공개하니 성심성의껏 진리 탐구에 힘써 사람됨을 밝혀야 할 것이다.

구천 상제님께서 짜 놓으신 27년 헛도수를, 도전님께서 실천으로 하시고, 앞으로 도인(道人)들이 속았다, 헛 닦았다 하는 말들이 나올 때가 있다. 하신 것이다. 헛도수라 하면 누가 믿을 것이고 도전님은 천지신명을 영대로 봉안하시는 공사와 도통을 할 수 있다는 공부를 확인하고 4번째 후인 민병규 찾으라 말씀하신 것이다. 도통 줄이 내려온다는 말씀이시다.

도전님께서는 살아 계셨을 때는 도주님(옥황상제님)을 모시고 화천하신 후에는 구천 상제님 곁에 계시는 것이다. 형렬이 상제님 따라 천상계 갔다가 내려와서 상제님 곁에 하얀 흰 옷을 입고 계신 분이 누구 시옵니까? 여쭈니 그는 석가불이라 내 곁에서 항상 만상을 섭리하노라 하시니라. 그러므로 도전님은 오시지 않는 것이다.

노자 신명이 북두칠성에 탐랑, 문곡, 거문, 녹존, 염정, 무곡, 파군의 일곱 별을 다스리다 온 것이다.

나는 복중 80년 노자 신명(민병규)을 신명계에 왕래시키니, 그가 곧 천상천하의 도통주이니라.

선천 세상에 복중 기간(엄마 뱃속)은 280일 정도가 보통이고 최장(最

長)은 296일이며 300일생은 없다. 296일(辰成日生), 286일, 276일, 266일, 256일, 246일(卯日酉生)이 있다. 이는 임신(姙娠)한 기수에 따라 이렇게 된다. 특수 예외 인물이 있는데, 진시황(秦始皇)은 12개월 복중(엄마 뱃속)이다. 노자(老子)는 생모(母)의 복중(엄마 뱃속) 80년 만에 생모(生母)가 죽자 모(母)의 왼쪽 옆구리를 뚫고 나왔는데 복중(服中)에서 80세가 되어 백발노인이 되어 나왔으므로 노자(老子)라 한다.

복중(服中)에서 80신명이 노자, 민병규인 것이다.

이런 말 하면 사람들이 믿지 못한다. 고구려 시대에는 70살 되면 고려장이라 하여 구덩이를 파고 움막처럼 만든 다음 부(父)친을 지게에 지고 구덩이에 계시라 하여 며칠 먹을 식량을 넣어 놓고 며칠 있다 가서 살아 계세요? 하면 오냐 살아 있다! 며칠 있다 가서 살아 계세요? 대답 없으면 움막에 줄 당기면 와장창하고 허물어지는 움막이라, 거기서 나온 유물이 70살 먹고 죽기 직전에 사용하던 그릇이 고가(値)이다 보니 도굴쟁이들이 다 파내서 외국으로 나가고 그리한 것이다.

조선 시대 오면서 수명이 점점 짧아지고 50년 전만 해도 50살 되면 동네 어른이고 60살 되면 환갑잔치하고 장수한다 하였다. 노자(老子)의 시대 이천오백 년 전에는 9백 살까지 살았는데 외국에서 만든 성경에 나오면 믿고 우리나라는 스승이 없는 관계로 민병규가 알려 주는 것이다.
[대순진경 참조]

도전(都典)님의 훈시(訓示) 말씀에,

신명(神明)을 복희(伏羲)씨(氏)께서 하늘에 모셨고, 문왕(文王)은 영대(靈臺)에 천지신명(天地神明)을 모셔다가 땅에다 봉신(封神)을 했고, 요번(-番)에는 천지신명(天地神明)을 도장(道場)에다 모셨다가 사람에게 봉신(封神)을 하는 것이다. 공부(工夫)를 시켜 보았더니 다 못 하더라.

"대두목"(민병규)이 도통 신명을 사람에게 봉해야 한다는 상제님의 말씀이시다.

박한경 도전(都典) 님의 훈시(訓示) 말씀에,

선, 교감(宣教監)이 도통(道通)을 주는 양 수반(修班)에게 말을 한다. 절대(絶對) 그래서는 안 된다. 납향(臘享)이란 것은 제 후(諸侯)들이 천자(天子)에게 올리는 치성(致誠)이다. 회관(會館)에서 치성(致誠)을 올려라.

도전(都典)님의 훈시(訓示) 말씀에,

나[도전(都典)]의 훈시(訓示)는 교무부(教務部)에서 기록(記錄)하고, 그 기록부(記錄簿)는 교무부(教務部)에서 보관(保管)한다. 상급 임원들의 진리 파벌 싸움에 어쩔 수 없어 복숭아를 들고 있는 존장 '대두목(민병규)'이 보관하게 되어 "대순진경"과 "천기누설"으로 편집하게 되었음을 알리는 바이다.

하루는 호연에게 말씀하시기를, 천하 사람이 제 어미가 낳아서 생겨났지만 맥은 네가 붙인다. 맥 떨어지면 죽느니라, 하시고 천지신명이 다 모인 자리에서 너를 천지에다 제(祭) 지냈는데 어린 사람으로 선매숭자(仙媒崇子) 쓴 것을 우리들이나 알지 그 누가 알 것이냐? 하시니라. 또 말씀하시기를, 귀신은 먹어서가 아니라 기운으로 응감한다, 하시니라. 너 그것 잊어버리지 마라. 증명 없이 사는 놈 없다. 죽어도 증명이 있어야 한다. 아는 놈은 너를 건질 테니 걱정 말아라.

선매 숭자(仙媒崇子)의 뜻,

선매(仙媒): 영원히 죽지 않는 진리의 몸(法身)과 심법(心法)을 갖춘 후천 신 인간으로 거듭나도록 진리를 전해 준 거룩한 대사부(大師父), 그가 바로 선매이다.

숭자(崇子): 높은 아들, 근본 씨앗, 첫 씨앗, 가장 큰 머리가 되는 씨앗, 민병규가 있다 말씀하신 것이다.

중매(媒) 부모된 입장은 자식이 성인이 되면 짝을 맺어 주기에 도통 신명과 짝이 되려면 대사부(大師父) 민병규를 찾으라 말씀하신 것이다.

하루는 상제님께서 종이에 제비를 그리신 후에 형렬에게 말씀하시기를, "선매숭자"를 써야 나갔던 제비가 다시 들어온다. 그런고로 증산 구천 상제님께서 공사하신 도통 줄을 대두목에게 주리니 어찌 홀로 행하리오의 말씀은 대두목은 도통 신명과 짝이 될 수 있게 중매쟁이 일을 하라 하신 것이다.

우당(牛堂), 세존 상제님께서 말씀하시기를,

물을 지켜라 금산사에 용추 못이 있지 않느냐, 도통이 물에서 나온다 하셨다. 즉, 연원도 물(水)이고 금산사에 용추 못도 물(水)이고 대두목(민병규)는 계묘생 12월 11일이라. 계(癸)도 물(水)이고 12도 물(水)이고 11도 물(水)인 것이다. 우주(宇宙) 삼라만상이 물에서 시작된 것이다. 민병규가 전하는 대순진경은 도통하는 도(道)이고 불로불사하는 도이다. 참 진법을 찾지 못하면 천지가 도와주어도 마침내 죽음에 이른다고 말씀하셨다. 민병규가 펴내는 "대순진경"과 "천기누설"은 후일 잡귀, 요귀로부터 살아날 수 있는 21세기의 최고 경전이며 후천 오만 년의 기초 설계도인 것이다. 마음이 열리지 않으면 글자로만 보이는 것이다.

현재 대순진리회는 큰 오판(誤判)을 하고 있는 것은 박한경 도전님이 대순진리회를 만들었으니 도통을 줄 거라는 망상에 빠져 있는 것이다. 도전님께서는 임원들에게 상속을 할 수 없는 것이다.

강증산 상제님께 영적으로 공사하시고 판을 짜신 것이다. 가족과 제자들에게 상속을 하지 않으셨다. 사천오백 년 전 요임금의 아들 단주가 한이 맺혔으니 단주 해원을 첫머리로 하신 공사는 단주가 도주님이고 옥황상제에 오르신 것이다. 도주님은 단주이니 그 시절 바둑판만 받고 왕의 자리는 순임금에게 주고 두 딸까지 주니 단주가 원한을 품고 단주에 누이동생 아황과 여영을 소상 강에서 죽이고 두 딸은 한이 맺혀 대나무에 빨갛게 반점이 있는 것을 소상 반죽이라 하지 않았던가, 이 원통함을 풀려면은 순임금이 박한경 도전님으로 와서 도주님께 빌고 빌어라 하신 공사이다. 바둑판을 받은 단주는 천하를 맡긴 요임금에 깊은 뜻을 몰랐으니, 증산 성사를 구천 상제님으로 모신 것이다. 도주님은 원통함이 풀리고 도전님은 구천 상제님을 모셔라 하신 것이다. 오는 세상에는 신명계는 옥황상제께서 통괄하시는 것이다.

요순시대에 우임금이 누구인지 대순진리회는 참진리를 찾아야 할 것이다. 선천 세상의 원통함과 억울함 싹이 터 세상은 참혹하게 되었으니 세상은 원망으로 가득 차 있다. 한(限)이며 이는 원(怨)의 쌓여가는 '원한'으로 인해 천지는 법도를 잃게 되었고 이 고리를 푸신 분이 구천 상제님이신 것이다.

　강증산 상제님께 영적으로 공사,
　선생님(先生任)이 크게 소리치며 공자(孔子)를 못 부를까, 예 대령(待令) 했습니다, 하니 청상(廳上)에 좌정(坐定)하시고 공자(孔子)를 보고 꾸짖으시되 그대가 무슨 성인(聖人)인가 말로는 삼강오륜(三綱五倫)을 밝히고 효제충신(孝悌忠信) 예의염치(禮儀廉恥)를 밝히는 도덕(道德)이라 하면서 그대가 먼저 출처(出妻)를 했으니 그 중생(衆生)의 원한(怨恨)은 어찌할까 저런 것도 성현(聖賢)이여 당장 물러가라 하시고,

　또 노자(老子)를 불러라, 예 대령(待令) 했습니다, 하니 또 꾸짖어 가로되 부모(父母)가 해산(解産)하려고 방문(房門)을 열고 들어갈 때는 내가 다시 이 신을 신을 수 있을지 모르겠다. 여기 만큼 부모(父母)의 고(苦)가 크거든 너는 부모(父母) 배 속에서 머리가 희도록 들어앉아 있었으니 그

부모(父母)의 고생(苦生)이 어떠하였을까 그래도 선법(仙法)을 안다고 자랑을 했으니 당장 저리 물리쳐라.

또 석가(釋迦)를 불러다가 그대가 무슨 성인(聖人)인가 종자(種子) 없애는 성인(聖人)인가 부모(父母)를 등지고 일찍이 입산수도(入山修道)한다고 부모(父母)를 영영(永永) 잊은 죄(罪)도 말할 수 없지마는 나중에는 음양(陰陽)을 없애기로 작정하니 너의 도(道)를 세상에 편다면 사람의 종자(種子)가 있겠느냐 네가 중생(衆生)을 위(爲)하여 공부(工夫)를 했다면 무슨 중생(衆生)을 제도(濟度) 하겠느냐 물리쳐라.

하신 후에 다시 공자(孔子) 노자(老子) 석가(釋迦)를 부르라 하시더니 들으라 너희들이 이 세상(世上)에서 대우(待遇)를 받을 만하나 자네들 도덕(道德)을 가지고는 포덕천하(布德天下) 광제창생(廣濟蒼生) 할 것은 못된다는 말일세. 앞으로 나의 도덕(道德)이 세상(世上)에 나오거든 자네들도 그 도덕(道德) 안에서 잘 살도록 하소. 전연(全然) 못쓴다는 말은 아니로세 옳으면 옳다고 대답(對答)을 하소. 크게 소리치니 천지(天地)가 진동(振動)하여 문지방이 덜덜하는지라 그제야 일어서시며 수천년(數 千年) 밀려 오던 공사(公事)를 금일(今日)에야 처결(處決)하니 일체(一切)의 원억(冤抑)이 오늘로부터 고(苦)가 풀리리라.

석가, 공자는 육천계에 머무는데 석가가 육천계에서 인간 세상에 진묵대사로 와서 봉곡에게 시기 질투로 당하여 동양의 도통 신명을 이끌고 서양 문명을 크게 세운 공덕으로 칠천계에 머무는 것을 증산 상제께서 형렬을 데리고 천상계에 가서 확인시키니, 형렬이 세상에 내려와 기쁨을 말로 다 하지 못하며 상제께 여쭈기를, 옥좌 아래 자리에 흰옷에 붓을 쥔 분은 어떤 분이나이까 하니, 말씀하시기를 석가불이니라 하시니라. 석가불이 천조(天朝)에 무슨 직분을 맡았나이까 하고 여쭈니, 대제군의 존귀한 자리로서 서방 칠성이니, 언제나 내 옆에 모시면서 모든 것을 다스리노라 말씀하시니라. 하신 후에 다시 공자(孔子) 노자(老子) 석가(釋迦)를 부르라,

공자는 도주님(조철재), 석가는 도전님(박한경), 노자는(민병규),

강증산(상제), 조정산(상제), 박우당(상제)

상제님은 보이지 않는다.
강증산 산하 계열 태극도, 증산도, 대순진리회, 증산법교, 등 일천만 명이 각각 각자 맞지도 않은 진리 가지고 자기들이 만든 단체가 진짜라고 우겨 대고 사진을 걸어 놓고 동상을 세우고 민병규가 24점을 찍고 삼위상제님의 신위를,
www.mgse.co.kr 이곳에 모셨다고 하니 도용하여 신위 하나만 달랑 해 놓고 종통을 받았다고 우겨 대는 세상이야말로 욕심으로 생긴 전쟁판이 된 것이다.

자고로 선천 세상이 아직 끝나지 않았으니 선천 세상은 신에게 빌어야 하는 세상이고 상제께서 모든 겁액을 거두었다고 해서 신(상제) 가지

고 옥신각신 장난질하면 하면 전쟁밖에 없는 것이고 미물보다 못한 하류 군생 되어 불구덩이에 떨어지는 것이다. 민병규는 칠천계에 머무를 적에 증산 상제님이 부르신 것이다. 도를 닦는다 함은 영이 밝아지면 영감으로 와닿는 것이다.

육천 년 전 무극 신이었던 태호 복희씨가 봄(春)에 씨를 뿌려놓고 걱정이 되니 집으로 정한 곳이 칠성계이고 정하여 머물다가 사천오백 년 전, 여름에 비(雨)로 개벽할 적에 요, 순 시대에 민병규가 우임금으로 와서 역(易)을 만들어 치수 사업으로 인종을 구한 것이다. 서양에는 노아의 방주가 있었고. 개벽은 지구 인류 전체가 바뀌는 것이다. TV 뉴스에 노아 영감이 산꼭대기에다 배를 만든 것을 우리나라에 기증하겠다 하는 것을 볼 수 있다. 서양에서 신명이 움직인다는 것인데, 이천 년 전 예수 기독교가 전파되면서 우리나라는 완전히 유치원생이 되고 젖먹이가 되어 아이들이 좋아하는 놀이터가 만들어지는 것이다.

나라에는 도적 떼가 판을 치고 대통령이 자살하고 나라 살림하는 자들은 간에 붙었다가 쓸개에 붙고 백성은 데모에 참여하고 자살률이 1위 국가, 보이스피싱 1위 국가, 코로나 사망률 1위 국가, 요즘은 공개적으로 가을이 왔다며 마약, 하얀 가루약 먹자고 덤벼드는 세상이 된 것이다.

이번에는 가을이 와서 서리(霜)로 개벽하는데 인류 전멸이라, 구천 상제님께서도 민병규가 아니면 안 된다 말씀하셨는데도 사람들이 상제님 이름 가지고 장난질하고 외국 성경에 세뇌되어 정신을 차리지 못하여 하는 일이 시기, 질투, 모략의 현실이 된 것이다. 훈시 말씀에도 태호 복희

씨에 관한 내용이 여러 군데 기록되어 있는 것을 볼 수 있다. 이제는 선천 종교에 매달려서는 모두 죽는다는 것을 명심해야 할 것이다. 또한 구천 상제님, 옥황상제님, 세존 상제님, 삼위 상제님께서도 민병규를 찾으라 말씀하신 것이다. 옥황상제님께서는 자통은 없다 하시고 도전님의 훈시 말씀은 해원상생으로 관계로 닦고 있어라 하신 것이다. 해원상생이란 상대방과 내가 척(원한)을 푸는 것을 뜻하는바, 상제님에 형상을 사진으로 걸어 놓고 척을 만들고 있으니 운수가 늦어지는 것이다.

조선 시대에 와서는 가을이 왔다는 것을 알리기 위하여 선령 신들이 후손들에게 풍속에다 넣어 전하는 것이 여러 곳에 있다. 섣달그믐, 음력으로 한 해의 마지막으로 이날 밤에 잠을 자면 눈썹이 하얗게 센다고 해서 이날을 "눈썹 세는 날"이라고 하고. 귀밝이술은 음력 정월 보름날 아침에 마시는 술로 민병규가 전하는 것을 귀가 밝아야 알아듣는 것이다.

도전님께서 선천 세상 한 해의 마지막 날 해당되는 시절 포천 도장에서 100일 잠 안 자는 순감 공부 돌리실 적에 죽은 자도 살릴 수 있고 도통이 있다는 것을 확인시켜 주시고 화천하시었다.

지금은 해가 바뀌어 민병규는 귀가 밝아야 한다고 알리는 것이다. 음력 정월 대보름날 아침 식사를 하기 전에 귀가 밝아지라고 귀밝이술이라 하는데 명이주(明耳酒)·이명주(耳明酒)·이총주(耳聰酒)·유롱주(牖聾酒)·치롱주(治聾酒) 등으로 그림을 잘 그리면 예술이고, 글짓기 잘하면 논술이고, 도를 통하면 도술이 나온다고 선령신들이 알려 준 것이다. 지금은 조상들이 알려 준 거 따라 하면 오히려 해롭고 민병규가 전하는 뜻을 알아들으면 성공한다는 것이다.

칠성여래 대제군 북두구신 중천대신 상조금궐 하부곤륜 조리강기 통제건곤 대괴탕랑 문곡거문 녹존염정 무곡파군 고상옥황 자미제군 대주천제 세립미진하재불멸 하복부진 원형정기 내합아신 천강소지 주야상륜 속거소인 호도구령 원견존위 영보장생 삼태허정 육손 곡생 생아양아 호아 신형 괴작관행 필보표 존재 급급 여률령,

옥황상제님은 자미원에 계셨고, 민병규가 칠성계에 머물며 역이 바뀔 때마다 왔다 간 것이다.

가을 노래를 비결서에 남긴 것이다. 증산 상제님이 오시기 전에는 민병규가 머물던 칠천계(성계)를 가장 높은 하늘로 믿고 살아왔던 것이다. 장독대에 정안수 떠 놓고 북두칠성 삼신께 빌고 항해를 하는 선박도 북두칠성을 보고 항해한 것이다. 오천계는 선령 신이 머물며 자손에게 영적으로 알려 주기도 하고 조선시대에 내려와 궁, 상, 각, 치, 우가 만들어지고 채지가, 뱃노래, 달 노래. 심청전, 콩쥐 팥쥐, 흥부와 놀부, 태을주가 만들어지는 것이다.

사람 몸에는 보이지 않는 기(氣)가 두 개가 도는데 배에는 좋은 기와 나쁜 기가 있다. 궁, 상, 각, 치, 우 들어가는 말을 자주 하면 나쁜 기는 입 밖으로 나가고, 좋은 기는 끊어진 곳 입에서 혓바닥이 입천장으로 기를 연결하여 뇌로 전달하고, 돌고 도는 것이다.

지금은 육천계에서 성인이 내려와 만든 것을 사용하면 오히려 해가 되는 것이다. 태을주는 조선 시대 충남 비인 김경흔이 만든 태을주는, 태을(太乙) 천상원군(天上元君) 태을은 가을 노래로 으뜸가는 임금을 찾던 주문인 것이다. 칠성계 민병규를 부르는 주문인 것이다.

오천계 머물던 신, 성, 불, 보살들이 육천계(석가, 공자, 예수 등 종교)서 만든 진리 가지고는 인류를 구원할 수 없다. 하여 구천에 계시는 상제(上帝) 아니면 안 된다, 하여 증산 상제님께서 태을주 앞에 훔치, 훔치를 넣어 완성한 것이 약장 공사도 인 것이다. 태을주는 증산 상제님께서 완성하시고 단주 수명 태을주를 민병규 밝혀 놓은 것이다. [대순진경 226p]

단주 수명 태을주,
태을주를 읽으면 피가 맑아졌다는 보고서가 있다. 운수 받을 적에는 민병규가 말하는 것을 알아야 성공하는 것이기에 도통에만 욕심내지 말고 진리를 찾아야 모두 살아나는 것이다. 운수는 민병규가 물건처럼 주고받는 것이 아니며, 운수는 닦은 바 공덕에 의하여 얻을 수 있는 것으로 닦는다는 것은 무자기, 충, 효, 예, 성, 경, 신이 기본 바탕인 것이다.

정산 도주님, 포교 50년 공부종필,
우당 도전님, 포교 50년 공부종필

1995년 박한경 도전 화천 후 포교 활동하는 것은 진리를 모르는 교주를 받들겠다는 것이 된다. 1995년 이후 입도하는 사람은 민병규가 전하는 것을 알아야 하며, 진리가 맞지 않은 곳은 사이비가 되고, 사이비 교주를 따르는 신도들은 송사리 떼로 보이는 것이다.

    도전님의 훈시 말씀을 공부하면,

    아픈 사람을 보기만 해도 낫는다. 작은 신명(神明)도 신안(神眼)으로 보면 크게 확대(擴大)되어 보인다. 현미경(顯微鏡)으로 안 보이는 것도 보는 것과 같다. 그러나 수술(手術)이라는 것은 없다. 내가 시험(試驗)을 많이 보았다. 임원(任員)과 수반(修班)이 다르다. 선감(宣監), 교감(敎監), 선사(宣伺), 선무(宣務)를 공부(工夫)시켜 보면 차이(差異)가 많다. 지금까지 말한 것은 속이지 못한다. 우리는 무자기(無自欺)가 되어야 한다. 신안(神眼)이란 막힌 곳이 없는 것이다. 미국(美國)에서 말한 소리가 그대로 들린다. 냄새도 멀고 가까운 것이 없다. 사람이 먹는 것도 필요(必要) 없다. 이것을 시험(試驗)해 봤다. 잠을 안 자도 괜찮다. 공부(工夫)할 때도 잠을 안 자도 괜찮다. TV에 나오는 음식(飮食) 냄새도 맡는다. 어떤 사람은 되고 안 되는 법(法)이 없다. 지금까지 한 말은 무자기(無自欺)를 근본(根本) 삼아 나가라고 한 말이니 잘 지켜 나가라.

    공부(工夫): 훈시 말씀에,

    내가 말한 것은 확실(確實)한 것이다. 여러 가지 시험(試驗)을 통(通)해서 얻어진 것이다. 환골탈태(換骨奪胎)도 가능(可能)하다. 개안(開眼)이 신안(神眼)이다. 개안(開眼)이 되면 내 잘못부터 나온다. 참 무서운 것이다. 내 마음을 내가 속인다.

후천 대 개벽의 심판 모습

우리는 개벽이 되기 전에 대강을 받고 도통을 하는 것이다. 도를 모르면 개벽을 당할 때 이러한 곳에서 본인과 조상과 선령 신까지 몰살당한다는 것을 알아야 하는 것이다.

하루는 상제님께서 어린 호연에게 말씀하시기를 "앞으로 개벽이 될 때에는 산이 뒤집어지고 땅이 쩍쩍 벌어져서 푹푹 빠지고 무섭다. 산이 뒤집혀 깔리는 사람, 땅이 벌어져 들어가는 사람, 갈데없는 난리 속이니 어제 왔다가 오늘 다시 와 보면 산더미만 있지 그 집이 없느니라." 하시고, "정신을 똑바로 차리고 다녀야 한다. 먼 데 보지 말고 앞을 보고 다녀라. 하늘에서 전진고가 울릴 때는 귀가 밝아야 하느니라." 하시니라.

한 성도가, 세상에 백조일손(百祖一孫)이라는 말이 있고 또 병란(兵亂)도 아니고 기근(饑饉)도 아닌데 시체가 길에 쌓인다는 말이 있사오니 이것을 말씀하시는 것입니까? 하고 여쭈니 말씀하시기를, "선천의 모든 악업(惡業)과 신명들의 원한과 보복이 천하의 병을 빚어내어 괴질이 되느니라."

봄과 여름에는 큰 병이 없다가 가을에 접어드는 환절기(換節期)가 되면 봄여름의 죄업에 대한 인과응보가 큰 병세(病勢)를 불러일으키느니라, 하시고 또 말씀하시기를, "천지 대운이 이제서야 큰 가을의 때를 맞이하였느니라."

하루는 상제님께서 용머리고개를 지나시다 전주를 바라보시며 말씀하시기를.

"방안 떨이가 동네 떨이요, 동네 떨이가 고을 떨이요, 고을 떨이가 천하 떨이니라. 너희들, 도시 송장 어찌할 것이냐. 송장, 송장 말이다! 코도 못 들겠다. 시골 송장은 오히려 가소롭다." 하시니라 이에 한 성도가 "그러면 도시 송장은 어떻게 됩니까?" 하고 여쭈니

말씀하시기를 "아이고 냄새야, 아이고 냄새야! 오뉴월 삼복 지지(三伏之地)에 송장 썩는 냄새야!" 하시고 고개를 돌리며 말씀하시기를 "오뉴월 송장 썩는 냄새에 코를 못 튼다." 하시고 또 말씀하시기를 "망량신 시켜서 하룻저녁에 서해 바다로 긁어내려 버린다." 하시니라.

즉, 죽은 시체를 서해 바다로 긁어내어 중국 상해 판과 우리나라 판이 합해지면 죽은 시체는 땅속에 묻히고 10만 년 지나 서해안은 고무가 나오고, 석유가 나오고, 휘발유가 나오는 것이다. 죽은 시체가 많을수록 고무 기름은 많이 저장되는 것이다. 상제님께서 개고기 먹었다고 미개한 교주라고 망언(妄言)을 하는 자(者)들은 개벽기에 모조리 죽은 시체를 땅속 깊숙이 묻어 10만 년 지나 고무, 석유, 기름이 나오는 땅이 되고 혼령은 5만 년 고통받아야 없어지는 것이다.

[대순진경 용담역 215p]

괴질 병겁은 선천 5만 년 동안 인간이 저질러 온 모든 죄업에 대한 응보이자 원신과 척신이 내뿜는 복수의 독기 때문에 생겨난다는 것이다. 한마디로 병겁은 선천의 상극 문화권에서 생겨난 묵은 기운을 총체적으로 정리하고 상생의 새 우주를 열기 위한 통과 의례이다.

이에 말씀하시기를 "시천주 주에 큰 기운이 박혀 있도다." 하시고, 또 말씀하시기를 "너를 그대로 두었더라면 밭두둑 사이에 엎어져서 우마(牛馬)에게 밟혀 오작(烏鵲)의 밥이 될 것이므로 이제 이같이 하였노라.

이 뒤에 괴질 병(怪疾病)이 엄습하여 온 세계를 덮으리니, 자던 사람은 누운 자리에서 일어나지 못하고 죽고, 앉은 자는 그 자리를 옮기지 못하고 죽고, 행인은 길 위에 엎어져 죽을 때가 있을지니 지척이 곧 천 리니라.

이와 같이 몸 돌이킬 틈이 없이 사람을 죽이는 위급한 때에 나를 부르면 다 살리라" 하셨다.

구천 상제님께서 하신 말씀으로 진경의 진리를 모르고 상제님 찾다 가는 교주 생활하다 죽은 혼령이 찾아간다는 것을 명심하라.

10. 공사

 신명계 5천 계의 머물던 원시의 모든 신, 성, 불, 보살들을 회집하여 구천 상제께 이 겁액을 호소하므로 구천 상제께서 인세에 대강(大降) 하셔서 그 병세를 진단하시고, 도의 근원(根源)이 끊어진 인류의 대병(大病)을 고치기 위해 대공사(大公事)를 행하시니, 즉 내가 천지 도수를 정리하고 신명을 조화하여 만고에 쌓인 원한을 풀고, 상생(相生)의 도(道)를 세워 하늘도 뜯어고치고 땅도 뜯어고쳐서 새 하늘, 새 땅을 개벽하고, 신명으로 하여금 사람의 마음속에 드나들게 하여 그 체질과 성격을 고쳐 인간을 새롭게 개조하여 후천 5만 년의 무궁한 선경(仙境)을 세워서 세계 민생을 건지려 하노라, 하고 선포하셨으니, 이것이 곧 도(道)이다.

 생전에 대도를 믿고 닦은 상대 신명(上臺神明)의 영화와 죄업(罪業)이 많은 척신의 재앙과 고생은 언어나 문자로는 다 표현할 수 없는 것이다. 불신, 불충, 불효, 불성, 불경하여 살도(殺盜)와 음탐으로 삶을 마친 자의 사후 참혹상은, 인계의 생활로는 비교할 수 없이 처절하니라. 그 원귀들이 홍수가 밀어닥치듯이 올 때 진법(眞法)을 모르면 모두 신명 불 칼에 잿더미로 변하는 것이다.

 우리의 목적은 도통이라 하여 도통만 쫓아가면 미물보다 못한 하류 군생이라. 민병규는 구천 상제님의 명으로 후천 5만 년 용담 역과 삼위 상제님의 신위를 정하고,

옥황상제님의 명으로 약장 공사도를 "대순진경"으로 발표하고,

세존 상제님의 명으로 일만 이천 도통신명이 갈 곳이 없다 하여 "천기누설"로 선포하였으니 민병규는, 태극도, 증산도, 대순진리회, 증산법 교종 등 천만 명에게 전하는 것이다.

요즘 증산 상제님의 논리가 각 단체에 맞추어 원본을 뜯어고쳐 도를 닦는다는 자들이 "허령"받기 일보 직전이라 민병규에게 호소하므로 구천 상제께서 짜 놓으신 원래 원판이 있으니 하나로 합하기를 바라는 바이다.

- 아래 보기 -

[전경 행록 5장 38절]
상제께서 거처하시던 방에서 물이 들어 있는 흰 병과 작은 칼이 상제께서 화천하신 후에 발견되었는데 병마개로 쓰인 종이에의 글귀와 다음과 같은 글들이 씌어 있었도다.
吉花開吉實 凶花開凶實
길화개길실 흉화개흉실

인간으로 비유하자면 정신이 올바르고 도리에 합당한 자는 인간의 씨종자가 되어 후천의 좋은 열매가 될 것이고, 그렇지 못한 자는 쭉정이가 되어 불지옥에 떨어져 태워지고 또는 유리관에 갇혀 선천 세상의 악령으로 길이 보관되는 것이다.

도(道)를 모른다는 것은 한마디로 말해서 도(道)의 주인(主人), 즉 천지 주인을 모른다는 것이다. 그러기 때문에 대병에 걸린 것이고 대병에 걸렸으니 천지에 약이 없어 대병 무약이라 했던 것이다. 그러므로 대병에 걸린 사람이 어떻게 대강(大降)을 받을 수 있겠는가? 간단히 말해서 천주(天主), 도(道)에 주인을 모르는데 대강을 받을 수가 없는 것이다. 간단히 말해서 상제 천주(天主)를 모르고 있는데 어찌 지기금지원위 대강(至氣今至願爲大降) 대강을 받을 수 있겠는가.

[전경 행록 5장 38절] 원본

知天下之勢者 有天下之生氣
暗天下之勢者 有天下之死氣
孔子魯之大司寇
孟子善說齊梁之君
西有大聖人曰西學
東有大聖人曰東學 都是敎民化民
近日日本文神武神

幷務道通

朝鮮國　上計神 中計神 下計神 無依無托 不可不文字戒於人
宮商角微羽 聖人乃作 先天下之職 先天下之業 職者醫也 業者統也
聖之職聖之業

원본 해설,

구천 상제께서 주로 영(靈)적으로 공사하신 것을 글로 남긴 공사가 "대순진경"인 것이다. 민병규가 "천기누설"로 정확히 밝혀 널리 알려야 할 임무이자 사명인 것이다. 도를 모르면 원귀, 잡귀들과 놀아나는 것이다. 민병규는 일반 사람 만나는 것이 별로 흥미가 없어 늘 혼자인 것이다. 도전님께서 내정을 두 개 만드신 공사가 한 개는 민병규가 쓰라는 공사이기에 민병규가 살아온 지난날은 고시원부터 늘 혼자 상제님의 공사를 받드는 거였구나 생각하면 항상 감사한 마음에 공경심이 저절로 생기는 것이다. 우리는 항상 충, 효, 예, 성, 경, 신이 기본 바탕으로 행하여야 한다. 운수를 받을 수 있는 기본 바탕인 것이다.

知天下之勢者 有天下之生氣
지천하지세자 유천하지 생기
하늘 아래 세상 형세를 아는 자,
상제 아래 생생한 기운 있어 가는구나.

暗天下之勢者 有天下之死氣
암천하지세지 유천하지사기
보이지 않는 하늘 아래 세상 형세를 아는 자,
상제 아래 죽는 기운 있어 가는구나.

孔子魯之大司寇
공자노지 대사구

공자는 노나라(민병규 나라) 가서 형조판서를 맡았으나 도적질하였다.

공자는 옥황상제에 오르셨는데 노나라 때 도적질해 간 거 민병규가 청구서 제출하면 태을주가 내려온다.

요즘 증산 상제께서 공사하신 공사를 이상하게 전파하므로 자세히 알리는 것이다. 증산 상제께서 그 당시 영적으로 공자(孔子)를 불러 크게 꾸짖으시고 인간 세상으로 가서 직분이 성인이고 직업도 성인이니 성인에 도를 받들어 조정산(조철재)으로 임하여 원래 최초 혼령이 단주이니 상제에 오르라.

孟子善說齊梁之君

맹자선설제양지군

맹자는 제나라와 양나라에게 선(善)을 전하였다.

《맹자》〈이루 장구 하(離婁章句下)〉

제1장에 다음과 같은 구절이 나온다.

순임금과 문왕은 여합부절(如合符節)이라. 부절을 맞춘 듯 똑같다.

요즘 증산 상제께서 공사하신 공사를 이상하게 전파하므로 자세히 알리는 것이다.

육천 년 전, 태호 복희씨가 복희 역, 복희씨 희(羲)을 만들어 신명을 하늘에 봉한 것을, 문왕이 영대에 모시고 순(舜)임금에 대를 이은 우(禹)임금 이 만든 역을 강태공이 응용하여 주역을 만들고 땅에 신명을 봉했다.

삼천 년 전 문왕이 영대에 신명을 봉하고 강태공이 땅에 신명을 봉한 것을 우당, 도전님이 영대에 신명을 봉하고 민병규는 용담 역을 만들어 신명을 사람에게 봉해야 한다.

"대순진경"과 "천기누설"은 여합부절(如合符節)이라 한다.

三皇(삼황)
1. 수인씨(燧人氏) - 없음,
2. 복희씨(伏羲氏) - 민병규
3. 신농씨(神農氏) - 강증산

西有大聖人曰西學
서유대성인왈서학
서쪽에 대성인이 있어 왈 서학,

요즘 증산 상제께서 공사하신 서학 공사를 이상하게 전파하므로 자세히 알리는 것이다. 서양이 발달한 것은 진묵대사이고 진묵에 원 혼령은 석가모니라. 상제께서 석가를 불러 크게 꾸짖으시고 인간 세상으로 가서 직분이 성인이고 직업도 성인이니 성인에 도를 받들어 박 우당으로 임하여 원래 최초 혼령이 "순임금"이니 상제에 오르라.

東有大聖人曰東學 都是教民化民
동유대성인왈동학 도시교민화민

요즘 증산 상제께서 공사하신 동학 공사를 이상하게 전파하므로 자세히 알리는 것이다. 동쪽에 민병규가 말하니 동학이고 우두머리 도(都)가 있으니(是) 민민하지 말고 백성에게 잘 가르쳐야 될 것이다. 상제께서 노자를 불러 크게 꾸짖으시고 인간 세상으로 가서 직분이 성인이고 직업도 성인이니 성인에 도를 받들어 민병규로 임하여 원래 최초 혼령이 "태호복희씨"이니 오는 세상에 천자에 오르라.

近日 日本 文神武神
근일 일본 문신무신
가까운 날 일본 문신, 무신

幷務道通
병무도통
"오직 한 곳으로 힘써 합치는 길만이 통하는 길이다."라는 말씀이시다.

요즘 증산 상제께서 공사하신 공사를 이상하게 전파하므로 자세히 알리는 것이다. 머지않아 일본 문신(文神), 무신(武神) 도를 통합하러 들어올 것이다. 수십 년 쌓아 놓은 자리 빼앗기지 않으려면 상제님의 진리를 정확히 알아야 하는 것이다.

오직 민병규가 전하는 것만이 진법이라는 것을 갈골 명심하여 허령이 들면 헛소리가 나오는 것이 초기 증상이라. 신(神)들은 인정사정이 없다. 과거 마루타, 사람 생체실험을 생각해 보라.

천도교 교주 최제우를 일본 명부로 세워 원귀, 잡귀는 오지 못한다. 우리나라 명부는 전명숙인데 일본 문신, 무신들은 도(道)를 가지고 온다. 민병규가 만든 진리만이 그 들을 굴복(屈服)시킬 수 있는 것이다. 일본에서 똑똑한 신들이 들어오면 사람이 움직이는 것이다.

朝鮮國 上計神 中計神 下計神 無依無托 不可不 文字戒於人
조선국 상계신 중계신 하계신 무의무탁 불가불 문자계어인

우리나라에 상통(上通) 군자, 중통(中通) 군자, 하통(下通) 군자가 있는데 의지할 곳도 없고 맡길 곳이 없어 문자 보내면 고소 고발 하고 네가 옳으니 내가 옳으니 하지 말고 이번에는 상제님 말씀은 경전이라, 문서로 보내니 욕심을 버리고 마음을 비우고 진리를 알아야 하는 것이다. 선(先), 후(後)가 있으니 대강식이 먼저이고 도통을 하려면 상통은 7일 중통은 14일 하통은 21일이다.

오죽하면 닭이 먼저 나와 알을 낳고 어미가 21일 품으면 병아리가 되고, 구더기가 똥통에서 똥만 먹고 살다가 한 마리가 알려 주면 꼬리 물고 밀어 주고 밖에 나와 흙냄새를 21일 맛을 알면 파리가 되는 것이다. 구더기가 파리가 되어 이슬만 먹고 살라 했더니 똥 맛을 먹고는 매일 잘못했다고 민병규한테 비는 것이다.

도를 닦는다는 이들이 민병규가 말하면 알아듣지 못하고 천자 놀음한 다 협박하고, 그들이 단체를 만들어 매일 비는 것이다. 이제는 민병규가 말하는 것을 알아차려야 한다.

나나니라는 벌이 있는데 진흙을 물어다가 입에서 나오는 액체로 비벼서 흙집을 짓고, 거미를 열댓 마리 물어다가 나 닮아라, 나 닮아라, 21일 동안 먹지 않고 주문을 외우면 거미가 나나이 벌이 되어 날아다닌다. 교주들이 조금 아는 것이 있으면 나나니가 되어 생각이 다른 선량한 서민 물어다가 쇠뇌 시켜 주문 외워야 헛수고하는 것이니 민병규가 말하는 진리만이 성공이 있다는 것을 명심해야 하는 것이다.

宮商角微羽 聖人乃作 先天下之職 先天下之業 職者醫也 業者統也
궁상각치우 성인내작 선천하지직 선천하지업 직자의야 업자통야

신명 계층 도표를 보라. 육천계, 머물다 온 사람 성인이 궁, 상, 각, 치, 우를 지은 것이다. 쓸모없는 것이다. 진묵대사가 도통 신명을 거느리고 서양으로 건너가 문명을 세운 공덕으로 사망 후에 칠천계 서방 칠성을 관리할 때 증산 상제께서 석가를 부르시어 박한경으로 가서 임무를 다하면 구천 상제님을 모실 수 있다 하시어 상제에 오르신 것이다.

민병규는 구천 상제님의 명령으로 동방 칠성에 머물다 와서 도전님의 공사를 이어 나아가는 것이 상제님의 명령이라 꼭 이루어야 하는 것이다. 우리는 상제님의 진리를 정확히 알아야 하는 것이다.

먼저 민병규 아래에 직책이 있고, 먼저 상제님 아래 직업이 있으니, 직책은 의원이고, 직업은 거느려 한곳에 닿아야 할 것이다.

민병규 아래 도통(道通)이 있고 상제님 아래 직업이 있으니 민병규 진리에 도달해야 통(統)할 것이다.

聖之職聖之業
성지직성지업
직분이 성인이고 직업도 성인이니 성인에 도를 행하라.

우리 일은 남이 죽을 때 살자는 것이고 남이 잘 살 때 부귀영화를 누리는 것이니 지금 남이 잘 사는 것을 부러워하지 마라.

육천 년 전,
태호 복희씨(민병규),

그 후
신농씨(강증산),

사천오백 년 전, 같은 시대
요임금(강증산), 단주(조철제), 순임금(박한경), 우임금(민병규)

도판 연원과 연맥, 같은 시대

강증산, 공자(조철제), 석가(박한경), 노자(민병규),

현재 없음(보이지 않는다.)
강증산(상제), 조철제(상제), 박한경(상제)

현재 있음, 민병규

구천 상제님께서 나는 신농씨이니라 밝히시고 영적으로 석가, 공자, 노자를 불러 크게 꾸짖으시어 세 분은 상제에 오르시고 남은 사람 한 사람 민병규가 대업을 이룰 것이다.

상제께서 을사(乙巳)년 봄 어느 날 문 공신에게 『강 태공(姜太公)은 七十二둔을 하고 음양둔을 못 하였으나 나는 음양둔까지 하였노라』고 말씀하셨도다. [전경 행록 3장 28절]

1년을 사이로 하여 윤달을 두면 날짜가 남고 2년을 사이로 하여 윤달을 두면 날짜가 부족하나 19년이 되기까지 7번의 윤달을 두면 남고 부족함이 없다. 그러므로 19년을 1장으로 하고 27장을 1회로 하는 것이니 1회는 513년이 된다. 3회(1539년)를 통으로 하고 3통(4617년)을 원으로 하니, 순환하고 왕복하여 멈춤이 없다. 1회가 각각 513년이면 3회는 합해서 1539년이고 1통이 각각 1539년이면 3통은 합해서 4617년이니 이것이 1원이 된다.

지금으로부터 4617년 전인 정사년에, 황제 헌원 씨가 황극을 세움으로부터 이 원이 시작되었다. 황제가 즉위한 것은 지금으로부터 4617년 전의 정사년인 것이다. 모든 현상, 모든 일이 모두 정해진 것(도리)이 있고, 모든 법, 모든 글이 이에 "천기누설" 근원한다. 하늘의 현상, 땅의 이치, 사람의 일은 모두 황제가 비로소 가르친 바이고 역사의 연수를 기록함도 또한 황제로부터 시작되었다.

(본문) 구천상제님 유서,
天以示乎人 人驗于天. 天道人道 一理通達. 日月火水木金土. 東西日月之道路故 東西分爲二京. 南火北水 南方三離火. 火云佛故 南則午 丙則南 丙午現佛像. 暗處明 莫如火. 佛道旺盛則 西金沈潛. 南無阿彌陀佛

천이시호인 인험우천. 천도인도 일리통달. 일월화수목금토. 동서일월지도로고 동서분위이경. 남화북수 남방삼리화. 화운불고 남즉오 병즉남 병오현불상. 암처명 막여화. 불도왕성즉 서금침잠. 나무아미타불

* (해석) 하늘이 이러한 것을 사람에게 보일 것이니 사람은 하늘에 응험하게 된다. 하늘의 도와 사람의 도는 하나의 이치로 꿰뚫리는 것이니 일월과 수화금목토가 그 요체다. 동과 서는 일월이 다니는 큰길이므로 동과 서가 나뉘어서 각각 중심이 된다. 남은 불이고 북은 물이니 남방에 삼리화(남방삼리화 복희 팔괘 동방 3리화가 용담 팔괘 남방 9리화가 됨을 의미, 불기운이 들어 황극을 이루어야 한다. 화극금이 화생토 토생금이 됨을 의미 불(火)이란 불(佛)을 의미하므로 주역에 남쪽은 十二支 중에는 午 방위라, 十干 중에 丙이 남방위가 되니 丙午(민병규)의 용담 역

이 나와 태양 같은 사람, 곧 부처를 말한다. 띠를 말하는 것이 아니다. 상제님의 사주팔자 중 무내팔자에서 불상이 드러난다. 어두운 곳에서 밝게 드러나는 것으로 불만한 것이 없으므로 佛道(미륵불도, 대순진경)가 왕성하게 되면 서쪽의 금기운, 기독교 사탄교는 침잠하게 된다. 나무아미타불, 내 안에 미륵불을 모심이로다.

(본문)
大學之道 在於明明德 在新民 在至於至善. 繼之者善 成之者性. 本末兼存 內外交養. 然後方可謂之大道也

대학지도 재어명명덕 재신민 재지어지선. 계지자선 성지자성. 본말겸존 내외교양. 연후방가위지대도야

* (해석) 진경이 있어 대학의 큰 도는 밝은 덕을 밝히는 데에 있고, 백성들을 새롭게 하는 데 있고, 지극한 선에 머무르는 데에 있다. 그러한 뜻을 잇고자 하는 것이 선이요, 그러한 뜻을 성취하는 것은 하늘이 부여한 성(性)이다. 처음과 말단을 겸하여 잘 보존하고, 안과 밖을 두루 기르고 난 연후에라야 가히 그러한 것을 일러 대도 진경이라 이르는 것이다.

심령이 통하면 곧 무극의 지극한 이치에 밝게 통하여 상제님을 알고 체득하여 천지와 더불어 그 덕을 합하여 천지의 지극함에 참여할 것이리니 오직 나의 도우는 모두 부지런히 힘씀으로써 성취할 것이니라, 하시니라.

무극이 태극을 낳고 태극이 대순으로 성장하여 대순진경이 탄생함이라.

11. 맺는말

知天下之勢者 有天下之生氣

지천하지세자 유천하지 생기

하늘 아래 세상 형세를 아는 자,

상제 아래 생생한 기운 있어 가는구나.

暗天下之勢者 有天下之死氣

암천하지세지 유천하지사기

보이지 않는 하늘 아래 세상 형세를 아는 자,

상제 아래 죽는 기운 있어 가는구나.

발주, 시행, 시공,

구천 상제님이 발주하시어 시공을 해야 하는데 돈(도통) 구천상제, 세존상제, 민병규로 내려오고 능력(태을주)은 옥황상제로부터 내려오니 돈 떼일 일은 절대로 없다. 민병규가 받아서 다 준다.

먼저 9명이 있어야 하고,

일만 이천 명이 있어야 열리는 것이다. 민병규는 9명만 있으면 되는데 현재 4명뿐이니 도통 군자 오천 명은 살 수 있는데 턱없이 부족한 것이다. 오는 전화는 도통이 언제 나오나요? 진경을 사장님(민병규)이 쓴 거 아니죠? 이런 사람은 탈락이다. 우리 도는 신도라 언젠가는 원귀한테 끌려간다. 현재 4명이 있는데 그곳에서 빌고 빌어야 한다.

일만이 천명이 있어야 작업을 하는데 연장 가지고 하는 것이 아니고 상제님과 영통(靈通)하는 것이다. 민병규가 총 오야지이니 민병규가 만든 대순진경과 천기누설 이 설계도(設計圖)이고 답안지(答案紙)이다. 구천상제님이 민병규가 칠천계 있을 때 노자가 쓴 책은 쓰지 못하니 새로 만들라 하시어 이번에는 설계도와 답안지를 만들어 참여한 전체 인원을 합격시킬 것이다. 로또 당첨은 아무것도 아니니 부러워할 필요 없다. 부귀영화 누리는 것이다. 책 두 권만 읽고 상제님을 진실로 믿으면 통하는 것이다. 민병규는 9명이 필요한데 숨어 있으면 앞이 깜깜하여 볼 수가 없으니 이름을 밝혀야 한다. 도전님께서 시료 도수 돌리실 적에 환자가 어디쯤에 있는지 알아야 하기에 위치 확인 후 공사하셨다. 우리 일은 남이 죽을 때 살자 하는 것이고 남이 잘 살 때 부귀영화 누리는 것이다.

민병규 몰래 하도급 차려 놓은 데가 있는데 거기 취직하면 절대로 노임 못 받는다. 나중에 돈 안 준다고 발주회사 찾아가야 회사 이전하여 찾지도 못하고 데모해 봤자 잡귀들한테 끌려가 결국에는 펄펄 끓는 기름가마로 떨어져 죽지도 않는다. 선천 세상에 만들어진 것은 죽음이란 없다. 혼령으로 남아 죽지를 않고 피똥이 입으로 나오고 눈 뜨고 볼 수 없다.

현재 태극도, 대순진리회, 증산도, 증산 법교 등 천만 명이 민병규에 아래. 불법 하도급이 되어 상제님의 자식들에 피땀을 갈취하고 있는 것이 현실화된 것이다. 완전히 개자식을 만들고 있다.

민병규가 하는 일은 선천 판을 후천 판으로 옮겨야 하는데 태호 복희씨가 씨를 심어서 지금은 아름드리 대들보가 되었을 텐데 사이비 교주들이 진을 빼먹고 있으니 문서로 알리는 것이다. 운수를 받으려면 인원이 차야 하고 진심으로 믿어야 하며 행동 자세가 바르고 하면 상제님의 진리가 눈부시게 광채가 빛나며 운수가 내려오는 것이다. 민병규는 건설현장에서 일할 적에 돈을 벌겠다는 생각을 버리고 업자가 살아야 내가 살 수 있다는 정신을 가지고 일하면 정확히 제날짜에 나온다. 우리는 천지 대도의 자랑스러운 일꾼이라 시간 되면 정확히 받을 수 있다는 것을 확실히 믿어야 하는 것이다. 민병규는 1995년 대순진리회를 나와 27년 헛도수를 풀고 정확히 27년 지나 2022년에 대순진경이 출판된 것이다. 2023년 두 번째 문서가 등장하는 것이다.

발주사는 구천상제님 하시고 시행사는 옥황상제님이 계시고 세존상제님의 결재가 떨어지면 내려오는 것이 우리의 도법이다. 선수금(先受金)을 받아야 하는데 아홉 개 협력사가 곧 만들어지면 일만이 천 명 일꾼이 모이는 대로 상제님 전에 선금(先金)을 신청하면 내려온다.

진법이 선포되면서 사회에는 일천계 이천계 신(等神)들이 고통스러운 것을 느끼면서 사람을 치고 들어오는데 거리에는 정신이 이상한 자들이 돌아다니게 되고 나라에서는 영문을 모르고 고치지 못하여 오직 민병규의 진경뿐이다. 요즘 병원 가면 손님이 가득 차 있다.

아무리 과학이 발달된다 해도 시간이 지나면 죽음밖에 없다. 이판사판 공사판이라는 말은 선령 신들이 자손을 살리기 위한 말이니, 민병규가 만든 이번 공사판이 잘 살 수 있다는 것이고 각자 본인이 살아야 부모 형제 조상도 구하는 천지 대도 임을 분명히 각 골 명심하고 또 명심해야 할 사명(使命)인 것이다.

宮商角微羽 聖人乃作 先天下之職 先天下之業 職者醫也 業者統也
궁상각치우 성인내작 선천하지직 선천하지업 직자의야 업자통야

먼저 민병규 아래에 직책이 있고, 먼저 상제님 아래 직업이 있으니, 직책은 의원(醫院)이고, 직업은 거느려 한곳에 닿아야 할 것이다. 민병규 아래 도통(道通)이 있고 상제님 아래 직업이 있으니 민병규 진리에 도달해야 통(統)할 것이다.

신명계, 층 도표를 보라. 육천계, 머물다 석가가 진묵대사로 와서 원통하게 죽어 한이 맺혀 도통 신명을 거느리고 서양으로 건너가 문명을 세운 공덕으로 사망 후에 칠천계, 서방 칠성을 관리할 때 증산 상제께서 대원사에서 석가에 한을 풀고 박한경으로 가서 임무를 다하면 구천 상제님을 모실 수 있다 하시어 상제에 오르신 것이다.

민병규는 동방 칠성에 머물 적에 상제께서 민병규를 부르시어 도전님의 공사를 이어 나아가는 것이 상제님의 명령이라 꼭 이루어야 하는 것이다. 우리는 상제님의 진리를 정확히 알아야 하는 것이며 우리 도는 공덕을 세운 만큼 운수를 받는 것이다.

육 천계, 머물다 온 사람 성인이 궁, 상, 각, 치, 우를 지은 것이다. 민병규가 칠천계 있을 때 육천계 성인을 인세에 보냈더니 개판으로 만들어 궁상각치우를 외웠더니 기(氣)가 막히더라. 기가 막히면 죽는다. 우리는 통해야 하는 것이다. 태을주에 훔치는 구천 상제님께서 첫머리에 붙여, 노래를 부를 때는 태을주가 최고이다. [대순진경 226p 참조]

육천계는 성인이 머무는 곳으로 석가, 공자, 예수, 무함마드 이들이 만든 것은 쓸모없는 것이다. 무함마드 후손 황태자는 석유 팔아 왕에 자리에 앉으려고 가족 친척을 모두 죽였다. 창시자와 함께 비참하게 죽는다. 예수 또한 교주들이 민병규에 생일이 11일이라 도용하여 11조나 뜯어내어 아이들 모아 놓고 성폭행이나 하고 해서 예수는 혼령이 꺼멓게 죽어가고 있다. 신앙인이 창시자 예수를 죽이는데 선수가 되어 예수 믿게 되면 예수처럼 죽는다는 것인데 신명계 층에 일천계는 지옥이라 생각만 해도 끔찍하다.

격암유록, 채지가, 뱃노래, 달 노래, 콩쥐 팥쥐, 흥부전, 심청전, 정감록, 격암유록, 이러한 내용은 오천계에 있던 선령 신들이 자손을 구하기 위하여 내려와 만든 것인데 이제는 쓸모가 없다.

민병규가 살펴보니 완전히 개판이다. 우리는 민병규가 만든 진경만이 성공에 지름길이고 도통할 수 있는 방법인 것이다.

옛날에는 칠천계가 가장 높았는데 일본이 천황 신을 만들어 조선을 침

략할 때 오천계에 머물던 신, 성, 불, 보살들이 칠천계에 있는 민병규에 하늘 가지고는 안 된다는 것을 알고 가장 높은 구천에 계시는 상제 아니면 안 된다 하여 상제께서 살펴보시니 집을 수리하는 것이 아니라 전체를 헐어버리고 새로 지어야 하는 것이다. 측량서부터 백 년이 넘게 걸린 것이다.

近日 日本 文神武神
근일 일본 문신무신
가까운 날 일본 문신, 무신

머지않아 일본 문신, 무신이 찾아올 것이다. 일본 천황이 가짜라는 것을 알려야 한다. 올해 민병규가 계묘년에 60세라 민병규가 상제님의 대공사를 천기누설로 선포한다는 것을 별자리도 볼 것이고 여러 가지로 보면 민병규가 진법을 선포해야 하는 도수이다. 일본 문신(文神), 무신(武神) 찾아와 상제님의 진리가 맞아야 그들이 도와주는 것이지 맞지 않으면 오히려 당하는 수 가있다. 민병규의 진리는 정확한 것이다. 신명은 정확하면 도와준다. 우리는 자신을 가지고 충, 효, 예가 몸에 배야 사회에 모범이 되는 것이다. 이웃집에서 음식이 오면 부모님께 먼저 드리고 먹는 것이 예, 다 알면 쉬운데 행하기가 어렵다는 것이다.

육천년 전 태호 복희씨가 희역을 만들고 하늘에 신명을 봉하고 요임금 시절에 우임금으로 내려와 여름 역을 만들어 인종을 구하고 현재 가을 시대 민병규가 용담 역을 만들어 도통신명을 사람에게 봉해야 하는 엄청난 천지 대공사에 참여하지 않는다면 어찌 사람이라 칭하여 부르겠는가.

구천 상제님께서 납향 치성 4일 전 체면장을 쓰시고 꿇어앉으시고 태호 복희씨한테 비신 것이다. 인간 세상에 최초의 역을 만들어 놓고 칠성계에 노자로 있으니 상제께서 민병규로 가서 완성하라 하시니 상제님의 명령이라 민병규는 상제님의 공사를 완성해야 하는 것이다.

복희 역은 선천 봄(春) 시대이다. 문왕은 여름(火) 시대, 지금은 가을(秋) 시대인 것이다. 선천 세상의 봄은 복희씨라. 춘운도(春運圖), 옮길 운(運) 그림도(圖), 옮겨야 하는 것이다. 봄에 씨앗을 뿌려 여름에 가꾸고 가을에 추수하여 후천 오만 년의 완벽한 봄(春) 시대를 만드는 것이다. 요즘 진리가 맞지 않은 종교에서 추수한다고 하는데 민병규는 알곡만 찾으면 되는 것이다. 상제님 진리다 맞는다고 생각하면 이미 군자에 해당하는 것이다. 운수 날짜만 기다리면 되는 것이다.

민병규에 용담 역(龍潭易)은 춘운수(春運數)라 후천 5만 년 동안 인간(人間)의 힘을 초월(超越)하는 도술 문명이 열리는 것이다. 증산 상제님께서는 인류의 조종은 태호 복희씨 것만 어찌하여 부처 노래를 부르는가, 하셨다. 후천 5만 년 무궁 대운의 지상 선경, 도화낙원(地上仙境, 道化樂園) 건설을 위한 상제님과 성인의 위대한 사업에 동참해야 하는 것이다. 도전님께서는 "앞으로 12,000 도통 군자가 나와, 5만 년 후천 선경을 건설할 것이니라." 하신바, 구천 상제님께서는 대두목은 9명의 수교자를 두노라 말씀하신 것이다. 민병규는 9명만 찾으면 되는 것이다.

우리 도는 전 세계인이 다 들어와도 소화시킬 수 있는 것이다. 후천 세상에도 국민(창생)이 있어야 하는데 오백 살 먹어 결혼하고 무병장수 극락 지상천국이 열리는 것이다. 모집 기간은 개벽 전까지 이어지는데 상통 군자는 오는 세상의 살아 있는 시조(始祖)가 되는 것이다.

과학 문명은 천상계 묘법을 따온 것이라 흉내 정도이고 오는 세상에는 먹고 싶은 거 즉석에서 먹고 화장실 가고 싶다 마음만 먹으면 병풍이 막아 주고 저절로 변기가 만들어지고 볼일을 보고 나면 땅이 빨아 당기고 볼일을 본 후에는 저절로 닦여 땅이 아물어져 꽃 한 송이 피어오르며 향이 나고, 옷을 입으면 비단옷인데 바느질한 흔적이 없고 날아갈 듯이 가볍고 색은 마음먹은 대로 만들어지고 맑은 계곡물에 지저귀는 새소리에 동물, 식물과도 대화가 가능하고, 후천 세상에는 음식을 화식(불로 끓인 음식)을 안 먹고 도술로 먹고사는데 딸기가 먹고 싶다 마음먹으면 순식간에 딸기가 주렁주렁 달려 하나 따 먹고 두 개 따 먹고, 먹고 싶은 거 마음만 먹으면 만들어지는 것이다. 서울에 있다가 부산 가고 싶으면 마음만 먹으면 화살보다 빠르고 둔갑술이 자유롭고 상극이 없는 도화낙원(桃花樂園), 그 세상에 가기 위하여 태초부터 정해져 있었고, 그 세상에 가기 위하여 사람으로 태어나서 이제는 함께 동참하는 것만이 상제님의 뜻에 순응(順應)하여 모두가 신선이 되고 선녀가 되어 무릉도원, 지상 선경에서 살아가는 것이다. 그 세상에 가기 위하여 태초부터 정해져 있던 세상인 것이다.

민병규는 개벽기에 모두 성공할 수 있는 법을 알려주고,

가을 하늘 상제(하나님)는 80억 인간은 이정표(里程標)가 되어 모두를 죽이려 하는구나.

오는 세상 오만 년의 모습,

1. 우주 별자리 운행을 총괄(總括) 관리하시는 하나님은 한 분 구천상제, 이시다.

2. 신명계를 총괄(總括) 관리하시는 하나님은 한 분 옥황상제, 이시다.

3. 인간계를 총괄(總括) 관리하시는 하나님은 한 분 세존상제, 이시다.

4, 인간계를 총괄(總括) 관리하시는 살아있는 한 분 천자(天子), 이시다.

우리는 이 땅에 태어난 목적을 정확히 밝혀 한을 풀어야 한다. 앞으로 오는 세상은 신선, 선녀가 사는 세상이며, 오만 년이 끝이 나고 선천 세상 문을 열고 보니 귀신 혼령은 깨끗이 없어지고 명부시왕의 수작인가 공룡시대가 되었구나. 선천 시대 4만 년이 지나가니 무극신 이 신명계를 만들고 하늘에 신명을 봉하여 인간씨를 심어 오만 년이 되면 인간 종자를 추려 후천 세상 신선, 선녀가 사는 오만 년이 열리는구나.

어린이에 대하여 특별히 관심을 많이 기울였던, 고 박정희(朴正熙) 대통령의 부인 육영수(陸英修) 여사께서 발행한 어깨동무 아동 잡지 부록에 손오공이라는 만화책을 초등학교 시절 읽은 민병규는 지금도 설레는 것이다. 인도에 석가의 3개의 불경을 배우고 그리고 번역하고 중국에 전파하기 위해 서역 천축국으로 떠나는 승려는 대단한 학식을 지닌 삼장법사와 손오공 이야기이다. 이 요괴, 잡귀는 한때 홍익인간의 미명 아래 인간들에 의해 어미를 살해당한 터라, 인간들에게 적대적이었다. 현재 우리가 살고 있는 세상인 것이다.

손오공이 타는 근두운은 허리 한 번 꿈틀할 때 십만 팔천 리를 주파할 수 있다고 설명하는데, 허리 한 번 꿈틀하는 시간을 1초로 잡으면, 근두운의 최대 속도는 1초면 지구 한 바퀴를 돌고 이천사백 km를 더 날아간다는 것이다. 삼장법사는 환골탈태하지 못한 속인이라, 구름에 태우고 싶어도 애당초 불가능하다. 둘러메거나 업어도 안 된다. 그나마 마음만 먹으면 요괴들이 삼장법사를 납치할 때처럼 바람결에 끌고 가 버리는 건 가능하나 이건 구름을 타는 술법이 아니고 위의 이유로 어차피 이렇게 데려가도 퇴짜만 맞는다. 이 때문에 가장 큰 고생은 유사하나 통천하 같은 강을 만났을 때. 다른 이들은 그냥 건널 수 있지만 삼장법사 때문에 배를 구하여 강을 건너는 장면이 나온다.

우리는 이번에 도통을 하여도 환골탈태까지 해야 하는 것이다. 훈시 말씀에 환골탈태(換骨奪胎)도 가능(可能)하다 하셨다. 도통이 열리고 개벽이 오면 지구 인구 80억 인구가 죽는 것이다. 일제강점기에 강증산 성사께서 상제에 오르시니 도를 모르면 강 씨도 죽는다.

일제강점기에 조 철재 성사께서 무극도를 만들고 대한민국이라는 국호가 생기어 태극도가 있었고 성사께서 상제에 오르시니 도를 모르면 조씨도 죽는다.

박한경 성사께서 태극도를 나오시어 대순진리회를 만드시고 성사께서 상제에 오르시니 도를 모르면 박씨도 죽는다.

민병규가 도통하면 도를 모르면 민씨도 죽는다. 오는 세상에는 성씨가 새로 만들어지고 현재 대한민국의 성씨의 족보는 90%가 가짜이다. 증산도에 사망한 교주는 안씨인데 도통을 하지 못하여 안씨도 죽는 것이다. 보천교 차경석이 천자 놀음하다 죽었다. 민병규 핸드폰 차단시키고 상제님의 도를 비방하면 모두 죽는 것이다. 민병규에 일은 모두가 살자는 일이고 가을 하늘 상제는 모조리 죽인다는 것이다. 상제님의 말씀은 도는 하나가 되어야 하며 오는 세상에는 도통줄, 태을주 줄 두 줄을 받으면 상통 군자이고, 태을주 줄 한 개 내려오면 일반인(창생)이라 전깃줄이 이어지듯 맥줄 이어져야 각자 본인이 성공하고 씨가 되는 것이다.

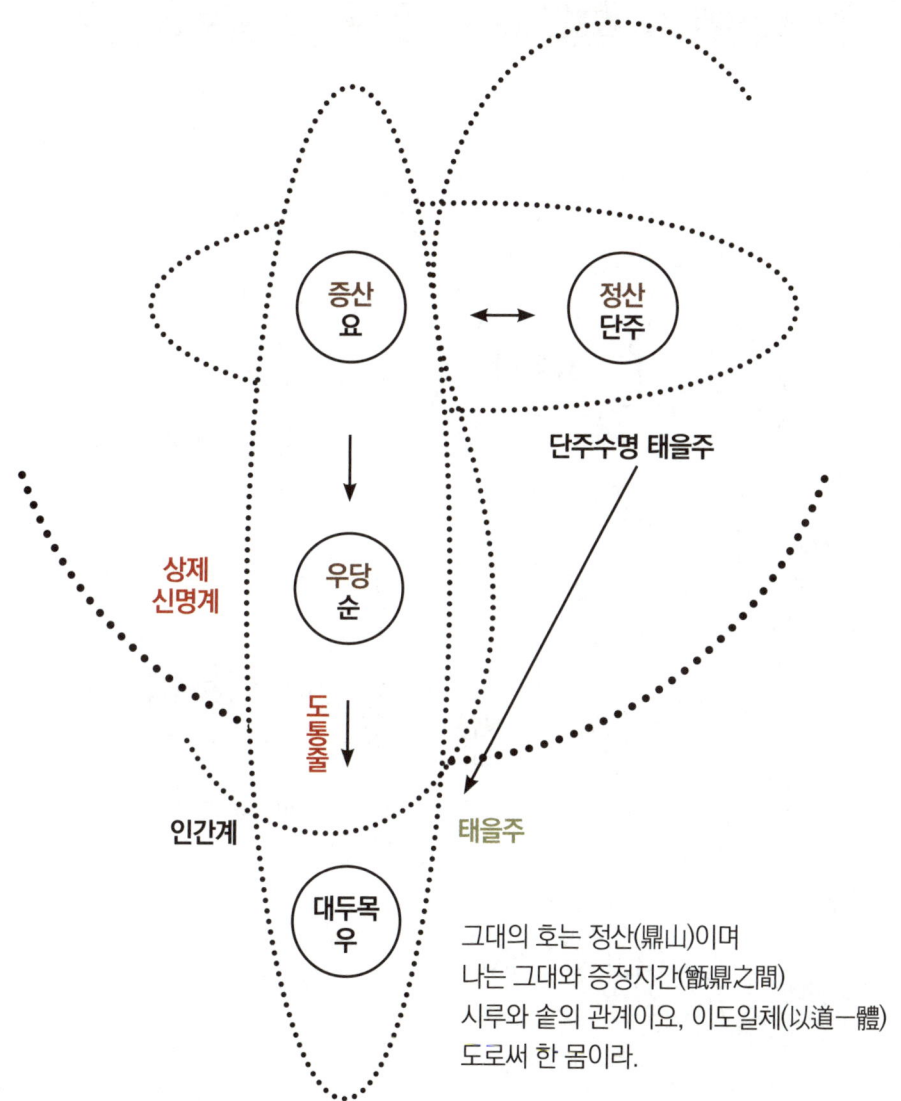

강세(降世) 도표(圖表)

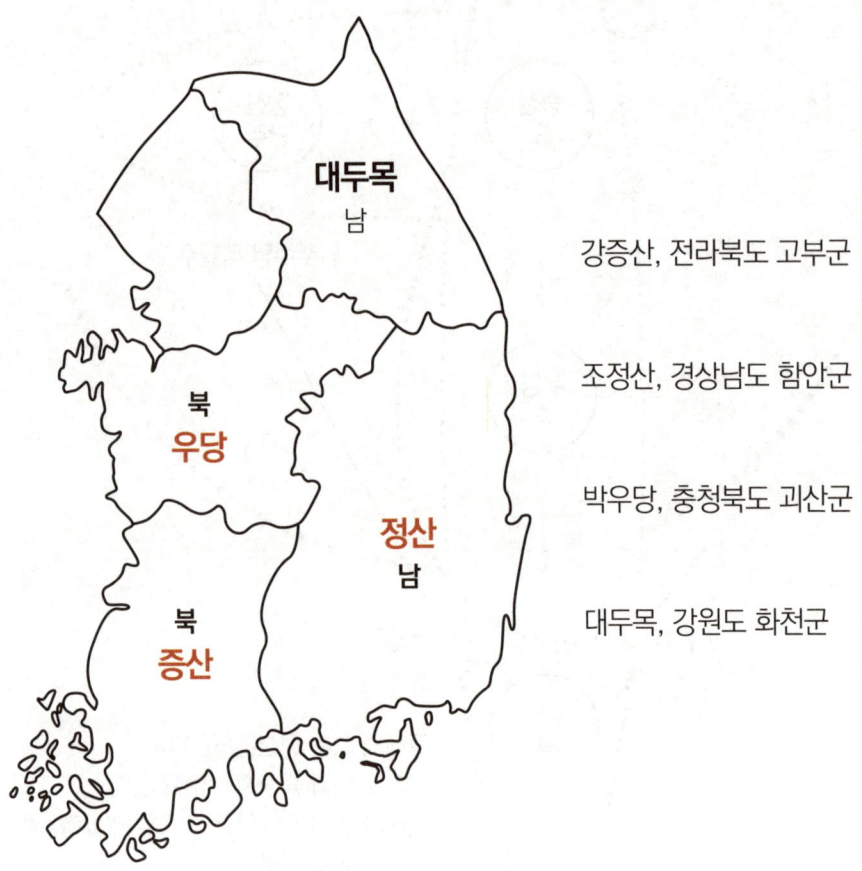

강증산, 전라북도 고부군

조정산, 경상남도 함안군

박우당, 충청북도 괴산군

대두목, 강원도 화천군

금산사, 개문남객기수기연, 도통표, 정의도, 지명, 이치의 뜻이 같다.
단주수명 태을주는 옥황상제님에서 대두목으로 이어진다.

선천판

	9.
	8.
	7. **성계**
	6.
	5.
	4.
	3.
	2.
	1. 인간계

후천 5만 년
도화낙원(桃花樂園) 지상선경(地上仙境)

신명계	인간계

진시황제가 찾던 완성된 삼신산,

석가의 후천 오만 년 극락세상의 복록,
공자의 후천 오만 년 대동세상의 복록,
예수의 후천 오만 년 지상천국의 복록,

공덕(功德)
공덕을 절에 내시나요?
공덕을 대순진리회에 내시나요?
공덕을 교회에 내시나요?
공덕을 증산도에 내시나요?

후원계좌: 농협 302-8848-2864-81

천기누설 (민병규)